Anna Koellreuter (Hg.)
»Wie benimmt sich der Prof. Freud eigentlich?«

Das Anliegen der Buchreihe BIBLIOTHEK DER PSYCHOANALYSE besteht darin, ein Forum der Auseinandersetzung zu schaffen, das der Psychoanalyse als Grundlagenwissenschaft, als Human- und Kulturwissenschaft und als klinische Theorie und Praxis neue Impulse verleiht. Die verschiedenen Strömungen innerhalb der Psychoanalyse sollen zu Wort kommen, und der kritische Dialog mit den Nachbarwissenschaften soll intensiviert werden. Bislang haben sich folgende Themenschwerpunkte herauskristallisiert:

Die Wiederentdeckung lange vergriffener Klassiker der Psychoanalyse – wie beispielsweise der Werke von Otto Fenichel, Karl Abraham, W. R. D. Fairbairn, Sándor Ferenczi und Otto Rank – soll die gemeinsamen Wurzeln der von Zersplitterung bedrohten psychoanalytischen Bewegung stärken. Einen weiteren Baustein psychoanalytischer Identität bildet die Beschäftigung mit dem Werk und der Person Sigmund Freuds und den Diskussionen und Konflikten in der Frühgeschichte der psychoanalytischen Bewegung.

Im Zuge ihrer Etablierung als medizinisch-psychologisches Heilverfahren hat die Psychoanalyse ihre geisteswissenschaftlichen, kulturanalytischen und politischen Ansätze vernachlässigt. Indem der Dialog mit den Nachbarwissenschaften wiederaufgenommen wird, soll das kultur- und gesellschaftskritische Erbe der Psychoanalyse wiederbelebt und weiterentwickelt werden.

Stärker als früher steht die Psychoanalyse in Konkurrenz zu benachbarten Psychotherapieverfahren und der biologischen Psychiatrie. Als das anspruchsvollste unter den psychotherapeutischen Verfahren sollte sich die Psychoanalyse der Überprüfung ihrer Verfahrensweisen und ihrer Therapie-Erfolge durch die empirischen Wissenschaften stellen, aber auch eigene Kriterien und Konzepte zur Erfolgskontrolle entwickeln. In diesen Zusammenhang gehört auch die Wiederaufnahme der Diskussion über den besonderen wissenschaftstheoretischen Status der Psychoanalyse.

Hundert Jahre nach ihrer Schöpfung durch Sigmund Freud sieht sich die Psychoanalyse vor neue Herausforderungen gestellt, die sie nur bewältigen kann, wenn sie sich auf ihr kritisches Potenzial besinnt.

BIBLIOTHEK DER PSYCHOANALYSE
HERAUSGEGEBEN VON HANS-JÜRGEN WIRTH

Anna Koellreuter (Hg.)

»Wie benimmt sich der Prof. Freud eigentlich?«

Ein neu entdecktes Tagebuch von 1921
historisch und analytisch kommentiert

Mit Beiträgen von Thomas Aichhorn, Karl Fallend,
Ernst Falzeder, John Forrester, Lilli Gast, André Haynal,
Rolf Klüwer, Anna Koellreuter, Sebastian Krutzenbichler,
Bernhard Küchenhoff, Ulrike May, Juliet Mitchell,
Paul Parin, Peter Passett, Claudia Roth, August Ruhs,
Anne-Marie Sandler und Rolf Vogt

Psychosozial-Verlag

Bibliografische Information der Deutschen Nationalbibliothek
Die Deutsche Nationalbibliothek verzeichnet diese Publikation in der Deutschen
Nationalbibliografie; detaillierte bibliografische Daten sind im Internet über
<http://dnb.d-nb.de> abrufbar.

2., korrigierte Auflage 2010
© 2009 Psychosozial-Verlag
E-Mail: info@psychosozial-verlag.de
www.psychosozial-verlag.de
Alle Rechte vorbehalten. Kein Teil des Werkes darf in irgendeiner Form (durch
Fotografie, Mikrofilm oder andere Verfahren) ohne schriftliche Genehmigung des
Verlages reproduziert oder unter Verwendung elektronischer Systeme verarbeitet,
vervielfältigt oder verbreitet werden.
Umschlagabbildung: Faksimile aus dem Tagebuch
Umschlaggestaltung & Satz: Hanspeter Ludwig, Gießen
Printed in Germany
ISBN 978-3-8379-2095-6

Inhalt

Vorwort zur zweiten Auflage	9
Einleitung *Anna Koellreuter*	11
Als Patientin bei Freud 1921 – Aus dem Tagebuch einer Analysandin *Anna Koellreuter*	19
Das Tagebuch *Editiert von Ernst Falzeder*	41
Erstes Heft	43
Zweites Heft	65
Träume – Die *via regia* zum Unbewussten *Gespräch mit Paul Parin* *Aufgezeichnet von Claudia Roth und Anna Koellreuter*	83
Von Freud analysiert: Ein Analysetagebuch aus dem Jahre 1921 *Anne-Marie Sandler (übersetzt von Anna Koellreuter)*	95
Freud beim Deuten beobachtet: Über eine spezifische »Vernünftigkeit« im psychoanalytischen Dialog *Peter Passett*	111

»Prof. Freud fordert Toleranz!«
Und: Gedankenstriche, die Couch und Politik bewegten   133
Karl Fallend

Auf den Spuren des Verhältnisses
zwischen S. Freud und E. Bleuler zwischen 1916 und 1927   147
Bernhard Küchenhoff

Freud arbeitete anders.
Bemerkungen zum Analysentagebuch
von Anna G.   157
Ulrike May

Freud als Analytiker und Therapeut   177
Ernst Falzeder

»Ich schlage ein Kind«
Einige Bemerkungen zum Fall G.   191
August Ruhs

»I dwell in possibility« –
Gedanken über das Zögern   209
Lilli Gast

»Ich lag im Bett. Freud war auch da.«
Einige Bemerkungen zum Analysetagebuch
der Anna G.   219
Thomas Aichhorn

Notizen und Fragen an Freud und Frau G.
Zum »Fall G.«   237
André Haynal (übersetzt von Ernst Falzeder)

Dr. G.s stürmische Übertragungsneurose.
Über Gebrauch und Missbrauch der Abstinenz   247
John Forrester (übersetzt von Ernst Falzeder)

Die psychodynamischen Hauptpunkte
in der Analyse von G. bei Sigmund Freud 261
Rolf Vogt

Kommentar zum Analysetagebuch von G. 271
Rolf Klüwer

»Ich habe Sie so unbeschreiblich gern
wie ich noch gar niemand vorher geliebt habe
kommt es mir vor.« 283
Sebastian Krutzenbichler

ANNA: Fragment eines weiteren Falles
von *petite hysterie* 299
Juliet Mitchell (übersetzt von Anna Koellreuter)

Autorinnen und Autoren 315

Vorwort zur zweiten Auflage

Das erste Jahr seit dem Erscheinen der ersten Auflage dieses Buches war bewegt:
Viele Buchpräsentationen fanden statt, die französische Übersetzung des Buches ist auf den Markt gekommen,[1] und im Herbst 2009 inszenierte Peter Brunner vom Kleintheater *sogar* in Zürich acht ausverkaufte Abende mit einer szenisch-literarischen Lesung des Tagebuchprotokolls.[2] Dank der brillanten Schauspieler Graziella Rossi und Helmut Vogel hörte ich nach Jahren des Lesens zum ersten Mal die Stimme des Tagebuches, nämlich jene meiner Großmutter. Dies hat mich auf neue Art persönlich berührt, mir aber auch eine neue Dimension des Tagebuchs eröffnet. Erst jetzt bin ich in der Lage, die Etappen zu begreifen, welche die intensive Auseinandersetzung mit dem Analysetagebuch und damit auch mit meiner Großmutter selbst zur Folge hatten.

Mein anfängliches Grundproblem war, dass ich die Protokolle weder selbst analysieren konnte noch wollte. Dies führte zur Idee, das Tagebuch anderen Leuten zur Beurteilung zu geben und so eine Diskussion über Freuds Arbeitsweise in Gang zu setzen. Das bedeutete in gewisser Weise aber auch, meine Großmutter fremden Menschen zur Verfügung zu stellen. So kamen zwar spannende und facettenreiche Beiträge zustande, wie ich sie mir gewünscht hatte, gleichzeitig hatten sie für mich aber auch etwas Kränkendes: Meine Großmutter wurde nicht immer so gesehen, wie ich sie sehe oder mir wünsche. Die Autorenbeiträge brachten eine neue Sicht über meine Großmutter und ihre Analyse zum Vorschein. Was im Buch verhandelt wurde, war im Prinzip ein

---

1 A. Koellreuter (éd.) (2010): Mon analyse avec le Professeur Freud – Anna G. Paris (Aubier/Flammarion).
2 Es folgten eine Aufführung in Bad Gleichenberg sowie Zusatzvorstellungen in Zürich, Paris und Wien.

potenzieller Angriff auf die Beziehung, die ich zu meiner Großmutter hatte. Doch das war der Preis, den ich für die Publikation zu zahlen hatte.

Die Buchpräsentationen – als nächste Etappe – ließen mich diese Kränkungen verarbeiten. Es war mir im Laufe der Zeit möglich, eine gewisse Distanz zum Buch zu gewinnen und mir dadurch die Publikation anzueignen. Ich machte mir meine eigenen Gedanken und stellte fest, dass ihre Aufzeichnungen im Grunde all das zeigen, was allgemein in einer Analyse zur Geltung kommt: Ödipuskomplex, Geschwisterrivalität, Symbolik etc. Die Liebeserklärungen an Freud sind schnell bewusst, denn die Übertragungsliebe gehört zu einer Analyse. Freud erklärte ihr wenig Neues, denn sie hatte schon viele seiner Schriften gelesen. Man könnte es so formulieren: Sie transportierte das gesamte allgemeine Material in ihr Tagebuch. Aber sie hat sich entschieden, das, was an dieser Analyse das Spezifische war – und ihr geholfen hat, liebesfähig zu werden und die richtigen Entscheidungen zu treffen –, für sich alleine aufzunehmen und zu verarbeiten. Die Tagebuchleser bleiben davon ausgeschlossen – und auch ich als ihre Enkelin.

Die dritte und vorläufig letzte Etappe der Aneignung fand dank der szenischen Lesung mit Schauspielern auf der Bühne statt. Mein Hadern mit der Publikation ist durch das Hören ihrer Stimme und jener von Freud in den Hintergrund getreten. Die szenische Lesung vermittelte die wunderbaren emotionalen Schwingungen zwischen den beiden, die dadurch entstanden waren, dass beide in erotisch-narzisstischer Art aufeinander bezogen waren. Das Deuten ihrer Träume, im Tagebuch wie auf der Bühne, erinnerte mich daran, dass sie mir in meiner Pubertät ihr eigenes Exemplar der *Traumdeutung* von Freud geschenkt hatte. Und es wurde mir bewusst, wie sehr sie sich ihr Leben lang für Träume und deren Deutung interessiert hatte.

Zum Schluss bleibt mir, Sylvie Fenczak vom Verlag Aubier/Flammarion (Paris) zu danken, die sich mit viel Energie für die französische Übersetzung des Buches eingesetzt hat.

Mein größter Dank gilt jedoch Jean-Claude Capèle, der in allerkürzester Zeit die – nicht immer einfachen – Texte aus dem Deutschen ins Französische übersetzt hat. Seine kontinuierlichen, unermüdlichen Fragen sowie seine Genauigkeit beim Lesen und bei der Bearbeitung der Texte sind unschätzbar. Der intensive E-Mail-Kontakt, die Telefonate und die Treffen mit ihm werden mir in bester Erinnerung bleiben.

Den beiden Schauspielern Graziella Rossi und Helmut Vogel sowie Peter Brunner und dem *sogar*-Theater Zürich, die dem Tagebuch zu seiner Lebendigkeit verholfen haben, bin ich ebenfalls zu großem Dank verpflichtet.

Anna Koellreuter, Zürich im Februar 2010

Einleitung
Anna Koellreuter

»Wie ist der Prof. Freud & wie benimmt er sich eigentlich?« fragte der Vater seine Tochter Anna G. in einem Schreiben vom 13. Juni 1921. Sie war vom April bis Juli 1921 in Wien bei Freud in Analyse und beantwortete in dieser Zeit keinen einzigen Brief. Aber über diese Sitzungen verfasste sie ein Tagebuch.

Bei der Analysandin handelt es sich um meine Großmutter. Vor fast zwanzig Jahren – sieben Jahre nach ihrem Tode – ist beim Räumen des Hauses meiner Großeltern ein Brief von Freud aufgetaucht, in dem er seine Bedingungen für eine mögliche Analyse nennt: seine Honorarforderung, die Mindestdauer von vier Monaten und dass sie sich schnell zu entscheiden habe. Kurz nach diesem Brief fand sich auch ihr Tagebuch. Dieser Fund hat mich zutiefst aufgewühlt. Wie die übrigen Familienmitglieder habe ich gewusst, dass meine Großmutter bei Freud in Analyse war, obwohl ihre Mitteilungen darüber mehr als spärlich waren – auch mir gegenüber. Als Studentin lebte ich einige Jahre bei ihr und meinem Großvater und lernte denselben Beruf wie sie, nämlich Psychoanalytikerin. Sie hat ihn nie ausgeübt. Obwohl sie ein großes Interesse an meiner analytischen Arbeit zeigte, sprach sie nie über ihre Analyse bei Freud, dagegen sträubte sie sich. Worin bestand das Tabu? War ihrer Meinung nach die Analyse gut verlaufen oder eben nicht? Warum ist sie nicht Analytikerin geworden, nachdem sie einige Jahre als Psychiaterin im Burghölzli und in Paris gearbeitet hat? Hatte sie von Anfang an anderes im Sinn? Diese und viele weitere Fragen beschäftigten mich.

Nachdem ich die Tagebuchhefte gelesen hatte, empfand ich erstaunlicherweise wenig Freude über diesen wunderbaren Fund. Ratlosigkeit und Befangenheit waren meine vorherrschenden Gefühle, die sich beim Lesen der Aufzeichnungen noch zusätzlich verstärkten. Die Intimität der Notizen und auch die Einmaligkeit der Formulierungen hatten für mich etwas

Erschreckendes. Zugleich war mir das Spezielle dieses Fundes bewusst, was mir durch die Reaktionen meiner Umgebung bestätigt wurde. Als ich über das Tagebuch zu sprechen begann, wurde ich von verschiedenen Seiten dazu aufgefordert, das Tagebuch der Öffentlichkeit zugänglich zu machen oder zumindest dem Freud-Archiv (in Washington D. C.) zu übergeben. Der Druck von außen war so bedrängend, dass ich mich entschloss, die ganze Sache ruhen zu lassen. Zudem war damals auch die Familie nicht bereit, einer Publikation zuzustimmen.

Das Tagebuch hat mich über all die Jahre beschäftigt. Ich nahm es immer wieder in die Hand. Irgendwann transkribierte ich es und dachte doch über die Möglichkeit nach, es zu veröffentlichen. Die wichtigste Frage war für mich: Wie kann ich meine Großmutter schützen und das Tagebuch trotzdem der Öffentlichkeit zugänglich machen? Im Februar 2007 entschied ich mich, am Symposion »Zur Geschichte der Psychoanalyse« in Tübingen einen Vortrag über das Tagebuch zu halten. Die Resonanz war groß. Die Publikation des Tagebuchs wurde wieder aktuell. Dabei sollte nicht das Leben meiner Großmutter im Mittelpunkt stehen, eine Biografie kam also nicht infrage. Mir ging es um ihre Aufzeichnungen während ihrer Analyse bei Freud, also auch um Einblicke in Freuds Arbeitsweise.

Eine wesentliche Frage, die mich umtrieb war: Was mache ich als Analytikerin, deren Großmutter eine Psychiaterin und bei Freud in Analyse war? Es gab nicht wenige, die mich um meine Großmutter und Freud-Patientin beneideten. Ich befand mich in einem Dilemma. Für Fachleute ist die Entdeckung des Tagebuches eine Sensation – für mich als involvierte Enkelin aber auch ein Problem, das sich durch die sich aufdrängende Frage, ob diese Analyse gelungen sei oder nicht, auf den Punkt bringen lässt. Als Enkelin und Psychoanalytikerin kann ich diese Frage nicht beantworten. Ich kann und will meine Großmutter nicht als »Fall« behandeln und analysieren, dazu bin ich zu befangen.

Schließlich entstand die befreiende Idee: andere befragen! Nämlich, das Tagebuch einigen Expertinnen und Experten auf dem Gebiet der psychoanalytischen Geschichtsforschung und Theorienbildung vorzulegen und sie einzuladen, ihre Meinung dazu zu formulieren. Ihnen dafür das Tagebuch – also die Notizen meiner Großmutter zur Interaktion mit Freud – zur Verfügung zu stellen. So könnten sie sich frei und unvorbelastet ihre Gedanken dazu machen, denn sie kennen meine Großmutter ja nicht.

Mit dieser Idee wandte ich mich an die Autorinnen und Autoren dieses Buches. Alle hatten die gleiche Ausgangslage: sie erhielten meinen in Tübingen gehaltenen Vortrag[3], das Transkript des vollständigen Tagebuches sowie einen Artikel, der über meinen Vortrag in DIE ZEIT erschienen war.[4] Ich gab keine Frage- und Themenstellung vor, die Autorinnen und Autoren sollten vollkommen freie Hand in der Gestaltung ihres Textes haben. Das war schließlich für viele, nebst dem Zugang zum unbekannten Tagebuch, der Grund, umgehend und fasziniert zuzusagen. So sind die hier versammelten Beiträge entstanden, die sich dem Material aus verschiedensten Richtungen nähern.

Nach meiner eigenen Tagebuchgeschichte[5] folgt das vollständige Tagebuch, editiert von *Ernst Falzeder*. Daran schließen sich die 16 Beiträge an.

Der erste Beitrag ist ein transkribiertes Gespräch, das meine Schwester Claudia Roth und ich mit *Paul Parin* geführt haben. Paul Parin hat altersbedingt das Augenlicht verloren, sodass Claudia Roth ihm zuerst meinen Artikel über die Tagebuchgeschichte und in einem zweiten Treffen das vollständige Tagebuch vorgelesen hat. Anschließend haben wir ihm Fragen dazu gestellt. Im Gespräch erläutert er, was er unter dem Begriff »Chronopsychoanalyse« versteht, und er nimmt anhand seiner lebendigen Geschichten Bezug auf die Tagebuchnotizen.

Anne-Marie Sandler macht sich Gedanken über die Bedeutung des Tagebuchs. Warum schreibt man ein Tagebuch? Für wen schreibt man es? Was ist der Sinn davon? Anschließend verfolgt sie anhand der Aufzeichnungen den psychoanalytischen Prozess zwischen Freud und der Analysandin, wobei sie immer wieder irritiert feststellt, dass der Text eigentlich ein Protokoll ist und die Gefühle der Patientin kaum beschrieben sind.

Peter Passett setzt in seinem Text einerseits das Tagebuch mit anderen bekannten Tagebüchern in Beziehung. Andererseits liest er die Tagebuchnotizen vor dem Hintergrund eines Textes, der ungefähr zur gleichen Zeit von zwei prominenten Vertretern der damaligen Psychoanalyse formuliert worden ist. Es handelt sich um die »Entwicklungsziele der Psychoanalyse; zur Wechselbeziehung von Theorie und Praxis« von Otto Rank und Sandor Ferenczi.

In den »Gedankenstrichen, die Couch und Politik bewegten« beschreibt *Karl Fallend* die Entwicklung der Psychoanalyse im Zusammenhang mit den poli-

---

3 Publiziert unter dem Titel: »Als Patientin bei Freud 1921. Aus dem Tagebuch einer Analysandin«, erschienen im: Werkblatt. Psychoanalyse und Gesellschaftskritik 58 (2007), 3–23.
4 Ernst Falzeder, in DIE ZEIT vom 2. August 2007, S. 32: »Sie streifen so nah am Geheimnis«. Eine kleine wissenschaftliche Sensation: Das bislang unbekannte Tagebuch einer Freud-Patientin, die ihre Sitzungen protokollierte«.
5 Mein erweiterter Vortrag von Tübingen – gehalten in Frankfurt vor dem FPI (Frankfurter Psychoanalytisches Institut) und der DPG (Deutsche Psychoanalytische Gesellschaft) am 14. Dezember 2007.

tischen Umwälzungen im Wien der Nachkriegszeit. Ausgehend von einer der ersten Tagebucheintragungen (»der Flötenton«), die sich auf Arthur Schnitzlers Hirtenflöte beziehen, illustriert Karl Fallend die politische Stimmung jener Zeit, die bis in die Analyse von Anna G. hineinreichte. Schnitzlers skandalöses Theaterstück *Der Reigen* war eine Kritik der bürgerlichen Sexualmoral, die Freud mit dem Schriftsteller teilte: »Das Heilmittel gegen die aus der Ehe entspringende Nervosität wäre vielmehr die eheliche Untreue.«

Zum Verhältnis zwischen Freud und Eugen Bleuler äußert sich *Bernhard Küchenhoff*. Es betrifft jenen Zeitabschnitt, in welcher die Analysandin im Burghölzli als Psychiaterin gearbeitet und anschließend bei Freud in Wien in Analyse war. Bernhard Küchenhoff zeigt, dass die Trennung C. G. Jungs von Freud (1913) nicht zu einem Bruch zwischen Bleuler und Freud geführt hat. Er belegt anhand von bedeutsamen Zeugnissen, dass weiterhin ein persönlicher und inhaltlicher Austausch zwischen Freud und Bleuler bestand.

Ulrike May vergleicht in ihrem Beitrag anhand der Tagebuchnotizen in zehn Punkten Freuds Arbeitsweise mit der heutigen Praxis. Zwar habe die Analysandin am Ende der Analyse ihr Problem lösen können, stellt Ulrike May fest, doch ob es zu einem »strukturellen Wandel« gekommen sei, sei nicht feststellbar und eher unwahrscheinlich.

Ernst Falzeders Text befasst sich mit Freud als Analytiker und Therapeut. Aus Freuds eigenen Texten, aus Memoiren und Interviews von ehemaligen AnalysandInnen, aus Berichten der Sekundärliteratur sowie aus Freuds Patientenkalender entwirft Ernst Falzeder ein Bild von Freuds Arbeitsweise, das ihn als kreativen, äußerst flexiblen Analytiker zeigt, der auch im engeren Sinn psychotherapeutisch gearbeitet hat.

August Ruhs vergleicht in seinem Beitrag Berichte und Behandlungsdokumente von drei Frauen, welche ihre Analysen in einem ähnlichen Alter und während eines vergleichbaren Zeitraums bei Freud machten: Es geht um seine Tochter Anna Freud, um den »Fall von weiblicher Homosexualität« und schließlich um den »Fall G.«. Dabei stellt er sich die Frage nach Gleichläufen und Gegensätzlichkeiten sowohl hinsichtlich der Ausgangssituation wie auch hinsichtlich der therapeutischen Prozesse. Daraus ergeben sich vor allem bedeutsame Hinweise für nicht unproblematische Gegenübertragungsreaktionen Freuds als Ausdruck innerer und äußerer Konfliktsituationen.

Lilli Gast schreibt über das Zögern. Darin setzt sie sich mit dem »Zauderrhythmus« auseinander, den Freud in »Jenseits des Lustprinzips« (1920) beschrieben hat. Die junge Analysandin kann sich nicht entschließen zu heiraten, sie überstellt das eigene Zögern in das systematisierte methodische

Zögern der Psychoanalyse. Eben dies, meint Lilli Gast, ermögliche ihr, den geraden Weg in eine vorgezeichnete Zukunft zu verlassen.

Thomas Aichhorn befasst sich in seinem Text zunächst mit dem Begriff des Triebverzichtes bei Freud. Er ist der Meinung, dass Freud versucht, der Patientin zu einem besseren Verständnis ihrer Abwehrmechanismen zu verhelfen, um ihr andere Möglichkeiten als nur die Verdrängung ihrer infantil sexuellen Wünsche zu ermöglichen. Die »Verurteilung«, bekannt aus der Analyse des »Kleinen Hans«, erlangt hier zentrale Bedeutung. Thomas Aichhorn beruft sich auf die »Allgemeine Verführungstheorie« Jean Laplanches, wenn er zeigt, dass es im Rahmen der analytischen Situation zu einer Annäherung an das Trauma der Urverführung kommt, durch die ein Prozess der Ent-Übersetzung und Symbolisierung in Gang gesetzt werden kann.

Für *André Haynal* ist diese Analyse ein Bild über die Arbeitsweise, die später als klassisch gelten wird. Man könne daran die Grundideen *und* die Beschränkungen dieser Arbeitsweise erkennen. André Haynal hat in seinem Artikel Freud aus heutigem Blickwinkel quasi supervidiert. Freud wirkt lehrhaft in der Machtposition des Wissenden. Dabei komme Freuds eigene Problematik, die ihn beschäftigt hat, klar zum Vorschein. Mit anderen Worten könne man auch das Spiel einer nicht offen thematisierten Gegenübertragung beobachten und damit die mysteriösen Verbindungen zwischen Fremd- und Autoanalyse in Zusammenhang bringen. Dies seien die Dimensionen, die heute in der psychoanalytischen Praxis nicht wegzudenken wären.

Der Beitrag von *John Forrester* befasst sich mit den Bedingungen, die Freud der Analysandin stellte. Der Autor weist nach, dass die Analyse aufgrund dieser Bedingungen nicht anders verlaufen konnte, als sie verlaufen ist. Freud habe eine stürmische Übertragungsneurose erzeugt, deren Auflösung am Ende der Analyse schon zu Beginn von ihm festgelegt worden sei.

Rolf Vogt beleuchtet in seinem Beitrag die Bedeutung der ödipalen Dimension im Zusammenhang mit der Problematik der Analysandin, in Bezug auf ihre Verlobung zu einer Entscheidung zu gelangen. Er schildert, wie wir, Analytikerinnen und Analytiker, hinsichtlich des Verständnisses ödipaler Zusammenhänge immer wieder von Freud lernen können – während der Umgang in der Praxis ein anderer sein sollte.

Rolf Klüwer nähert sich aus fokaltherapeutischer Sicht den Tagebuchaufzeichnungen. Er versucht auf der Basis der ersten Eintragung eine fokale Hypothese abzuleiten und beschreibt in Form von Stundenprotokollen den Ablauf der Stunden.

Für *Sebastian Krutzenbichler* ist das Tagebuch das »bruchstückhafte Protokoll einer Liebesgeschichte, wie sie sich nur im Rahmen dessen entwickeln kann, was wir als Psychoanalyse bezeichnen«. In seinem Aufsatz beschreibt Sebastian Krutzenbichler, wie sich die Liebesübertragung der Analysandin schon vor der ersten Begegnung zeigt und während der ganzen Analyse bestehen bleibt, obwohl sie von Freud immer wieder zurückgewiesen wird.

Juliet Mitchell konzentriert sich in ihrem Beitrag auf den »Geschwisterkomplex«, welcher das Trauma der Geburt des nachfolgenden Bruders oder der nachfolgenden Schwester beinhaltet. Sie geht von einem mörderischen Hass der Analysandin auf den Bruder aus, dessen tiefste Ebene verleugnet wird und so unbewusst wirksam ist. Juliet Mitchell zieht in keiner Weise Freuds ödipale Deutungen in Zweifel, aber ihrer Meinung nach beschränken sie die Sicht auf die Problematik. Schritt für Schritt zeichnet sie anhand der Tagebuchaufzeichnungen nach, wie sich der Geschwisterkomplex in der Analyse zeigt.

Zwanzig Jahre nach der Entdeckung der Tagebuchhefte ist nun dieser Band mit vielfältigen und sehr unterschiedlichen Kommentaren und Analysen entstanden – ganz so, wie ich es mir gewünscht habe.

Das Einverständnis meiner Familie war Voraussetzung für dieses Buch. Vor allem meiner Mutter Anne Roth-Huggler und ihren Geschwistern, die mir die Tagebuchhefte überlassen haben, bin ich zu großem Dank verpflichtet.

An dieser Stelle möchte ich allen Mitautorinnen und Mitautoren dafür danken, dass sie bereit waren, an diesem Experiment mitzuwirken.

Ohne die Hilfe von Vielen wäre diese Publikation nicht entstanden. Ich möchte mich vor allem bei Hans-Jürgen Wirth (Psychosozial-Verlag) bedanken. Er hat meiner Buchidee sofort begeistert zugestimmt und mir freie Hand gelassen.

Die wichtige Unterstützung all jener, die mein Vorhaben über die Jahre mit Interesse verfolgt haben, bestand im Mitdenken und Mitdiskutieren, im Gegenlesen und Redigieren, im Übersetzen, im Beisteuern von Fotos und immer wieder guten Ideen: Dank an meine psychoanalytische Denkgruppe (Karl Fallend, Ulrike Körbitz, Cornel Textor), an Gaby Alioth, Sophinette Becker, Ralf Binswanger, Ernst Falzeder, Gerhard Fichtner, Lilli Gast, Sylvia Huggler, Waltraud Kruschitz, Sebastian Krutzenbichler, Judith Kuckart, Jean Laplanche, Ulrike May, Robert Malfait, Wilfried Meichtry, Peter Passett, Barbara Roth, Claudia Roth, Elisabeth Rutishauser – und an meinen Lebensgefährten Christoph Iseli!

PROF. DR. FREUD   23. 3. 21.
                                   WIEN, IX., BERGGASSE 19.

Geehrte Frau Doktor

Ich bin im gegenwärtigen
Gedränge schwerlich dazu
geeignet, von Oberholzer
u. Pfister angemeldeten
Patienten vorzuspringen.
Ich antworte Ihnen um-
gehend, damit Sie zu rascher
Entscheidung kommen. Ich
kann Sie nicht eher annehmen
als bis ich weiss, ob Ihnen
mein Honorar und mein
Thor Zeitbestimmung passt
Über manche Punkte Sie
müsste garantiert haben.
Ich berechne 40 frcs für die
Stunde in Ihrer Währung
monatlich zahlbar, nehme
aber niemand der nicht
bis 15 Juli bleiben kann.
Der letzte Punkt ist für
Sie allein entscheidend.

In Anbetracht der knappen
Zeit bitte ich Sie um
telegraphische Rückäußer-
ung, und werde Ihnen
dann eventuell auch
brieflichen Weg endgiltig
Bescheid sagen. Wann
ist es möglich, würde ich
sehr darauf legen, daß
Sie vor dem 1. April in
Wien eintreffen?

Mit kollegialem Gruß
Ihr Freud

Als Patientin bei Freud 1921 –
Aus dem Tagebuch einer Analysandin[1]
Anna Koellreuter

Am 20. März 1921 schrieb Freud an Pfister:

»Lieber Herr Doktor

Eine Ärztin übernehme ich natürlich gerne zur Autoanalyse, vorausgesetzt dass sie die jetzt habituellen vierzig Franken für die Stunde zahlt und solange bleibt, dass die Analyse Aussicht hat etwas zu erreichen, d. h. vier bis sechs Monate, kürzer lohnt es nicht. Ich könnte sie ganz sicher am 1. Oktober annehmen, ob in nächster Zeit kann ich nicht sagen; ich hänge davon ab, ob zwei für den 1. April angekündigte Patienten die Anfrage, ob sie auch wirklich rechtzeitig hier eintreffen, bejahend beantworten. In Ihrem Brief schreiben Sie nicht, welche Zeit die junge Doktorin der Analyse widmen will. Wie ihre junge Ehe mit einer vielmonatlichen Analyse bei mir zusammengehen soll, weiss ich nicht zu sagen. Also weitere Äusserungen erwünscht [...]« (Freud 1980, S. 84–85).

Die junge Ärztin befand sich nicht in einer jungen Ehe, sondern sie war seit sieben Jahren mit einem Studienkollegen verlobt. Es handelt sich bei der jungen Doktorin um meine Großmutter. Von April bis Juli 1921 war sie in Wien bei Freud in Analyse. Von dieser Analyse wissen wir in unserer Familie

---

[1] Dieser Text wurde als Vortrag am *Symposion zur Geschichte der Psychoanalyse* in Tübingen gehalten (2007) und anschließend im *Werkblatt. Zeitschrift für Psychoanalyse und Gesellschaftskritik* 58 (2007) publiziert. Er ist leicht überarbeitet. Ich bedanke mich für die vielfältige Unterstützung bei meiner Schwester Claudia Roth, Sebastian Krutzenbichler, Gerhard Fichtner, Ernst Falzeder, Cornel Textor, Karl Fallend, Ulrike May, Friedl Früh, Peter Passett und Sophinette Becker.

wenig. Sie hat kaum darüber gesprochen. Warum – das bleibt ein Geheimnis, das sie mit ins Grab genommen hat. Mich hat diese Tatsache mein Leben lang beschäftigt, besonders, da ich einige Jahre bei ihr in Zürich wohnte und ein enges und warmes Verhältnis mit ihr hatte. Über ihre Arbeit als Psychiaterin am Burghölzli haben wir häufig geredet. Nach ihrem Tod ertappte ich mich manchmal beim Gedanken: »Jede kann sagen: Ich bin bei Freud in Analyse gewesen ...«

Als erstes möchte ich erzählen, wie es zum Tagebuch gekommen ist. Danach stelle ich daraus sechs Vignetten vor. Im Anschluss daran bringe ich einige Briefstellen, von Briefen, die sie in jener Zeit erhalten hat und die sie unter Druck zu setzen schienen. Es drängt sich ein Zusammenhang mit ihren Tagebuchaufzeichnungen auf.

Zum Schluss will ich mit Bezug auf diese Vignetten meine Gedanken zu Freuds Arbeitsweise diskutieren, im Speziellen die Frage: Wie hat er mit der Übertragung gearbeitet?

1982 starb meine Grossmutter im Alter von 88 Jahren. Die Tatsache, dass sie bei Freud in Analyse war, war für mich eine interessante, aber nicht ganz reale Anekdote in ihrem Leben. 1988 starb mein Großvater im Alter von 94 Jahren in Zürich im dem Haus, in welchem die beiden mit ihren vier Kindern seit 1939 gelebt haben. Das Haus wurde danach während vieler Monate geräumt.

Eines Tages kam ein Anruf von meiner Mutter, sie war in großer Aufregung: »Weisst du, was ich gefunden habe? Den Originalbrief von Freud an Großmama, mit den Bedingungen für die Analyse bei ihm – datiert: 23.3.1921!«

Der Inhalt des Briefes ist folgender:

»Geehrte Frau Doktor,

es ist mir im gegenwärtigen Gedränge sehr lieb, dass Sie beide von Oberholzer und Pfister angemeldeten Patienten repraesentiren.
Ich antworte Ihnen umgehend, damit wir zu rascher Entscheidung kommen. Ich kann Sie nicht eher annehmen als bis ich weiss ob Ihnen mein Honorar und mir Ihre Zeitbestimmung passt, über welche Punkte Sie nichts geäussert haben. Ich berechne 40 frs die Stunde in Ihrer Währung monatlich zahlbar, nehme aber niemand, der nicht bis 15. Juli bleiben kann. Der letzte Punkt ist für sich allein entscheidend. In Anbetracht der knappen Zeit bitte ich Sie um telegraphische Rückäusserung und werde Ihnen dann eventuell auf demselben Wege endgiltig Bescheid sagen.

Wenn alles stimmt, würde ich Wert darauf legen, dass Sie vor dem 1. April in Wien eintreffen.

Mit kollegialem Gruss
Ihr Freud.«

Kurze Zeit später folgte der nächste Anruf: »Du wirst nicht erraten, was ich diesmal gefunden habe! Zwei Tagebuch-Hefte, über ihre Analyse in Wien!«

Ich nahm die Hefte und las sie in einem Zug durch. Doch lange Jahre konnte ich mich nicht vertieft damit befassen – was wohl mit der Intimität dieser Aufzeichnungen zu tun hatte – und ich legte die Hefte vorerst beiseite.

Nach einigen Jahren zog ich sie wieder hervor. Ich dachte, meine Widerstände hätten sich gelegt. Doch dem war nicht so. Als ich mit den Tagebüchern zu arbeiten begann und über sie nachsann, entstanden erneute Widerstände, die mir zu schaffen machten. So drängten sich mir viele Fragen auf: Was ist ein Tagebuch? Warum schreibt man ein Tagebuch? Hat meine Großmutter es für die Nachwelt geschrieben? Oder nur für sich? Und wenn sie es nur für sich geschrieben hat, warum hat sie es nicht weggeworfen, sondern aufbewahrt? Ich selbst habe ebenfalls während meiner Analyse Tagebuch geschrieben, wie manche meiner Kolleginnen und Kollegen auch, mit denen ich sprach. Es diente mir als Mittel, um mir über gewisse Dinge klar zu werden. Nachdem es seine Funktion erfüllt hatte, habe ich es entsorgt. Hatte es mit Freud zu tun, dass meine Großmutter ihr Tagebuch nicht wegwerfen konnte? Wollte sie es als ein geschichtliches Dokument aufbewahren? Ich weiß es nicht. Darum fragte ich mich: Würde sie wollen, dass ich ihr Analyse-Tagebuch lese?

Zu den biografischen Daten

Meine Großmutter ist mit ihren beiden jüngeren Brüdern in Zürich aufgewachsen. Der eine wurde Verleger, der andere Kunstmaler. Sie selbst studierte zuerst Germanistik und dann, als eine der wenigen Frauen jener Zeit, Medizin und Psychiatrie.

Zum Zeitpunkt ihrer Analyse war sie 27 Jahre alt. Sie hatte ihr Medizinstudium abgeschlossen und unter Eugen Bleuler am Burghölzli in Zürich ihre ersten Assistenzjahre hinter sich gebracht.[2] Sie lebte in dieser eingangs erwähnten langjährigen recht ambivalenten Verlobungs-Beziehung. Im Herbst 1921 sollte die Hochzeit folgen, die schon im Detail geplant war. Meine Großmutter entwickelte ihre Zukunft betreffend immer größere Zweifel, fand aber nicht die Kraft, sich aus dieser Beziehung zu lösen, das war denn auch der Grund für sie, eine Analyse zu machen. Darüber hat sie oft mit mir gesprochen, jedoch nicht über die Analyse selbst.

Als der Brief von Freud kam, entschied sie sich innerhalb von zwei Tagen rasch und definitiv – das genaue Datum war ja erst mit Freuds Brief vom 23. März klar – nach Wien zu reisen und während vier Monaten alles hinter sich zu lassen. Als meine Mutter ihr Haus räumte, kamen Stöße von Briefen zum Vorschein, unter anderem jene, die sie während der Monate in Wien erhalten hat. Der größte Teil von ihrem Vater, dann einige wenige von ihrer Mutter, einige von ihrem Verlobten und schließlich zwei von meinem Großvater, den sie kurz vorher kennengelernt hatte.

Aus den Texten der Briefe wird ersichtlich, dass sie während der vier Monate nicht, oder nur ganz oberflächlich, auf die Briefe eingegangen ist. Im Tonfall schrieb sie ungefähr so: »Meine Lieben, wie geht es Euch. Mir geht es gut – was ich auch von Euch hoffe ...« Ob dies eine Anweisung von Freud war, ist nicht zu überprüfen. Den folgenden Vignetten ist zu entnehmen, dass er ihr sehr wohl andere Anweisungen gab. Vielleicht gehörte diese Abstinenz den nächsten Menschen gegenüber während der Kur dazu, weil »man« es – gemäß Freuds Devise – so machte. So schreibt ihr Vater nach gut zwei Wochen: »Eigentlich bin ich sehr böse mit Dir, aber das hält nicht, daran kann ich nichts ändern. Du hättest schreiben sollen. [und am Ende des Briefes]: Nimm Dich jetzt zusammen d.h. alle Kraft, die Lust auch den Schmerz, schreib was Du schreiben magst & ob der Freud Dir Freud macht.« (17.4.1921) In einem späteren Brief schreibt der Vater ironisch: »Soeben erhielten wir Deinen inhaltsreichen Brief. Könnte Freud Dich nicht von Deiner Schreibunlust kurieren?« (18.5.1921). Und noch später: »Wie ist der Prof. Freud & wie benimmt er sich eigentlich?« (13.6.1921)[3]

Das *Setting* fand wie schriftlich vereinbart statt und entspricht den Recherchen Ulrike Mays über den Behandlungskalender von Freud zwischen 1910 und 1920 (May 2006): Der Beginn war am Freitag, 1. April 1921, eine

---

2 Nach dem Staatsexamen (1918) trat sie im Burghölzli ihre erste Stelle unter Eugen Bleuler an. 1920 entstand ihre Dissertation ebenfalls unter Bleuler am Burghölzli.
3 Die Brieftexte sind originalgetreu transkribiert.

Stunde täglich, inklusive Samstag, wie dies damals üblich war. Dies ist aus den Rechnungen, die ihr Vater bezahlte, ersichtlich.[4] Die letzte Analysestunde fand vermutlich am 14. Juli (Donnerstag) statt, da Freud am 15. Juli mit Minna, seiner Schwägerin, nach Badgastein in den Urlaub fuhr.[5] Die letzte Bemerkung von Freud an Pfister über meine Großmutter, datiert vom 29.7.1921, kam aus Badgastein. Freuds Bedingung war ja unter anderem, dass sie bis am 15. Juli bleiben müsse. Ob und wie lange sie danach noch in Wien blieb, ist nicht eruierbar. Aus einem der Briefe von ihrer Mutter an G. lässt sich vermuten, dass die Mutter gerne gehabt hätte, G. würde ihre Analyse verlängern. So schrieb ihre Mutter:

> »Ich habe auch gedacht, ob Dir Prof. Freud nicht in den Ferien auch eine Stunde per Tag geben könnte, es ist natürlich auch nicht gut, so ein langer Unterbruch, wo er doch in seinem Buch betont, man rede sogar von der Sonntagsstunde, die am Montag zu lösen sei, Du könntest ja an denselben Ferienort oder wie stellst Du Dir das alles vor? Wie lange sind überhaupt die Ferien von Freud? 6 Wochen? Oder mehr? Es ist alles so schwierig.«

und weiter unten:

> »Weisst Du, in dem Buche schreibt Freud, dass es Patienten gebe, die 1 Jahr und noch mehr in Behandlung seien« (17. 6. 21).

Das Tagebuch

Mir ist nicht klar, was ich erwartet oder mir vorgestellt habe. Aber sicher nicht das, was sich mir zeigte: nämlich eine Ansammlung von Gedankenfetzen, im Dialog mit Freud, die wie im O-Ton formuliert sind. Sie hat notiert, was ihr wichtig erschien, und vor allem die Reaktionen von Freud auf all das, was sie mitteilte. Es ist nicht möglich, den Ablauf einer Analysestunde ganz nachzuvollziehen.

Das Tagebuch ist formal anders gestaltet als andere, die wir kennen, z. B. dasjenige von Ernst Blum, der 1922 (Pohlen 2006) seine 4-monatige Analyse bei Freud machte. Die zwei Tagebücher kann man nicht vergleichen. Blum

---

4 Es sind zwei monatliche Überweisungen vorhanden.
5 Ich danke Ernst Falzeder für diesen Hinweis: (Jones 1978, S. 101) und Anna Freud schrieb am 14. Juli 1921 an Freud: »Alles Gute zur morgigen Reise und guten Einzug in Gastein« (Freud/Freud 2006).

sah sich als Schüler und Lehrling von Freud auf dem Wege zum Analytiker. Für meine Großmutter hingegen war das Ziel ihrer Analyse, Klarheit darüber zu gewinnen, ob sie die 7-jährige Verlobungsbindung wirklich in die für September 1921 geplante Heirat münden lassen will oder eben nicht. Dies hat sie mir mehrere Male mitgeteilt. Ihre Eltern stellten sich nie gegen die Auflösung der Verlobung, das ist aus den Briefen ersichtlich, aber sie gaben ihr auch keine Ratschläge. Sie hat mir erzählt, dass sie mit ihrem Problem alleine war, und dass die Auflösung einer Verlobung in der damaligen Zeit keine alltägliche Sache war.

Ihre Tagebuchaufzeichnungen zeigen sich nicht als abgerundete Beschreibungen der Analysestunden, sondern es sind scheinbar wahllos ausgewählte Gedanken oder Traumteile, die sie vermutlich nach den Stunden aufgeschrieben hat. Trotzdem lässt sich einiges zur Arbeitsweise von Freud feststellen.

Das Tagebuch besteht aus zwei Schulheften, in welche sie in unregelmäßigen Abständen ihre Notizen geschrieben hat. Ihre erste Analysestunde fand am 1. April statt – die Einträge jedoch beginnen ohne ein Datum, es sind festgehaltene Gedanken, die – scheinbar – keine Struktur der Stunden erkennen lassen. Erst auf der siebten Seite steht ein Datum: 15. April. Die letzten Eintragungen aus dem zweiten Heft stammen vom 16. Juni. Dazwischen schrieb sie zeitweilig täglich, und zwar vor allem im April; im Mai folgen zwei Eintragungen und im Juni noch vier. Die Analyse dauerte bis zum 14. Juli 1921, also ca. 80 Stunden.

Was als erstes gleich ins Auge springt, ist, wie bereitwillig und gleich von Anfang an meine Großmutter – wie übrigens auch Blum – über Sexuelles sprach, als ob sie Freud das bringen wollte, was er zu hören wünschte. Unter ihren Büchern befanden sich denn auch die meisten psychoanalytischen Schriften von Freud bis 1920, einige von Rank, Stekel, Pfister u. a. m. »Jenseits des Lustprinzips« (1920) sowie die »Drei Abhandlungen zur Sexualtheorie« (1905) sind in doppelter Ausführung vorhanden, sehr zerlesen fallen sie fast auseinander. Das bedeutet, sie hat sich mit Teilen von Freuds Theorien sehr intensiv befasst. Daraus kann man folgern, dass sie sicher mit einigem an psychoanalytischem Wissen ihre Analyse begonnen hat.

In den Tagebuchnotizen sind mir drei Dinge besonders aufgefallen. Erstens: Freuds Deutungen sind suggestiv, zweitens symbolistisch und drittens sind seine Übertragungsdeutungen reduktiv-prospektiv.

Ich möchte Ihnen nun sechs Vignetten aus dem Tagebuch vorstellen.

Erste Vignette
Seiten 1–6: kein Datum (Einstieg = Beginn…)⁶
Als allererste Eintragung ist zu lesen:

G(ROSSMUTTER)⁷: Als ich 4 Jahre alt war in Strassburg da war meine kleine Kousine, ein dicker Säugling. Ich kneifte sie u. quälte sie immer wenn ich alleine war bis sie schrie. – Einmal riss ich auf dem Balkon alle jungen Pflänzlein aus, die ich für Unkraut hielt. – Zufällig entdeckte ich dort die Onanie indem ich mich an ein Gesimse presste.

FR(EUD): Das ist eine ausserordentlich gute Erinnerung. – Plagten Sie auch ihren kl. Bruder?

G: ich legte ihn z.B. auf den Rücken, dass er nicht mehr aufstehen konnte.

FR: Sie begannen die Onanie als Sie sich einsam fühlten. Man liebte Sie nicht mehr so wie als Sie noch allein waren. Darum rächten Sie sich auch an dem kleinen Kind u. dem Symbol dem jungen Pflänzlein.

G: Als mein Bruder W auf die Welt kam, fragte ich, als ich ihn sah: warum schreit er nicht?

FR: Sie hätten ihn also am liebsten wieder in schreiendem Zustand gesehen wie die Kousine?

FR: Man sieht deutlich 3 Stufen in Ihrem Leben: Der oberste Stock, das ist der jetzige Konflikt mit R etc. der mittlere, das betrifft das Verhältnis zum Bruder der tiefste, der mit den Eltern zusammenhängt, ist Ihnen noch ganz unbewusst u. er ist der wichtigste. Daraus leitet sich dann das Verhältnis zum Bruder ab.

Später [wie G. schreibt]

G: Ich erzähle: als ich im Gymnasium war, dachte ich ich möchte einen Jüngling gern haben, der unendlich traurig wäre u durch mich würde ihm das Leben ermöglicht u. er würde dann auch glücklich.

FR: Also etwas Ähnliches wie beim Bruder.

G: Dann dachte ich später ich möchte 7 Kinder haben, den Vater stellte ich mir nicht vor.

FR: Eigentlich 7 Männer. 7?

G: Adam hatte 7 Söhne. P⁸ aufhängt seine sieben Söhne. Der Hungerueli

---

6 Die Titel der Vignetten stammen von mir (A.K.).
7 Die Aufzeichnungen sind wörtlich transkribiert worden. G und Fr wurden von mir eingefügt, um die Aussagen zu unterscheiden.
8 Nicht lesbar (A.K.).

Isegrind frisst sini 7 chline Chind. Ich glaubte die Reuel fressen ihre Jungen.

FR: Sie streifen so nah am Geheimnis des untersten Stockes, dass ich es Ihnen verraten kann: Sie liebten Ihren Vater u. haben ihm den Treuebruch mit der Mutter nie verziehen. Sie wollten die Mutter des Kindes sein. Sie wünschten daher Ihrer Mutter, die Ihnen den Geliebten nahm den Tod. Nach u. nach werden Sie Beweise dazu bringen u. es wird sich das Rätsel lösen warum Sie nicht von Ihrem Bruder loskommen. –

Später [wie sie schreibt]

FR: Es lassen sich deutlich 3 Schichten erkennen in Ihrem Leben, die jetzige, die Schicht die die Brüder betrifft, dann die tiefste, die mit den Eltern zusammenhängt. – Pathologisch ist das lange Schwanken ob Sie R heiraten sollen oder nicht; dass es zu keiner Entscheidung kommt, beweist dass etwas anderes dahinter sein muss, das wie Sie selbst einsehen mit den Brüdern u. Eltern zusammenhängt.

G: Ich habe in Paris W [den einen Bruder] so gern gehabt, er schien mir auf einmal das Ideal, nicht mehr A [den andern Bruder].

FR: Sie gleiten vom einen zum andern wie bei den Geliebten. Die Geliebten sind Brüderersatz, sie sind drum gleich alt, eigentlich sozial jünger.

G: Ich möchte nach Russland, wie jene Söhne und Töchter der Aristokratie bei der letzten Revolution ihre Familie verliessen, möchte ich fort gehen und dieses Milieu verlassen in das ich nicht gehöre. – Ich denke an jenes Stück von Schnitzler »Der Flötenton«.

FR: Das ist genau Ihr Konflikt.

Einzelne Äußerung von Freud – ohne Datum (S. 11):

FR: Das letzte Mal sahen wir dass Sie sich langweilen, dass Sie jemand liebhaben möchten. Es gibt nun 2 Wege einer Analyse: Die einen Leute müssen alles tun, die andern bei denen genug psychisches Material vorhanden ist, machen alles in der Psyche aus. – Wenn es möglich ist, lassen Sie die Abenteuer sein. Dulden Sie u entbehren Sie, so dass alles desto deutlicher in der Stunde zum Vorschein kommt. –

Zweite Vignette

Seite 12: 18. April (Dora)

G : Traum: »Ich lag im Bett am Abend, das Licht war angezündet. Da sah ich links von meinem Kopf auf dem Leintuch widerliche Flecken, bräunlich. In der Flüssigkeit (sie waren noch feucht) bewegten sich ekelhafte kleine Würmchen. Es grauste mir, ich rief Papa und er war da und lachte nur ein wenig, er hatte keine Angst. Es war wie als Kind wenn ich Angst hatte, und er kam«. – Der Smyrnateppich im Erker hat bräunliche Flecken von Kaffee, den A [Bruder] und seine Freunde dort getrunken haben.

F R : Sie leiten also auf den Traum, die bräunlichen Flecken über.

G : Als ich mit dem Bildhauer in meinem neuen Kleid in ein Kaffee ging schüttete ein junger Künstler Kaffee über mein Kleid. Ich lächelte und sagte: es macht nichts. – Einmal umarmte mich der Bildhauer. Nachher hatte ich Flecken an meinem Kleid, es war aber ein anderes. Er war erschrocken, aber ich sagte: es macht gar nichts.

F R : Sie rufen also im Traum ihren Vater zu Hilfe gegen die Aggressionen der jungen Männer. – Sie flüchten sich zum Vater. Ihr Unbewusstes gibt also die erste Bestätigung meiner Behauptung, dass Ihr Vater Ihr erster Geliebter war. Haben Sie die Studie einer Hysterie: Dora, gelesen?

G : Ja, ich weiss aber nichts mehr davon.

F R : Ihr Traum ist vollständig dem der Dora nachgebildet. Sie setzen sich also an Stelle der Dora, die ja in ihren Vater verliebt ist. – Zuerst kommt die intellektuelle Bereitschaft, man anerkennt Beweise des Unbewussten, dann erst gibt man es auch gefühlsmässig zu und zuletzt kommen als Abschluss noch direkte Erinnerungen. – Die Liebe zum Bruder, die ja bewusst ist, ist nicht die tiefste Schicht und darum nützt das Bewusstsein ihrer Existenz nicht, sie können sich nicht davon befreien, denn sie ist tiefer bedingt.

Dritte Vignette

Seite 21: 21. April (Traum vom Schachbrett)

G: Freunde von A und W [ihre beiden Brüder] waren da aber sie waren alle etwas jünger. Sie schwammen in den See hinaus und die Sonne schien. O war da und war sehr klein, ich half ihm über eine Mauer, da er es allein nicht konnte und drüben im Garten warf er sich plötzlich auf mich und umarmte mich. Ich war etwas erstaunt, dass so ein Büblein das wagte und es war mir nicht ganz recht wegen der Leute die zuschauten. Dann hatte ich eine herzige kleine Schatulle. Ich sagte: Sie ist wie ein Schachbrett auf dem Deckel, aber als ich sie öffnete war sie gar nicht wie ein Schachbrett. Es hatte allerliebste Sachen drin. Z. B. eine kleine Hochzeit, lauter Figuren aus Papier ausgeschnitten zum Aufstellen. Ich wollte M [der Kousine] etwas davon geben, aber es reute mich.

FR: Die sieben Freunde –

G: Sie waren alle klein, fast wie Kinder, O war besonders klein. Ich half ihm über die Mauer, d. h. ich verführte ihn zur Liebe.

FR: Setzen wir die Symbole ein, die wir dank unserer Kenntnisse wissen.

G: Schachbrett: Mein Vater sagte neulich, er habe mit meiner Mutter Schach gespielt bevor sie sich verlobten und dann habe er sie gefragt ob sie seine Königin sein wolle.

FR: Sie können auch selbst die Symbole einsetzen, damit Sie einen Zusammenhang bekommen, wenn Sie mit den Assoziationen nicht weiter kommen. Mauer, es ist die – Mauer die überwunden werden muss um Sie zu umarmen. – Es ist das Hymen. Die kleine Schatulle ist das weibliche Genitale.

FR: Der Traum zeigt sehr schön die Tendenzen aus der Vergangenheit. Die Schatulle ist wie ein Schachbrett d. h. sie setzen sich an Stelle der Mutter, aber nachher: Sie ist doch keines, d. h. – Sie wenden sich ab vom Vater. Die Freunde, die »kleinen«, die da herumschwimmen sind Symbole für d. männliche Glied. Sie helfen ihm die Mauer überwinden d. h. Sie wollen eine richtige Defloration, die dann zur Ehe führt (kleine Hochzeit in d Schatulle) – Sie gönnen die Hochzeit nicht d. Kousine M. – Die Sonne ist immer der Vater.

Später

G: Einmal, aber nur ein einziges Mal als Papa dem A [Bruder] drohte, er werde ihn schlagen, wenn wir zu Hause seien, hatte ich ein Gefühl des

Grausens mit etwas Interesse verbunden, sobald die Drohung Tat wurde aber nicht mehr. Es war eben die einzige Drohung.

FR: Es ist der Wunsch selbst geschlagen zu werden. Später nimmt es dann die Formen des bloss Geschimpftseinwollens. In der Analyse, wenn die Widerstände kommen benehmen Sie sich dann ähnlich, da ich den Vater vertrete, z. B. die Idee, dass die Kur nicht nütze etc. sind schon Anfänge davon. – Die Besorgnis, dass Sie nachher eine andere noch dümmere Heirat schliessen, weil Sie es nicht aushalten würden ist sinnlos, denn es ist ja der Zweck der Kur, dass Sie diesen Trieb beherrschen lernen u. also heiraten können in freier Wahl, nicht aus Angst vor dem Trieb. – Dieser Einwand erinnert an die Geschichte des Gänsehirten u. Pferdehirten, die sich vorstellten was sie tun würden wenn sie das grosse Los gewinnen würden. Der Pferdehirt beschreibt seinen Palast in dem er dann wohnen würde die Diener etc. Der Gänsehirt sagte, er würde nur noch zu Pferde sitzen und seine Gänse hüten. – Die Idee, Sie seien zu alt um ein neues Leben anzufangen ist umso unberechtigter, da Sie durch das Studium Ihre Pubertät ausserordentlich lange hinausgezogen haben u noch nicht so tief erlebt haben.

Pause [steht geschrieben]

G: Im Burghölzli war ein Mädchen, das sehr intelligent war und voll psycholog. Verständnisses, es hiess ferner es wollte Stenographie lernen, aber es kam nicht über die erste Liebe hinaus, es konnte sich gar nicht mehr konzentrieren. – Ich kann mich auch nicht mehr konzentrieren.

FR: Aha eine schweizerische Nationalitätsdiagnose! –

Vierte Vignette a)

Seite 31: 25. April (erotische Übertragung)

G: Goethe wollte als er auch schon ziemlich alt war ein Mädchen heiraten. Früher dachte ich, natürlich hat sie nicht gewollt, jetzt begreife ich es ganz gut, wie man jemand älteren heiraten kann. D. h. also ich möchte Sie ev. heiraten, ich habe Sie schon sehr gern.

FR: Das ist nun die Übertragung der alten Liebe und Verliebtheit, die Sie zum Vater hatten, auf mich. Auch alle die schmerzl. Enttäuschungen, Eifersucht etc. wird dann kommen.

Vierte Vignette b)

Seite 32: 26. April (erotische Übertragung)

G: Ich hörte im Wartzimmer wie der Pat. vor mir, der junge Mann das Wort »Chlorphyll« sagte. Ich dachte so eine Association würde mir nie einfallen. Ich bin wahnsinnig ungebildet. Denn humanistische Bildung fehlt mir ja ganz u. die naturwissenschaftliche ist auch an mir abgeglitten.

FR: Sie wollen sich also herabsetzen in intellekt. Beziehung. Bei andern Frauen ist das gewöhnl. in körperl. Beziehung. Sie erzählen wie sie z.B. Hämorrhoiden haben etc.

G: (Pause) Es fällt mir nichts ein.

FR: also ist es ein bes. Widerstand der mit der Übertragung zu tun hat. –

G: Ich habe Sie so unbeschreiblich gern wie ich noch gar niemand vorher geliebt habe kommt es mir vor. –

FR: Diese Liebe zum Vater war so ungeheuer, dass alles Spätere ein schwacher Abglanz war. Von der Intensität d Kinderliebe macht man sich keinen Begriff, sie ist ja nur potential vorhanden, wird nicht zur Tat. –

G: Ich dachte als Kind immer: Wenn ich nur nie eine unglückliche Liebe erleben muss, das könnte ich nicht aushalten, denn meine Liebe ist grösser als die anderer Menschen.

FR: Das alles können Sie nur denken weil Sie schon einmal eine Enttäuschung durchgemacht hatten, die Sie nicht mehr erinnerten. – Wenn Sie sich herabsetzen tun Sie es um <u>mir</u> die Liebe zu verleiden, wie z.B. die Dame mit den Hämorrhoiden.-

Fünfte Vignette

Seite 4/II: 5. Mai (Leporello)

G: heute morgen stach ich mich in den Finger, ein Tropfen Blut kam heraus und ich dachte, das bedeutet dass ich mir ein Kind wünsche. Schneewittchens Mutter stach sich in den Finger beim Nähen und wünschte sich ein Kind.

FR: Da die Libido gestaut wird, indem sie nicht zu dem Mann kommen kann kommen alle diese Wünsche denn hier zum Vorschein. Das ist auch der <u>Sinn der Abstinenz.</u>

G : Im Traum liebe ich einen Mann. Ich denke er hat viel Ähnliches mit dem Bildhauer und frage woher er kommt. Er sagt: von Brienz und ich denke: offenbar gefallen mir die Leute in Brienz besonders gut. Ich weiss aber dass ich im Grunde R [ihr Verlobter] liebe und es ist mir nicht ganz recht. – ich habe Leute aus gewissen Gegenden besonders gern: z. B. aus Luxemburg. Ich kannte einen Assistenten im Burghölzli, der aber leider schon verheiratet war und den jungen katholischen Pfarrer in London. Dann auch die Norweger: Als ich 19 Jahre alt war, lernte ich einen Norweger in einem Skikurs kennen, der mir sehr gut gefiel, dann wieder einen Schweden in Paris, der ähnlich war. – Auch die Basler habe ich gern, d. h. jetzt nicht mehr so (Aufzählung d. Verschiedenen). Einmal glaubte ich, dass mir die Holländer gut gefallen. Sie sind aber glaube ich nun zwar zuverlässig u. treu, aber beschränkt. Einen Franzosen heiraten möchte ich nicht.

FR : Das ist die reinste Leporelloarie aus Don Juan. Registerarie heisst sie. Meine Idee, dass Sie sich im Traum als Gegenstück zum Don Juan darstellen war also doch richtig. –

Ab hier werden die Tagebucheintragungen brüchig. Die nächste Notiz hat das Datum vom 10. Juni – also länger als einen Monat hat sie keine Aufzeichnungen mehr gemacht.

In dieser Zeit, Mai und Juni erhält sie mehrere Briefe ihres Vaters, ihrer Mutter und ihres Verlobten, die sie weiterhin nicht beantwortet. Offenbar kommt sie zunehmend unter Druck, wird von äußeren Verhältnissen bestimmt, was ab dieser Zeit Störungen ins Tagebuch und vielleicht auch in die Analyse zu bringen scheint. Es ist, als ob sie nicht mehr mit sich selbst sprechen könnte, was ja der Sinn eines Tagebuches wäre. Jedoch tut sie weiterhin nicht, was von ihr verlangt wird: nämlich Briefe beantworten – und bewahrt sich so ihre Autonomie. Freud wird dazu sagen: »Sie stehen unter der Herrschaft des Trotzes gegen die Eltern«.

Im Anschluss an die vorherigen Vignetten möchte ich Ihnen die Notizen der letzten Seiten des 2. Tagebuches wiedergeben. Der Druck, sich entscheiden zu müssen nimmt zu – aufgrund der Mitteilungen in den Briefen, die sie erhielt. Die Analyse geht ihrem Ende zu. Es ist mittlerweile Juni geworden. Sie notiert zunehmend weniger, die Daten fehlen, und es befinden sich freigehaltene Seiten mitten in den Texten, als ob sie diese im Nachhinein noch hätte ergänzen wollen.

So schrieb ihr Vater beispielsweise Anfang Juni: »Über Dein Verhältnis zu R. (ihrem Verlobten) musst Du ganz selbstverständlich <u>bald</u> einen Entschluss fassen. Es ist das Mindeste was R. wirklich von Dir verlangen kann. Versetze Dich in seine Lage.«

Mitte Juni – der nächste Brief ihres Vaters, ein langer fünfseitiger Brief, von dem ich nur kurze Sequenzen vorlesen möchte:

»Mein liebes G!

Deinem Wunsche, wieder einen langen Brief zu erhalten, will ich entsprechen, wenn ich auch von Deiner Seite mit den Briefen nicht verwöhnt werde. Du hast der Mamma geschrieben, das Schreiben sei Dir zuwider & entschuldigst Dich damit, dass Du andern überhaupt nicht antwortest. Das wissen wir, es ist leider so, eine Entschuldigung ist es aber nicht, sondern etwas ganz anderes. Es heisst: ich thu nur das was mir gefällt + unterlasse, was mir nicht gefällt, ich kümmere mich nicht darum, ob die Andern dadurch verletzt werden und es ist mir gleichgültig, wenn sie sich von mir abwenden. So wird Dein Thun aufgefasst. Die Entfremdung, von welcher die Mamma sprach, ist nicht nur für uns, kein leeres Wort […] Kein Mensch kann nur das thun was er gerne thut und was ihm Vergnügen bereitet […] Es liegt demnach weder im allgemeinen noch in Deinem speciellen Interesse, Dich zu isolieren. Es besteht die Gefahr dass Du zuletzt alle die, welche sich für Dich interessieren, verlierst […] Ich versichere Dich, dass Du Menschen weh thust, und dass Du Gefahr läufst Deine Freunde zu verlieren. Das muss ich Dir sagen und Dich bitten, einmal gründlich darüber nachzudenken.«

Einige Tage später am 20. Juni schreibt der Bildhauer aus Brienz – der zu dieser Zeit in Paris weilt – am Ende des Briefes resigniert: »Hast Du meinen Brief vom 20. April denn nicht erhalten? Schreibe mir doch auch wieder mal ein paar Zeilen, sie würden mich riesig freuen. Ich sage niemand, dass ich Dir schreibe. Und Du wirst die Briefe auch vernichten; es ist besser so. Empfange viele herzliche Grüsse von Deinem H.«

Und am 2. Juli – es bleiben nach Erhalt dieses Briefes also noch 10–12 Analysetage – teilt ihr ihre Mutter mit: »Fräulein K heiratet Prof. C. Sie ist schon 4mal verlobt gewesen, kennst Du sie eventuell? Heute ist die Eheverkündung von Dir und R im Tagblatt, und auch die von M [ihrer Cousine, dem dicken Säugling, aus der ersten Vignette, den sie quält], der Hochzeitstag von M ist nun definitiv auf den 2. August festgesetzt. Euer Hochzeitstag könnte Ende August sein.«

Ein Brief von ihrem Verlobten datiert vom 3. Juli:

»Schade, dass Dein Brief, den Du mir in den Militärdienst geschickt hast, mich nicht erreicht hat, ich habe ihn wirklich nicht erhalten. [...] Sag denkst Du auch an mich oder denkst Du die ganze Zeit nur an die Psychiatrie, an Analyse u an solche Dinge? [...]

Z und M werden Anfangs August, also etwas früher als wir heiraten. Ich finde, dass es absolut kein Unglück war, dass wir solange verlobt waren, wir haben halt noch arbeiten u. uns ausbilden müssen [...] Sag, wann glaubst Du, dass Du fertig bist bei Freud? Ich will Dich lieber jetzt von Freud nichts fragen, Du hast dann Zeit, mir alles zu erzählen [...]«

Im letzten vorhandenen Brief vom 9. Juli 1921 fragt der Vater zum Schluss: »Wann kommst Du zurück und was hast Du mit R abgemacht? fragt Dein Dich herzlich grüssender Papa«.

Eine weitere letzte Vignette ist dadurch charakterisiert, dass es unklar bleibt, ob die Aufzeichnungen den direkten Dialog wiedergeben oder ob es sich teilweise um ihre persönlichen Gedanken und Träume handelt, die sie Freud nicht mitteilt.

6. Vignette

Seite 17/II: 16. Juni (Traum, wie man einen Liebhaber abwehrt – denn es existiert ein Brief ihres Verlobten, datiert vom 11. Juni, den sie kurz vorher erhalten haben muss)

G: Ich hatte einen Traum: Ich sitze in einem Eisenbahnzug und fahre mit Minka u. einem jungen Mann, France oder Tag, über den Rhein nach Deutschland. Die Landschaft ist unbeschreiblich schön, hohe dunkle Bäume, alles hat einen tiefen Glanz, denn es regnet, merkwürdig schimmernder Regen. Der junge Mann kauft mir eine Zeitung, eine Art Witzblatt, das sehr dumm ist. Eine Art illustrierte Geschichte steht drin: »Wie man einen stürmischen Liebhaber zurückhält«. Alles war blödsinnig. Es war ein sehr komplizierter Vorgang. Man gibt ihm eine Art Pusterohr aus einer Feuertrommel. Er kann dann jedenfalls nicht mehr küssen. Ich erzähle es Freud im Traum und auf seine Frage, warum ich mir denn die Zeitung von ihm kaufen liess, sage ich: ich bin halt so unselbständig –

G [SCHREIBT WEITER]: Der Traum ist eine Verhöhnung der Ratschläge von F, die als blödsinnig bezeichnet werden [ist damit nun Freud oder France gemeint?].

Ich tue grad das Gegenteil, ich fahre nämlich sogar auf die Hochzeitsreise mit Fr, denn dass die Minka dabei ist, ist ein weiterer Beweis, da Personen, die das Hindernis bilden im Traum dabei sind, um den Vorgang zu maskieren. R. wollte ja nach Deutschland die Hochzeitsreise machen mit mir. Diese schöne Landschaft mit dem befruchtenden Regen ist durch das merkwürdige Licht einer Leidenschaft gesehen.

FR: Sie stehen unter der Herrschaft des Trotzes gegen die Eltern.

G [SCHREIBT IN KLAMMERN]: (Er glaubt diese Liebe ist zum grösseren Teil daraus zu erklären, aber es ist nicht wahr. O mein Gott. Wie liebe ich ihn).

Diese Bemerkung gehört zu den letzten Sätzen des zweiten Tagebuchheftes.
Ob diese Liebe hier Freud oder France oder ihrem Verlobten gilt, bleibt unklar.

Ich komme nun zu meinen Gedanken zu *Freuds Arbeitsweise*. Sie betreffen einerseits die suggestiven sowie andererseits die symbolistischen Deutungen und als drittes die reduktiv-prospektiven Übertragungsdeutungen. Was überall in den Aufzeichnungen durchschimmert, ist Freuds Überzeugung der allgegenwärtigen Wirksamkeit des Ödipuskomplexes.

1) Zu den *suggestiven Deutungen* sagt Freud: »Die Gefahr, den Patienten durch Suggestion irre zu führen, indem man ihm Dinge einredet, an die man selbst glaubt, die er aber nicht annehmen sollte, ist sicherlich masslos übertrieben worden. Der Analytiker müsste sich sehr inkorrekt benommen haben, wenn ihm ein solches Missgeschick zustossen könnte; vor allem hätte er sich vorzuwerfen, dass er den Patienten nicht zu Wort kommen liess. Ich kann ohne Ruhmredigkeit behaupten, dass ein solcher Missbrauch der ›Suggestion‹ in meiner Tätigkeit sich niemals ereignet hat« (Freud 1937, S. 48).

Erinnern wir uns aber beispielsweise an die Tagebuchnotiz in der zweiten Vignette, in welcher sich G. im Traum vor widerlichen Flecken mit Würmchen darin graust und, als sie Angst hatte, ihr Papa dann da war. Freud sagt dazu: »Sie flüchten sich zum Vater. Ihr Unbewusstes gibt also die erste Bestätigung meiner

Behauptung, dass Ihr Vater Ihr erster Geliebter war. Haben Sie die Studie einer Hysterie: Dora, gelesen?« Ja, hat sie – aber sie weiss nichts mehr davon und Freud insistiert: »Ihr Traum ist vollständig dem der Dora nachgebildet. Sie setzen sich also an Stelle der Dora, die ja in ihren Vater verliebt ist.« –

2) Zu seinen *Symboldeutungen* ist zu sagen, dass Freud selbst in der Traumdeutung zur Symbolik folgendes formuliert: »Die Technik der Deutung nach den freien Einfällen des Träumers lässt uns für die symbolischen Elemente des Trauminhaltes meist im Stich« (Freud 1900, S. 358). Und er fügt hinzu: »Somit nötigen uns die im Trauminhalt vorhandenen, symbolisch aufzufassenden Elemente zu einer kombinierten Technik, welche sich einerseits auf die Assoziationen des Träumers stützt, andererseits das Fehlende aus dem Symbolverständnis des Deuters einsetzt« (ebd.). Für Freud ist die Symbolik »als das wertvollste Hilfsmittel zur Deutung gerade dort eingetreten, wo die Einfälle des Träumers versagen oder ungenügend werden« (ebd., S. 698).

In den Aufzeichnungen scheint er recht großzügig mit Symboldeutungen umzugehen. Laplanche geht in seinem Text »Psychoanalyse als Anti-Hermeneutik« auf Freuds Symbolik ein und sagt: »Sobald der Symbolismus spricht, schweigen die Assoziationen« (Laplanche 1998, S. 609).

Hat Freud mit den Symboldeutungen nun die Assoziationen gestoppt, oder hat er diese im Gegenteil dadurch erst ins Rollen gebracht? Oder hat er kraft seiner suggestiven Fähigkeit jene Antworten oder Assoziationen erhalten, die er haben wollte?

3) Er führt die Übertragungsäußerungen fast ausschließlich rekonstruktiv auf die infantil-sexuelle Ebene zurück. Diese reduktiven Übertragungsäußerungen zeigen sich auch in diversen anderen Tagebuch-Aufzeichnungen, wie etwa in jenen von Wortis, Doolittle, Kardiner, Blum u.a.m., sowie in seinen eigenen technischen Schriften (s.a. Cremerius 1984, S. 326–363).

Was mich an den Tagebuchnotizen am meisten beschäftigt hat, war die Frage: wie ist Freuds Handhabung der Übertragung in der analytischen Situation *wirklich*?

Freud macht einen Unterschied zwischen Rekonstruktion und Deutung und sagt dazu: »Deutung bezieht sich auf das, was man mit einem einzelnen Element des Materials, einem Einfall, einer Fehlleistung u. dgl. vornimmt. Eine Konstruktion ist es aber, wenn man dem Analysierten ein Stück seiner vergessenen Vorgeschichte vorführt« (Freud 1937, S. 47). Er stellt sich auch die

Frage, wie man überprüfen könne, ob eine Konstruktion oder Rekonstruktion richtig sei oder nicht und bringt das Prinzip »Heads I win, Tails you lose« an: »Das heisst, wenn er [der Pat, A. K.] uns zustimmt, dann ist es eben recht: wenn er aber widerspricht, dann ist es nur ein Zeichen seines Widerstandes, gibt uns also auch recht« (ebd., S. 43). Er bespricht in dieser Arbeit die Bedeutung der Zustimmung resp. Ablehnung einer rekonstruktiven Deutung durch den Patienten.

Diese recht unklare Position haben Ferenczi und Rank 1924, nebst anderem, in ihrer gemeinsamen kritischen Arbeit »Entwicklungsziele der Psychoanalyse« (Ferenczi/Sandor/Rank 1924) aufgenommen.[9] Sie sagen, dass Freud seit zehn Jahren keine technisch orientierte Arbeit veröffentlicht hat und dass dies der Grund dafür sein könnte, dass Analytiker allzu starr an diesen frühen technischen Regeln fixiert blieben (ebd., S. 12). Hier wäre einzuwenden, dass Ferenczi und Rank in ihren Entwicklungszielen gleichfalls mit allerhand Regeln aufwarten. Sie knüpfen an Freuds letzte technische Schrift »Erinnern, Wiederholen und Durcharbeiten« (1914). Das Wiederholen wird von Freud in dieser Schrift als Widerstand gegen die Erinnerung bezeichnet. Demgegenüber vertreten Ferenczi und Rank die Meinung, dass das Wiedererlebenwollen, also die Wiederholung oder auch das Agieren, nicht einfach *nur* als Widerstand betrachtet werden könne und daher zu vermeiden sei, sondern sie betonen:

> »Vom Standpunkt des Wiederholungszwanges ist es jedoch nicht nur absolut unvermeidlich, dass der Patient in der Kur ganze Stücke seiner Entwicklung wiederhole, sondern es hat sich in der Erfahrung gezeigt, dass es sich dabei gerade um jene Stücke handelt, die als Erinnerung überhaupt nicht zu haben sind, so dass dem Patienten kein anderer Weg übrig bleibt als sie zu reproduzieren, aber auch dem Analytiker kein anderer, um das *eigentlich unbewusste* Material zu fassen« (ebd., S. 13, Hervorhebung im Original, A. K.).

Weiter unten fügen die beiden hinzu: »So kamen wir schliesslich dazu, *anstatt dem Erinnern dem Wiederholen die Hauptrolle in der analytischen Technik zuzuteilen*« (ebd., S. 14, Hervorhebung im Original, A. K.). Ihre Hauptkritik betrifft zwei Funktionen der analytischen Praxis: jene des psychoanalytischen Vorwissens und jene des Erinnerns und zusätzlich das bestehende Verhältnis zwischen den beiden Begriffen (ebd., S. 87, Nachwort von M. Turnheim). Sie sagen:

---

9 Auf die Geschichte der Auflösung des »Geheimen Kommittes«, als Folge der Arbeit von Ferenczi und Rank, kann ich in diesem Rahmen nicht eingehen.

»Ein Ausschalten, besonders der *intellektuellen Widerstände*, wird aber auch immer mehr erfordert, seitdem die Psychoanalyse begonnen hat, in das Bewusstsein breiterer Schichten einzudringen, die dann dieses Wissen als Mittel des Widerstandes bereits in die Kur mitbringen« (ebd., S. 75, Hervorhebung A. K.).

Und sie fügen hinzu, dass es nicht nur beim Analysanden, sondern auch beim Analytiker dieses »Zuvielwissen« geben könne – und dass es besonders häufig geschehe:

»dass die Assoziationen des Patienten unzeitgemäss aufs *Sexuelle* hingelenkt oder er dabei belassen wurde, wenn er – wie so häufig – mit der Erwartung in die Analyse kam, dass er fortwährend nur von seinem aktuellen oder infantilen Sexualleben zu erzählen habe« (ebd., S. 44, Hervorhebung im Original, A. K.).

Ich fasse zusammen: Es geht also um das »Wiedererlebenwollen« in der Übertragung, das durch Deutungen nicht immer aufgelöst und in Einsicht verwandelt werden kann. Und folglich gäbe es zweierlei Arten von Wissen: nämlich »ein intellektuelles« und ein auf tiefer »Überzeugung« basiertes« (ebd., S. 56) – was soviel heißt wie: Es gibt keine Analyse ohne Konfrontation mit einem undeutbaren Rest, einem Rest, den weder Analysand noch Analytiker verstehen und somit durch Deutung aufheben können.

Im Zusammenhang mit der Diskussion von Freuds Technik, wie sie in den Tagebuchaufzeichnungen notiert sind, ist für mich von besonderer Bedeutung, wie Ferenczi und Rank an das Problem der Übertragung herangehen. Ihnen fehlt in der Deutungstechnik die Bedeutung oder gar Hauptbedeutung, welche »die analytische Situation des Patienten als solche« (ebd., S. 41) hat. Denn die therapeutische Wirkung sei abhängig von der richtigen Verknüpfung zwischen Affektivität und intellektueller Sphäre, also dem Wissen. Die Erkenntnis der grundlegenden Bedeutung der Übertragung für die Therapie sei das eine, betonen Ferenczi und Rank, und sie fügen hinzu: »dass das Zuvielwissen des Patienten durch ein Mehrwissen des Analytikers ersetzt werden sollte« (ebd., S. 73). Das heißt, der Analytiker soll auf sein Wissen verzichten, dem Libidinösen in der analytischen Situation Raum geben und dem Patienten nur das mitteilen, was der Patient zum eigenen Erleben und Verstehen braucht (ebd.). Dieses Mehrwissen beinhaltet: Der Analytiker weiß, dass er nichts weiß: Er weiß nicht, wie der Analysand mit seinen traumatischen Erfahrungen umgegangen ist. Dies geht wohl in eine ähnliche Richtung wie Lacans »sujet-supposé-savoir«. Und Laplanche nennt dies die »transfert en creux« (Laplanche 1994, S. 156–158), die hohlförmige Übertragung, in welcher es nichts zu deuten gibt. Sondern diese gehöhlte Übertragung stellt den Übertragungs-Raum dar, in dem Deutungen, welcher Art auch immer, möglich sind. Das heißt auch, dass ohne diesen Übertragungsraum die Übertragungsdeutungen auf unfruchtbaren Boden fallen müssen. Und in diesem Übertragungsraum bleibt immer ein Rest, der von beiden Seiten nicht verstanden wird und deshalb auch nicht gedeutet werden kann.

Was ist nun zu Freuds Übertragungstechnik in den Aufzeichnungen zu sagen? Es ist bekannt, dass Freud die Übertragung nur reduktiv aufgegriffen hat, als zurückführend auf die infantile Sexualität oder den infantilen Affekt, was sich in der analytischen Situation wiederholt. Der analytischen Situation selbst, also dem, was sich zwischen ihm und dem Analysanden abspielt, schenkt er keine Beachtung (Cremerius 1984, S. 342). Dies beschreibt auch Blum in seinem Tagebuch, wenn er sagt: »Die Ablösung von Freud konnte keine Schwierigkeiten bereiten, da sich Freud während der ganzen Analyse nie als Übertragungsobjekt »anbot«, sondern als zuverlässiger Analyse-Gesprächs-Partner, der eine offene Gleichsetzung mit ihm gestattete« (Pohlen 2006, S. 283). Oder – wie Cremerius bemerkt – bearbeitet Freud Übertragungsangebote nicht, wie zum Beispiel jene des »Rattenmannes«, der zu Beginn der Stunde mitteilt, dass er Hunger habe (Cremerius 1984, S. 343). Im Großen und Ganzen arbeitete er auch so in der Analyse mit meiner Großmutter. Allerdings gibt es in den Aufzeichnungen eine Stelle, an welcher Freud die aktuelle psychoanalytische Situation – leicht unwirsch – deutet: »Wenn Sie sich herabsetzen tun Sie es um *mir* die Liebe zu verleiden, wie z. B. die Dame mit den Hämorrhoiden.«

Trotzdem kann man sagen: Freud hat sich als Übertragungsobjekt zur Verfügung gestellt, auch bei meiner Großmutter. Roazen meint, dass »die blosse Tatsache, mit Freud zu sprechen, einen grösseren therapeutischen Effekt als irgendetwas hatte, was Freud […] gesagt hatte« (Roazen 1999, S. 47). Meine Mutter erinnert sich an eine Bemerkung meiner Großmutter, dass es vor allem Freuds Präsenz, seine Anwesenheit im gleichen Raume gewesen sei, die gewirkt habe – die Worte seien sekundär gewesen.

Er war suggestiv-verführerisch und zum Teil auch sehr persönlich aktiv – bei gleichzeitiger Distanziertheit in der Analyse, wie es die meisten Analysanden empfanden.[10] So hat er dennoch, ohne auf die aktuelle Übertragungssituation einzugehen, einen Übertragungsraum – oder mit Laplanche: die hohlförmige Übertragung – herstellen können, in welchem er reduktiv die sexuell-infantile

---

10 Ausgenommen Wortis (1954), der das Ende der Analyse herbeisehnte.

Übertragung – wieder mit Laplanche: in der gefüllten Übertragung – deuten konnte.

Ich komme zum Ende der Geschichte und danke Ernst Falzeder, der mir einen unveröffentlichten Brief von Freud an Pfister zur Verfügung stellte. Darin wird das Ende der Analyse meiner Großmutter erwähnt.

Aus Badgastein schrieb Freud am 29.7.1921 an Pfister: »Die kleine G wurde voll durchsichtig u ist eigentlich fertig: was aber jetzt das Leben mit ihr machen wird, kann ich nicht wissen.«[11] Ganz in meinem Wunschdenken befangen, produzierte ich eine echte Fehlleistung und sagte mir stolz: Meine Großmutter hat begriffen, worum es geht! Sie hat die Ereignisse durchschaut. Aber Ulrike May wies mich darauf hin, dass dies ein üblicher Satz von Freud ist, den er immer wieder in seinen Briefwechseln erwähnt. Er bedeutet nichts anderes als: Freud hat begriffen, worum es geht. Aber ob sie es begriffen hat, kann er nicht wissen.

Was hat nun das Leben mit ihr gemacht?

Nach ihrer Rückkehr aus Wien hat sie in Zürich ihre Koffer gepackt, die für Ende August geplante Hochzeit platzen lassen und ist umgehend nach Paris zu einem ihrer Brüder gereist. Dort hat sie eine Stelle in einer psychiatrischen Klinik angenommen und sich in kurzer Zeit in meinen Großvater, den Bildhauer aus Brienz, verliebt, der zu dieser Zeit ebenfalls in Paris weilte. Sie heirateten 1923 und lebten bis Kriegsausbruch 1939 mit ihren vier Kindern in Paris und anschließend in Zürich. Bis zu ihrem Tode – sechzig Jahre lang – blieben sie zusammen.

Eine Frage ist für mich bis heute unbeantwortet geblieben, nämlich: Warum ist sie nicht selbst Analytikerin geworden?

---

11 LOC [= Library of Congress] Freud an Pfister, 29.7.1921.

Literatur

Blanton, Smiley (1971): Diary of My Analysis With Sigmund Freud. New York (Hawthorne Books). Tagebuch meiner Analyse bei Sigmund Freud. Frankfurt/M. (Ullstein), 1975.

Cremerius, Johannes (1981): Freud bei der Arbeit über die Schulter geschaut. Seine Technik im Spiegel von Schülern und Patienten. Jb. d. Psa., Beiheft 6: 123–158.

Deutsch, Helene (1973): Confrontations with Myself: An Epilogue. New York (Norton). Selbstkonfrontation. Die Autobiographie der großen Psychoanalytikerin. Übers. B. Stein. München (Kindler) 1975.

Ferenczi, Sándor (1985[1932]): Ohne Sympathie keine Heilung. Das klinische Tagebuch von 1932. Frankfurt/M. (S. Fischer) 1988.

Freud, Sigmund (1904a): Die Freudsche psychoanalytische Methode. G.W. V, S. 3–10.

Freud, Sigmund (1912e): Ratschläge für den Arzt bei der psychoanalytischen Behandlung. G.W. VIII, S. 376–387.

Freud, Sigmund (1925d): »Selbstdarstellung«. G.W. XIV, S. 31–96.

Freud, Sigmund; Pfister, Oskar (1963): Briefe 1909–1939. Hg.: Freud, Ernst L.; Meng, Heinrich. Frankfurt/M. (S. Fischer).

Gay, Peter (1987): Freud. Eine Biographie für unsere Zeit. Frankfurt/M. (S. Fischer), 1991.

Kardiner, Abram (1977): My Analysis with Freud. Reminiscences. New York (W.W. Norton). Meine Analyse bei Freud. München (Kindler), 1979.

Laplanche, J. (1994): Nouveaux fondements pour la psychanalyse. Paris (Quadrige/PUF).

Laplanche, J. (1996): Die unvollendete kopernikanische Revolution in der Psychoanalyse. Frankfurt/M. (Fischer).

Laplanche, J. (1997): La psychanalyse: mythes et théorie. In: Revue philosophique. no 2/1997.

Laplanche, J. (2007): Psychanalyse et psychothérapie. In: Sexual; La sexualité élargie au sens Freudien. Paris (Quadrige/PUF).

May, Ulrike (2006): Freuds Patientenkalender: Siebzehn Analytiker in Analyse bei Freud (1910–1920). Luzifer-Amor, Zeitschrift zur Geschichte der Psychoanalyse 19 (37), 43–97.

May, Ulrike (2007a): Neunzehn Patienten in Analyse bei Freud (1910–1920). Teil I: Zur Dauer von Freuds Analysen. Psyche – Z Psychoanal 61 (6), 590–625.

May, Ulrike (2007b): Neunzehn Patienten in Analyse bei Freud (1910–1920). Teil II: Zur Frequenz von Freuds Analysen. Psyche – Z Psychoanal 61 (7), 686–709.

Pohlen, Manfred (2006): Freuds Analyse. Die Sitzungsprotokolle Ernst Blums. Reinbek bei Hamburg (Rowohlt).

Rank, O.; Ferenczi, S. (1996): Entwicklungsziele der Psychoanalyse. Zur Wechselbeziehung von Theorie und Praxis. Wien (Thuria + Kant).

Roazen, Paul (1971): Freud and His Followers. New York (Alfred A. Knopf). Reprint: New York (Da Capo Press), 1992. Sigmund Freud und sein Kreis. Eine biographische Geschichte der Psychoanalyse. Bergisch Gladbach (Gustav Lübbe), 1976.

Roazen, Paul (1995): How Freud Worked. First-Hand Accounts of Patients. Northvale (Aronson). Wie Freud arbeitete. Berichte von Patienten aus erster Hand. Gießen (Psychosozial-Verlag), 1999.

Wortis, J. (1994): Meine Analyse bei Freud. Wien (Verlag integrative Psychiatrie).

Das Tagebuch
Editiert von Ernst Falzeder

Erstes Heft

S [1]

A: Als ich 4 Jahre alt war in Straßburg/da war meine kleine Kousine, ein/ dicker Säugling. Ich kneifte sie u./quälte sie immer wenn ich alleine/war bis sie schrie./Einmal riß ich auf dem Balkon/alle jungen Pflänzlein aus, die ich/ für Unkraut hielt./Zufällig entdeckte ich dort die Onanie/indem ich mich an ein Gesimse/preßte.
Fr: Das ist eine außerordentlich/gute Erinnerung. – Plagten Sie auch/ihren kl. Bruder?
– Ich legte ihn z. B. auf den Rücken,/daß er nicht mehr aufstehen konnte.
– *Sie begannen die Onanie als sie sich/einsam fühlten. Man liebte Sie nicht*[1]

[2]

mehr so wie als Sie noch allein waren./Darum rächten Sie sich auch an dem/ kleinen Kind u. dem Symbol,/den jungen Pflänzlein.
– Als mein Bruder Walter auf/die Welt kam, fragte ich, als ich ihn/sah; warum schreit/er nicht?
Fr: [»]Sie hätten ihn also am liebsten/wieder in schreiendem Zustand/gesehen wie die/Kousine!« –

--[2]

---

[1] Ich danke Ulrike May, die mich auf etliche Transkriptionsfehler aufmerksam gemacht hat. A. K.
[2] Trennlinie im Original.

Man sieht deutlich 3 Stufen in Ihrem/Leben:
Der oberste Stock, das ist der jetzige/Konflikt mit Richard etc./der mittlere,
das betrifft das Verhält-/nis zum Bruder/der tiefste, der mit den Eltern

[3]

zusammenhängt, ist Ihnen noch/ganz unbewußt u. er ist der wichtig-/ste.
Daraus leitet sich dann das/Verhältnis zum Bruder ab.

――――――――――――――――――――[3]

Später. Ich erzähle; als ich im/Gymnasium war, dachte ich, ich/möchte einen Jüngling gern haben,/der unendlich traurig wäre u durch/mich würde ihm das Leben ermög-/licht u. er würde dann auch glücklich.
Fr: Also etwas Ähnliches wie beim/Bruder.
– Dann dachte ich später ich möchte 7/Kinder haben, den Vater stellte ich mir/nicht vor.
Fr: Eigentlich 7 Männer. 7?
Adam hatte 7 Söhne.[4] Tapedöne[5] aufhängt

[4]

seine sieben Söhne. Der Hungerueli/Isegrind[6] frisst sini 7 chline Chind./Ich glaubte die Reuel[7] fressen ihre Jungen.
Fr: Sie streifen so nah am Geheimnis/des untersten Stockes, daß ich es/Ihnen/
verraten kann:
Sie liebten Ihren Vater u. haben ihm/den/Treubruch mit der Mutter nie ver-
ziehen./Sie wollten die Mutter des Kindes sein/Sie/wünschten daher Ihrer
Mutter, die/sich Ihnen den Geliebten nahm den Tod. –/Nach u. nach werden

―――――

3 Doppelte Trennlinie im Original.
4 In der biblischen Erzählung zeugt Adam nach der Vertreibung aus dem Paradies mit Eva drei Söhne: Kain, Abel und Set. Das Buch Genesis (5,4) erwähnt außerdem nicht namentlich genannte Töchter und weitere Söhne. »Adam hatte sieben Söhne« ist allerdings ein bekanntes Kinderlied.
5 Wort schlecht lesbar; ungeklärte Anspielung.
6 Eine Märchenfigur aus einem schweizerischen Kindervers.
7 Reuel oder Räuel: Kater.

Sie Beweise/dazu bringen u. es wird sich das/Rätsel lösen warum Sie nicht von/Ihrem Bruder loskommen. –

[5]

Es lassen sich deutlich 3 Schichten er-/kennen in Ihrem Leben, die jetzige,/ die/Schicht die die Brüder betrifft,/dann die tiefste, die mit den Eltern/zusammenhängt./Pathologisch ist das lange Schwanken/ob Sie Richard heiraten sollen oder/nicht; daß es zu keiner Entschei-/dung kommt, beweist daß etwas/anderes dahinter sein muß, das wie/Sie selbst einsehen mit den Brüdern u./Eltern zusammenhängt.
– »Ich habe in Paris Walter ~~so~~ gerngehabt,/er schien mir auf/einmal das Ideal/ nicht mehr Adolf.[«] –
»Sie gleiten vom/einen zum andern wie bei den Geliebten./Die Geliebten sind Brüderersatz, sie/sind drum gleich alt, eigentlich social/jünger.[«]

[6]

Ich möchte nach Rußland, wie jene/Söhne und Töchter der Aristokratie/bei der letzten Revolution ihre Fami-/lie verließen, möchte ich fort gehen/und dieses Milieu verlassen in das/ich nicht gehöre.
Ich denke an jenes Stück von/Schnitzler »Der Flötenton[«]. –
»Das ist genau Ihr/Konflikt.[«][8]

[7] 15. April 21

Es träumte mir 2 Träume:/Es war ein Schizophrener da u./meine Mutter und Großmutter und/es war unangenehm
Dann war ein anderer Traum:/Ein Strumpf von Brokat, blau/und goldgestickt, aber er war grob/gestickt, es war ein billiger Brokat/die Fäden standen so heraus./[9]

---

8 Hier ist eine halbe Seite freigelassen. – Die Anspielung bezieht sich wahrscheinlich auf Schnitzlers Erzählung »Die Hirtenflöte« (1911) (Volltext auf http://www.zeno.org/Literatur/M/Schnitzler,+Arthur/Erzählungen/Die+Hirtenflöte; 15.4.2008).
9 Hier befindet sich ein Tintenklecks.

Was fällt Ihnen ein zum Schizophrenen?
Ich habe einmal geglaubt Richard ist/schizophren, als wir auf einer Wiese/ spazierten und er plötzlich mitten/in einem wichtigen Gespräch die Pfer-/de anschaute, die vorbeigingen, dachte/ich: Jetzt ist er gesperrt.[10]/Hans Peter[11] ~~war~~ ist wirklich/schizophren.

[8]

Immer[12] auch. Ich glaubte auch die/Familie des Bildhauers sei schizoid,/da ein Bruder Lehrer ist und nicht/heiraten will und eine Schwester über/30 J. ebenfalls unverheiratet./Als Adolf die Neurose hatte dachte ich/ich will die Psychanalyse[13]/lernen, wenn er nur noch ein paar Jahre aus-/hält, weil ich ihn so liebe werden/meine/Fähigkeiten größer sein als/die irgend eines andern Menschen./~~Nu~~ Dann bei Richard/dachte ich/wieder, ich will alles lernen, damit/ich alles durchschaue./Nun lerne ich es um meinetwillen.
»*Strumpf?*«
Ein Kondom nennt/man glaube ich Pariser Strumpf./Er war grob gestickt,/ billiger Brokat

[9]

wie an einem Täschchen das ich/meiner Kousine zur Weihnacht schen-/ken wollte. Bei Licht sah es ganz/schön aus, aber am Tag war es billig./Ich tauschte es dann um/für ein schöneres Täschchen.
»*Das männliche Symbol wird also/durch ein weibliches ersetzt – ein/Täschchen.[«]/*
Gegen diese Kousine war ich einmal/eifersüchtig. Sie hatte die Absicht auch/ nach Genf zu gehen u. ich dachte an/die Möglichkeit daß Richard sich in sie/verlieben könnte. Ich dachte: sie/muß sterben u. hielt es möglich sie/mit meinem Wunsch zu töten.
»*Blau und Gold?*«

---

10 Abrupte »Sperrungen« galten als Symptom der Schizophrenie. »Äußerlich zeigt sich ›Gedankenentzug‹ in der Form der *Sperrung*. Der Untersuchende erhält auf eine Frage plötzlich keine Antwort mehr. Der Kranke gibt dabei vielleicht an, er könne nicht antworten, die Gedanken seien ihm ›weggenommen‹ worden« (Jung 1907, § 175).
11 Name eines Freundes.
12 Name eines Freundes.
13 Die damals in der Schweiz bevorzugte Schreibweise des Wortes (so z. B. auch bei Bleuler, Jung, Pfister u. a.). Vgl. Sachs 1913.

Blau und Gold/war das Täschchen das mein Bruder/Helen gab. Er gab ihr auch einen Strumpf voll/Geschenke. Jeden Morgen schenkte er

[10]

ihr etwas anderes. Einmal eine/Schatulle, einmal einen Apfel von/Wachs. Schatullen freuen mich am/meisten, ich habe eine Sammlung/davon. Eigentlich war die welche/Dölf Helen gab nicht so schön; ich fand/eine sehr schöne in Paris, die ich/Helen schenken wollte. Ich traute/mich aber nicht.
»Dachten Sie sie bringe ihr kein/Glück?«
Ja./Einmal glaubte ich meine Mutter/sei eine/Hexe, als ich etwa 18 Jahre/alt war u. ich nachts schrie kam/sie im Nachthemd an/mein Bett/Nicht eine gewohnliche Hexe/Einmal träumte mir als Kind meine/Urgroßmutter sei von Wachs./Sie war von Wachs und drehte sich

[11]

Das ist das Grauenhafteste./Ich war einst an einer Messe mit/der andern Großmama und schaute/durch ein Glas. Da sah ich einen/Mann auf dem Trittbrett einer/Kutsche stehen. Er mordete jemand/Hieß er Dreifuß? Es war grauen-/haft. So plastisch wie/von Wachs.
Freud: das letztemal sahen wir/daß Sie sich langweilen, daß Sie/jemand liebhaben/möchten. Es gibt nun 2 Wege einer Analyse:/Die einen Leute müssen alles <u>tun</u>, die/andern bei denen genug psychisches/Material vorhanden ist, machen/alles in der Psyche aus./Wenn es möglich ist, lassen Sie die/Abenteuer sein. Dulden Sie u. entbehren/Sie, sodaß alles desto deutlicher in der

[12]

Stunde zum Vorschein kommt. –

18. April 21
1. Traum:/Ich lag im Bett am Abend, das Licht/war angezündet. Da sah ich links von/meinem Kopf auf dem Leintuch/widerliche Flecken, bräunlich. In der/Flüssigkeit (sie waren noch feucht)/bewegten sich ekelhafte kleine Würmchen/Es grauste mir, ich rief Papa u. er/war da u. lachte nur ein wenig, er/hatte keine Angst. Es war wie als/Kind wenn ich Angst hatte u. er/kam.
2. Traum:/Helen trug ein gesticktes Kleid/u. fragte mich: gefällt es Dir?

[13]

Ich sagte: Ja, es ist wundervoll!,/aber es war nicht so schön, ich heuchelte. Helen/hatte aber eigentlich mit dieser/Frage gemeint, ob mir ein Teppich gefalle, der/ebenfalls gestickt war. Er war/zwar schöner als das Kleid und recht-/fertigte eher meine Antwort, aber/die Stickerei war auch ziemlich grob,/etwas bulgarisch anzusehen, nicht neu.
Freud: »Es ist richtiger, den 2, frischern/Traum zuerst dran zu nehmen./Er enthält/wieder eine Rede. Die Rede ist/gewöhnlich einer wirklichen Rede ent-/nommen.«[14]
An der Weihnacht vor einem Jahr hatte meine/Kousine meiner Mutter ein Taschentuch ge-/stickt u. ich sagte diese Worte: Es ist/wirklich herzig, obschon es mir nicht gefiel/Mein Bruder sagte nachher: Du hast es

[14]

weit gebracht im Heucheln./Als Helene in Paris war heuchelte ich/auch wegen ihrem/Mantel, als sie/mich fragte ob er mir gefalle. Er gefiel/mir im ersten Augenblick nicht so gut/wie ich tat.
Fr: Das gestickte Taschentuch und/der Mantel haben sich also zum/gestickten Kleid verdichtet.
Ich freute mich zu meinem Schmerze/in Paris, daß Helene nicht so elegant war/wie ich es sein konnte. Zu Hause als ich/meine Röcke demonstrierte, wurden/Dölf und Richard traurig, ich auch, denn/meine bösen Absichten hatten ihren/Zweck erreicht: Dölf zur Bewunderung/anzuregen und Richard einzuschüchtern.

[15]

Teppich: Der Smyrnateppich[15] im Erker/hat bräunliche Flecken von Kaffee,/ den Dölf und seine Freunde dort ge-/trunken haben.
Fr: »Sie leiten also auf den ersten/Traum, die bräunlichen Flecken über.«/
Als ich mit dem Bildhauer in meinem/neuen Kleid in ein Kaffee ging schüt-

---

14 »Wenn in einem Traum Reden vorkommen, die ausdrücklich als solche von Gedanken unterschieden werden, da gilt aus ausnahmslose Regel, daß Traumrede von erinnerter Rede im Traummaterial abstammt« (Freud 1900, S. 309).
15 Nach der am Golf von Izmir gelegenen, vormals griechischen Stadt Smyrna. Die Teppiche erlangten im 19. Jahrhundert in Europa große Popularität.

tete/ein junger/Künstler Kaffee über mein/Kleid. Ich lächelte und sagte: Es/ macht nichts.
Einmal umarmte mich der Bildhauer/Nachher hatte ich Flecken an meinem/ Kleid, es war aber ein anderes. Er/war erschrocken, aber ich sagte:/Es macht gar nichts.
Fr: »Sie rufen also im Traum/ihren Vater zu Hülfe gegen die/Aggressionen der jungen/Männer

[16]

Sie flüchten sich zum Vater. Ihr Unbe-/wußtes gibt also die erste Bestätigung/ meiner Behauptung, daß Ihr Vater/Ihr erster Geliebter war. Haben Sie/die Studie einer/Hysterie: Dora gelesen.[16]/(Ja, ich weiß aber nichts mehr davon)/ Ihr Traum ist/vollständig dem der/Dora nachgebildet. Sie setzen sich/also an Stelle der Dora, die ja/in ihren Vater verliebt ist./Zuerst kommt die intellek-tuelle Bereit-/schaft, man anerkennt die Beweise/des Unbewußten, dann erst gibt man/es auch gefühlsmässig/zu und zuletzt kommen als Abschluß noch/ direkte Erinnerungen./Die Liebe zum Bruder, die ja bewußt/ist, ist nicht die tiefste Schicht u./darum nützt das Bewußtsein

[17]

ihrer Existenz nichts, Sie können/sich nicht davon befreien, denn sie ist/tiefer bedingt. –

19. April 21

Ich denke beim »Teppich« an einen/Teppich von Blumen. Es träumte/mir als ich in Teufen[17] war, ich falle/in einen Abgrund und als ich unten/anlangte lag ich auf lauter Ver-/gißmeinicht (+ Traum d. alten/Frau) Ich hatte in Teufen furchtbar/Heimweh. –
Als ich noch nicht 4 Jahr/alt war ging meine Mutter mit/mir oft zu den Groß-

---

16 Freud 1905.
17 Ort im Kanton Appenzell-Ausserrhoden, wohin G. als Kind in ein Kinderheim geschickt worden war. Sie hatte eine zarte Konstitution, hustete viel und war anfällig für Lungenkrank-heiten, wogegen das Klima in Teufen helfen sollte.

eltern nach Außer-/sihl[18]. Wir gingen durch eine Kasta-/nienallee (Geßnerallee[19]) u sie/stieß/den Wagen mit Adolfli. Ich hörte/die Züge pfeifen und hatte Heim-/weh, ich war/allein.

[18]

Freud: War Ihr Vater oft verreist? Sie/hatten also Heimweh nach ihm.
Im Ferienheim Enge[20] hatte ich auch/so Heimweh, er kam dann am Sonntag;/ich weinte den ganzen Tag weil er/wieder fort ging.
Ich habe einmal als Kind von etwa/10 Jahren mir vorgestellt wie es wäre/ wenn ich mit ihm schlafen würde,/aber nur als Spiel ohne Wunsch. –/Es wundert mich doch,/dass[21]
Die Urgroßmutter auf einmal aus/Wachs. Dieses Lied im Faust kam/mir immer so bekannt vor, grauen-/haft: »Da sitzt meine Mutter auf/einem Stein und wackelt mit dem/Kopfe.«[22] Es ist ähnlich.
Daneben ist: Meine Mutter hab ich/umgebracht, mein Kind hab ich

[19]

ertränkt. –
Er: Das »Wachswerden« d.h. der Tod der/Urgroßmutter ist ein Ersatz für/ den Tod der Mutter der gewünscht/wird. –
Als ich das Knie verstauchte, dachte ich:/Es ist wie bei meinem Bruder, der/

---

18 D.h. zu deren Haus in diesem 1893 eingemeindeten Stadtkreis von Zürich.
19 Zürcher Straße an der Sihl, in der Nähe der Bahnhofstraße.
20 Ein im Jahre 1906 in Knolligen (Gufelstock), Gemeinde Engi GL, errichtetes Ferienheim, in das G. während der Schulferien geschickt wurde, als sie etwa sechs oder sieben Jahre alt war. Ihre beiden Brüder waren ebenfalls dort. Auch dieses Heim diente der Kur von Bronchitis und Lungenentzündungen.
21 Stark ausgestrichen. Wort schlecht lesbar.
22 Faust I, »Kerker«. Margarete:
»Wären wir nur den Berg vorbei!
Da sitzt meine Mutter auf einem Stein,
Es fasst mich kalt beim Schopfe!
Da sitzt meine Mutter auf einem Stein
Und wackelt mit dem Kopfe;
Sie winkt nicht, sie nickt nicht, der Kopf ist ihr schwer,
Sie schlief so lange, sie wacht nicht mehr.
Sie schlief, damit wir uns freuten.
Es waren glückliche Zeiten!« (Zeilen 4565–4573)

den Fuß nach der Matura[23] verstauchte/als er sich freuen wollte; aber es ist/ sicher eine Strafe weil ich der Schwester/Richards gewünscht hatte, sie möge/ ein steifes Knie/bekommen./Sie hatte sich meiner Liebe, resp. Ver-/lobung entgegengesetzt.
Fr: Das Unbewusste gab ihr recht/nachträglich u. sagte: da ich/Richard nicht mehr liebe, ist sie nun/vergeblich verwünscht worden. –
Ich: Sie hatte sich auch gegen Richard

[20]

so benommen: Als er aus der Verbin-/dung heraus geworfen wurde[24] wollte/ sie nicht mehr mit ihm verkehren./Er wollte sich das Leben nehmen u./saß auf einem Stein an/der Aare.[25]/Da kam ein älterer Herr, der ihm/zusprach, es war als ob er alles wüßte.
Fr: Ihr Verlobter sitzt also auch auf/einem Stein, um zu sterben. Sie/leiten also die Todeswunsche nun/auf dieses Gebiet über.
Ich denke abwechselnd, er soll sterben/oder ich. –[26]

[21]

21. IV. 21

Traum:
Freunde von Adolf und Walti waren/da, aber sie waren alle etwas jünger./Sie schwammen in den See hinaus/und die Sonne schien. ~~Nachher~~/Oesch war da und war sehr klein,/ich half ihm über eine Mauer, da/er es allein nicht konnte und drüben/im Garten warf er sich plötzlich auf/mich und umarmte mich. Ich war etwas/erstaunt, daß so ein/Büblein das wagte und es war/mir nicht ganz recht wegen der/Leute die zuschauten. Dann hatte/ich eine herzige kleine Schatulle. Ich sagte:/Sie ist wie ein Schachbrett/auf dem Deckel, aber als ich sie öffnete/war sie gar nicht wie ein Schachbrett/Es hatte allerliebste Sachen drin,

---

23 Abitur.
24 D.h. Studentenverbindung.
25 Schweizer Nebenfluss des Rheins.
26 Hier ist das letzte Drittel der Seite freigelassen.

[22]

z. B. eine kleine Hochzeit, lauter Figuren/aus Papier ausgeschnitten zum Aufstellen/Ich mo wollte Margrit etwas davon/geben, aber es reute micht. –
Fr: Die vielen Freunde –
Sie waren alle klein, fast wie Kinder/Oesch war bes. klein. Ich half ihm/über die Mauer, d h ich verführte ihn/zur Liebe.
[27]*Fr: Setzen wir die Symbole ein, die/wir dank unserer Kenntnisse wissen* Schachbrett: Mein Vater sagte neulich,/er habe mit meiner Mutter Schach gespielt/bevor sie sich verlobten und/dann habe er sie gefragt ob sie seine/Königin sein wolle.
–
Fr: [»]Sie können auch selbst die Symbole/einsetzen, damit Sie einen Zusam/menhang bekommen, wenn

[23]

Sie mit den Associationen nicht weiter/kommen. Wall *Mauer, es ist die/–Mauer die überwunden werden/muß um Sie zu umarmen. – «*
Es ist das Hymen. Die kleine Schatulle/ist das [28] genitale.
Fr: Der Traum zeigt sehr schön wie *die/Tendenzen aus der Vergangenheit/Die Schatulle ist wie ein Schachbrett/d.h. Sie setzen sich an Stelle der/Mutter, aber/nachher: Sie ist doch/keins d.h. Sie wenden sich ab vom/Vater. Die Freunde, die/»Kleinen«, die da herum schwimmen sind/Symbole für d. männliche Glied./Sie helfen/ihm die Mauer überwinden/dh. Sie wollen eine richtige Deflora-/tion, die dann zur Ehe führt(/kleine Hochzeit in d Schatulle) –*

[24]

Sie gönnen die Hochzeit nicht d. Kousine/Margrit. –/Die Sonne ist immer der Vater.[29]

---

27 Von dieser Stelle bis zum kommenden »Fr« (»Sie können auch selbst« etc.) ein etwas wellenförmiger Pfeil am linken Seitenrand.
28 An dieser Stelle ist ein Weiblichkeitssymbol gezeichnet.
29 »[D]ie Sonne [ist] nichts anderes … als … ein sublimiertes Symbol des Vaters« (Freud 1911, S. 290).

Die Sonne schien auf gleiche Weise in/2 andern Träumen:/I. Ich lag am Morgen im Bett und die/Sonne schien zur Verandatüre hinein/wunderschön. Da kamen Adolfs Freunde/auch Walti herein, er legte ein Buch auf/die Decke. Ich sagte sie sollten jetzt/wieder aus dem Zimmer wegen der/Mutter. –
II. Traum aus dem Gymnasium:/Ich saß auf dem Küchentisch, Sonne/schien wunderschön zum Fenster/herein, ich hielt einen jungen Flieder-/zweig in der Hand, mit jungen/grünen Blättlein. Es waren noch

[25]

keine Blüten dran./Der Tisch ist die Mutter. Ich denke, daß/an der Fastnacht die Mutter Küchlein/macht auf dem weißen Tisch, der voll /Mehl ist. »Heute ist die Fasenacht/wo die Mutter Küchlein macht u. der/Vater umespringt u. der Mutter/Küchlein/nimmt.[«]³⁰
Fr: Sie sitzen auf dem Tisch: wie/ein Küchlein, die Küchlein sind/die Kinder, die von der Mutter gemacht/werden.
Ich: Der Vater ißt die Küchlein wie der/Hungerueli Isegrind die 7 Kinder frißt.
<u>Zweig</u>: Ein Hund verfolgte mich/einst, ich mußte ihm immer Herbst-/zweige von einem Strauß zuwerfen/damit er mich nicht biß. Es war/wie die Geschichte von den/Wölfen

[26]

in Rußland, die den Schlitten verfolgen/und man wirft ihnen die Decken zu/ etc. –
Einmal als ich etwa 9 J alt war/ging ich heim von der Schule u. ein/Knabe schlug/grad unsern³¹ Foxterrier/mit einem Rütlein. Ich gab ihm eine/Ohrfeige. Darauf verklagten er u. seine/Mutter mich daheim. Nur die Groß-/mama war da. Sie wollte mich/auf die kleine Veranda schleppen/damit ich den Knaben um Ver-/zeihung bitte vor all den Leuten/die sich versammelt hatten dort/vor dem Garten. Ich tat es nicht/aber sie schleppte mich mit dem/Dienstmädchen zusammen heraus.

---

30 Alter Narrenspruch zur Fasnachtszeit, bei der besondere Fasnachtsküchlein gebacken wurden.
31 Wort schlecht lesbar.

[27]

22. IV. 21

Das Rütlein ist ein Wünschelrütlein/(das Fliederzweiglein vom letzten Traum)/Ein Rütlein wie es die Wasserschmöcker[32]/haben.
Fr: Erinnern Sie sich nicht daß/Sie bei der Onanie sich einmal Kinder/vorstellten die/geschlagen wurden?[33]
Ich stellte mir vor ich selber werde von/dem imaginären Mann geschlagen./ Einmal, aber nur ein einziges Mal/Als Papa dem Adolf drohte, er werde/ihn schlagen wenn wir zu Hause/seien, hatte ich ein Gefühl des/Grausens mit etwas Interesse ver/bunden, sobald die Drohung Tat/wurde, nicht mehr. Es war eben/die einzige/Drohung.

[28]

Fr: Es ist der Wunsch vom Vater selber/geschlagen zu werden, denn das/bedeutet/für ein Mädchen (Kind)/sexuell geliebt werden. Aus dem Wunsch/ nach Liebe +/schlecht. Gewissen./Später nimmt es dann die Form an/des blos Geschimpftsein/Wollens./In der Analyse wenn die Widerstände/kommen benehmen Sie sich/dann/ähnlich, da ich den Vater vertrete./Z. B. die Idee, daß die Kur nichts/nütze etc./sind schon Anfänge davon./Die Besorgnis, daß Sie nachher eine/andere noch dümmere Heirat schließen/weil Sie es nicht aushalten können/ist sinnlos, denn es ist/ja der Zweck/der Kur, das [sic] Sie diesen Trieb beherr-/schen lernen u. also heiraten

[29]

können in freier Wahl, nicht aus/Angst vor dem Trieb. – Dieser Ein-/wand erinnert an/die Geschichte des Gänsehirten u. Pferdehirten, die/sich vorstellten was sie tun/würden/wenn sie das grosse Los gewinnen/würden.[34] *Der*

---

32 D. h. Wasserschmecker, also Rutengänger, die nach Wasserquellen und -adern suchen; schmecken = Schweizerdeutsch für riechen.
33 Ein Thema, das Freud damals beschäftigte. Zwei Jahre zuvor hatte er eine Arbeit dazu veröffentlicht (1919e); einer der dargestellten Fälle scheint sich auf seine Tochter Anna zu beziehen (vgl. Young-Bruehl, 1988), deren Analyse sich mit derjenigen G.s überschnitt (Oktober 1918 bis Frühjahr 1922, eine zweite Tranche erfolgte Mai 1924 bis Sommer 1925; vgl. ebd. und Roazen, 1969).
34 Quelle nicht identifiziert.

Pferdehirt beschrieb seinen/Palast, in dem er dann wohnen würde/die Diener etc. Der Gänsehirt sagte,/er würde nur noch zu Pferde sitzend/seine Gänse hüten. –/
Die Idee, Sie h *seien zu alt/um ein/neues Leben anzufangen ist umso/unberechtigter, da Sie durch das/Studium Ihre Pubertät außerordent-/lich lang hinausgezogen haben/u. gar noch nicht so viel/erlebt haben.*

Im Burghölzli[35] war ein Mädchen,

[30]

das sehr intelligent war u. voll psycho-/log. Verständnisses, es hieß Anna[36]/ Es wollte ~~sich~~ Stenographie lernen,/aber es kam nicht über die erste Seite hi-/naus, es konnte sich gar nicht mehr/konzentrieren.
Ich kann mich auch nicht mehr konzentrieren
Fr: Aha eine schweizerische National-/diagnose! –

[37][31] [32] [33]

[34]

25. April.

Goethe wollte als er auch schön [sic] ziemlich alt war/ein Mädchen heiraten.[38] Früher dachte ich, natürlich/hat sie nicht gewollt, jetzt begreife ich aber ganz/gut, wie man jemand ältern heiraten kann/D.h. also ich möchte Sie ev. heiraten, ich habe/Sie schon sehr gern. –
Fr: Das ist nun die Übertragung der alten/Liebe u.Verliebtheit die Sie zum Vater hatten,/auf mich. Auch alle die schmerzl. Enttäuschung/Eifersucht etc. wird dann/kommen.

---

35 Vgl. Einleitung und den Beitrag von Küchenhoff.
36 Wort schlecht lesbar.
37 Es folgen drei leere Heftseiten bis zu den nächsten Eintragungen.
38 Der 72-jährige Goethe verliebte sich im Jahr 1821 während eines Kuraufenthaltes in Marienbad in die erst 17-jährige Ulrike von Levetzow, die seinen Heiratsantrag zwei Jahre später allerdings zurückwies. Den Schmerz über die Abweisung drückte Goethe in seiner »Marienbader Elegie« aus.

[35]

26. April 21

Ich hörte im Wartzimmer wie der Pat. vor/mir, der junge Mann das Wort »Chlorophyll«/sagte. Ich dachte so eine Association würde mir/nie einfallen. Ich bin so wahnsinnig unge-/bildet. Denn humanistische Bildung fehlt/mir ja ganz u. die naturwissenschaftliche/ist auch an mir abgeglitten.
Fr: Sie wollen sich also herabsetzen in/intellekt. Beziehung. Bei andern Frauen ist/das gewöhnl. in körperl. Beziehung. Sie er-/zählen wie sie z. B. Hämorrhoiden[39]/haben etc.
– Pause, es fällt mir nichts ein.
Fr: also ist es ein bes. Widerstand der mit/der Übertragung zu tun hat. –
Ich habe Sie so unbeschreiblich gern wie ich/noch gar niemand vorher geliebt habe/kommt es mir vor. –

[36]

Fr: Diese Liebe zum Vater war so ungeheuer, daß/alles Spätere ein schwacher/ Abglanz war./Von der Intensität d Kinderliebe macht man/sich keinen Be-/griff, sie ist ja nur potential/vorhanden, wird nicht zur Tat. –
Ich dachte als Kind immer: Wenn ich nur/nie eine unglückliche Liebe erleben muß,/das könnte ich nicht aushalten, denn meine/Liebe ist größer als die anderer Menschen.
Fr: Das alles konnten Sie nur denken weil/Sie schon einmal eine Enttäuschung durch-/gemacht hatten, die Sie nicht mehr bewußt/erinnerten. –/Wenn Sie sich herabsetzen tun Sie es um/mir die Liebe zu verleiden, wie z. B. die/Dame mit dem Hamorrhoiden –
–
»Warum entsteht aber nun bei mir die Neurose,/alle Menschen haben ja diese Enttäuschung.[«]

---

39 Schlecht lesbar, da zweifach ausgebessert; das Ergebnis liest sich etwa wie »Hannorrhih-den«.

[37]

Fr: Einmal ist die Leidenschaftlichkeit/der Menschen verschieden groß. Es gibt/eine Größe d Leidenschaft, die vom Kind/nicht mehr bewältigt werden kann, 2. ist/das Verhalten des andern Teiles daran Schuld.

26. April 21

Traum: Er ist 3teilig.
1. Ich sitze auf dem Klosett und viele/Leute sind da. Ich kann d. Urin nicht/lösen und stehe schließlich wieder auf/da es mir nicht ganz recht ist daß so viele/Leute zuschauen.
2. Ich sitze auf dem Klosett u. ein/Mann, ein Spanier vielleicht steht in/der Türe, drängt sich herein. Ich klemme/ihm den Finger ein, indem ich die/Türe zuschlage.

[38]

3. Onkel Arthur sagt von Richard: Er ist/wirklich ein sehr guter Charakter und nicht/sehr gescheit. (So daß die 2 Teile nicht/zusammenpassen. Es sollte heissen:/zwar)[40]

Ad 2: Der Spanier hält den Finger in die/Türspalte und ich klemme ihn ein:/ Richard erzählte einmal von 2 Liebenden/die in einer kalten Winternacht erfroren/sind weil der Mann sein Glied nicht/mehr zurückziehen konnte.
Klosett: Am Examen hatte ich einen/Fall: ein Mädchen trieb ein Kind ab,/das dann etwa im 7 Monat als Früh-/geburt in den Abort fiel.
Fr: Frühgeburt = Abort. Der Abort ist also/die bildl. Darstellung des Abortus.
Margrits Verlobter hatte etwas mit/einem Abort zu tun, wo er eine

[39]

bedenkliche Rolle spielte. Auch Richard/in dem andern Abort, wo er seine Unzu/verlässigkeit bewies.

---

40 D.h. »Er ist zwar ein sehr guter Charakter, aber« etc.

Spanier – oder Ungar. Gestern war ich/mit einem Ungarn, der heute die Pension/verlassen hat, in einem Kaffeehaus.
Fr:
Zum 1. Traum: Dölf fürchtete sich als/Knabe vor dem Rauschen des Wassers im/Abort, ich nicht. Er glaubte eine Nixe/sei drin.
Er: Das Rauschen erinnerte ihn an/das Geräusch das die Mutter beim/Urinieren machte, wo er als kleines Kind/dabei war. Nixe = Muttersymbol/nackte Frau im Wasser./Sie brauchten sich aus begreiflichen/Gründen nicht zu fürchten./Der erste Traum bedeutet einfach eine

[40]

*Darstellung Ihrer selbst als Frauenzimmer./Sie sitzen beim Wasserlassen. Das Genieren/ist im Hintergrund. Dann der Einfall/von der Angst d. Bruders beim Rauschen/deutet darauf hin./Der 2. Teil ist wie eine Romandarstellung/ Der Ungar ist/zum Helden eines Liebes-/stückes geworden im Traum. Sie/wollen ihn festhalten. –
Der 3. Teil ist deutlich vom obersten Stock.*
–
Assoc. von genieren f. Klosett: Papa genierte/sich immer wenn wir schnell ins/Schlafzimmer kamen u. er sich z.B./umzog. Umgekehrt hätte er sich/nicht geniert in das Schlafzimmer/zu kommen wenn ich mich aus-/zog abends. In d Pubertät ärgerte mich/das sehr. Ich hatte die Idee, er habe

[41]

~~sexu~~ erot. Gefühle gegen mich –

27.

Traum:
Irgend ein kleiner Freund von/Walter hatte mich ein wenig gern,/umarmte mich wahrscheinlich.

–

Dann war ich mit Papa auf einer/graden Landstraße. Ich besann mich/ob ich meinen Mantel in einen/schmalen Kasten hängen sollte oder/nicht. Ich hängte schließlich/meinen/Mantel, einen Schirm und noch einen/kleinen Gegenstand in den Kasten/und ging mit Papa auf der graden/Landstraße in der Sonne ohne/Gewand spazieren. Da/kamen Leute/und ich schämte mich meiner Nacktheit

[42]

und auch darum weil etwas an mir/war wie es nicht sein sollte, ich glaube/ich hatte häßliche hohe Schultern,/etwas Unedles.
Ich war in einem Hotel bei Nachtan-/bruch. Es war etwas mit einer/Rechnung, die ich bezahlen mußte/und die Kousine Margrit war auch da.
Der Kleine bedeutet das Glied, d. h./ich verkehre mit meinem Vater./~~Ich sch~~
Der Kasten stand in der Ana-/tomie, damals habe ich Richard immer/beim Kasten getroffen. Ich hängte/wirklich meinen Mantel, Schirm u Heft/hinein. Einmal glaubte er ich habe/sein Heft verloren, er machte eine Scene,/es war dann nicht wahr, er hatte es

[43]

selber verlegt gehabt. Er benahm sich/schlecht in dieser Angelegenheit.
Fr: Der Vater u. Richard sind also hier/zu einer Person im Traum vermischt. Sie/sind unzufrieden mit Richard. –
–
Ich habe ~~eine~~ hohe Schulterbl[ätter]: Die/Freundin Hedwig in Paris war nicht/schon [sic] zum Anschauen. Ich sah sie als/sie krank war u. dachte es wäre mir/unmöglich sie zu lieben. Auch könne/ein solcher unedler Körper kein Zufall/sein. Ich selbst habe/schöne abfallende/Schultern. Im Traum habe ich also etwas/Gemeines an mir.
Landstraße – Im Traum d. Land-/straße den ich als Kind hatte war es/dieselbe grade Straße. Rechts und/links war ein Sumpf u. viele Hände/wollten mich in den Sumpf/ziehen –/Ich dachte, es beziehe sich auf meine Onanie

[44]

Das Hotel ist ein Bordell. Bei dieser/Onanie stellte ich mir vor ich sei in/einem Haus mit andern Mädchen wie/ich. Ein unbekannter Mann schlug/mich u. verkehrte mit mir.
Fr: Dieser Unbekannte war wohl wer?
– Der Vater –
Als wir in das Haus zogen wo wir jetzt/sind, sagte [sic]: wie angenehm, es

ist wie/ein Hotel. Adolf hatte die gleiche Idee/wie ich im andern Haus: Der Korri-/dor kam uns vor wie in einem/Bordell, obschon wir ja noch keines/ gesehen hatten.
Seine Geliebte, die sehr erotisch war,/wurde nachher eine Prostiutierte. Ich/ dachte wenn ich so wäre wie sie, d. h./ihre Erfolge hätte u. zugleich meine

[45]

tüchtigen Eigenschaften, dann hätte ich alles./Die Kousine Margrit ist nur schön; aber/ich habe den bessern Charakter, die/größere Energie, dachte ich.
Fr: Der Mantel u. Schirm sind Symbole/– Ich weiß. – Fr: Es heißt also, daß/ Sie Ihre Männlichkeit ablegen,/u. stolz sind daß Sie ein Weib sind,/nachher sich dann wieder schämen/daß Sie ein Weib sind./Sie haben einen starken Männlichkeits-/komplex. –
Vielleicht haben Sie bereut ein Mädchen/zu sein als der Bruder auf die Welt kam,/Sie sagten doch daß Ihr Vater ihn sehr/liebte, eigentlich am liebsten hatte.

[46]

31. April 21

Ein Mann, wahrscheinlich von/schlechtem Charakter, ein Don Juan/ist das. Ich sage mit Bezug auf ihn/zu Kousine Margrit oder Anni Scheidegger/: Im Grund ist jedes/Menschenherz/ein Fliederblatt. Ich will damit/sagen, daß in jedem Menschen etwas/gutes ist.
Adolf gab Helen einen Ring von Jade, der/als Stein ein Blatt oder Herz hatte.

– Fr: Sie sind der Don Juan.

[47]

Traum: Ich bin in einem Bergwerk./Eine junge Ärztin erzählt mir von/ihrer Schwester, die ebenfalls eine junge/Ärztin ist, daß sie (sie ist verheiratet)/7 intelligente Buben und ein lahmes/Mädchen hat. Ich wundere mich nicht/darüber. »Bei ihrer Intelligenz/ist das/zu erwarten.« sage ich./Auf dem Heimweg sagen Papa oder/Mama: Du solltest nicht so allen Leuten/erzählen daß

Richard und Du so/arm sind, daß Ihr keine Nüsse/mehr essen könnt. Ich sage: Ich/erzähle ja in der Psychanalyse/auch alles und überhaupt habe ich/ diese Vorurteile nun abgelegt.
–
Ein Strolch ist steckbrieflich verfolgt/und 2 Beamte suchen ihn. Er verkleidet

[48]

sich bald als Frau bald als Mann. Endlich/hat man ihn und die Beschreibung des/Steckbriefes paßt. Da steht auch drin,/daß er schielt. Er schielt wirklich. Der/Beamte fragt: Schielen Sie nach links/oder rechts? Der Strolch schielt dann im/mer auf die entgegengesetzte Seite/so daß ihn der dumme Beamte nicht/nehmenkann.
–
Mama, das war eigentlich eine gelungene Idee/von mir zu glauben daß ich diesen/Merian[41]/gern habe! –
Analyse:
Das Bergwerk ist das Unterirdische der Seele,/das Unbewußte. Die Ärztin u. ihre Schwester/sind auch ich. Ich habe mir 7 Knaben/gewünscht u. dachte, ein Mädchen/müsse ich doch auch haben. In der/letzten Zeit nahm ich mir vor, ich

[49]

wolle mir gar keine Vorstellungen von den/zukünftigen Kindern machen, damit/ich dann nicht enttäuscht sei. Wahrscheinlich/bekomme ich das was ich nicht gern habe:/eine Tochter, die still auf einem Stuhl sitzt/und flickt und kein Interesse an der/Welt hat. Also lahm ist.
Der Strolch ist der Widerstand. Er verkleidet/sich bald als Frau od. als Mann, entsprechend/dem sog. Männlichkeitskomplex./Schielt nach rechts od. links: Riklin[42]/sagte, ich solle mich von der Mutter ablösen/u. Sie sagen vom Vater.

---

41 Ein Studienkollege.
42 Möglicherweise der Schweizer Psychiater Franz Riklin (1878–1938). Mitarbeiter an Jungs Assoziationsstudien; erster Sekretär der Internationalen Psychoanalytischen Vereinigung (= IPV) und, mit Jung, Herausgeber des *Korrespondenzblatts*. Er folgte Jung nach der Trennung von Freud. Vgl. Wieser, 2001, S. 36, 172–175. Über eine Verbindung zwischen G. und Franz Riklin ist allerdings nichts bekannt.

Sie und R./sind die dummen Beamten. ~~Wenn/Sie vom d. Ablösu~~ Der Strolch weicht also/aus indem er dann nach der andern/Seite schielt; im gegenwärtigen Moment/nach der Mutter, da Sie immer die/Liebesbeziehungen zum Vater auf-/decken wollen.

[50]

43

Diesen Merian hatte ich keine Idee gern./Besonders als er mir einen Brief schickte,/indem er nur über das Wetter schrieb und/sehr und sehr unintelligent.
Der Bildhauer schrieb auch einen blöden/Brief, der mich ernüchterte.
Fr: Die Männer kommen also nicht gut/weg in diesem Traum. Vielleicht ver-/kündet er daß Sie nun die homosexu-/elle Komponente wieder aufleben lassen/wollen. –
Anderer Traum:
Ich gehe zu Gertrud Birnstiel⁴⁴, ich bin in/einer fremden Stadt, und erzähle ihr,/daß mir der Arzt im Versorgungs-/haus⁴⁵ geraten hat nun doch meinen/Meniscus/herausschneiden zu lassen/Morgen ist die Operation. Ich habe

[51]

sehr Angst, daß dabei das Knie vereitert/und steif bleibt. Um Gottes Willen, da/könnte ich ja nicht mehr tanzen./T. Birnstiel sagt, daß das eine gefehlte/Abmachung sei, die rückgängig ge-/macht werden sollte, und daß ich/sicher 2 Monate im Spital liegen muß. /»Das halte ich nicht aus«, aber ich/weiß daß es schon zu spät ist, da/alles abgemacht ist.⁴⁶
–
Analyse:
Ich habe Befürchtungen, daß sich nach/der Analyse nicht mehr viele in mich/verlieben, tanzen und lieben ist das/gleiche. Auch jetzt ist es nicht auszu-/halten ohne einen Menschen der mich/gern hat. Ich rechnete aus, daß die/Analyse nur noch etwa 2 Monate/dauert (Mitte Juli) Es kommt mir vor,

---

43 Ein paar unleserliche Buchstaben durchgestrichen.
44 Studienkollegin; lebenslange Freundin.
45 D.h. ein Spital oder Pflegeheim.
46 Im Original hier nochmal schließende Anführungszeichen.

[52]

es war eine Wahnidee von mir daß ich hieher/kam. Mit Mühe erinnere ich mich daß/ich ja gar nicht anders konnte.
–
4. Mai
Traum:
Ich hatte einen roten Flecken im Gesicht,/der erhaben war. Eine Freundin fragte/mich: Ist der Flecken von den Küssen/Deines Geliebten? Ich antwortete: Nein,/vom Ungeziefer. Ich drückte daran u./langsam kam etwas graues heraus beim/Pressen. Ich dachte, wenn ich nur nicht/noch dauernd davon entstellt werde. –

Analyse: Ich habe in Wirklichkeit/rote Flecken u. Hupel[47] von den Wanzen u./dachte/gestern: Ich bin wie die Sträf-/linge in d. »Auferstehung«[48] <u>Läusefutter</u>

---

47 Hupel: erhöhte Hautstellen, kleine Geschwulste. Wort allerdings schlecht lesbar; auch möglich: Hugel (d.h. Hügel, mit vergessenen ü-Strichen).
48 Anspielung auf Leo Tolstois Roman *Die Auferstehung* (1899).

Zweites Heft

[1]

4. Mai

Einsam eingesperrt bin ich ja auch. Statt/daß mich der Geliebte vor Liebe/ auffrißt frißt mich das Ungeziefer.
Ein Mädchen war im Burghölzli bevor ich/fortging. Jenes Mädchen, von dem/Bleuler[1] die Diagnose stellte: Verstockte Dirne. Sie hatte/eine einseitige/ gonorrhoische Infektion des/Kniegelenks u. Bl. sagte: wenn die Gonokokken/so ein/Frauenzimmer nur ganz auffressen/würden!
Ich wünsche mir im Traum die Strafe für/meine Sünden: Mög[2] zu mich das Ungeziefer/nur auffressen!
Fr[3]: *Daneben hat der Traum aber noch eine/tiefere Bedeutung. Wenn Sie die rote Geschwulst/ausdrücken erinnert Sie das an etwas*
– Mitesser. – Ungeziefer ist das Symbol für/Kinder.
Freud: Mitesser ist auch eine gute Bezeich-/nung dafür, und kommt oft vor. Erst nährt/man es von dem was man ißt u. schließlich/fressen einem die Kinder noch auf,/d.h. alles was man hat. Auch die Angst vor der

[2]

Entstellung ist begründet bei zahlreichen Kindern.

---

1 Direktor des Burghölzli; siehe Einleitung und den Beitrag von Küchenhoff.
2 Wort etwas schlecht lesbar.
3 Korrigiert aus (wahrscheinlich) »Bl«.

Ich: heute Morgen stach ich mich in den Finger,/ein Tropfen Blut kam heraus und ich/dachte, das bedeutet daß ich mir ein Kind wünsche/Schneewittchens Mutter stach sich in den Finger/beim Nähen und wünschte sich ein Kind![4]
Fr: Da die Libido gestaut wird, indem sie nicht/zu dem Mann kann kommen alle diese Wünsche/deutlicher zum Vorschein. Das ist auch der/Sinn der Abstinenz.

5. Mai
Im Traum liebe ich einen Mann Ich denke er/hat viel Ähnliches mit dem Bildhauer/und frage woher er kommt. Er sagt: von Brienz[5]/und ich denke: offenbar gefallen mir die/Leute in Brienz besonders gut. Ich weiß aber/daß ich im Grunde Richard liebe und es/ist mir nicht ganz recht.
–
Analyse: Ich habe Leute aus gewissen Gegenden

[3]

besonders gern: z.B. aus Luxemburg. Ich/kannte einen Assistenten im Burghölzli, der/aber leider schon verheiratet war und den/jungen kathol. Pfarrer in London./Dann auch die Norweger: Als ich 19[6] Jahr alt/war, lernte ich einen Norweger in einem/Skikurs kennen, der mir sehr gut gefiel,/dann wieder einen Schweden in Paris, der/ähnlich war./Auch die Basler habe ich gern, d h. jetzt nicht/mehr so. (Aufzählung d. Verschiedenen)/Einmal glaubte ich, daß mir die Holländer/gut gefallen. Sie sind aber glaube ich nun/zwar zuverlässig u treu, aber beschränkt/Einen Franzosen heiraten möchte ich nicht
Freud: Das ist die reinste Leporelloarie aus/Don Juan. Registerarie heißt sie. Meine Idee,/daß Sie sich im Traum als Gegenstück zum/Don Juan darstellen war also doch richtig. –
–
Ich glaube ich habe darum Angst vor den Katzen:/Ich erinnere mich, daß einmal mich ein Kind/mit einem Katzenfell berührte an d. Genitalien,/eine Art Onanie. Dann als ich die Katze auf

---

4 Im Original hier schließende Anführungszeichen.
5 Gemeinde im Bezirk Interlaken, Kanton Bern.
6 Die 9 aus einer anderen Ziffer (7?) korrigiert.

[4]

dem Schoß hielt drückte ich sie plötzlich an mich./Ich wußte was für eine Absicht dem zu Grunde/lag und dachte: Wenn sie mich am Ende ver-/steht und hatte Angst als ich in ihre Augen/blickte. –
Als Adolf von Ruth sich trennte, fragte er mich/eines Tages: Glaubst Du auch daß es notwen-/dig ist? Ich sagte: ja, ich bin ganz sicher./An jenem Tage sagte er es ihr u. ich hörte ihn/in seinem Zimmer weinen. Es schnitt mir/furchtbar in die Seele. Nachts hatte ich einen/Traum: Großpapa (in Wirklichkeit war er etwa/ein halbes Jahr vorher gestorben) lag im Bett/ganz gelb, ein Sterbender. Ich trat ans Bett/und erwürgte ihn. Er merkte meine Absicht/und schaute mich an mit seinen Augen,/furchtbar, aber ich /tat es doch./Als ich erwachte mußte ich weinen u. glaubte/es bedeute daß ich dieser sterbenden Liebe/von Adolf einen Todesstoß gegeben habe./Die Augen warengrauenhaft. es [sic] war eine/ähnlich Angst wie vor dem Blick der Katze/wo ich auch fürchtete daß sie mich verstehe.
Fr: Dieser Traum scheint mir ausserordent-

[5]

*lich wichtig zu sein.*⁷

[6] [7] [8] [9] [10] [11] [12] [13]

[14]

⁸Ich ziehe mich von F. zurück.

[15]

Traum: Ich gehe in einen Vortrag über
Autochisten
Komp aus | Masochist
                | Autist ev. Autoerotist

---

7 An den oberen Seitenrand geschrieben. Der Rest der Seite ist leer. Darauf folgen weitere sieben leere Seiten.
8 An der unteren Seitenrand geschrieben. Der Rest der Seite ist leer.

Heute tanzte ich vor dem Spiegel wie als Kind/da ich nun wieder allein bin.
Fr: Sie hatten Mitleid mit dem Bruder der vom/Vater geschlagen wurde, (eigentlich zuerst den/Wunsch an seiner Stelle zu sein.) Alle diese/Objekte, diese Verstummelten [sic] sind Ersatz z. Teil./aber e Nun da Sie⁹ die Libido vom Fr. zurück/ziehen, dieses Mitleid geht es auf Sie selbst/zurück (<u>Auto</u>-, Masochist[)]. Ihr ungeheures/Mitleid galt ursprünglich Ihnen selbst./Damit kann nun das übermäßige Mitleid/für die andern beherrscht werden, denn es stammt/im Grund aus dem Ich. Sie waren die/Benachteiligte. Die Mutter bekam d. Kind statt/daß Sie es bekamen. Dann wollten Sie doch¹⁰ wie/der Bruder sein. Entweder eine Frau u. ein/Kind haben oder ein Mann mit dem Penis./In d. tie noch tiefern Schicht ist Kleines ja das/Gleiche: Kind/Penis¹¹

[16]

Sie waren <u>verkürzt</u> im eigentl. u ubertrag. Sinn,/daher d. Mitleid für alle Verstummelten bes/Kastrierten d. h. nur z. B., Blinden ¹²d wie Fr./Einäugigen (Göttin der ein Arm fehlt¹³)/Der ungeheure Wunsch ein Mann zu sein resp./ einen Penis zu besitzen zeigt sich in deisem¹⁴/Verliebungszwang.

D. Material ist wie dieser Tuffstein¹⁵ aus dem/die herrlichen römischen Bauten sind, erstarrte/Lava, aus dem sich alles machen läßt/Nur kommt oft ein Ausbruch da es ein/Vulkan ist. Ungeheure Leidenschaften/aber auch eine außerordentliche/Besonnen-/heiten.
Klar wie Bergwasser ---¹⁶

---

9 Wort schlecht lesbar.
10 Auch möglich: noch.
11 Vgl. Freud 1900, S. 362.
12 Vor dem »d« etwas, das wie eine verkleinerte einführende Klammer aussieht.
13 Anspielung auf die sogenannte Venus von Milo, die sich im Pariser Louvre, den G. oft besucht hat, befindet.
14 Wort schlecht lesbar. Möglicherweise sollte es »diesem« heißen.
15 Der rotbraune Tuffstein ist ein poröser, vulkanischer Naturstein, der von den Römern zum Bau von Villen, Bädern und Thermen verwendet wurde.
16 Mehrere Zeilen am Fuß der Seite freigelassen.

[17]

Traum: 10. Juni:
France[17] gibt mir Sacharin. Ich sage:/Danke, ich verzichte.

Traum v. 11. Juni.

Ich sitze im Schnellzug, der in einen großen/Bahnhof einfahrt in einer fremden Stadt/Die Menschen rufen: Boche, sale boche![18] Ich/denke: das passiert mir zum ersten Mal/Dann bin ich mit Adolf auf dem Zollamt/in einem Gedränge. Hinter mir [19]sitzt ein/älterer blinder Mann der mich an sich preßt/ Ich habe ein unangenehmes Gefühl u. ich/glaube Adolf sagt: Wenn er die Augen ganz/weit offen hat, aufsperrt, sieht man nicht/daß er blind ist (er tut das extra um zu/dissimulieren) Nachher sind wir wieder/bei einer Beamtin im Zollamt und suchen/meinen Mantel, der verloren ist. Es liegt/mir sehr viel dran, aber wir finden ihn/nicht. Adolf ist glaube ich etwas ungeschickt.

[18]

Dann sind wir zu Hause, wahrscheinlich in/der Wohnung Weinbergstr 1[20] oder ev. noch früher/u. Berta hilft den Mantel suchen. Ich bin/froh daß ich ihr Du sage, aber man findet/den Mantel nicht.

1.) Ich verzichte also auf den Zuckerersatz, d h./auf die Liebkosungen, die nur ein Ersatz sind[21].

2.)
Die Menschen rufen sale boche! D.h: was diesen/Slovenenen an mir mißfällt, das Stück Widerstand/oder Selbstbeherrschung betrachten sie als/eine Boche-Eigenschaft, eine praktische Seele,/die eines höhern Fluges nicht fähig ist./Sale – France gab mir zu verstehen daß mich/seine Kameraden für die Geliebte des S. [sic]oder/seine betrachten.
Der Mann der hinter mir sitzt ist mein Vater/kastriert offenbar zur Strafe für

---

17 Ein Bekannter aus Wien.
18 Etwa: dreckiger Halunke; abwertende Bezeichnung der Franzosen für die Deutschen.
19 Ein Buchstabe durchgestrichen.
20 Straße in Zürich; Haus von G.s Eltern und Vorfahren.
21 Wort schlecht lesbar.

die Umarmung./Wenn er die Augen weit öffnet sieht man/nicht daß er blind ist. In Wirklichkeit/kann mein Vater ja seine Augen nicht weit

[19]

öffnen.
Ich suche meinen Mantel d. h. meine Männlich-/keit, ev. ~~die~~ einen Mann/ Berta liebte meinen Bruder mehr da er ein/Knabe war.
Wieso hilft sie mir

Dann träumte es mir, ein großer schwarzer/Schwabenkäfer[22] war an der Decke hoch über mir/und ich hatte Angst er fällt auf mich herunter./Ich lag im Bett. Freud war auch da.

Der Schwabenkäfer ist ein Kind u. zwar/»Vom Himmel hoch da komm ich her« – ein/Christkind, von Gott empfangen./France sagte auf meine Befürchtungen hin/daß d. Samenflüssigkeit durch den Stoff/dringen könnte, das wäre ja wie vom heiligen/Geist erzeugt. Der Schwabenkäfer ist also/zugleich von ihm. Er ist auch so groß/Oder d. Käfer ist groß weil er überirdisch ist/als ein Kind des hl. Geistes.
Es ist auch d. Kind meines Vaters denn Fr. als/Vaterersatz ist im Zimmer.

[20]

14. Juni
Traum:
2 kleine Knaben sprangen in einem/Garten herum an einem Abhang ~~in~~. Es waren/so Tropfsteingrotten da - Ich hatte Angst daß/sie ~~über~~ ausglitten.

Eine Dame fragte mich wo ich wohne, sie war/jugendlich, blond, etwas geschminkt/Ich erzählte ihr von der Pension Döbling[23]. Dann/~~sah ich~~ erfuhr ich nachher daß es die Pensions-/leiterin selber war, die viel älter ist. Ich war/empört über diese Verstellung und wunderte/mich daß ich sie nicht doch erkannt hatte./ Aber nicht einmal meine Großmutter hatte/sie erkannt. (Sie lebte im Traum)

---

22 Eine Schabenart, auch Deutsche Schabe genannt.
23 Eine Pension an der Adresse Hofzeile 27 im 19. Wiener Gemeindebezirk desselben Namens, in der auch andere AnalysandInnen Freuds abstiegen.

Dann sah ich die Dame an, legte den Zwicker ab/und betrachtete sie durch d Lorgnette.

[21]

Die 2 kl. Knaben sind d. männl Glied.
Fr. Es ist doppelt oft um eine Kastration aus-/zudrücken.
Ich habe Angst daß d. Glied d. France mir/in die Scheide gleitet. Zur Strafe wird er/kastriert. Die Dame gleicht der Minka[24], blond, etwas ge-/schminkt. Auch d. Schwester von Richard,/die sich sehr verstellte.
Fr: In Wirklichkeit haben Sie selber sich/»falsch« benommen der Minka gegenüber.
– Ich kehre im Traum das um. Die Pensionsvor-/steherin ist die Mutter, die da als Rivalin/auftritt. ~~Die~~
»Die Großmama hat die (meine) Verstellung auch/nicht gesehen«: Als ich einmal bei ihr war ca 5 J. alt/war ich bei Ernst Israel[25] im Garten. Abends vor/dem Schlafengehen. Er hob mir in seinem Schopf[26]/das Kleid auf und berührte mich. Als ich hinauf/kam sagte die Grossmama: Was hast Du/getan? Ich sah daß sie alles wußte obschon/ich mir nicht erklären konnte wie sie von der/Veranda hinab in den Schopf sehen konnte./Gestern umarmte mich France auf der Treppe vor/der Pension, die auch mit Weinlaub umrankt

[22]

ist.
»Die Großmutter hätte also ~~die~~ mein Benehmen/schon durchschaut« ist im Traum umgekehrt/wie die Verstellung auf den andern Teil von meiner/Person abgewälzt wird.
~~Gestern~~ Heute war wieder eine Liebesszene zwischen/Fr. und mir
–
Traum 1. 16. Juni
Ich erzähle jemand wörtlich was die Tänzerin mir/gestern erzählt hat: z. B. daß sie die Minka/für meine Mutter hielt./Frau Lüchinger[27] antwortet: Ein Äffchen das aus dem/südl. Klima seiner Heimat hieher gebracht/wird be-

---
24 Nicht identifiziert.
25 Nicht identifiziert.
26 Schw., Schuppen, Wetterdach.
27 Eine Bekannte von G.s Eltern; ihr Mann war Geschäftsfreund des Vaters.

kommt ein ganz anderes Gesicht/(ein unglückliches, etwas kränklich zusam-/mengeschrumpftes, meint sie)

– Erklärung:
Die Tänzerin erzählte z. B. daß sie/die Minka für meine Mutter hielt.
Fr: Die Leuten [sic] sind ausserordenlich findig/wenn sie sich ihrem Unbewußten überlassen

[23]

Frau <u>Lüchinger</u> antwortet: Sie ist die/einzige Frau die eine gewisse Konkurrenz ihrer/Tochter bildet.
Fr: Sie greift also auf die Pensionvorsteherin –/Mutter d gestrigen Traumes zurück, die auch/eine Konkurrenz war.
Nachtrag: zum gestrig. Traum: ich schaute die/Pensionsvorsteherin durch die Lorgnette an, um/sie zu ärgern. Deutliches Motiv des Trotzes./Das <u>Äffchen</u>: Die Minka, dachte ich, war ganz/nett in ihrer Heimat. Hier in der fremden/Umgebung entgleise sie u. wurde traurig. /France machte heute morgen Pläne was/wir so tun würden, wie wir leben wollten/in Sibirien zusammen. Sibirien stelle ich/mir sehr kalt vor, sodaß man die Schweiz/als südl. Heimat betrachten könnte./»Das Lachen würde mir dann schon vergehen.«

–

Das Affchen erinnert mich auch an das Affchen das/auf dem Schreibtisch der Großmama stand. –/Ich fragte immer: Was denkt jetzt das Affchen/von mir? Es könnte jetzt traurig sein.

[24]

<u>Traum:</u> Ein schreckliches Tier, eine Art/Käfer ~~mit Flügeln ist~~ in der Luft und will mich/stechen. Es hat einen Leib wie eine Crevette/und 2 Hörner wie eine Schnecke. Ich denke/»Hirschkäfer. – Wie ein Hirsch schreit nach/Wasser also dürstet meine Seele nach Gott.« [28]/Ich habe noch nie einen Hirschen nach Liebe X[29]/schreien gehört. Das Tier fliegt wie jenes Glüh-/würmchen in

---

28 »Wie der Hirsch schreit nach frischem Wasser, so schreit meine Seele, Gott, zu dir« (Psalm 42, 1).
29 Als Verweis auf den Einschub am Fuß der Seite.

dem chines. Märchen, das ein/Gott war und in den Mund der Frau flog/und sie befruchtete.³⁰ Es hat 2 Hörner –/Kastration. einen Leib wie ein Krebschen – Die Krebse gehen/rückwärts – Das Glied geht aufwärts gegen/die Schwerkraft also gegen die Natur.

X Hirschhornsalz: Abführ oder Brechmittel,/also Abortivmittel. Gestern Debatte über d. Abort/»Gegen die Natur« bezieht sich darauf.

[25]

– Als ich 4 jährig war rief ich Papa nachts/³¹ich fühlte etwas Hartes unter mir. Er/kam, es war ein Kotballen. Ich war stolz/und genierte mich gar nicht trotz meines Alters,/was mich später erstaunte. Dieses Geschenk/war offenbar ein Kind. –

Traum: ich sitze in einem Eisenbahnzug und/fahre mit der Minka u. einem jungen Mann/(France oder Tag.³²[)] ~~Er kauft mir~~ über den/Rhein nach Deutschland. Die Landschaft/ist unbeschreiblich schön, hohe dunkle/ Bäume, alles hat einen tiefen Glanz denn/es regnet, merkwürdig schimmernder Regen./Der junge Mann kauft mir eine Zeitung, eine/Art Witzblatt, das sehr dumm ist./Eine Art illustrierte Geschichte steht drin: »Wie man einen stürmischen Liebhaber/zurückhält.« Alles war blödsinnig. ~~Man/~~Es war ein sehr komplizierter Vorgang. Man/gibt ihm eine Art Pusterohr (Busch).³³/aus dem Feuer kommt. (Er kann dann jedenfalls/nicht küssen.[)]
Ich erzähle es Freud im Traum und auf seine

[26]

Frage warum ich mir denn die Zeitung von ihm/kaufen ließ sage ich: Ich bin halt so unselb-/ständig. –

---

30 Quelle nicht identifiziert.
31 Ein unleserliches Zeichen, möglicherweise ein durchgestrichenes »f«.
32 Nicht identifiziert.
33 Wahrscheinlich Anspielung auf Wilhelm Buschs Geschichte »Das Pusterohr« (http://www.fln.vcu.edu/busch/puster.html, 15.4.2008). G. – die vor Medizin ein Jahr lang Germanistik studiert hatt – kannte Busch praktisch in- und auswendig.

Der Traum ist eine Verhöhnung der Ratschläge Fr,/die als blödsinnig bezeichnet werden./Ich tue grad das Gegenteil, ich fahre nämlich/sogar auf die Hochzeitsreise mit Fr, denn daß die/Minka dabei ist, ist ein weiterer Beweis, da Personen/die das Hindernis bilden im Traum dabei/sind um den Vorgang zu maskieren[34].
R. wollte ja nach Deutschland die Hochzeitsreise/machen mit mir. Diese schöne Landschaft mit/dem befruchtenden Regen ist durch d./merkwürdige Licht einer Leidenschaft gesehen.
E: Sie stehen unter der Herrschaft des Trotzes/gegen d. Eltern
(Er glaubt diese Liebe ist zum größern Teil/daraus zu erklären, aber es ist nicht wahr/O mein Gott. Wie liebe ich ihn.

[27]

19. Traum:

Fr. hat gestohlen, wir sind auf der Straße/und müssen fliehen deßhalb. Wir wollen in/ein Tram, aber ich sage es ist besser ein Auto/das geht schneller. Dann sind wir in einem Haus/und ich will andere Kleider anziehen über oder/unter meine, damit man mich nicht kennt/Aber als ich es getan habe, ist es zu heiß, ich halte es/nicht aus. –
x Ein Polizist verfolgt uns[35]

---

34 Eventuell auch: markieren.
35 Hier, in der Seitenmitte, brechen die Tagebucheintragungen unvermittelt ab.

Literatur

Cremerius, J. (1984): Freud bei der Arbeit über die Schulter geschaut. In: Vom Handwerk des Psychoanalytikers: Das Werkzeug der psychoanalytischen Technik. Stuttgart. S. 326–363.
Ferenczi, S.; Rank, O. (1924): Entwicklungsziele der Psychoanalyse. Wien (Turia + Kant), 1996.
Freud, S. (1900): Die Traumdeutung. G.W. II/III, Frankfurt/M. (Fischer).
Freud, S. (1905): Bruchstück einer Hysterie-Analyse. G.W. V, Frankfurt/M. (Fischer), S. 161–286.
Freud, S. (1911): Psychoanalytische Bemerkungen über einen autobiographisch beschriebenen Fall von Paranoia (Dementia paranoides). G.W. VIII, Frankfurt/M. (Fischer), S. 239–316.
Freud, S. (1919): »Ein Kind wird geschlagen«. Beitrag zur Kenntnis der Entstehung sexueller Perversionen. G.W. XII, Frankfurt/M. (Fischer), S. 197–226.
Freud, S. (1937): Konstruktionen in der Analyse. G.W. XVI, Frankfurt/M. (Fischer).
Freud, S.; Freud, A. (2006): Briefwechsel 1904–1938. Frankfurt/M. (Fischer).
Freud, S.; Pfister, O. (1980): Briefe 1909–1939. Frankfurt/M. (Fischer).
Jones, E. (1978): Das Leben und Werk von Sigmund Freud, Bd. 3.
Jung, C.G. (1907): Über die Psychologie der Dementia praecox. G.W. 3.
Laplanche, J. (1998): Die Psychoanalyse als Anti-Hermeneutik. Psyche – Z Psychoanal. 1998/7, 609.
May, U. (2006): Freuds Patientenkalender: Siebzehn Analytiker in Analyse bei Freud (1910–1920). In: Luzifer Amor 37.
Pohlen, M. (2006): Freuds Analyse. Die Sitzungsprotokolle Ernst Blums. Reinbek (Rowohlt).
Roazen, P. (1969). Brother Animal. New Brunswick, NJ: Transaction Books, 1990.
Roazen, P. (1999): Wie Freud arbeitete. Gießen (Psychosozial-Verlag).
Sachs, E. (1913): Psychoanalyse oder Psychanalyse? Internationale Zeitschrift für ärztliche Psychoanalyse 1, 100.
Wieser, A. (2001): Zur frühen Psychoanalyse in Zürich 1900–1914. Med. Diss., Zürich.
Wortis, J. (1954): Meine Analyse bei Freud. Innsbruck, Wien, 1994.
Young-Bruehl, E. (1988): Anna Freud. A Biography. New York (Summit Books), 1990.

Anna G., knapp 4-jährig, 1897

Eltern mit Anna, Adolf und Walter, 1900

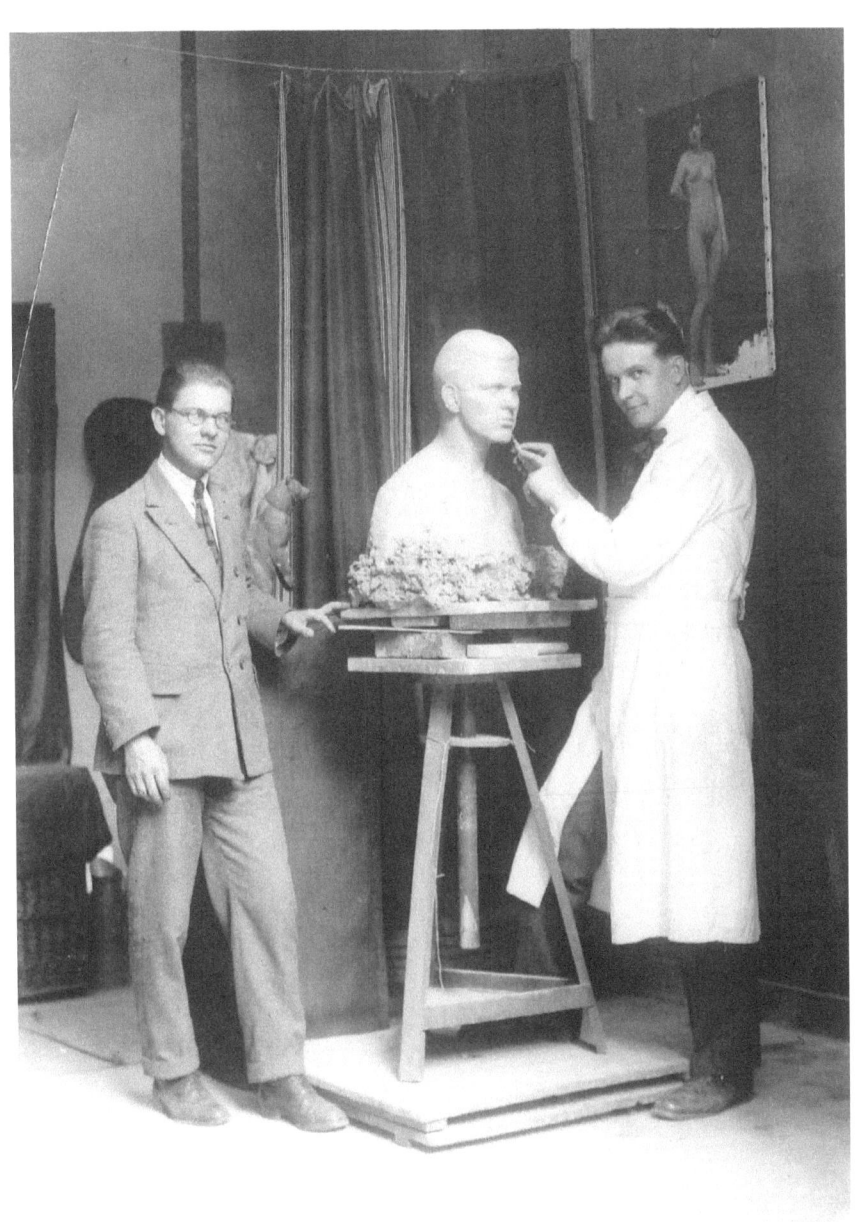

Bruder Adolf und der Bildhauer in dessen Atelier, 1920

Anna G. während ihrer Analyse in Wien, 1921

Anna G. in Paris, 1935

Träume – Die *via regia* zum Unbewussten
Gespräch mit Paul Parin
Aufgezeichnet von Claudia Roth und Anna Koellreuter[1]

Was hältst du von diesem Text »1921 – bei Freud in Analyse«?
Es ist ein großartiges Beispiel von Psychoanalyse, die ich selbst Chronopsychoanalyse[2] nenne – analog zum Ausdruck Ethnopsychoanalyse. Ich bin überzeugt, dass es notwendig ist, die Rekonstruktion früherer psychoanalytischer Ereignisse wie z.B. diese Analyse einer Patientin – welche sich von der Analyse eine therapeutische Wirkung erhofft hat – ebenso aufzufassen, wie wenn ein europäischer Analytiker mit einer ihm fremden Kultur konfrontiert ist. Die vielfache Erfahrung mit der Ethnopsychoanalyse hat gelehrt: Der Analytiker, der eine fremde Kultur studieren will, muss damit rechnen, dass er mit seinen vorgefassten Meinungen und Ansichten intellektuell und emotional infrage gestellt wird. Er muss also in einer fremden Kultur ganz neu an den Analysanden herangehen, weil er aus einer anderen Umgebung, aus einem anderen historischen und sozialen Umfeld kommt. Er muss selbst in Bewegung sein. Er darf nicht an die erstarrten und festgefügten Meinungen gebunden sein, die wir in unserer Kultur entwickelt haben, sondern der Dialog mit dem Analysanden sollte ständig in Bewegung begriffen sein. Die Ethnopsychoanalyse hat mit dieser ständigen Bewegung der beiden Beteiligten eine neue Perspektive in die psychoanalytische Arbeit gebracht, die darauf gründet, dass wir unsere Vorurteile revidieren müssen, auch wenn wir sie nie ganz loswerden können.

---

1 Da Paul Parin seit einiger Zeit blind ist, d.h. nicht mehr lesen und schreiben kann, führten Claudia Roth und Anna Koellreuter (Schwestern) mit ihm ein Gespräch. Vor dem Gespräch wurden ihm von Claudia Roth der Artikel »1921 – bei Freud in Analyse« sowie die zwei Tagebuchhefte vorgelesen.
2 Von Paul Parin geprägter Begriff, welcher psychoanalytische Deutungen von Phänomenen aus der Zeitgeschichte bezeichnet.

Diese Tagebuchaufzeichnungen zeigen eine frühe Stufe, die dazukommt, d. h. man geht in eine frühere Zeit zurück. Die Aufzeichnungen werfen auf die gegenwärtigen psychoanalytischen Meinungen ein neues Licht – gerade so, als ob man in eine fremde Kultur eintreten würde. Es gibt nur wenige Arbeiten, die das explizit formuliert haben. Durch die vergangene Zeit verändert sich der gesamte Kontext, das ist in jeder bekannten Sozietät zwischen den Generationen so. Man setzt sich von den eigenen Erwartungen, den intellektuellen und emotionalen, distanzierend ab, bis man von dieser vergangenen Zeit – so wie von einem entfernten Kontinent – ein bewegtes Bild erhält.

Meiner Meinung nach ist dieser Artikel ein gelungenes Beispiel von Ethnopsychoanalyse – aber es ist eben eine Chronopsychoanalyse. Die durchschnittlich zu erwartende Umwelt ist historischen Veränderungen unterworfen und verlangt deswegen ein neues Verfahren der Textinterpretation, weil diese Leute ja nicht mehr leben. Man hat nur noch ihre Texte – wie dieses Tagebuch. Deshalb ist der Artikel für mich eine hervorragende Bearbeitung der von mir so bezeichneten Chronopsychoanalyse.

Was hältst du von der Kritik an Freuds Arbeitsweise mit der Übertragung?
Das war seine damalige Technik. Viele der technischen Gewohnheiten, die er damals hatte, die gingen aus eben dieser seiner Arbeitsweise hervor. Die isolierten Symboldeutungen, die Freud machte – das stimmt absolut! Aber seit der Arbeit von Rank und Ferenczi werden die Symboldeutungen nicht mehr so isoliert und unverständlich angesehen. Sondern sie werden in die Übertragung mit hineingenommen.

Ein Beispiel dafür ist die Analyse der amerikanischen Dichterin Helen Doolittle. Frau Doolittle hat diese Analyse ausführlich beschrieben, nicht als Tagebuch, sondern als Gesamterscheinung. Darüber hat der Zürcher Psychoanalytiker Andreas Benz eine ernsthafte, aber zugleich als scherzhaft bezeichnete Arbeit geschrieben: »Sigmund Freud in Supervision« (Benz 1981). Benz zeigt auf, wie Freud in den ersten Stunden, die Doolittle bei ihm war, mit seinen eigenen Affekten umgegangen ist: Er hat sich sehr gefreut, dass die auch für ihn bedeutende Dichterin zu ihm gekommen ist und hat sich fürsorglich um ihre Unterbringung in Wien und Ähnliches bemüht. Er war außerordentlich freundlich zu ihr. Nur: Freud hatte damals die Gewohnheit, seine Chow-Hündin Jofi, an der er sehr hing, mit in die Stunde zu nehmen. Jede positive Übertragung hat durch die Grundambivalenz, die Gefühlsübertragungen mit sich bringen, auch einen aggressiven Anteil. Es würde sehr verwundern, wenn Freud dies in den Behandlungen nicht einbeziehen würde, aber bei Frau Doolittle hat er das nicht bemerkt! So warnte er sie immer wieder davor, sie müsse acht geben, seine Hündin sei gefährlich, bissig und so weiter – was gar nicht der Fall war. Er sagte: »Rühren Sie sie nicht an, sie schnappt zu, sie ist sehr schwierig mit Fremden« (Benz 1981, S. 383). Denn diese Hündin machte sich sofort an die Besucherin heran, ließ sich von ihr liebkosen, wedelte mit dem Schweif und fühlte sich wohl. Die negativen Anteile der offensichtlich sehr positiven Gegenübertragung, wie dies heute genannt wird, die Freud gegenüber Doolittle gezeigt hat, die hat er alle der Chow-Hündin zugeschrieben, welche diese ihrerseits offensichtlich gar nicht gehabt hat.

Im Prinzip war Freud selbst einer Supervision bedürftig. Es war eine andere Zeit, ein anderer Wissensstand, es herrschten andere Sitten und Gebräuche. Daraus ergibt sich, dass alles revidiert werden muss. Die Analyse greift zu kurz, wenn die Analytiker nicht selbst in Bewegung bleiben. Das ist das Wichtigste.

Im vorliegenden Artikel sind die Anzeichen einer Veränderung der Behandlungstechnik, wie sie bei Ferenczi und Rank bereits im Entstehen begriffen waren, sehr gut zusammengefasst worden. Auf diese ist Freud bis in seine letzten Arbeiten jedoch nicht eingegangen.

Was hast du nach dem Vorlesen des Tagebuchs als Erstes gedacht?
Ich habe vor allem gedacht, dass es etwas sehr Seltenes ist, dass jemand bei Sigmund Freud in Analyse war, und dass dies im Leben dieser jungen Frau eine große Rolle gespielt hat. Diese Analyse war der Analysandin wichtig genug, sodass sie vieles davon aufgeschrieben hat. Sie hat auch manches notiert, was Freud gesagt hat. Hingegen eine genaue Protokollierung zu machen, kam ihr nicht in den Sinn, also ein Protokoll der Gespräche zwischen ihr und Freud, so wie wir Analytiker das jeweils nach den Analysestunden machen. Die Aufzeichnungen sind außerordentlich aufschlussreich, aber das Tagebuch ist keine Darstellung einer Analyse bei Freud, sondern eine Selektion, eine Auswahl dessen, was ihr damals wichtig schien aufzuschreiben. Aus heutiger Sicht müsste man sehr vieles dazu ergänzen. Man müsste nachtragen, was eigentlich zwischen den beiden alles gesprochen wurde. Es besteht kein Zweifel darüber, dass die sehr persönliche Auswahl bestimmend war, was da schließlich steht. Es ist kein Versuch einer Gesamtdarstellung, sondern der Versuch, das, was ihr den größten Eindruck gemacht hatte, nämlich ihre Träume und die Deutungen von Freud, zu notieren. Alles, was dazwischen geschah, können wir nur vermuten.

Berthold Rothschild³ hat dich vorhin auch gefragt: Denkst du, dass es ihr eigenes subjektives Interesse war, dass sie hauptsächlich Träume aufgeschrieben hat?
Ich kann nur sagen, dass sie das, was ihr den größten Eindruck gemacht hat, niederschreiben und festhalten musste: Das waren offensichtlich die Träume. Dies ist der Unterschied zu einem eigentlichen Protokoll oder dem Versuch einer Gesamtdarstellung. Man kann zwar versuchen zu extrapolieren, zu ergänzen, was da alles gesprochen worden sein mag ...

Was mich als Aussenstehende erstaunt, sind die Deutungen von Freud, die wie aus einem Lehrbuch daherkommen. Was sagst du dazu?
Du meinst: Sie kommen stereotyp daher? Zweifellos hat Freud in seinen Traumdeutungen bei der Analysandin frühere Vermutungen bestätigt, sowohl über die Symbole als auch über deren Entstehung. Zum Beispiel, dass sich die frühen Kindheitserlebnisse der jungen Frau auf den drei Etagen abgespielt haben sollen, das kann man als ein organisiertes Lehrgebäude auffassen. Es ist das Ergebnis dessen, was Freud damals gemeint hat. Hier kann er es beruhigt anwenden. Auffällig scheint mir, dass er Fragen stellt und voraussetzt, dass sie seine Sachen gelesen hat, zum Beispiel den Fall Dora, der ja, wie man aus vielen späteren Arbeiten weiß, eine massive Fehlinterpretation von Freud war. Die Hauptkritik am Fall Dora bestand darin, dass Freud übersehen hat, wie sperrig die Dora war. Er hat nicht gemerkt, wie heftig ihre Übertragung auf ihn war. Er konstruierte ein ganzes Gebäude, ließ aber das Wichtigste der Analyse weg: nämlich die Bedeutung der Übertragung und Gegenübertragung. Bei der Dora ist aus diesem Grunde vieles misslungen. Die Analyse von Dora ist nicht als Ganzes zu verwerfen. Aber gerade das, worauf es bei Dora und worauf es auch in diesen Tagebüchern angekommen ist, das sieht man anhand der Traumdeutungen, liegt in der Rekonstruktion der frühen Kindheit – und da hat er praktisch ohne Übertragung und Gegenübertragung gearbeitet.

Hat er denn wirklich ohne diese gearbeitet?
Ja – natürlich!

Aber wenn er zu ihr sagt: »Sie wollen mir die Liebe verleiden ...«
... dann spielt er auf Fakten an. Wir können nicht wirklich wissen, was sonst

---

3 Zürcher Psychoanalytiker, der seit Jahren mit Paul Parin befreundet ist – und zufällig bei dem Gespräch teilweise dabei war.

gesprochen worden ist. Hier sieht es so aus, dass der damalige Stand seiner Erforschung des Unbewussten in mancher Hinsicht als gegeben galt und man glaubte, darauf aufbauen zu können. Man hatte Kenntnis davon, was Symbole sind, ja, sogar eine zeitliche Strukturierung in die drei Phasen der frühkindlichen Entwicklung wurde erkennbar, man sieht es in diesen Deutungen. Neben der objektbezogenen, also neben der an Beziehungspersonen gebundenen Libido dieser jungen Frau könnte man ihr auch den unbewussten Wunsch, lieber ein Mann sein zu wollen, unterstellen[4] – was später zu Recht als weiblicher Protest an der Psychoanalyse in die Literatur eingegangen ist – und das, also lieber ein Mann sein zu wollen, war für Freud eine Tatsache, obwohl dies aus diesem Tagebuchmaterial keineswegs zwingend hervorgeht.

Zu diesem Tagebuch kann man grundsätzlich sagen, dass es einen Ausschnitt aus einem Querschnitt darstellt: ein Ausschnitt aus einer sicher sehr intensiven und irgendwie wirksamen Therapie und ein Querschnitt durch den damaligen Stand des psychoanalytischen Denkens. Wie ich schon sagte: Es ist gut möglich, dass diese Träume jeweils sehr viel direkter der Übertragung und Gegenübertragung entsprungen sind, aber wir können es nicht wissen.

Das Tagebuch ist hochinteressant als Ausschnitt aus einer Analyse, also als das Ergebnis einer Selektion. Die Träume waren sicher das Wichtigste für die Analysandin – vielleicht auch für Freud. Freud sagte ja bekanntlich, die Träume seien die *via regia* zum Unbewussten. Die Träume sind in der Psychoanalyse ein wichtiger Zugang zum Unbewussten geblieben. Das Wenige, das wir über die Aufzeichnungen wissen, zeigt, wie Freud die Traumanalyse allmählich entwickelt und vorangetrieben hat. Wir können sehen, dass die Träume *ein* Zugang waren. Das Wesentliche in einer Analyse ist jedoch der Dialog zwischen Übertragung und Gegenübertragung – und der ist in den Aufzeichnungen nicht vorhanden. Trotzdem sind sie interessant. So ist etwa erkennbar, dass Freud die Tendenz hatte, mit seinen Sprüngen von »so hab ich es beobachtet« zu »so ist es also immer« für ihn überzeugende Einzeldarstellungen als allgemeingültige anzusehen, obwohl diese Beobachtungen, die er gemacht hat und die sicher zahlreich waren, nicht für die ganze Menschheit galten. Ich habe mit Kurt Eissler[5] in New York

---

4 TB I: S. 42, 47 und TB II: S. 3
5 Amerikanischer Psychoanalytiker österreichischer Herkunft (1908–1999). Bekannt wurde er durch den Aufbau des Sigmund-Freud-Archivs. »Die Energie, die Eisslers Archiv-Unternehmen antrieb, entsprang seiner unendlichen Wertschätzung für das Genie Freuds. Diese liess ihn auch immer wieder zur Feder greifen, wenn er fand, dass der Begründer der Psychoanalyse von einem

darüber diskutiert und ihn gefragt, ob aus derart wenigen Beobachtungen eine Allgemeingültigkeit ableitbar sei. Kurt Eissler sagte, dieses Vorgehen sei völlig unwissenschaftlich, aber wenn man wie Freud ein Genie sei, habe man die Möglichkeit, tatsächlich das Richtige zu erraten. Allerdings stimmt das nur unter der Voraussetzung, dass Freud noch viele Jahre an seinem Material gearbeitet hat, um zu weiteren Erkenntnissen zu gelangen. Er hat seine Vorstellungen – bezogen auf seine Erfahrungen – angereichert und schließlich so gestaltet, dass andere sich durchaus auf seine Erkenntnisse stützen konnten.

Ich weiß nicht, ob bekannt ist, dass eine Wissenschaft von den Symbolen existierte. Die Frage stellte sich, inwieweit Symbole Allgemeingültigkeit haben, ob sie transkulturell gelten oder ob sie im Laufe eines Lebens Gültigkeit haben können. Die eigentliche Arbeit war, die Symbole gesondert zu betrachten. Mein Gesprächspartner Kurt Eissler hat aber gesagt: Wenn jemand so verfahre, also von einer Einzelbeobachtung oder auch von zehn solchen Beobachtungen auf Allgemeingültigkeit schließen würde, dann müsste man sagen: Das ist ein völlig unwissenschaftliches Vorgehen. Doch zu Freud sagte Eissler, er habe eben das Talent und die Ausdauer gehabt, seine Erkenntnisse auch immer wieder infrage zu stellen. Zwar hat er die Gültigkeit seiner Symbole nicht angezweifelt, er hat sie ja auch im Fall der jungen Analysandin voll angewendet und als bekannt vorausgesetzt, das sieht man in den Aufzeichnungen, aber er konnte sie später auch wieder revidieren. Dies war ein steter Entwicklungsprozess.

Er hat doch noch während etwa zwanzig Jahren seine Theorien weiterentwickelt, nicht?
Nach dem Zweiten Weltkrieg, als ich begonnen habe, mich für die Psychoanalyse zu interessieren, nahmen die Symboldeutungen in der italienischen Psychoanalyse eine hervorragende Stellung ein. Die italienischen Psychoanalytiker haben sozusagen auf die Geschichte der Psychoanalyse zurückgegriffen und dabei die Bedeutung der Symbole und die Allgemeingültigkeit

---

Autor in ein schiefes Licht gerückt wurde. Dass sich die Freud-Biographik jahrzehntelang in einem polarisierten Feld zwischen Idealisierung und Denkmalschutz bewegte, war nicht zuletzt eine Folge seines eifernden, obwohl in der Sache meist gut begründeten Engagements. Und als wäre dies nicht genug, wurde Eissler auch zum exemplarischen Gegner all derer, die für eine weniger rigide Handhabung der psychoanalytischen Technik eintraten, weil er einen der kanonischen Texte zur Begründung der ›klassischen‹, auf Neutralität des Analytikers abzielenden Technik geschrieben hat« (Luzifer-Amor, 2007/40. Editorial von Michael Schröter).

der Symbole herausgegriffen. Als wir, Raymond de Saussure[6], Fritz Morgenthaler[7] und ich, zusammen in einem Sponsoring-Komitee[8] waren, haben wir uns gefragt: Wo sind die Italiener denn stecken geblieben in der Kenntnisnahme von Freud? Meine Analyse fand in den Jahren 1946 bis 1948 bei Rudolf Brun statt. Die Symbole als gegeben und feststehend zu deuten, das hat Brun schon damals nicht mehr gemacht. Allerdings war das natürlich viel später als in den 1920er-Jahren.

Nochmals zur Symbolik in den Aufzeichnungen: Ich glaube die Analysandin hat sie in ihrer Analyse als etwas Wichtiges empfunden. Das wird auch aus ihrem lebensgeschichtlichen Zusammenhang deutlich: Ihr Problem – nämlich die lange Verlobungszeit, die sie weder fortsetzen noch aufgeben konnte – konnte sie lösen, sie konnte zum Schluss die Verlobung aufgeben. Eine der Gestalten, die auch als Assoziation zur Traumdeutung vorkommen, wurde ihr späterer Mann oder euer Großvater. Also dieser lebensgeschichtlich-therapeutische Zweck war erreicht, und es ist kein Zufall, dass er erreicht worden ist, war es doch auch ein großer Aufwand, nach Wien in die Analyse zu gehen.

Warum denkst du, war das möglich, obwohl die Übertragung nicht Teil der Analyse war?
Im ersten Lehrbuch zur Technik hat Glover (1955) als Erster versucht, die Psychoanalyse als Methode darzustellen. Darin ist ein langes Kapitel ent-

---

6 Schweizer Psychoanalytiker (1894–1971) aus Genf. War 1919 an der Gründung der Schweizerischen Gesellschaft für Psychoanalyse mitbeteiligt.
7 Schweizer Psychoanalytiker (1919–1984), der wie zahlreiche andere Zürcher Analytiker von Rudolf Brun analysiert wurde. Er gehört zusammen mit Paul Parin (geb. 1916) zu den international bekannteren schweizerischen Analytikern, vor allem aufgrund der gemeinsamen originellen ethnopsychoanalytischen Forschungen in Westafrika. Aber auch seine Veröffentlichungen über psychoanalytische Technik (1978), über Homosexualität und Perversionen (1984) und über den Traum (1986) fanden weite Verbreitung. Zusammen mit Paul, Goldy Parin-Matthèy und anderen Weggefährten war er 1977 Mitinitiator der Abspaltung des PSZ (Psychoanalytisches Seminar Zürich) von der SGPsa/IPA (Schweizerische Gesellschaft für Psychoanalyse/International Psychoanalytic Association). Grund: die neuen Ausbildungsrichtlinien der SGPsa/IPA, welche das PSZ nicht akzeptierte.
8 Die IPA konnte Ausbildungsstätten anerkennen oder auch nicht. Auf Verlangen wurde ein unabhängiges Sponsoring-Komitee gebildet, wenn ein Ausbildungsinstitut ausgeschlossen werden sollte. Drei Ausbildungsinstitute der Italiener (zwei in Rom, eines in Mailand) hatten Streit miteinander. Das besagte Komitee bestand aus de Saussure, Morgenthaler und Parin, welche beurteilen mussten, ob einzelne Leute aus dem jeweiligen Institut anerkannt werden sollen oder nicht. Paul Parin: »Wir haben gegen 200 Kandidaten und Lehrbeauftragte überprüft. Es war eine äußerst heikle Aufgabe ... Alle vom Sponsoring-Komitee gemachten Vorschläge, den Streit beizulegen, wurden angenommen, aber zwei Jahre später wieder rückgängig gemacht.«

halten, in welchem er sich die Frage gestellt hat: Wieso konnten Analysen – offensichtlich – einen therapeutischen Erfolg haben, obwohl nach unseren heutigen Ansichten die Methode, die Art und Weise, wie sie durchgeführt wurde, unrichtig war? Wie erklärt man sich die Wirkung unrichtig angewandter Psychoanalyse, wobei man nach Glover sogar sagen muss: *fehlerhaft* durchgeführter Psychoanalyse? Wahrscheinlich sind die Dialoge – wie hier in diesen Aufzeichnungen – auf einen selektiven Dialogprozess zurückzuführen. Das zeigt wahrscheinlich *immer* eine therapeutische Wirkung, die man aber nie richtig erfassen kann. Dass die therapeutische Wirkung ganz sicher falsch erfasst wurde, geht aus der breiten Diskussion über die Dora-Analyse hervor, auf welche Freud in diesen Tagebuchnotizen auch wieder Bezug nimmt.

Im Zusammenhang mit der Entwicklung der Psychoanalyse möchte ich darauf hinweisen, dass Freud selbst immer wieder formuliert hat: Die Psychoanalyse kann man am besten verstehen, wenn man ihrer Geschichte nachgeht. Dieses Tagebuch ist ein Querschnitt durch eine Analyse und gehört damit zur Geschichte der Psychoanalyse.

Im Zusammenhang mit der Traumdeutung der Analysandin macht Freud die Symboldeutung, dass der zentrale Konflikt immer ein ödipaler Konflikt sei. Die Frage ist: Ist der ödipale Konflikt von ihm so benannt worden, weil er diese Konstellation dem bekannten ödipalen Drama in der Fassung des Euripides so ähnlich fand, oder hat er das ödipale Drama in den Analysen entdeckt und auf Euripides zurückgeführt? War es ein literarischer Einfall von Freud, den er auf die Therapie angewandt hat, oder hat er den ödipalen Konflikt in den Therapien festgestellt und entdeckt, dass dieses ödipale Drama ja einen Namen hat? Diese Frage wurde nie entschieden.

Noch eine Bemerkung, warum ich weiß, dass er in dieser Analyse über die ödipale Problematik gesprochen hat: In jener Zeit, in welcher ich an Psychoanalyse interessiert war und ausgebildet wurde, gab es eine Vorstellung von der orthodoxen Psychoanalyse. Orthodox heißt rechtgläubig: Wenn ich genauso analysiere wie Freud, dann ist es richtig – und alles andere ist falsch! Schon in meiner eigenen Analyse, die ich bei Rudolf Brun gemacht habe, habe ich gesehen: Das gibt es gar nicht! Rudolf Brun war damals der beste verfügbare Analytiker hier in Zürich. Er selbst war bei Dr. Philipp Sarasin in Basel in Analyse, der wiederum selbst ein Analysand von Freud gewesen war. Sarasin hat von einer solchen Orthodoxie nichts bemerkt. Orthodox wird heute im pejorativen Sinne verwendet, man denkt sofort an eine orthodoxe Sekte, was aber für die Psychoanalyse nicht zutrifft.

Also war Freud selbst nicht orthodox?
[Paul lacht herzhaft] Auf gar keinen Fall. Ich habe schon mit Fritz Morgenthaler im italienischen Sponsoring-Komitee darüber sinniert: Freud wäre in keinem der drei römischen Institute, die ja alle miteinander in Konflikt standen, auch nur als Kandidat angenommen worden!
Ich erzähle euch die Geschichte vom Rattenmann: Der Rattenmann hatte einen Job in Wien und kam immer am Abend zu Freud in die Analyse. Da gab's den rätselhaften Satz in Freuds Protokollen: »War hungrig und wurde gefüttert.« Die Historiker haben glaubhaft nachgewiesen, dass der Rattenmann tatsächlich gekommen ist und gesagt hat, dass er hungrig sei. Freud sagte: »Da kann man sich nicht entspannen!« und ging in die Küche und holte zwei Äpfel und Teller und Messer. Sowohl Freud als auch der Analysand verzehrten einen Apfel, und der Analysand sagte: »Jetzt bin ich wieder ruhig«, und sie konnten mit der Analyse beginnen. Also dies ist doch gegen jede Orthodoxie, nicht?

Noch eine Frage: Du hast gesagt, es sei wichtig, dass man die Psychoanalyse über ihre Geschichte versteht?
Freud sagte: Wenn man die psychoanalytische Theorie richtig verstehen will, also die Metapsychologie, den Ödipuskomplex, den Inzest und so weiter, dann muss man die psychoanalytische Geschichte verstehen: Wie war das früher? Wie hat sich das ganze psychoanalytische Gebäude entwickelt? Freud hat ja früh die Mittwochsgesellschaft[9] gegründet, und er hat die Meinungen, die in diesem Kreis geäußert wurden, sehr früh aufgenommen und in seine Theorieentwicklung integriert. Bekanntlich war Freud als Nervenarzt nicht zufrieden und ging nach Frankreich. Er war so beeindruckt von Charcot und Pierre Jeanet an der Salpêtrière in Paris, dass er das Werk von Charcot ins Deutsche übersetzt hat. Dieses Werk spielte eine überaus wichtige Rolle in der Entwicklung seiner eigenen Ideen.

Glaubst du, dass es wichtig ist, das Tagebuch zu publizieren?
Ja – absolut!

---

9 »1902: Gründung der psychologischen Mittwochsgesellschaft. Zusammen mit einem kleinen Kreis von Interessenten gründet Freud die psychologische Mittwochsgesellschaft, die sich regelmäßig zu Diskussionsrunden in Freuds Wartezimmer trifft. Zu den Gründungsmitgliedern zählen Alfred Adler, Willhelm Stekel, Max Kahane und Rudolf Reitler. Ausgehend von dieser kleinen Runde aus Ärzten entwickelt sich die Psychoanalyse zu einer internationalen wissenschaftlichen und kulturellen Bewegung« (zitiert nach: www.Freud-museum.at).

Und warum?

Weil sich sehr viele Leute dafür interessieren, rekonstruieren zu können, wie es damals war, auch als Historiker. Es ist wichtig für die Geschichte der Psychoanalyse. Jetzt, nachdem du es vorgelesen hast, wird mir klar: Diese Selektion, welche die Schreiberin gemacht hat, ist ja faustdick. Dazwischen war vieles andere, das wir nicht wissen können. Auch aus anderen Zeugnissen ist bekannt, dass Freud schon damals nicht nur die Träume gedeutet hat. Aber die Träume waren das, was der jungen Analysandin wichtig schien! Es existiert heute eine enorme Literatur, die rekonstruktiv ist. In diesem Rahmen hat dieses Tagebuch einen wichtigen Stellenwert.

Wichtig scheint mir auch, die familiäre Einstellung zu erkennen: Die Analyse hatte schon einen solchen Ruf, dass man diese junge Frau, die in einer Verlobung steckte, die sich weder vorwärts und noch rückwärts bewegte, nach Wien geschickt hat. Es war wie nach dem Zweiten Weltkrieg, als viele psychiatrische Fälle nach Zürich geschickt wurden, weil das Burghölzli[10] einen solch guten Ruf hatte.

Der Ruf von Freud ist jedenfalls bis in die Familie der Schreiberin gedrungen.

---

10 Psychiatrische Klinik in Zürich, Anfang 20. Jahrhundert über die Grenzen der Schweiz hinaus bekannt durch den Psychiater und damals leitenden Arzt Dr. Eugen Bleuler.

Bücher von Paul Parin

– mit Fritz Morgenthaler und Goldy Parin-Matthèy: Die Weissen denken zu viel. Psychoanalytische Untersuchungen bei den Dogon in Westafrika (1963). 5. Auflage. Hamburg (Europäische Verlagsanstalt) 2006 (mit einem Nachwort von Mario Erdheim).
– mit Fritz Morgenthaler und Goldy Parin-Matthèy: Fürchte deinen Nächsten wie dich selbst (1971). Psychoanalyse und Gesellschaft am Modell der Agni in Westafrika. Gießen (Psychosozial-Verlag) 2006.– mit Goldy Parin-Matthèy: Subjekt im Widerspruch (1986). Gießen (Psychosozial-Verlag) 2000.
Lesereise. 1995 bis 2005 (2006). Berlin (Edition Freitag). Die Leidenschaft des Jägers. Erzählungen (2003). Hamburg (Europäische Verlagsanstalt). Untrügliche Zeichen von Veränderung. Jahre in Slowenien (1980). Hamburg (Europäische Verlagsanstalt) 1992. Das Katzenkonzil. Mit Tuschezeichnungen von Manù Hophan (2002). Hamburg (Europäische Verlagsanstalt). Der Traum von Ségou. Neue Erzählungen (2001). Hamburg (Europäische Verlagsanstalt). Eine Sonnenuhr für beide Hemisphären. Erzählungen (1995). Hamburg (Europäische Verlagsanstalt). Karakul. Erzählungen (1993). Hamburg (Europäische Verlagsanstalt). Es ist Krieg und wir gehen hin (1991). Hamburg (Europäische Verlagsanstalt) 1997. Noch ein Leben (1990). Gießen (Psychosozial-Verlag) 2002. Zu viele Teufel im Land. Aufzeichnungen eines Afrikareisenden (1985). Hamburg (Europäische Verlagsanstalt) 1993.

Literatur

Benz, Andreas (1981): Sigmund Freud in Supervision. Zeitschr. psychosom. Med. 27, 381–389.
Glover, Edward (1955): The Technique of Psycho-Analysis. London (Bailliere, Tindall and Cox).

Von Freud analysiert:
Ein Analysetagebuch aus dem Jahre 1921

Anne-Marie Sandler
(übersetzt von Anna Koellreuter)

Welch großes Privileg, einen Kommentar zum Tagebuch einer jungen Patientin schreiben zu können, die 1921 für dreieinhalb Monate bei Freud in Analyse war. Ich war ganz aufgeregt beim Gedanken daran, ein Tagebuch lesen zu können, welches mir erlauben würde, Zeugin zu sein und aus erster Hand zu erfahren, wie Sigmund Freud in jener Phase seiner Entwicklung mit seinen Patienten arbeitete. Die Patientin, eine junge Psychiaterin, war seit sieben Jahren verlobt. Obwohl die Hochzeit für den Herbst 1921 geplant war, fühlte sie sich in ihrer Wahl so unsicher, dass sie sich entschloss, eine Analyse bei Freud in Wien in Angriff zu nehmen. Offensichtlich eine höchst intelligente und im Ganzen eine gut funktionierende Erwachsene, schien sie die ideale neurotische Patientin zu sein, also im höchsten Maße fähig, vom psychoanalytischen Ansatz zu profitieren. Ich erwartete, dass das Tagebuch mir Zugang zur Intimität des Behandlungsraumes geben und möglicherweise neue Enthüllungen über Freuds Technik bieten würde.

Ich bin sehr dankbar dafür, dass mir bezüglich des Vorgehens vollständige Freiheit gewährt wurde. Nachdem ich das Tagebuch einige Male durchgelesen hatte, wurde mir klar, dass sich meine Aufgabe wesentlich komplexer gestalten würde, als ich zuerst angenommen hatte. Ich hatte gehofft, dass ich brauchbare Kommentare zu Freuds Arbeitsweise vor 90 Jahren würde machen können, um sie möglicherweise mit unserer heutigen Arbeitsweise zu vergleichen. Doch nach einer langen Denkphase wurden meine Ziele bedeutend bescheidener. Ich habe beschlossen, zuerst über das Tagebuch zu reflektieren – unsere einzige Informationsquelle –, und danach meine Reaktionen als Psychoanalytikerin in der heutigen Zeit zu beschreiben. Sie betreffen denjenigen Teil des Tagebuchs, der größtenteils die ersten sechs Wochen abdeckt. Ich will versuchen, einerseits detailliert den Gedanken

Freuds und andererseits der Wirkung seiner Deutungen auf die Patientin nachzugehen.

Viele Menschen schreiben Tagebücher, meist um Tagesereignisse festzuhalten oder aber einen besonderen Gedanken einzufangen. Oft ist dies von der Hoffnung begleitet, dass das Niederzuschreiben helfen würde, ein Thema oder die Bedeutung einer Begegnung zu klären. Zudem vermittelt es das beruhigende Gefühl, dass das Ereignis, einmal schriftlich festgehalten, jederzeit für weitere Überlegungen zugänglich sei. Jugendliche, die so oft von Umbrüchen überwältigt werden, welche in ihrem Geist und Körper stattfinden, können manchmal im Tagebuchschreiben Trost finden. Es repräsentiert für sie einen sicheren Ort, in welchem sie mit Ideen spielen und ungestört ihre Fantasien ausdrücken können. Tagebücher erlauben vielen – häufig auch Schriftstellern, Philosophen und Denkern –, ausführlich über eine gegebene Thematik nachzudenken, und sie ermutigen dazu, erstmals eigene private Gedanken zu formulieren. Das Tagebuch kann dazu dienen, sich schwer fassbare Einfälle und Ideen zu erarbeiten.

Fast immer enthalten persönliche Tagebücher die implizite – bewusste oder unbewusste – Annahme, später von jemandem gelesen zu werden. Dies ist auch beim Tagebuch von G. der Fall. Obwohl sie sehr zurückhaltend war und ihrer Enkelin Anna Koellreuter nicht mehr als die aufregende Neuigkeit vermittelte, bei Freud persönlich in Analyse gewesen zu sein, hat sie vorsorglich die Tagebuchhefte zurückgelassen, ebenso die Briefe, die sie während ihres Aufenthaltes in Wien erhalten hat. Dank des Tagebuchs können wir einen flüchtigen Blick auf ihre Analyse werfen. Es ist eine Sammlung von datierten Sitzungen, die scheinbar erinnert wurden – wenn auch nicht ganz, so doch in großen Stücken und einigen Einzelheiten. Zuweilen fehlen bei einigen Texten die Daten, sie beschreiben Erinnerungen aus G.s Kindheit, einige Träume oder kleine Vignetten. Der Leser kann nicht erraten, warum einige Sitzungen vollständig aufgezeichnet wurden, während andere vollkommen unbeachtet blieben. Speziell schwierig schien mir, dass beinahe keine persönlichen Bemerkungen vorhanden sind, welche beschreiben, welche Auswirkungen das Fixierte und Notierte auf G. hatte. Das ganze Tagebuch scheint ein Versuch zu sein, »Tatsachen« abzurufen. Ich begann mich zu fragen, ob die Autorin – bewusst oder unbewusst – ein Zeugnis dessen hinterlassen wollte, wie der berühmte Freud seine Patienten analysiert hat.

Bevor G. nach Wien aufbrach, arbeitete sie als junge Assistenzärztin unter Bleuler in der psychiatrischen Universitätsklinik Burghölzli in Zürich. Sie war Freud von Dr. Oberholzer und Dr. Pfister empfohlen worden. Es ist anzunehmen, dass sie sich des großen Privilegs, auf Freuds Couch einen Platz gefunden zu haben, voll bewusst war.

Das Tagebuchschreiben könnte natürlich auch das Bemühen gewesen sein, gewisse Aspekte der Analyse zu meistern und zu bewältigen. Jedoch macht das vollständige Fehlen von persönlichen Bemerkungen es unmöglich zu wissen, wie die Patientin emotional auf die Interpretationen reagiert hat und was sie aus diesen machte. Es ist auch sehr schwierig, sicher zu sein, ob das, was erinnert wurde, das »Wie es wirklich war« darstellt, oder ob das Material, das wir lesen können, schon dem Prozess einer gewissen Verdrängung oder Entstellung unterlag. Für diesen Artikel will ich den Text als Grundlage meiner Überlegungen nehmen, obschon mir bewusst ist, dass ich nicht mehr kann als meine eigenen persönlichen Reaktionen auf das zu notieren, was G. in ihrem Tagebuch aufbewahrt hat.

In diesem Zusammenhang ist es interessant, sich daran zu erinnern, dass G. sich mit den meisten von Freuds erhältlichen Schriften vertraut gemacht hatte. Unter den Büchern, die sie besaß, waren die meisten von Freuds Schriften bis 1920 sowie einige von Stekel, Rank, Pfister usw. Sie besaß sogar je zwei Exemplare von »Jenseits des Lustprinzips« (1920) und den »Drei Abhandlungen ...« (1905); »beide [...] sehr zerlesen fallen sie fast auseinander« (Koellreuter 2007).

Es ist klar, dass die Patientin mit einem dringenden Problem gekommen ist. Der Gedanke, jemanden zu heiraten, zu dem sie so ambivalente Liebesgefühle hatte, bedrückte sie. Aber höchstwahrscheinlich zögerte sie gleichzeitig, ihren Verlobten schwer zu verletzen, indem sie die Verlobung auflöste. Es ist klar, dass ihre Eltern in keiner Weise Druck auf sie ausübten, den Verlobten zu heiraten oder eben nicht – sie wollten einfach eine Entscheidung. Liest man zwischen den Zeilen und berücksichtigt man auch die schnelle und definitive Entscheidung, nach ihrer Rückkehr aus Wien wegzuziehen, dann bekommt man den Eindruck, dass sie Vertrauen in ihre Anziehungskraft auf Männer hatte. Trotzdem kann man nicht ganz ausschließen, dass eine der Möglichkeiten für ihr Zaudern, die Verlobung aufzulösen, ihre Angst war, mit 27 Jahren ledig zu sein. Ob die Analyse bei Freud ihr half, sich in ihrer Weiblichkeit sicherer zu fühlen, kann nicht beantwortet werden. Aber es gibt sichere Zeichen dafür, dass sie in Wien ein aktives Sozialleben hatte und dass sie am Ende ihres Aufenthaltes dem Mann, den sie heiraten wollte, schon begegnet war.

Die Analyse begann am 1. April und wurde sechs Stunden pro Woche durchgeführt. Sie sollte bis zum 14. Juli dauern, denn Freud ging am 15. Juli in die Ferien. Die ersten Notizen, die wir im Tagebuch finden, sind nicht datiert, sondern gehen dem Eintrag vom 15. April voran. Wir können also annehmen, dass sie in den ersten vierzehn Tagen der Behandlung niedergeschrieben wurden.

A: Als ich 4 Jahre alt war in Straßburg/da war meine kleine Kousine, ein/ dicker Säugling. Ich kneifte sie u./quälte sie immer wenn ich alleine/war bis sie schrie./Einmal riß ich auf dem Balkon/alle jungen Pflänzlein aus, die ich/für Unkraut hielt./Zufällig entdeckte ich dort die Onanie/indem ich mich an ein Gesimse/preßte.
Fr: Das ist eine außerordentlich/gute Erinnerung. – Plagten Sie auch/ihren kl. Bruder?
– Ich legte ihn z.B. auf den Rücken,/daß er nicht mehr aufstehen konnte.
– Sie begannen die Onanie als sie sich/einsam fühlten. Man liebte Sie nicht/mehr so wie als Sie noch allein waren./Darum rächten Sie sich auch an dem/kleinen Kind u. dem Symbol,/den jungen Pflänzlein.
– Als mein Bruder Walter auf/die Welt kam, fragte ich, als ich ihn/sah; warum schreit/er nicht?
Fr: [»]Sie hätten ihn also am liebsten/wieder in schreiendem Zustand/ gesehen wie die/Kousine!« –
Man sieht deutlich 3 Stufen in Ihrem/Leben:
Der oberste Stock, das ist der jetzige/Konflikt mit Richard etc./der mittlere, das betrifft das Verhält-/nis zum Bruder/der tiefste, der mit den Eltern/ zusammenhängt, ist Ihnen noch/ganz unbewußt u. er ist der wichtig-/ste. Daraus leitet sich dann das/Verhältnis zum Bruder ab.

Diese erste Vignette ist für mich sehr bemerkenswert. Sie markiert die Fähigkeit dieser neuen Patientin, geradewegs ihre – wie ich meine – schmerzlichen und schuldbeladenen, vielleicht schamvollen Erinnerungen anzugehen. Es muss in einer ihrer allerersten Sitzungen gewesen sein, dass sie sich erinnert, mit vier Jahren die Masturbation entdeckt zu haben, und sie war imstande, dies mit einem genau beschriebenen Ereignis zu verknüpfen. Diese Bereitschaft und Kompetenz, so frei assoziieren zu können, ist meiner Erfahrung nach ziemlich selten. Es könnte darauf hinweisen, dass G. sich viele Gedanken über die Möglichkeit einer Analyse gemacht hatte und dass sie intellektuell sehr viel über die Ideen und Entdeckungen von Freud wusste. Sie war sich sicher bewusst, dass Offenheit – insbesondere rund um die Sexualität – zwingend erforderlich ist. Sie mag auch viel Hoffnung und Vertrauen in den analytischen Prozess gehabt haben sowie das bewusste Verlangen, soviel wie möglich mitzuarbeiten. So belohnte Freud sie auf der Stelle, indem er ihr sagte, welch außerordentliche Erinnerung sie gebracht habe. Dann interpretierte er ein bisschen später G.s Wut, nicht mehr das geliebte Einzelkind zu sein, und verknüpfte ihre Masturbation mit ihrem Einsamkeitsgefühl. G. erinnerte sich auch, dass Freud ihr gesagt habe, sie habe sich an Säuglingen und kleinen Pflänzchen gerächt, welche ein Symbol für Säuglinge seien.

Darauf fügte Freud seine Bemerkung über die verschiedenen Konfliktebenen bei G. an. Es ist, als ob Freud – ermutigt durch G.s Fähigkeit, frei zu assoziieren – die neuen Einsichten in einen breiteren Rahmen stellen wollte. Hier ist wohl Freuds Anstrengung zu beobachten, wie er für sich und die Patientin einen leitenden und klärenden theoretischen Weg für ein tieferes Verstehen konstruierte. Natürlich kann es auch dem Bemühen der Patientin entsprechen, Ordnung in die neue Art von Mitteilungen zu bringen, die sie von Freud erhielt.

Im Tagebuch geht es folgendermaßen weiter:

Später. Ich erzähle; als ich im/Gymnasium war, dachte ich, ich/möchte einen Jüngling gern haben,/der unendlich traurig wäre u durch/mich würde ihm das Leben ermög-/licht u. er würde dann auch glücklich.
Fr: Also etwas Ähnliches wie beim/Bruder.
– Dann dachte ich später ich möchte 7/Kinder haben, den Vater stellte ich mir/nicht vor.
Fr: Eigentlich 7 Männer. 7?
Adam hatte 7 Söhne. Tapedöne aufhängt/seine sieben Söhne. Der Hungerueli/Isegrind frisst sini 7 chline Chind./Ich glaubte die Reuel fressen ihre Jungen.
Fr: Sie streifen so nah am Geheimnis/des untersten Stockes, daß ich es/Ihnen/verraten kann:
Sie liebten Ihren Vater u. haben ihm/den/Treubruch mit der Mutter nie verziehen./Sie wollten die Mutter des Kindes sein/Sie wünschten daher Ihrer Mutter, die/sich Ihnen den Geliebten nahm den Tod. –/Nach u. nach werden Sie Beweise/dazu bringen u. es wird sich das/Rätsel lösen warum Sie nicht von/Ihrem Bruder loskommen. –

Hier zeigt sich eine subtile Änderung im Erinnerungsmaterial: Zuerst brachte G. Erinnerungen aus der frühen Kindheit, doch in dieser Vignette werden dann auch vorpubertäre Fantasien erwähnt.

Laut den Notizen deutete Freud sofort, dass die Patientin den Vater leidenschaftlich liebe, ihm jedoch den Treuebruch niemals verziehen habe, und dass sie ihrer Mutter den Tod gewünscht habe, weil sie ihr den Vater weggenommen hatte.

Freud fügte seiner Deutung bei – auch dies eine Ermutigung zu mehr Assoziationen –, dass das schwierige Verhältnis zu ihrem Bruder, welches die Wurzel ihres Problems sei, klar werden würde.

Doch später in der ersten Partie der Notizen:

Es lassen sich deutlich 3 Schichten er-/kennen in Ihrem Leben, die jetzige,/die/Schicht die die Brüder betrifft,/dann die tiefste, die mit den Eltern/zusammenhängt./Pathologisch ist das lange Schwanken/ob Sie Richard heiraten sollen oder/nicht; daß es zu keiner Entschei-/dung kommt, beweist daß etwas/anderes dahinter sein muß, das wie/Sie selbst einsehen mit den Brüdern u./Eltern zusammenhängt.
– »Ich habe in Paris Walter so gerngehabt,/er schien mir auf einmal das Ideal/nicht mehr Adolf.[«] –
»Sie gleiten vom/einen zum andern wie bei den Geliebten./Die Geliebten sind Brüderersatz, sie/sind drum gleich alt, eigentlich social/jünger.[«]
Ich möchte nach Rußland, wie jene/Söhne und Töchter der Aristokratie/bei der letzten Revolution ihre Fami-/lie verließen, möchte ich fort gehen/und dieses Milieu verlassen in das/ich nicht gehöre.
Ich denke an jenes Stück von/Schnitzler »Der Flötenton[«]. –
»Das ist genau Ihr/Konflikt.[«]

Es gibt keinerlei Hinweise auf die Gefühle der Patientin. Wir können nur folgern, dass sich G. unbehaglich und verwirrt gefühlt haben muss bei der Enthüllung ihrer intensiven, leidenschaftlichen, gleichzeitig liebevollen wie hasserfüllten Gefühle gegenüber ihren Familienmitgliedern. Ich nehme an, sie war vorbereitet auf diese Art von Offenbarung, da sie selbst informiert war über die psychoanalytischen Grundsätze. Es scheint mir jedoch ein gewaltiger Unterschied zu liegen zwischen einem intellektuellen und unpersönlichen Verständnis und einer emotionalen Akzeptanz von verdrängtem Material. Auf der Basis von dem, was wir lesen können, kann man sich fragen, ob G.s Assoziation zu Russland und ihr Wunsch »das Milieu in das ich nicht gehöre« zu verlassen, uns nicht einen möglichen Hinweis liefern, dass die Dinge, die sie von Freud hörte, nicht immer so willkommen waren, wie sie uns glauben machen möchte. Die eigentliche Frage, welche ich schwierig zu beantworten finde, ist, ob diese

Feststellungen G. wirklich erlaubten, zu ihrer Emotionalität zu gelangen, oder ob sie die Psychoanalyse in eher intellektueller Weise »lernte«.

Von einem anderen Gesichtspunkt aus gesehen erlaubt uns das Material des Tagebuchs, uns bewusst zu werden, auf welche Art Freud innerhalb von zwei Wochen mit G. sein Verständnis ihrer Befindlichkeit und des Ursprungs ihrer Symptome teilen konnte. Er konnte dies in einer Art tun, dass G. zu akzeptieren schien, was er sagte. Sicherlich fuhr sie fort, frei zu assoziieren und bestätigendes Material zu bringen.

Am 15. April erinnert sich G. zweier Träume. Die Notizen lauten folgendermaßen:

> Es träumte mir 2 Träume:/Es war ein Schizophrener da u./meine Mutter und Großmutter und/es war unangenehm
> Dann war ein anderer Traum:/Ein Strumpf von Brokat, blau/und goldgestickt, aber er war grob/gestickt, es war ein billiger Brokat/die Fäden standen so heraus./
> *Was fällt Ihnen ein zum Schizophrenen?*
> Ich habe einmal geglaubt Richard ist/schizophren, als wir auf einer Wiese/spazierten und er plötzlich mitten/in einem wichtigen Gespräch die Pfer-/de anschaute, die vorbeigingen, dachte/ich: Jetzt ist er gesperrt.
> /Hans Peter ~~war~~ ist wirklich/schizophren.
> Immer auch. Ich glaubte auch die/Familie des Bildhauers sei schizoid,/da ein Bruder Lehrer ist und nicht/heiraten will und eine Schwester über/30 J. ebenfalls unverheiratet.

Es ist interessant zu beobachten, dass Freud hier die Patientin zu führen schien, indem er sie fragte, was ihr zur Schizophrenie einfalle. Ich war ziemlich erstaunt über G.s Bemerkungen. Sie schien den Begriff der Schizophrenie recht locker zu handhaben, fast so, als ob dies für sie gleichbedeutend mit »verrückt« oder »übergeschnappt« sei. Die Diagnose Schizophrenie für Richard oder die Familie des Bildhauers scheint komplizierte negative Gefühle gegenüber diesen Leuten zu verbergen.

> Als Adolf die Neurose hatte dachte ich/ich will die Psychanalyse/lernen, wenn er nur noch ein paar Jahre aus-/hält, weil ich ihn so liebe werden/ meine Fähigkeiten größer sein als/die irgend eines andern Menschen./~~Nu~~
> Dann bei Richard/dachte ich/wieder, ich will alles lernen, damit/ich alles durchschaue./Nun lerne ich es um meinetwillen.

»Strumpf?«
Ein Kondom nennt/man glaube ich Pariser Strumpf./Er war grob gestickt,/billiger Brokat/wie an einem Täschchen das ich/meiner Kousine zur Weihnacht schen-/ken wollte. Bei Licht sah es ganz/schön aus, aber am Tag war es billig./Ich tauschte es dann um/für ein schöneres Täschchen.
»Das männliche Symbol wird also/durch ein weibliches ersetzt – ein/ Täschchen.[«]/
Gegen diese Kousine war ich einmal/eifersüchtig. Sie hatte die Absicht auch/nach Genf zu gehen u. ich dachte an/die Möglichkeit daß Richard sich in sie/verlieben könnte. Ich dachte: sie/muß sterben u. hielt es möglich sie/mit meinem Wunsch zu töten.
»Blau und Gold?«
Blau und Gold/war das Täschchen das mein Bruder/Helen gab. Er gab ihr auch einen Strumpf voll/Geschenke. Jeden Morgen schenkte er/ihr etwas anderes. Einmal eine/Schatulle, einmal einen Apfel von/Wachs. Schatullen freuen mich am/meisten, ich habe eine Sammlung/davon. Eigentlich war die welche/Dölf Helen gab nicht so schön; ich fand/eine sehr schöne in Paris, die ich/Helen schenken wollte. Ich traute/mich aber nicht.
»Dachten Sie sie bringe ihr kein/Glück?«
Ja./Einmal glaubte ich meine Mutter/sei eine/Hexe, als ich etwa 18 Jahre/ alt war u. ich nachts schrie kam/sie im Nachthemd an/mein Bett/Nicht eine gewöhnliche Hexe/Einmal träumte mir als Kind meine/Urgroßmutter sei von Wachs./Sie war von Wachs und drehte sich/Das ist das Grauenhafteste./Ich war einst an einer Messe mit/der andern Großmama und schaute/durch ein Glas. Da sah ich einen/Mann auf dem Trittbrett einer/Kutsche stehen. Er mordete jemand/Hieß er Dreifuß? Es war grauen-/haft. So plastisch wie von Wachs.
Freud: das letztemal sahen wir/daß Sie sich langweilen, daß Sie/jemand liebhaben/möchten. Es gibt nun 2 Wege einer Analyse:/Die einen Leute müssen alles tun, *die/andern bei denen genug psychisches/Material vorhanden ist, machen/alles in der Psyche aus./Wenn es möglich ist, lassen Sie die/Abenteuer sein. Dulden Sie u. entbehren/Sie, sodaß alles desto deutlicher in der/Stunde zum Vorschein kommt. –*

Dieser Text einer Sitzung, oder eines Teils einer Sitzung, ist für mich faszinierend. Die Assoziationen der Patientin führen einen in alle Richtungen, aber Freud ließ sich nicht ablenken. Er schien einfach seine Aufmerksamkeit auf ihre über-intensive Verstrickung mit etlichen Familienmitgliedern und ihre unterschwellige sexuelle Erregung zu zentrieren. Dieses Material[1] mag Freud zu seiner weisen Empfehlung geführt haben, die Abstinenz aufrechtzuerhalten. Falls der Wortlaut richtig ist, kann ich die taktvolle Art, mit welcher er die Mitteilung ausdrückte, nur bewundern. Er führte keine Regel ein, sondern zeigte deren Gewinn auf.

Wir können auch annehmen, dass die junge Patientin ruhelos wurde, allein und untätig in Wien – und begonnen hat, sich mit attraktiven Männern zu treffen. Wahrscheinlich wurde sie durch einige Begegnungen in Versuchung geführt. Diese waren aufregend und befriedigend und füllten ihre einsamen Tage aus.

In »Wege der psychoanalytischen Therapie« (1919) erläuterte Freud, dass die Behandlung soweit wie möglich mit einem gewissen Maß an Abstinenz durchgeführt werden sollte. Damit meinte Freud nicht, dass die Patienten den Geschlechtsverkehr unterlassen oder sich selbst jeglicher Befriedigung enthalten sollten. Aber er war beunruhigt, dass Patienten für das, was wirklich Gegenstand der Analyse war, Ersatzbefriedigungen suchten könnten. Ich denke, Freud verstand G.s Langeweile und ihre konkurrenzbetonten und neidischen Gefühle gegenüber ihren Rivalen als etwas Wichtiges, mit dem zu arbeiten war, statt es zu verwässern mit dem Versuch, einige aufregende Abenteuer zu haben.

Wenn ich diesen Abschnitt lese, habe ich auch den Eindruck, dass G. ziemlich unruhig wurde. Einen der Träume hat sie als »unangenehm« beschrieben. Sie dachte an die Neurose ihres geliebten Bruders und erinnerte sich, dass sie die »Psychoanalyse lernen« wollte, um ihm zu helfen. Sie verriet auch, dass sie Einblick in alles haben möchte. Während sie weiter assoziiert, wird man sich ihrer intensiven Eifersucht und ihrem Gebrauch von magischem Denken bewusst, mit dem sie sich an ihren Rivalen rächt. Sie deckte auch mehr von ihrer Verstrickung mit ihrem Bruder und seiner Freundin und mit ihrer Cousine auf – und die nächsten Assoziationen beinhalten Gewalt und Tod. Sie beendete ihre Beschreibung, indem sie Freud erzählte, wie »schrecklich« sie manche ihrer Erinnerungen erlebe. Aber auch hier vermisse ich einige persönliche Kommentare zu ihren emotionalen Reaktionen, die solches Material untermalen – eigentlich würde man sie erwarten.

Der nächste Tagebucheintrag folgt drei Tage später, am 18. April. Sie schrieb wiederum zwei Träume nieder:

---

1 Dem gingen andere Kommentare voraus, welche im Tagebuch nicht aufgezeichnet sind. Ich beziehe mich auf Freuds Bemerkung »Letztes Mal sahen wir, dass Sie sich langweilen«.

1. Traum:/Ich lag im Bett am Abend, das Licht/war angezündet. Da sah ich links von/meinem Kopf auf dem Leintuch/widerliche Flecken, bräunlich. In der/Flüssigkeit (sie waren noch feucht)/bewegten sich ekelhafte kleine Würmchen/Es grauste mir, ich rief Papa u. er/war da u. lachte nur ein wenig, er/hatte keine Angst. Es war wie als/Kind wenn ich Angst hatte u. er/kam.

2. Traum:/Helen trug ein gesticktes Kleid/u. fragte mich: gefällt es Dir? Ich sagte: Ja, es ist wundervoll!,/aber es war nicht so schön, ich heuchelte. Helen/hatte aber eigentlich mit dieser/Frage gemeint, ob mir ein Teppich gefalle, der/ebenfalls gestickt war. Er war/zwar schöner als das Kleid und recht-/fertigte eher meine Antwort, aber/die Stickerei war auch ziemlich grob,/etwas bulgarisch anzusehen, nicht neu.

Freud: »Es ist richtiger, den 2, frischern/Traum zuerst dran zu nehmen./Er enthält/wieder eine Rede. Die Rede ist/gewöhnlich einer wirklichen Rede ent-/nommen.«

An der Weihnacht vor einem Jahr hatte meine/Kousine meiner Mutter ein Taschentuch ge-/stickt u. ich sagte diese Worte: Es ist/wirklich herzig, obschon es mir nicht gefiel/Mein Bruder sagte nachher: Du hast es/weit gebracht im Heucheln./Als Helene in Paris war heuchelte ich/auch wegen ihrem/Mantel, als sie/mich fragte ob er mir gefalle. Er gefiel/mir im ersten Augenblick nicht so gut/wie ich tat.

Fr: Das gestickte Taschentuch und/der Mantel haben sich also zum/gestickten Kleid verdichtet.

Ich freute mich zu meinem Schmerze/in Paris, daß Helene nicht so elegant war/wie ich es sein konnte. Zu Hause als ich/meine Röcke demonstrierte, wurden/Dölf und Richard traurig, ich auch, denn/meine bösen Absichten hatten ihren/Zweck erreicht: Dölf zur Bewunderung/anzuregen und Richard einzuschüchtern.

Teppich: Der Smyrnateppich im Erker/hat bräunliche Flecken von Kaffee,/den Dölf und seine Freunde dort ge-/trunken haben.

Fr: »Sie leiten also auf den ersten/Traum, die bräunlichen Flecken über.«/

Als ich mit dem Bildhauer in meinem/neuen Kleid in ein Kaffee ging schüttete/ein junger Künstler Kaffee über mein/Kleid. Ich lächelte und sagte: Es/macht nichts.

Einmal umarmte mich der Bildhauer/Nachher hatte ich Flecken an meinem/Kleid, es war aber ein anderes. Er/war erschrocken, aber ich sagte:/Es macht gar nichts.

Fr: »Sie rufen also im Traum/ihren Vater zu Hülfe gegen die/Aggressionen der jungen/Männer/Sie flüchten sich zum Vater. Ihr Unbe-/wußtes gibt also die erste Bestägigung/meiner Behauptung, daß Ihr Vater/Ihr erster Geliebter war. Haben Sie/die Studie einer/Hysterie: Dora gelesen. /(Ja, ich weiß aber nichts mehr davon)/ Ihr Traum ist/vollständig dem der/Dora nachgebildet. Sie setzen sich/also an Stelle der Dora, die ja/in ihren Vater verliebt ist./Zuerst kommt die intellektuelle Bereit-/schaft, man anerkennt die Beweise/des Unbewuß-ten, dann erst gibt man/es auch gefühlsmässig/zu und zuletzt kommen als Abschluß noch/direkte Erinnerungen./Die Liebe zum Bruder, die ja bewußt/ist, ist nicht die tiefste Schicht u./darum nützt das Bewußtsein/ihrer Existenz nichts, Sie können/sich nicht davon befreien, denn sie ist/tiefer bedingt. –

Diese Vignette ist besonders interessant, weil wir miterleben können, wie Freud mit großer Sorgfalt am Traum arbeitete: indem er zuerst danach suchte, was bewusst ist, nur um dann herauszustreichen, dass die Assoziation zum Bruder und seinen Freunden zurück zu den Flecken führt. Darauf erinnerte sich G. an verschiedene Situationen, in denen junge Männer ihr Kleid befleckten, und Freud kommentierte, dass im Traum der Vater aufgefordert werde, sie zu beschützen, sie vor der Aggression der jungen Männer zu retten. An diesem Punkt sagte ihr Freud, dass sie unbewusst seine Deutung – dass ihr Vater ihr erster Liebhaber war – bestätige. Darauf folgte Freuds Frage, ob G. den Fall Dora gelesen habe. Offensichtlich nahm er an, dass sie all seine Schriften gelesen habe. Wie auch immer: Er ging überhaupt nicht auf ihre Äußerung ein, dass sie sich nicht erinnere, und fuhr fort zu wiederholen, dass der Traum, wie jener von Dora, eine Bestätigung ihrer Liebe zu ihrem Vater sei. Dann fügte er hinzu – das kommt mir wie eine Erklärung und Ermutigung vor – »dass zuerst die intellektuelle Bereitschaft kommt, dann anerkennt man die Beweise des Unbewussten, dann erst gibt man es auch gefühlsmässig zu und zuletzt kommen als Abschluss noch direkte Erinnerungen«. Als Schlusskommentar fügte er an, dass ihre bewussten Erinnerungen über ihre Liebe zu ihrem Bruder keine Hilfe für die Analyse seien, aber dass sie sich von ihnen nicht befreien könne wegen der tieferen Wurzeln, die sie noch nicht gefunden habe.

Die Notizen über diese Sitzung enden hier.

Aufgrund des Tagebuchtextes kann man die Hypothese aufstellen, dass Freud so sehr an die Richtigkeit seiner Entdeckungen glaubte, an die endgültige

Befreiung und den Gewinn, die der Patient erfahren würde, wenn er sie mit ihm teile, dass er Zeichen des Widerstandes ignorieren konnte. In Wirklichkeit war Freud keinesfalls ignorant in Bezug auf den Widerstand, insbesondere den Übertragungswiderstand. So schrieb er 1912, dass »sobald er [der Analysierte] unter die Herrschaft eines ausgiebigen Übertragungswiderstandes gerät, wie er sich dann die Freiheit herausnimmt, die psychoanalytische Grundregel zu vernachlässigen, dass man ohne Kritik alles mitteilen solle, was einem in den Sinn kommt, [...] und wie ihm logische Zusammenhänge und Schlüsse nun gleichgültig werden, die ihm kurz vorher den grössten Eindruck gemacht hatten« (1912, S. 373). Solange der Patient bereit war, frei zu assoziieren, war für Freud in jener Zeit alles gut, solange es Zeichen dafür gab, dass die positiven Gefühle ihm gegenüber vorherrschten und er Material hervorlocken konnte, um damit zu arbeiten.

Diese Auffassung von Widerstand und Übertragung hatte sich bereits verändert und wurde von Freud im späteren Werk weiter ausgearbeitet. Jedoch mit der weiteren Entwicklung nach seinem Tode, insbesondere in England, begann die Rolle der Objektbeziehungen im analytischen Prozess zentral zu werden. Begründet wurde dies mit der Notwendigkeit, die ganze Persönlichkeit des Patienten zu berücksichtigen; man müsse sich der Art und Weise bewusst sein, mit der die Vergangenheit in der Gegenwart der Patient-Analytiker-Beziehung wieder erlebt wird.

So scheint in dieser Vignette der wiederholte Hinweis auf die Vortäuschung von zunehmender Wichtigkeit. G. schreibt im Tagebuch, dass sie es nur vorgab, wenn sie das gestickte Taschentuch ihrer Cousine bewunderte, oder wenn sie wiederholt sagte, es sei »kein Problem«, wenn ihr Kleid befleckt werde. In Wirklichkeit war sie gegenüber der Person, mit der sie sprach, sehr kritisch. Die Art, wie sie etwas vortäuschte, ließ ihren Bruder kommentieren: »Du hast es weit gebracht mit dem Heucheln!« Man kommt nicht darum herum, sich zu fragen, ob G. nicht auch in ihrer Analyse ihre Fähigkeit, etwas vorzutäuschen, benutzt hat. Dies würde Analytiker heute dazu führen, sich mit der Möglichkeit einer Persönlichkeitsspaltung zu beschäftigen, bei welcher der eine Teil der Persönlichkeit den Analytiker idealisiert und intellektuell versucht, Freuds Ideen aufzusaugen, während der andere Teil in Konflikt steht mit dem, was ihr gesagt wird, und dies versucht über Vortäuschung auszublenden.

Mit dem Kommentar hier Seite um Seite fortzufahren würde das Risiko beinhalten, begrenzt, repetitiv und langatmig zu werden. Dies umso mehr, als wir uns gewahr bleiben müssen, dass wir nicht mehr tun können, als auf der Basis von unvollständigem Material zu spekulieren. Dennoch möchte ich

diesen Artikel nicht beenden, ohne die Möglichkeit zu ergreifen, zu illustrieren und zu kommentieren, auf welche Art Freud – gemäß den Notizen – die Übertragung behandelt hat.
Dreieinhalb Wochen nach Beginn der Analyse notiert G. am 25. April folgendes:

> Goethe wollte als er auch schön [sic] ziemlich alt war/ein Mädchen heiraten. Früher dachte ich, natürlich/hat sie nicht gewollt, jetzt begreife ich aber ganz/gut, wie man jemand ältern heiraten kann/D. h. also ich möchte Sie ev. heiraten, ich habe/Sie schon sehr gern. –
> *Fr: Das ist nun die Übertragung der alten/Liebe u. Verliebtheit die Sie zum Vater hatten,/auf mich. Auch alle die schmerzl. Enttäuschung Eifersucht etc. wird dann/kommen.*

Hier sind wir Zeugen des Momentes, in dem G. zugibt, dass sie sich in Freud verliebt hat. Wir können die Art, wie Freud diese Erklärung aufgefasst und darauf reagiert hat, viel besser verstehen, wenn wir uns seiner Erläuterungen über die Übertragung erinnern: »Was sind Übertragungen? Es sind Neuauflagen, Nachbildungen von den Regungen und Phantasien, die während des Vordringens der Analyse erweckt und bewusst gemacht werden sollen, mit einer für die Gattung charakteristischen Ersetzung einer früheren Person durch die Person des Arztes« (Freud 1905, S. 279).

Hier erwartet Freud ganz klar, dass die Patientin mit ihm ihre frühe innige Liebe zu ihrem Vater wieder erlebe, aber ebenso die schwere Enttäuschung über dessen Verrat mit all den damit verbundenen Emotionen, welche diese Erfahrungen ihrer Kindheit begleitet haben.

Im Eintrag des nächsten Tages, dem 26. April, lesen wir:

> Ich hörte im Wartzimmer wie der Pat. vor/mir, der junge Mann das Wort »Chlorophyll«/sagte. Ich dachte so eine Association würde mir/ nie einfallen. Ich bin so wahnsinnig unge-/bildet. Denn humanistische Bildung fehlt/mir ja ganz u. die naturwissenschaftliche/ist auch an mir abgeglitten.
> *Fr: Sie wollen sich also herabsetzen in/intellekt. Beziehung. Bei andern Frauen ist/das gewöhnl. in körperl. Beziehung. Sie er-/zählen wie sie z. B. Hämorrhoiden/haben etc.*
> – Pause, es fällt mir nichts ein.
> *Fr: also ist es ein bes. Widerstand der mit/der Übertragung zu tun hat. –*

Ich habe Sie so unbeschreiblich gern wie ich/noch gar niemand vorher geliebt habe/kommt es mir vor. –
Fr: Diese Liebe zum Vater war so ungeheuer, daß/alles Spätere ein schwacher/Abglanz war./Von der Intensität d Kinderliebe macht man/sich keinen Begriff, sie ist ja nur potential/vorhanden, wird nicht zur Tat. – Ich dachte als Kind immer: Wenn ich nur/nie eine unglückliche Liebe erleben muß,/das könnte ich nicht aushalten, denn meine/Liebe ist größer als die anderer Menschen.
Fr: Das alles konnten Sie nur denken weil/Sie schon einmal eine Enttäuschung durch-/gemacht hatten, die Sie nicht mehr bewußt/erinnerten. –/Wenn Sie sich herabsetzen tun Sie es um/<u>mir</u> die Liebe zu verleiden, wie z. B. die/Dame mit dem Hamorrhoiden –
–
»Warum entsteht aber nun bei mir die Neurose,/alle Menschen haben ja diese Enttäuschung.[«]
Fr: Einmal ist die Leidenschaftlichkeit/der Menschen verschieden groß. Es gibt/eine Größe d Leidenschaft, die vom Kind/nicht mehr bewältigt werden kann, 2. ist/das Verhalten des andern Teiles daran Schuld.

Freuds Beharrlichkeit und außerordentliche Sensibilität im Erläutern der libidinösen Aspekte von G.s Material ermöglichte es, dass viele infantile Fantasien in den Vordergrund rücken konnten. Er übersetzte systematisch das Material, das von der Patientin bewusst gebracht wurde, in seine unbewusste Bedeutung. Durch sein unerschütterliches Interesse in dem, was die Patientin ihm vermittelte, sowie durch die Mischung von Bestätigung und Einsicht, welche er ihr anbot, wurde er für G. in zunehmendem Maße ein Objekt der Bewunderung und des Respekts. Beim Lesen des Tagebuchs erhält man unweigerlich den Eindruck, dass sie versuchte – während der Periode, die ich besprochen habe – eine gute Patientin zu sein, auf welche Freud stolz sein konnte. Sie assoziierte fleißig frei und lernte allmählich selbst die Symbole zu nutzen, welche Freud eingeführt hatte. In späteren Vignetten des Tagebuchs können wir miterleben, wie G. zunehmend fähig wurde, die unbewusste Bedeutung ihrer eigenen Träume zu analysieren. Tatsächlich beginnt nach G.s Liebeserklärung das Material in einem außergewöhnlichen Masse zu fließen, vor allem in den Träumen. Im Tagebuch produzierte G. mit relativ wenigen Vorgaben von Freud eine Fülle von Assoziationen. Alle haben sie mit G.s unbewussten Sexualfantasien zu tun, mit ihrem Wunsch, eine Frau zu sein und Kinder zu haben; auch mit ihrer Sehnsucht nach einer besonderen Bindung an den Vater, aber zeitweilig auch mit dem Wunsch, ein Mann zu sein wie ihr Bruder, der vom Vater so sehr geliebt wurde – oder die Mutter zu ersetzen, die sie als Rivalin erlebte.

Aber allmählich, durch all diese Assoziationen, entdecken wir stärkere Anzeichen von Widerständen. In einem Traum hat sie ihren Meniskus entfernen lassen und wird für zwei Monate im Krankenhaus bleiben müssen – exakt die Zeit, welche sie für die Analyse bei Freud noch vor sich hatte. G. gab ihrer Frustration Ausdruck, indem sie vertraulich äußerte: »Jetzt ist es nicht auszuhalten ohne einen Menschen der mich gern hat.« Und sie war besorgt, dass »sich nicht mehr viele in mich verlieben«. Sie fügte bei: »Es kommt mir vor, es war eine Wahnidee von mir dass ich hierher kam. Mit Mühe erinnere ich mich dass ich ja gar nicht anders konnte.« Freud schien all diese Bemerkungen zu ignorieren und führte die Analyse der unterschwelligen libidinösen Fantasien fort. Doch machte er Anfang Mai zu Beginn der Stunde eine Bemerkung: »Da die Libido gestaut wird, indem sie nicht zu dem Mann kann kommen alle diese Wünsche denn hier zum Vorschein. Das ist auch der *Sinn der Abstinenz*« [Hervorhebung im Original].

Die letzte datierte Eintragung ist vom 16. Juni. Drei weitere Träume hinterlassen den Eindruck, dass sie möglicherweise zu späteren Sitzungen gehören. Über diese jedoch ist der einzige Kommentar, den Freud macht: »Sie stehen unter der Herrschaft des Trotzes gegen die Eltern.« Darunter schrieb G. in Klammern: »(Er glaubt diese Liebe ist zum grösseren Teil daraus zu erklären, aber es ist nicht wahr. O mein Gott. Wie liebe ich ihn.)«

Im Anschluss an diese Intervention wird im Tagebuch ein Traum wieder ins Gedächtnis gerufen, in welchem ihr Liebhaber etwas gestohlen hat. G. und der Liebhaber sind auf der Flucht, verfolgt von einem Polizisten. Hier endet das Tagebuch unvermittelt – mitten im Satz.

Dank Anna Koellreuters Publikation (Koellreuter 2007) wissen wir, was mit G. nach ihrer Rückkehr nach Zürich geschah. Sie annullierte ihre Hochzeit mit Richard und verließ ihr Elternhaus, um sich in Paris niederzulassen und mit ihrem einen Bruder zu wohnen. Sie fand eine Stelle in einer psychiatrischen Klinik und traf den Bildhauer aus Brienz wieder, welcher seinerseits in Paris wohnte. Sie heirateten zwei Jahre später, hatten etliche Kinder und schienen zusammen bis ins hohe Alter sehr glücklich gewesen zu sein.

Ist dies jetzt ein sicheres Zeichen dafür, dass Freuds Behandlung von G. erfolgreich war? Es ist schwierig, absolut sicher zu sein, aber mir scheint, G. habe in zunehmendem Maß an innerer Freiheit gewonnen. Sie schien ziemlich entschlossen, ihr Leben in ihre eigenen Hände zu nehmen. Persönlich vermute ich, dass G. sich schon in Wien zum »Bildhauer aus Brienz« hingezogen fühlte und dass sie – beruhigt, immer noch eine schöne junge Frau zu sein, welche Männer anzuziehen vermag – ihre Entscheidung, Richard zu verlassen, leichter fällen konnte.

Es ist unmöglich, sicher zu sein, wie sehr und wie tief Freuds Einsichten und Ideen wirklich von G. angenommen und integriert worden sind. Mein Eindruck während des Lesens des Tagebuches war, dass Freud zeitweilig seine Interpretationen auszudehnen schien, indem er zu dem, was er vermittelte, ein bestimmtes didaktisches Element hinzufügte. Ich fragte mich auch, ob er möglicherweise hoffte, diese begierige und intelligente Psychiaterin für die Psychoanalyse gewinnen zu können. Wenn dies wirklich sein Wunsch gewesen wäre, dann müssen wir akzeptieren, dass er in diesem Punkt keinen Erfolg gehabt hat.

Zum Abschluss dieses kurzen Artikels kann ich nicht mehr tun, als G. für ihr Tagebuch innigst zu danken und mich zufrieden zu fühlen, dass sie dieses Dokument der Nachwelt überlassen hat und fähig war, ein fruchtbares Leben zu führen.

Literatur

Freud, S. (1905): Bruchstücke einer Hysterie-Analyse. G. W. V, S. 161–286.
Freud, S. (1912): Zur Dynamik der Übertragung. G. W. VIII, S. 363–374.
Freud, S. (1919): Wege der psychoanalytischen Therapie. G. W. XII, S. 181–194.
Koellreuter, A. (2007): Being Analyzed by Freud in 1921: The Diary of a Patient. In: Psychoanalysis and History. 9 (2). 2007.
Quinodoz, J.-M. (2005): Reading Freud. London, New York (Routledge).

Freud beim Deuten beobachtet:
Über eine spezifische »Vernünftigkeit« im psychoanalytischen Dialog

Peter Passett

Jeder, der die Psychoanalyse als Beruf ausübt, hat eine erste Erfahrung mit ihr in seiner persönlichen Analyse gemacht und hat sich zuvor und/oder danach psychoanalytisches Wissen in Seminaren, Kursen und durch Lektüre angeeignet. Weil diese verschiedenen Quellen seiner Kenntnisse so gut wie nie deckungsgleich sind, sieht er sich Zeit seines beruflichen Lebens mit der leise bohrenden Frage konfrontiert, ob das, was er selbst unter dem Titel Psychoanalyse praktiziere, das »Richtige« sei. Weder Supervisionen noch Intervisionen können diese Frage je endgültig klären. Die Psychoanalyse ist eine Disziplin, die, obwohl sie sich in den mehr als hundert Jahren ihres Bestehens stark verändert hat, doch in außerordentlich hohem Maße auf ihren Begründer Sigmund Freud bezogen geblieben ist. (Wieso dies zu Recht so ist, kann hier nicht erörtert werden. Vgl. dazu z. B. Kläui 2008.) Aus diesem Grund erscheint nichts so sehr geeignet, die oben erwähnte Unsicherheit zu mildern, wie die Möglichkeit, dem Meister im Nachhinein bei seiner Arbeit über die Schulter zu schauen.

Tatsächlich sind uns von einer Reihe bekannter Persönlichkeiten (u. a. Hilda Doolittle, Helene Deutsch, Abram Kardiner, Joseph Wortis) Berichte über ihre Analysen bei Freud übermittelt. Diese Berichte wurden alle mit der Intention geschrieben, publiziert zu werden. Es liegt ihnen also eine wie immer motivierte Mitteilungsabsicht zugrunde, die über den Wunsch hinausgeht, die Sitzungen so wahrheitsgetreu wie möglich zu protokollieren.

Vor zwei Jahren hat Manfred Pohlen die stenografischen Aufzeichnungen veröffentlich, die der Berner Psychiater Ernst Blum anlässlich seiner Analyse bei Freud im Jahr 1922 gemacht hatte und über die er mit Pohlen in den Siebzigerjahren ausführliche Gespräche geführt hat (Pohlen 2006). Da Blum diese Aufzeichnungen jeweils unmittelbar nach den Sitzungen angefertigt hatte und da er sie ursprünglich nicht veröffentlichen wollte, durfte man sie als die bis zu diesem Zeitpunkt authentischsten Zeugnisse eines Analysanden über Freuds Arbeitsweise betrachten. Pohlen ist es gelungen, Blum dafür zu gewinnen, ihm diese Aufzeichnungen zur nachträglichen Veröffentlichung zu überlassen. Die Veröffentlichung entspricht so schlussendlich doch einer, wenn auch nachträglichen Absicht Blums. Allerdings hat Blum Pohlen gegenüber diese Aufzeichnungen nicht nur ausführlich kommentiert, sondern eine schriftliche Fassung speziell für ihn hergestellt und sowohl in den mündlichen Kommentaren, wie in dieser schriftlichen Fassung Erinnerungen hinzugefügt, die in den originalen Protokollen nicht oder doch nicht so verzeichnet waren. Pohlen stützt nun bezeichnenderweise seine eigenwillige Interpretation der Arbeitsweise Freuds und damit des Geistes der Freud'schen Analyse, um den es ihm geht, zu einem bedeutenden Teil auf eben zwei dieser nachträglich hinzugekommenen Anekdoten, das sog. Heiratsangebot Freuds betreffend seine Tochter an Blum und die Geschichte vom Aalschwindel (vgl. Pohlen 2006). Bezeichnend ist dies deshalb, weil damit wiederum die bewusste bzw. unbewusste Mitteilungsabsicht des Zeugen und seines Sprachrohrs in den Mittelpunkt rückt und nicht die ohne Absicht auf Bekanntmachung hergestellten Aufzeichnungen. Mit anderen Worten: Auch hier wird uns das Geschehen erst durch die Linse einer bzw. mehrerer *zusätzlicher* Übertragungen sichtbar. Es konnte deshalb als wünschenswert erscheinen, ein Zeugnis über eine Analyse bei Freud zu erhalten, dem keine Mitteilungsabsicht an Dritte zugrunde liegt, sondern bloß die bewusste Absicht des Schreibenden, den Prozess *für sich selbst* zu dokumentieren. Selbstverständlich kann es kein verzerrungsfreies Zeugnis geben. Jedes Zeugnis *ist* an sich schon »Verzerrung«, und diese Verzerrung ist gerade sein »authentischer« Kern. Das hier angesprochene Desiderat zielt also lediglich auf ein Zeugnis, das frei ist von bewussten, sowohl positiven wie negativen propagandistischen Absichten hinsichtlich der Psychoanalyse.

Es ist ein Glücksfall, dass wir mit dem hier veröffentlichten Analysetagebuch von Frau G. zu einem solchen Dokument aus der gleichen Periode, aus der auch die Analyse Blums stammt, gekommen sind. Wenn auch die Ausführlichkeit der Aufzeichnungen deutlich verschieden ist, so sind die beiden Analysen doch in mehrfacher Hinsicht vergleichbar. Es handelt sich in beiden Fällen um relativ kurze Analysen von jungen Menschen, die Medizin studiert hatten, die zufällig beide aus der Schweiz stammten, die ganz offensichtlich nicht unter schweren Störungen mit Krankheitswert litten und die sich beide in einer Partnerbeziehung befanden, der gegenüber sie von Zweifeln geplagt waren. Während Blum seine Braut mit nach Wien nahm und sie zu einer gleichzeitigen Analyse bei Otto Rank motivierte, ging Frau G. allein nach Wien und wollte fern von ihrem Verlobten mit ihrer Beziehung zu ihm ins Reine kommen. Der Ausgang im Bezug auf dieses eine Problem war denn auch bei beiden verschieden. Während Blum seine Zweifel hinsichtlich seiner Verlobten abgelegt hat, um sich für ein Leben mit ihr zu entscheiden, hat Frau G. ihre bereits sieben Jahre dauernde Verlobung mit einem Arztkollegen unmittelbar nach ihrer Rückkehr aus Wien aufgelöst, ist nach Paris gefahren und hat sich dort mit einem Bildhauer liiert, den sie schon vorher kannte (er spielt in der Analyse eine Rolle), um ihn bald darauf zu heiraten und mit ihm, wie es scheint, eine glückliche Ehe zu führen, aus der vier Kinder hervorgegangen sind. Ob diese unterschiedlichen Ausgänge nicht schon in der Art, wie die beiden ihre Analyse im Bezug auf den Partner positioniert hatten, vorgezeichnet waren, ist eine berechtigte, wenn auch nicht beantwortbare Frage.

Das nicht systematisch und durchgehend geführte Tagebuch von Frau G. erlaubt uns einen fragmentarischen Einblick in Freuds Praxis unter der Optik seiner Analysandin, deren nicht rekonstruierbaren, möglicherweise verfälschenden Einfluss wir in Kauf nehmen müssen. Um das, was so als Freuds Praxis erscheint, zu würdigen, werde ich es nicht nur zu den anderen mir bekannten Analyseberichten (Blum, Doolittle, Kardiner, Wortis) in Beziehung setzen, sondern es immer auch vor dem Hintergrund eines Textes lesen, der ungefähr zur gleichen Zeit von zwei der prominentesten Vertreter der damaligen Psychoanalyse, Otto Rank und Sándor Ferenczi, als Kritik an der damals gängigen analytischen Praxis formuliert worden ist, nämlich »Entwicklungsziele der Psychoanalyse; zur Wechselbeziehung von Theorie und Praxis«. (Das Manuskript wurde 1922 geschrieben und 1924 als Buch publiziert.)

Der Text, welcher im Entwurf von Freud mit Lob bedacht worden war, führte nach seiner Publikation zu einer tiefen Spaltung im psychoanalytischen Lager und wurde dann auch von Freud, allerdings, wie meist kommentiert wird, unter massivem Druck seiner linientreuen Anhänger, v. a. Jones und Abraham, negativ beurteilt. Man darf aber annehmen, dass diese zwiespältige Haltung Freuds nicht nur mit dem auf ihn ausgeübten Druck zu tun hatte, denn so sehr er die Relevanz der Kritik anerkannt haben mag, musste er sich selbst davon doch auch teilweise getroffen fühlen.

Ein zentraler Punkt von Ferenczis Kritik, den ich hier ins Zentrum stelle, und im ersten Teil meines Textes eingehender diskutiere, bezieht sich auf den Stellenwert, der dem *Wissen des Analytikers* in seinem Dialog mit dem Analysanden zukommt. Ferenczi betont, dass der Analytiker beim Zuhören sich nicht zu sehr durch seine aus der Theorie stammenden Erwartungen leiten lassen dürfe, sondern offen sein müsse für das Spezifische und Einmalige, das sich in der Rede des Analysanden offenbart. Es gehe beim Analysieren nicht darum, den Analysanden über theoretische Zusammenhänge aufzuklären; überhaupt seien das Wissenwollen und das Lernen schlechte Führer für den Analysanden auf seiner analytischen Reise. Diese Kritik ist später von anderen Autoren aufgenommen, variiert und vertieft worden und hat in Lacans Diktum, der Analytiker müsse das »sujet supposé savoir«, also das Subjekt, dem Wissen unterstellt wird, sein, ihre pointierteste Formulierung gefunden. Nun lässt aber schon der oberflächlichste Blick auf diesen Analysenbericht (und das gilt für die anderen mir bekannten ebenfalls) nicht den geringsten Zweifel daran, dass Freud seinen Analysanden gegenüber nicht in erster Linie als das sujet supposé savoir auftrat, sondern mit großer Bestimmtheit als das sujet qui sait, also als derjenige, der weiß.

Es fällt auf, dass Freud schon in der ersten protokollierten Sitzung mit großer Bestimmtheit sagt, worum es ihm geht, nämlich um die ödipale Verstrickung seiner Analysandin, der er »enthüllt«, dass sie ihren Vater geliebt und ihrer Mutter den Tod gewünscht habe und dass die von ihr geschilderte Bindung an ihren Bruder letztlich nur diejenige an den Vater verberge. In äußerst suggestiver Weise fügt Freud hinzu, Frau G. werde im Verlauf der Analyse Beweise für diese Hypothese beibringen und so werde sich das Rätsel der Bindung an ihren Bruder und ihres Schwankens bezüglich ihres Verlobten lösen. Dieses Schwanken ist für Freud das Symptom.

Man ist als heutiger Analytiker nicht nur über diese schnelle Aufklärung erstaunt, sondern auch darüber, dass die Analysandin gleich von Beginn an mit sexuellen Erinnerungen zur Stelle ist und im Verlauf der ganzen Analyse in einem Ausmaß sexuelle Themen zur Sprache bringt, wie wir das von unseren heutigen Analysanden und Patienten im Allgemeinen nicht gewohnt sind. Auch dieser Umstand findet seinen Widerhall in einem Punkt der Kritik von Ferenczi, welchen dieser folgendermaßen formuliert: »Besonders häufig geschah es, dass die Assoziationen des Patienten unzeitgemäss aufs Sexuelle hingelenkt oder er dabei belassen wurde, wenn er – wie so häufig – mit der Erwartung in die Analyse kam, dass er fortwährend nur von seinem aktuellen oder infantilen Sexualleben zu erzählen habe. Abgesehen davon, dass dies in der Analyse gar nicht so ausschließlich der Fall ist, wie unsere Gegner meinen, kann ein solches Gewährenlassen des Schwelgens im Sexuellen dem Patienten oft die Möglichkeit bieten, die ihm auferlegte Versagung auch in ihrer therapeutischen Wirksamkeit zu paralysieren« (Ferenczi/Rank 1996,

S. 44). Nun, die Versagung im Sinne sexueller Abstinenz während der Zeit der Analyse hat Freud von seiner Analysandin zwar nachdrücklich – wenn auch, wie es scheint, erfolglos – gefordert, aber dass er deren Schwelgen in sexuellen Themen als ein Außerkraftsetzen dieser Versagung verstanden hätte, davon ist nichts zu sehen. Ganz im Gegenteil, wie etwa sein Lob für die »außerordentlich gute Erinnerung« an die erste Onanie in der ersten protokollierten Stunde deutlich macht.

Freud hat seine Analysanden, z. B. Kardiner und Doolittle zuweilen ausdrücklich aufgefordert, sich während der Analyse nicht mit analytischer Literatur zu beschäftigen, aber, dass er es als vollkommen normal, ja wünschenswert ansah, wenn sie es vorher getan hatten, kann man in unserem Fall daraus ersehen, in wie selbstverständlicher Art er auf seine Fallgeschichte der Dora verweist, mit deren Traum er einen von Frau G. vergleicht. Wie wir von Anna Koellreuter wissen, ist davon auszugehen, dass Frau G. die meisten ihr zugänglichen Schriften von Freud gelesen, ja vermutlich sogar intensiv studiert hatte, bevor sie nach Wien gegangen war. Sie hatte, wie auch Blum und viele Analysanden dieser Zeit, mit Sicherheit ein beträchtliches Vorwissen über die Freud'sche Psychoanalyse und sie bekam in ihrer eigenen Analyse dieses Wissen von Freud im Bezug auf ihre Person veranschaulicht, bestätigt und ergänzt. Freud spielte geradezu mit diesem Wissen und der Lust seiner Analysanden daran. Wo sie es hartnäckig in Frage stellten – deutlich zu sehen etwa bei Wortis (vgl. Wortis 1994) –, tendierte er dazu, aus der Rolle zu fallen, verlor oft den Gleichmut und neigte dann gelegentlich zu kruder Rechthaberei.

Es stellt sich also für uns die Frage, wieso das, was Ferenczi scharf kritisierte und für ein Hindernis im analytischen Prozess hielt, von Freud, immerhin dem »Erfinder« dieses Prozesses, vollkommen anders beurteilt und gehandhabt wurde. Um uns dem anzunähern, greifen wir nochmals auf Ferenczis Kritik zurück. Dass es offensichtlich in der Analyse nicht ohne ein Wissen des Analytikers gehen kann, ist auch Ferenczi klar und er bemüht sich deshalb, zwei Arten von Wissen zu unterscheiden: »Die Therapie selbst beruht also auf einer Art ›Wissen‹ und scheint so dem theoretischen Wissen nahe verwandt. Doch konnte gerade die Analyse zum erstenmal deutlich zeigen, dass es sozusagen zweierlei Arten von Wissen gibt, ein intellektuelles und ein auf tiefer ›Überzeugung‹ basiertes, deren scharfe Auseinanderhaltung, besonders auf dem Gebiet der Psychoanalyse zu den ersten und strengsten Forderungen gehören muss« (ebd., S. 56). Die Psychoanalyse nehme insofern eine Sonderstellung ein, »als in ihr ›Plausibilität‹ und ›logische Notwendigkeit‹ als Wahrheitskriterien nicht genügen, sondern ein unmittelbares Wahrnehmen oder Erleben des in Frage kommenden Prozesses zum Überzeugtwerden erforderlich ist. Dieses ›Erleben‹ schliesst aber zugleich nicht unbeträchtliche Fehlerquellen in sich, wenn man nicht bei der Herauskristallisierung theoretischer Ergebnisse aus den seelischen Erlebnissen das subjektive Moment der eigenen Impression wieder weitgehend auszuschalten vermag« (ebd., S. 56). Wenn Ferenczi von einem unmittelbaren Wahrnehmen oder »Erleben« des infrage kommenden Prozesses spricht, so macht er mit dem Begriff Erleben auf etwas aufmerksam, was im Wahrnehmen noch nicht enthalten ist, nämlich das unmittelbare verständige Nachvollziehen dessen, was gesagt wird, das ich hier mit dem Begriff *Vernehmen*, welcher mehr meint als Hören, bezeichne. Wenn wir in nicht ganz alltäglichem, aber der Etymologie entsprechendem Sprachgebrauch das Organ, mittels dessen wir vernehmen (und nicht wahrnehmen) die *Vernunft* nennen, so geht es darum, ob der Analytiker »vernünftig« genug ist, zu vernehmen, was der Analysand mitteilt. Die Bedeutung der sinnlichen Wahrnehmung ist damit nicht geleugnet, aber diese ist beim Menschen, wenn ihr Objekt das Sprechen des Anderen ist, aufs Innigste verknüpft mit einem Vernehmen von Sinn.

Die Vernunft und die Vernünftigkeit, die ich hier einführe, sind nicht gleichzusetzen mit dem Intellekt oder der Intelligenz. Sie haben etwas mit der affektiv-emotionalen Bereitschaft, sowohl zuzuhören, wie etwas mitzu*teilen* zu tun, vielleicht mit dem, was Kohut Empathie nannte. Wenn Ferenczi von der Notwendigkeit spricht, das subjektive Moment wieder auszuschalten, so ist er, seiner klassischen Sozialisation als Mediziner entsprechend, auf eine falsche Fährte geraten. Denn gerade dieses subjektive Moment (auf beiden Seiten) garantiert oder ermöglicht erst einen »vernünftigen« Austausch von Botschaften. Diese subjektive und nicht objektivierende Vernunft sollte allerdings auch nicht mit dem gesunden Menschenverstand verwechselt werden, jenem Erzfeind aller psychoanalytischen Betrachtungsweise. Mit diesem gesunden, »vernünftelnden« Menschenverstand kann man die Psychoanalyse sowohl von außen ad absurdum führen, wie das in der bekannt sarkastischen Art etwa Karl Kraus getan hat, als auch den psychoanalytischen Dialog von innen her vollkommen zum Erliegen bringen, wie das z. B. Joseph Wortis, ein durchaus sympathischer und im gängigen Sinne vernünftiger Mensch, in seiner Analyse bei Freud getan hat.

Vernunft in dem hier intendierten Sinne beruht auf einer Bereitschaft, sich miteinander ins *Einvernehmen* zu setzen und diesem Ziel mindestens vorübergehend andere starke Motive, allen voran die Lust, zu rivalisieren, unterzuordnen.[1] Man hat vielleicht lange Zeit diese Bereitschaft aufseiten des Analysanden zu sehr mit dem Leidensdruck identifiziert. Dieser mag wohl ein starkes Motiv sein, sich so einzustellen, aber keineswegs das einzige. Es gibt jenseits des Leidensdrucks so etwas wie ein fundamentales Interesse am Anderen und seiner Botschaft, das seine Wurzeln gewiss in frühen Kindertagen hat und ohne das ein analytischer Prozess nicht in Gang kommen kann. Die objektivierende Ausrichtung, welche das Ideal der wissenschaftlichen, wie auch weitgehend der alltäglichen Einstellung ist, drängt dieses Interesse am Anderen zugunsten des von seiner Person losgelösten Inhaltes seiner Botschaft in den Hintergrund. Der analytische Dialog aber kann auf diese emotionale Anteilnahme am Anderen von beiden Partnern nicht verzichten. Ohne Zweifel braucht es auf der Seite des Analytikers eine Fähigkeit, diese Bereitschaft beim Gegenüber zu wecken und diese Fähigkeit ist wohl nicht nur quantitativ, sondern auch qualitativ unter Analytikern sehr verschieden. Sie ist ein wesentlicher Aspekt jener *Verführung*, die Laplanche ins Zentrum der von ihm neu fundierten psychoanalytischen Theorie gerückt hat (Laplanche 1994), die aber auch z. B. für Fritz Morgenthalers Konzept der Führung eines analytischen Prozesses von zentraler Bedeutung war.

Ein ganz entscheidender Aspekt dieser am Anderen interessierten Vernunft ist aufseiten des Analytikers dessen Verhältnis zu seinem eigenen Wissen. Was die tiefe Überzeugung betrifft, aus welcher gemäß Ferenczi das Wissen entspringt, welches die Interventionen des Analytikers im analytischen Prozess begründet, so muss man einen wesentlichen Unterschied zwischen Freud selbst und seinen Schülern hervorheben. Freuds tiefe Überzeugung beruht darauf, dass sowohl das Wissen, mit dem er dem Analysanden begegnet, bevor dieser noch zu sprechen beginnt, wie auch die Erkenntnisse, die er im Verlaufe der Analyse über den Patienten gewinnt, wirklich *sein* Wissen und *seine* Erkenntnisse sind und zwar in jenem spezifischen Sinne, dass er sie sich selbst aufgrund *seiner* Neugier durch *seine* ganz persönliche, subjektive Forschung erworben hatte. Es sind Erkenntnisse, die er sich gegen den Mainstream der Wissenschaft seiner Zeit erkämpft hatte (und die 1921 zwar weltbekannt, aber noch immer in einem Maße aufsehenerregend waren, wie wir uns das heute kaum mehr vorstellen können). Es handelt sich um ein Wissen, das seinen eigenen Ursprung mit bedenkt und sich nicht auf das unterstellte Wissen eines anderen stützt. Für die Schüler waren und ist dagegen ein großer Teil davon

---

1 Vgl. dazu auch Pohlen 1991, der in diesem Zusammenhang von der Kunst der Übereinstimmung und vom notwendigen Fantasieschlüssel des Analytikers spricht.

Freuds Wissen, also Lehrbuchwissen, das Wissen des Meisters, belastet mit der ganzen Ambivalenz diesem gegenüber. Diese Ambivalenz kann im Vernehmen aufseiten der Analysanden nicht ohne Widerhall bleiben. Bei diesen kehrt der verdrängte Unglaube, die verdrängte Ablehnung dieses Wissens als Widerstand zurück, und zwar als ein Widerstand, der in Wirklichkeit nicht derjenige des Analysanden, sondern derjenige des Analytikers ist.

Wenn Freud von einem *Junktim von Heilen und Forschen* spricht, empfiehlt es sich, das so zu verstehen, dass nur derjenige einen heilenden Einfluss (was immer man darunter verstehen mag) auf sein Gegenüber auszuüben vermag, dessen im Prozess der Analyse vermittelte Erkenntnisse aus seiner eigenen, genuin forschenden (Sexual)-Neugier stammen und dass die bewirkte Veränderung beim Gegenüber stets auch mit einem Zuwachs an Erkenntnis beim Analytiker einhergeht, also mehr ist als das, was therapeutisch erwartet werden konnte. Es ist nicht die durch Daten, welche eine Dritter liefert, bestätigte Erkenntnis eines Experten, sondern ein im Dialog generiertes Erkennen, das einer Logik des Öffnens und Verschließens des Unbewussten folgt (vgl. Kläui 2008). Mit einem Lehrbuch in der Hand kann man wohl ein Medikament verschreiben, aber keine Analyse führen. Es mag nun wie ein Paradox erscheinen, dass eine subjektive Überzeugung im Bezug auf die eigene Erkenntnis Voraussetzung dafür sein soll, gerade das Neue und Andere beim Anderen zu vernehmen. Schließen sich indessen eigene Erkenntnis und eigenes Wissen *kontinuierlich* mit der Bestätigung durch den anderen kurz, so pendelt sich der Austauschprozess auf dem kleinsten gemeinsamen Nenner ein und dann bewegt sich nichts. Eine solche Abgleichung entspricht nicht jenem Einvernehmen, um das es mir hier geht; dieses geht vielmehr mit einer Differenzerfahrung nicht nur einher, sondern ist sogar in einer solchen begründet. Gerade, weil Freud ein anderer ist als Frau G. und weil er aufgrund seiner analytischen Arbeit mit einem Anderen eine entsprechende Erfahrung und Erkenntnis gemacht hatte, fragt er in der Stunde vom 22. April suggestiv und von außen gesehen keineswegs zwingend nach einer Schlagefantasie beim Onanieren. Als fiktives Gegenbeispiel nehme ich einen heutigen Analytiker, der neulich »Ein Kind wird geschlagen« gelesen hat. Wenn dieser dieselbe Frage stellte, lägen die Dinge wahrscheinlich anders. Bei Freud treibt sein eigenes komplexes Fantasieren und Denken, das diesen Text geschaffen hatte, ihn zu dieser Frage, beim Epigonen möglicherweise der Wunsch, ein gelehriger Schüler zu sein oder gar der verdrängte Unglaube an Freuds wagemutige These. Die Besänftigung des Unglaubens und der Wunsch, Freud Lügen zu strafen, mögen dann eine unheilige Allianz eingehen und diese – und nicht die auf die Mitteilung des Patienten gerichtete – Neugier würde dann vom Patienten vernommen und würde die Antwort bestimmen. (Natürlich kann auch dem Schüler, bei gelungener Einfühlung, gerade dieser Text einfallen, aber bedeutend häufiger würde er an eine eigene Erfahrung oder Erkenntnis erinnert.)

In Freuds Analyse – um Pohlens Begriff aufzunehmen – geht es fast immer einerseits um Unterweisung und andererseits um Therapie. Die Unterweisung basiert auf einem Wissen, das sich der Analytiker irgendwo, in eigener analytischer Erfahrung, aus Büchern und Kursen oder aus sonstigen Quellen im Leben erworben haben mag. Sie unterscheidet sich nicht wesentlich von schulischer oder universitärer Unterweisung. *Therapeutisch wirksam* aber ist nur jene Erkenntnis, die Resultat der gemeinsamen Forschung von Analytiker und Analysand ist, und zwar als Folge ihrer »vernünftigen« Verständigung im Wechselspiel von freier Assoziation und Deutung. Das Junktim von Heilen und Forschen besteht nicht, wie meistens interpretiert wird, einfach darin, dass einerseits die therapeutische Tätigkeit auf einem durch Forschung erworbenen Wissen beruhen muss und andererseits dieses Wissen falsifiziert und verifiziert. So definiert sich zwar das gängige Verhältnis von angewandter und theoretischer Wissenschaft. Hier aber geht es um etwas Spezifischeres, nämlich die exquisit analytische Forschung. Diese gründet einerseits auf dem (sexual)-neugierigen Interesse des Analytikers am nicht verallgemeinerbaren Einzelfall des jeweiligen Patienten/Analysanden und an der Einzigartigkeit gerade seines Sprechens und andererseits auf der unbewussten Übertragung, die der Analysand auf den Analytiker macht. Nur in dieser von Freud erfundenen Forschungsanlage kann eine verborgene, unbewusste Botschaft des Analysanden vernehmbar werden, und bei geeigneter Umsetzung in die Sprache und Metaphorik des Analytikers etwas im Patienten bewegen. Wenn dies geschieht, kommt es zu einer erstmaligen oder zu einer neuen, adäquateren Übersetzung einer zuvor unübersetzt gebliebenen Botschaft eines wichtigen Anderen aus der Frühgeschichte des Analysanden (vgl. Laplanche 1996, S. 163ff.).

Dieses komplexe Geschehen hat zur kodifizierten psychoanalytischen Theorie, der Metapsychologie, zunächst nur wenig Bezug. Zwar steht auch die Metapsychologie mit der analytischen Praxis in einem gegenseitigen Wechselverhältnis. Die kanonisierte Metapsychologie ist einerseits so etwas wie ein Abfall, ein Sediment dieser Praxis und andererseits ein sie inspirierendes Motiv. Isoliert, für sich genommen, verleitet sie aber zu falschen Rückschlüssen auf diese Praxis. Metapsychologische Konzepte und Begriffe können zwar ein Element der Gestaltung einer Deutung sein, aber im *Prozess* des Deutens, das sich stets in einer vieldeutigen Rede artikuliert, verflüssigen sie sich und verlieren ihre Eindeutigkeit und Rigidität. Die als feste Strukturen und eindeutige Verhältnisse gefassten Modelle der Metapsychologie können die Realität des psychischen Geschehens nur sehr unvollkommen wiedergeben und lassen sich nicht eins zu eins auf das im analytischen Dialog Vernommene anwenden. Das heißt: Der direkte Rückschluss von der vermeintlichen therapeutischen Wirkung einer Intervention auf deren metapsychologische Korrektheit ist ebenso unhaltbar wie das Postulat, ein theoretisch richtiger Zusammenhang müsse notwendig eine therapeutisch wirksame Deutung ergeben. Die therapeutische Wirkung verdankt sich nicht der metapsychologischen Korrektheit einer Deutung (und noch viel weniger einer »technischen« Korrektheit) sondern der Tatsache, dass diese Deutung in einer subjektiven Wahrheit des Patienten eine Resonanz findet. Analytische Praxis und Metapsychologie können sich nicht direkt gegenseitig verifizieren bzw. falsifizieren. Die Praxis richtet sich ganz an der Einzigartigkeit jedes Patienten aus, die Theorie dagegen zielt auf Verallgemeinerungen, die im einzelnen Fall sehr wohl unzutreffend sein können. Der dem heutigen erkenntnistheoretischen Wissensstand nicht mehr adäquate Antagonismus von einzigartiger Subjektivität und allgemeiner Objektivität hat viel damit zu tun, dass unser Konzept von Objektivität sich fast ausschließlich am Bild und am Bildlichen orientiert, während Subjektivität vor allem das Gesagte und Vernommene prägt. Nur was ich mit eigenen Augen gesehen habe, lasse ich als wahr gelten, während, was ich von Hörensagen weiß, mit Vorsicht zu genießen ist.[2] Peter Schneider (Schneider 2008) hat in überzeugender Weise dargelegt, wie das Objekt der psychoanalytischen Erkenntnis eben das subjektiv Sagbare und nicht das objektiv Sichtbare ist, weshalb, wie er argumentiert, jeder Versuch, dieses Gesagte mittels der bildgebenden Verfahren der Neurowissenschaften dingfest zu machen, notwendig scheitern muss. Das setzt der Verallgemeinerbarkeit des im Zuhören Vernommenen relativ enge Grenzen, ohne doch dessen objektive Gültigkeit zu relativieren. Diese durchaus objektive Gültigkeit aber bezieht sich auf den Einzelfall und wird, verallgemeinert, schnell zur ideologischen Behauptung oder zur stets revisionsbedürftigen Ad-hoc-Theorie. Setzte sich diese Einsicht durch, erübrigten sich viele leidenschaftliche, aber fruchtlose Debatten.

Die Wahrheit und Stärke der psychoanalytischen Theorie, der Metapsychologie, liegt hingegen in ihrem anthropologischen Erklärungspotenzial, in den

---

2 Es ist in diesem Zusammenhang bemerkenswert, dass z.B. die beiden größten Boulevardprintmedien Deutschlands und der Schweiz ihren Anspruch, die ungeschminkte Wahrheit zu berichten, mit den Namen *Bild* und *Blick* untermauern.

allgemeingültigen Erkenntnissen, die sie uns über die Natur der menschlichen Psyche vermittelt. Solche Erkenntnis kann, wenn sie im speziellen Fall einen adäquaten Widerhall findet, ein geeignetes therapeutisches Suggestionsvehikel sein, (was bei Freud selbst aus den genannten Gründen oft der Fall war) muss es aber nicht. Andere Erkenntnisse – sogar »objektiv« im Sinne von »allgemein« falsche – können diese Funktion ebenso erfüllen. Ob sie sie erfüllen, hängt von ihrer subjektiven Wahrheit ab, d.h. von ihrer *Konsonanz* (und nicht ihrer *Deckungsgleichheit*) mit dem Erleben des Patienten. Ich werde an einigen Sequenzen der Analyse von Frau G. zeigen, dass Freud, dessen theoretische Leistung nicht infrage steht, mit seinen Analysanden Formen der Interaktion praktiziert hat, die durchaus therapeutisch bedenkenswert sind, auch wenn ihre Qualität vielleicht nicht in erster Linie in Termini der psychoanalytischen Theorie demonstrierbar ist. Dieses therapeutische Element ist von der analytischen Metapsychologie eben in gewissem Grade – nicht vollkommen – unabhängig, bedarf dieser Theorie nicht zwingend. Es war Heilern aller Couleur schon vor Freud bekannt und kann auch in ganz anderem Kontext als demjenigen der Freud'schen Theorie zur Geltung kommen. Mit der analytischen Theorie verbunden ist es allerdings durch das Konzept der *Übertragung*.[3] Diese erklärt, wieso gewisse Interaktionen emotional eine besondere Wirkung entfalten. Der Übertragung kommt, v. a. in ihrer unbewussten Form in der analytischen Praxis eine außerordentliche Bedeutung zu. Übertragungen, die auch bewusst oder bewusstseinsnah sein können, sind aber auch dort wirksam, wo sie a) nicht explizit gemacht, also nicht gedeutet werden und wo sie b) wenn thematisiert, auf andere Konzepte als diejenigen der psychoanalytischen Metapsychologie und die im Rahmen der psychoanalytischen Praxis entdeckten Komplexe (Ödipus, Kastration) bezogen werden. Diese Komplexe ordnet man übrigens häufig zu Unrecht der analytischen Theorie zu. Es ist adäquater, sie als von der Psychoanalyse entdeckte Mythen der Selbsttheoretisierung zu begreifen (vgl. Laplanche 1997). Man kann in vielfältiger Weise *in* der Übertragung therapieren, lehren, lieben, aber auch hassen und kämpfen, ohne sich dieser Übertragung bewusst zu sein, sie zu thematisieren oder gar zu deuten.

Aus der hier dargelegten Bedeutung des subjektiven Wissens und der subjektiven Forschung des Analytikers wird verständlich, wieso Ferenczi und Rank (wie letztlich jeder Analytiker) Freuds Analyse neu erfinden mussten.

---

3 Die unbewusste Übertragung kann man vereinfacht verstehen als die subjektiv zwingende, objektiv aber beliebige Übertragung einer Einzelerfahrung auf eine andere.

Diese Neuerfindung ist ihnen gelungen, indem sie eigene Konzepte geprägt und eingeführt haben, Ferenczi in seiner mutuellen Analyse und Rank im Trauma der Geburt. Aber indem sie diese Neuerungen laut und öffentlich kundtaten, haben sie, wie schon ihre Vorgänger, Jung und Adler den Spaltpilz in die psychoanalytische *Bewegung* eingeschleust. In der unumgänglichen Neuerfindung der Psychoanalyse durch jeden, der mit ihr arbeitet, liegt der Grund, dass die Psychoanalyse als Bewegung, um nicht zu sagen, als Wissenschaft in für Aussenstehende lächerlich anmutendem Ausmaß, sich andauernd neu spaltet. Durch die Fixierung auf die Idee, das psychoanalytische Wissen müsse wie dasjenige der positivistischen Wissenschaften völlig objektivierbar, kanonisierbar, systematisierbar und lehrbuchmäßig tradierbar sein, erschweren die psychoanalytischen Institutionen gerade ihren kreativsten Köpfen unnötigerweise diese je eigene Neuerfindung der Theorie und Praxis, welche unumgänglich ist, um das psychoanalytische Wissen lebendig zu erhalten. So provozieren sie die Spaltungen, über die sie sich dann beklagen. Selbstverständlich bedeutet diese Neuerfindung nicht notwendig jedes Mal einen Paradigmenwechsel, sondern geht in den allermeisten Fällen diskret vor sich, etwa so, dass einem jungen Analytiker beim Zuhören ein längst als selbstverständlich und vertraut erscheinender Begriff – z.B. Verdrängung – plötzlich mit einer nie da gewesenen Evidenz einleuchtet, so als habe er ihn eben erst entdeckt, oder indem er in den Formulierungen eines ihm bisher nicht bekannten Autors genau das zu erkennen glaubt, was er immer schon zu sehen vermeinte, aber nie sagen konnte.

Dass Freud kein Freudianer war, ist so altbekannt, wie dass Marx kein Marxist und Christus kein Christ war. Ich gehe deshalb nur ganz am Rande darauf ein, dass man auch in diesen Notizen sehen kann, dass Freud sich seinen eigenen Regeln gegenüber sehr wenig verpflichtet fühlte. Freud brauchte, zumindest in der reifen Periode seines Schaffens, aus der diese Zeugnisse stammen, seine Patienten nicht (mehr), um das bestätigt zu bekommen, was sich ihm in der kreativen Spekulation über seine eigenen Träume und das Material seiner frühen Patienten als Gewissheit vermittelt hatte. Dieses, sein subjektives Wissen war für ihn über jeden Zweifel erhaben. Es ist das Anliegen der Freudianer und nicht dasjenige Freuds, ständig zu beweisen, dass sich die psychoanalytische Theorie in der Praxis hinter der Couch dadurch bewährt, dass sie, regelhaft angewendet, Heilerfolge zeitigt.

Wenn Freud auch mit einem für ihn unzweifelhaften Wissen an seine Patienten herantrat, ohne es durch sie verifizieren zu lassen, so war er doch weit davon entfernt, sie damit zu indoktrinieren. Es ist nämlich keineswegs so, dass derjenige, der vorwiegend schweigt und kaum etwas sagt, oder alles, was er sagt, in relativierende Formeln verpackt wie »könnte es vielleicht sein, dass Sie ...« seine Patientin ernster nimmt, als einer, der seine schnelle Deutung mit dem Satz einleitet: »Sie streifen so nah am Geheimnis des untersten Stockes, dass ich es Ihnen verraten kann: ...« denn erstens ist eine solche Formulierung geprägt von einer hoch persönlichen Sprache und Metaphorik und kann deshalb auch leicht als subjektiv erkannt werden, erschleicht sich also nicht die Zustimmung der Analysandin durch den Anschein wissenschaftlicher Objektivität oder einer vorgetäuschten Behutsamkeit (»Achtsamkeit«). Zweitens eröffnet sie die Möglichkeit, in ganz spezifischer Weise auf das einzugehen, was die Patientin sagt und sie nicht mit den Allerweltsphrasen des gerade gängigen therapeutischen Jargons abzuspeisen. Ich will nun an drei Ausschnitten unseres Tagebuches veranschaulichen, was ich damit meine.

Ganz zu Anfang – ich habe es schon erwähnt – eröffnet Freud seiner Patientin, worum es gehe. Er spricht von den drei Schichten der Eltern, der Geschwister und der Liebhaber, auf denen sich der ödipale Konflikt manifestiert. Als Reaktion darauf schildert die Patientin ihren tagtraumartigen Wunsch, ihre Familie wie die Kinder der russischen Aristokratie zu verlassen und weit weg zu ziehen und erwähnt dann »jenes Stück von Schnitzler ›Der Flötenton‹«. Darauf sagt Freud: »Das ist genau Ihr Konflikt.« Er bestätigt, dass dieses Stück das beinhalte, was er meint. Worum geht es nun in dieser Novelle Schnitzlers, deren richtiger Titel »die Hirtenflöte« lautet?

Ein alter Mann, der sich der Erforschung des Gestirne verschrieben hat, betrachtet in einer bewölkten, aber schlaflosen Nacht intensiv seine um vieles jüngere schlafende Gemahlin und gibt sich dabei darüber Rechenschaft, dass er überhaupt nicht weiß, wer diese junge Frau ist, wieso sie Tisch und Bett mit ihm teilt, was ihre tiefen Wünsche und Sehnsüchte sind. Als sie des Morgens erwacht, teilt er ihr dies mit und bittet sie nicht nur, sondern befiehlt ihr, ihn zu verlassen, in die Welt hinauszugehen, herauszufinden, was ihre wirklichen Wünsche sind und diese zu leben. Sollte letztlich tatsächlich die Liebe zu ihm deren Inhalt sein, werde er sie mit Freuden wieder bei sich aufnehmen. Während der Mann seine Frau zu überzeugen versucht, hört man von ferne den Ton einer Hirtenflöte, der die Frau in eine merkwürdige Erregung versetzt und sie endlich veranlasst, den Gatten in träumerisch gehobener Stimmung zu verlassen. Sie beginnt nun ein Leben nach ihren Wünschen, liebt zuerst den Hirten, nachdem sie seiner überdrüssig ist, einen Großindustriellen, in dessen Reichtum sie schwelgt, bis sie Gewissensbisse plagen und sie zur sozialen Wohltäterin werden lassen. Bald schon ist sie enttäuscht über den ihrer

Zuwendung unwürdigen Pöbel und wird die Geliebte und Mitstreiterin eines Kriegshelden, um sich nach dessen Tod am Hof und im Bett des mächtigen Fürsten wiederzufinden, mit dem sie die Lust an Ausschweifung und Macht teilt, bis sie endlich, nach dem Zusammenbruch auch dieser Illusionen, den beschwerlichen Weg zurück zu ihrem Gatten antritt. Dieser hat sie schon erwartet und empfängt sie liebevoll im Glauben, nach den ausgelebten Wünschen sei sie nun reif für das ruhige Leben an seiner, des alles verstehenden Ehemannes Seite. Doch der Allwissende hat sich getäuscht. Sie weicht vor ihm zurück mit den Worten: »So aber, tiefer als vor allen Masken und Wundern der Welt, graut mich vor der steinernen Fratze deiner Weisheit.«

Diese Geschichte, die von der Macht und der Unerfüllbarkeit der Wünsche handelt, kann man sehr wohl als eine Parabel über die Analyse lesen. Anders als der alles verstehende alte Gatte, schickt der Analytiker seine Analysandin nicht hinaus in die Welt, auf dass sie nach ihren Wünschen lebe, sondern er lässt sie auf der Couch in die Welt der unbewussten Wünsche eintauchen. Im Wissen um die große Bedeutung dieser Wünsche veranlasst er die Analysandin, sich diese Wünsche bewusst zu machen und sie auszusprechen, nicht, um sie »mit der steinernen Fratze seiner Weisheit« zu deuten, sondern um sie im Dialog zugänglich, wenn auch nur sehr beschränkt lebbar zu machen. Freud gibt mit seiner kurzen Quittung zu erkennen, dass er vernommen hat, dass Frau G. ihn verstanden hatte, als er ihr bedeutete, das Erkennen der unerfüllbaren Wünsche sei besser als das unentschlossene Hängenbleiben zwischen den nicht erkannten. Der im Bericht stumm bleibende Schnitzler mit seiner uns heute seltsam anmutenden Geschichte ist dabei der Dritte, der es sowohl Freud wie Frau G. abnimmt, zu sagen, was eigentlich nicht gesagt werden kann. Auf solche Dritte, die aus der von Freud und seinen Analysanden gemeinsam bewohnten kulturellen Welt stammen und die er mit großem Geschick findet bzw. finden lässt, stützt sich Freud immer wieder, wie wir noch sehen werden.

Als Frau G. ihrer Befürchtung Ausdruck gibt, sie könnte, wenn sie ihre Verlobung auflöste, möglicherweise eine noch unpassendere Bindung eingehen (22. April 21 im Protokoll), antwortet ihr Freud pädagogisch, suggestiv und indem er aus dem Vollen seiner bürgerlichen Ideologie schöpft. Die Kur, so sagt er, werde sie in die Lage versetzen, den Trieb zu beherrschen und in freier Wahl und nicht aus Angst vor dem Trieb zu heiraten. Geheiratet, das ist klar, muss werden, aber nicht aus Angst vor dem Trieb (dem infantilen, inzestuösen), sondern in Beherrschung desselben. Der Trieb ist auch in den Augen von Freud etwas Gefährliches, das beherrscht werden muss. Aber nun werden Ratschlag und Prophezeiung mit einem Witz sowohl vertieft als auch relativiert. Der Gänsehirt und der Pferdehirt malen sich aus, was sie mit dem Gewinn des großen Loses anstellen würden und während der Pferdehirt den zu erwerbenden Palast mit all dem dazugehörenden Luxus beschreibt, kommt dem Gänsehirten nicht Besseres in den Sinn, als dass er dann seine Gänse hoch zu Ross hüten würde. Der Witz als solcher löst durch die Ingredienz des Humors den Bierernst der Mantik auf, während sein Inhalt deren spröde Banalität ins Vieldeutige vertieft. Man könnte ihn etwa so übersetzen: Sie sind dem Pferdehirten viel ähnlicher als dem Gänsehirten. Eigentlich erfreuen sie sich des Triebes, den sie ja lustvoll ausleben, wenn es ihnen auch noch nicht gelingt, ihn ihrem Lebensglück dienstbar zu machen. Aber wie dem Pferdehirten, der mit großen und starken (Trieb)-Wesen vertrauten Umgang hat, wird es ihnen besser gelingen, diese schlussendlich auch ganz zu bändigen und als ein Teil jenes Glückes zu genießen, das noch weit mehr umfasst, als die Wonnen des gebändigten Triebes. Der triebschwache Gänsehirt dagegen wird alle seine Kraft aufbrauchen, um ein Pferd im Zaum zu halten und darüber hinaus reicht es dann zu nichts mehr. Ohne solch gelungene *Suggestion* kann man nicht erwarten, einen Einfluss auf andere ausüben zu können.

Pohlen gehört zu den wenigen Analytikern, die die therapeutische Bedeutung der Suggestion nicht verkennen. Er hat diese Suggestion treffend als das Anbieten des Passenden charakterisiert (vgl. Pohlen 1991, S. 281ff., bes. S. 337). Freud, der leidenschaftliche Aufklärer musste dagegen in seinen theoretischen Reflexionen die Notwendigkeit der Suggestion bestreiten. Im Gegensatz zu Ferenczi tat er sich mit dem therapeutischen Aspekt der »manipulatorischen« Beeinflussung des Patienten eher schwer und er hoffte darauf, so viel wie möglich durch bloße analytische Belehrung erreichen zu können. Man muss die beiden Aspekte, den im strengen Sinne analytischen (zerlegenden) und den therapeutisch synthetisierenden, wohl als zwei Pole eines *Prozesses* verstehen, die in gewissem Sinne antagonistisch sind, sich aber nicht vollkommen voneinander trennen lassen. Man kann sie mit einer *entbindenden* (zerlegenden, analysierenden) und einer *bindenden* (zusammenfügenden, synthetisierenden) Funktion dieses Prozesses identifizieren, eines Prozesses, der letztlich darauf hinausläuft, im Bereich des Psychischen alte Bindungen aufzulösen, damit neue, passendere hergestellt werden können (vgl. dazu auch Laplanche 2007, S. 269–274).

Uns, denen heute politische Korrektheit zu einem integrierenden Bestandteil des therapeutischen Verhaltenskodex geworden ist, fällt es vielleicht noch schwerer als Freud, das manipulative Element (welches vom Patienten gleichzeitig gewünscht und gefürchtet wird), in der Therapie zu akzeptieren. Wir erschrecken deshalb, ob solch unverhohlener Suggestion und neigen noch mehr als Freud und seine Zeitgenossen dazu, absichtliche Beeinflussung weit von uns zu weisen, nur um sie in der Intimität unserer Sprechzimmer unerkannt oder verschämt doch auszuüben.

Man mag sich über die zuweilen augenfällige ideologische Befangenheit von Freuds Suggestionen erheben. Aber jene, die das tun, werden staunen, wenn sich in einigen Jahren das Zeitbedingte an ihren heute so vorurteilslos erscheinenden Ideen und Gedanken offenbaren wird. Solche Nachsicht gegenüber den weltanschaulichen Bedingtheiten von Freuds Interventionen bedeutet keineswegs, alles, was er an ideologischem Unsinn seinen Patienten zugemutet hat, zu übersehen, oder gar heiligzusprechen. Man darf durchaus lächeln ob seiner Qualifikation von Frau G.s Konzentrationsschwierigkeiten als schweizerische Nationaldiagnose (22. April). Und wenn er sich gar Blum gegenüber zu der Bemerkung hinreißen ließ, die exzessive Fellatiopraxis der Franzosen sei schuld am ersten Weltkrieg, weil nämlich deshalb die Geburten in Frankreich so zurückgegangen seien, dass die Franzosen Grund bekommen hätten, sich vor den Deutschen zu fürchten (vgl. Pohlen 2006, S. 116), kann man das kaum anders, denn als kruden Unsinn und Ausdruck eines mehr als seltsamen Verständnisses von nationalen Eigenarten verstehen. Allein das alles rechtfertigt weder die globale Indoktrinationsverdächtigung, noch die Forderung nach einer Abstinenzhaltung des Analytikers im Sinne der Vermeidung jeder persönlichen Meinungsäußerung. Ich neige sogar zur Ansicht, Freud habe ein solch zurückhaltendes Verhalten v. a. deshalb empfohlen, weil ihm seine eigene Tendenz zu Klatsch und schnellen Vorurteilen allzu bewusst war.[4]

Natürlich sind es nicht nur persönliche Ideologie und Zeitgeist, die Freuds Interventionen bisweilen auf seltsame Abwege führen. Wenn er an der Stelle, wo Frau G. sich klein macht, weil ihr angeblich nie eine so brillante Assoziation wie das »Chlorophyll« ihres Vorgängers in der Stunde in den Sinn gekommen wäre (26. April), es für tunlich hält, von einer anderen Patientin zu erzählen, die von ihren Hämorrhoiden gesprochen habe, um sich ihrerseits klein und unattraktiv zu machen, darf man sich fragen, welcher Teufel ihn geritten habe. Mit dieser unnötigen Beschämung und dem offensichtlichen Verkennen der narzisstischen Wünsche – auf Kosten der ödipalen, die ihm nie entgehen – seiner Patientin, provoziert er eine Irritation, die die Patientin dann mit einer rührend unbeholfenen Liebeserklärung aufzulösen versucht,

---

[4] Was er z.B. Wortis gegenüber an unnötigen Verunglimpfungen Dritter von sich gegeben hat, ist gelegentlich ziemlich fragwürdig.

womit sie immerhin dem Kaiser wiedergibt, was des Kaisers ist und ihm erlaubt, erneut auf das vertraute Terrain der ödipalen Liebe einzuschwenken. Mit dem narzisstischen Aspekt der Wünsche seiner Patienten an ihn scheint Freud nicht gut zurechtgekommen zu sein. Er wies sie, wie man auch in den anderen bekannt gewordenen Analyseberichten nachlesen kann, häufig schnöde zurück und hielt sie auch nicht für deutungswürdig. Ob das so war, weil er selbst nicht fremdanalysiert worden war, oder ob nicht vielmehr jeder Analytiker weit mehr als eine »Restneurose« mit sich herumträgt, mit der seine Patienten leben müssen, bleibe dahingestellt.

Wie dem auch immer sei: Auch der bestens und mehrfach durchanalysierte Analytiker wird nicht viel ausrichten können, wenn er ängstlich versucht, alles Eigene aus dem analytischen Dialog fernzuhalten und wenn es ihm nicht gelingt, seine persönlichen Vorlieben, Aversionen, Leidenschaften und Interessen in seine Deutungen zu integrieren, damit diese nicht blass und beliebig bleiben. Ein letztes Beispiel soll dies illustrieren. Als Frau G. im Bericht eines Traumes von einem Mann mit wahrscheinlich schlechtem Charakter sagt, dieser sei ein Don Juan (31. April) entgegnet Freud trocken: »Sie sind der Don Juan.« Darauf folgen einige Assoziationen, in denen Männer nicht gerade gut dastehen. Freud, wahrscheinlich die Übertragungsbedeutung nicht verkennend, aber wohlweislich verschweigend, dass das auch auf ihn gemünzt ist, zieht es vor, die homosexuellen Tendenzen von Frau G. anzusprechen. Etwas später (5. Mai) berichtet die Analysandin von einem Traum, in welchem sie einen Mann aus Brienz liebt, dem Ort also, woher jener Bildhauer stammt, der nach der Analyse ihr Geliebter und Ehemann werden sollte. Daran anschließend erzählt sie von ihren Vorlieben für Männer bestimmter nationaler und lokaler Herkunft. Mit Bezug auf Leporellos Registerarie in Mozarts *Don Giovanni* kommentiert Freud diese Auflistung mit der Bemerkung, das sei »die reinste Leporelloarie« und fügt an: »Meine Idee, dass Sie sich im Traum als Gegenstück zum Don Juan darstellen, war also doch richtig.«

Die auf sie zurückgewendete Stigmatisierung als Don Juan muss Frau G. zunächst arg gekränkt haben. Freud hatte ihr damit wahrscheinlich zweierlei nahelegen wollen: erstens ihre ubw. Homosexualität und zweitens die Bedeutung des ständigen Wechsels der Geliebten als Ausdruck der Treue zum einzig Wahren, dem Vater. Damit eine Einsicht, wie sehr sie einem intellektuell auch einleuchtet, akzeptabel wird, muss sie in irgendeiner Weise positiv besetzt werden können. Auch wer, wie Freud, seine Patienten schonungslos mit der »Wahrheit« konfrontieren will, muss darauf Rücksicht nehmen. Wie aber kann man das tun, wenn die Wahrheit kränkend ist, ohne sich anzubiedern? Freud führt es uns hier vor. Er verwandelt in einem zweiten Anlauf unter der Hand den ruchlosen Don Juan in *Don Giovanni*. Mozarts *Don Giovanni* ist der Inbegriff einer schillernden Figur, der der Zuschauer/Zuhörer, obwohl ihm auf der Bühne alle Untaten des Helden drastisch vor Augen geführt werden, seine Sympathie nicht versagen kann. Am Schluss dieses als »dramma giocoso« bezeichneten Stückes ist man nicht geneigt, mit den Wölfen zu heulen, wenn das ganze restliche Personal der Oper seine Genugtuung über die Bestrafung des lüsternen Bösewichts singend zum Ausdruck bringt.[5] Freud hielt, wie einer Bemerkung zu Joseph Wortis zu entnehmen ist (Wortis 1994, S. 152), den *Don Giovanni* für »die großartigste Oper, die es gibt«. An seiner Sympathie für diesen Rebellen gegen die verlogene Sexualmoral kann kein Zweifel bestehen. Das muss man mithören, wenn er hier die von der Analysandin mit verächtlicher Absicht gebrauchte Etikette »Don Juan« fast unbemerkt in »Don Giovanni« transformiert bzw. ihre beschwingte Aufzählung nationaler Präferenzen als reinste Leporelloarie bezeichnet, womit eine doppelte Verschiebung stattgefunden hat. Leporello ist ja nicht selbst der Edelmann, der in bewusstlosem Taumel seinen Trieb lebt und dabei vor keinem Verbrechen zurückschreckt, sondern sein schlauer Diener, der mit gebannter Faszination auf dieses Treiben schaut, über die Eroberungen seines Herrn Buch führt und trotz seiner vordergründigen Empörung insgeheim nichts lieber möchte, als mit diesem feinen Edelmann die Rollen zu tauschen. So ist die Analysandin jetzt vom Vorwurf befreit, sie treibe es zu bunt, ist nur noch diejenige, die sich im Traum als *Gegenstück* des Don Juan dargestellt hat und wird mit demjenigen verglichen, der es zwar gerne so bunt treiben möchte, aber es nicht tut. Für diesen Wunsch aber ist sie sich der Sympathie ihres Analytikers gewiss. Wenn sie nach Abschluss der Behandlung ihren Brienzer Bildhauer lieben und heiraten wird, darf sie als Ehefrau im Geiste doch der männliche Leporello bleiben und in der von ihr öffentlich in Zeitungsartikeln geäußerten Ansicht, es gebe auch für Frauen ein erfülltes Leben jenseits des Ehefrauendaseins, kann sie die überholten Vorstellungen ihres Analytikers hinter sich lassen, ohne sich innerlich mit ihm zu entzweien.

So etwas kann man nicht lernen. Es fällt einem allenfalls zu, aber es kann einem nur zufallen, wenn man keine Angst davor hat, von seinen Analysanden in dem erkannt zu werden, was man zu ihnen sagt. Seiner utopischen

---

5 Dass Mozart diese positive Charakterisierung des Unholds v. a. durch das Mittel der Musik zustande bringt, könnte Anlass sein, den auditiv/akustischen Charakter des Vernehmens noch einmal neu und anders zu bedenken und wäre eine eigene Abhandlung wert.

Spiegelmetapher zum Trotz wusste Freud in seiner Praxis sehr wohl, dass der psychoanalytische Dialog ein auf beiden Seiten hoch subjektiver ist, den der Analytiker nur erdrosseln kann, wenn er verkennt, dass er niemals ein neutraler Spiegel, sondern höchstens ein Zerrspiegel sein kann, in dem sich allerdings, wie in der Karikatur, die Eigenschaften des Analysanden um so prägnanter enthüllen.

Bei Frau G., wie auch bei Ernst Blum, können wir Freud dabei beobachten, wie er im Einvernehmen mit zwei Analysanden, die wirklich etwas von ihm wollten, ohne Rücksicht auf unvermeidbare Widersprüche zu einer zwar genialen, aber über erkenntnistheoretisch zu wenig gut fundierten Axiomen errichteten Theorie, diese Menschen dabei unterstützte, mithilfe *seiner* Wahrheit *ihre* eigene Wahrheit zu finden. Wie sie diese dann in ihre Lebensgestaltung würden einbringen können, hielt Freud zu Recht nicht für sein Problem. Darin unterschied er sich nicht nur von Ferenczi, sondern auch von all den modernen Therapeuten, die meinen, im Einklang mit ihrem normierenden therapeutischen Diskurs, der nur noch *Störungen* kennt, ihre Patienten mit immer neuen Techniken dorthin bringen zu müssen, wo sie nach ihrem Dafürhalten zu sein hätten. Nichts kann Freuds Haltung klarer illustrieren als die Gegenüberstellung seiner abschliessenden Bemerkung zu diesem Fall in einem Brief an Oskar Pfister, der ihm Frau G. ja überwiesen hatte, mit Ferenczis Utopie eines künftigen omnipotenten Analytikers. Ferenczi formuliert seine Utopie eines wünschbaren psychoanalytischen »Überarztes« wie folgt: »Der alte Hausarzt, der Freund und Berater der Familie, würde so seine frühere bedeutende Rolle in einem wesentlich vertieften Sinne wieder erhalten. Er wäre der verständnisvolle Beobachter und intime Kenner der ganzen Persönlichkeit und würde den Entwicklungsgang des Menschenkindes von der Geburt über die Erziehung, die Schwierigkeiten der Pubertätsentwicklung und Berufswahl, die Eheschliessung, mehr oder weniger schwere psychische Konflikte, organische und Gemütskrankheiten in zweckmässiger Weise beeinflussen können« (Ferenczi/Rank 1996, S. 77). Und dagegen nun Freuds lapidares Abschlussstatement zum realen Resultat seiner Analyse: »Die kleine G wurde voll durchsichtig und ist eigentlich fertig: was aber jetzt das Leben mit ihr machen wird, kann ich nicht wissen« (Freud an Pfister zit. nach Koellreuter 2007).

Fassen wir abschliessend zusammen. In den fragmentarischen Analysenprotokollen von Frau G. beobachten wir den Erfinder der Psychoanalyse – durch die Brille einer Analysandin, deren Optik wir nicht kennen – beim Analysieren hinter der Couch. Er sucht bei seiner Patientin nicht, sondern er findet vom ersten Moment an das, was ihm als Resultat seiner bisherigen Forschung nicht zweifelhaft ist (den Ödipus und die verdrängte Homosexualität). Er vermittelt ihr, welcher diese Konzepte aus eigener Lektüre bereits bekannt sind, diese Einsichten aber neu, indem er sie in empathischer (»vernünftiger«) Weise auf die von der Analysandin vorgebrachten Assoziationen bezieht. Diese Vermittlung findet nicht in einem aseptischen, klinischen Raum statt, sondern in einem, der gesättigt ist mit der die beiden analytischen Partner umgebenden und in ihrem Denken prägenden Kultur. Unter diesem Gesichtspunkt sollte man vielleicht auch die für uns irritierend häufigen *Symboldeutungen* Freuds sehen. Dichter, Musiker, Volksweisheiten, Witze und eben auch Symbole intervenieren immer wieder in diesen Dialog und stellen so einerseits einen Bezug zur umgebenden Wirklichkeit her und füllen die Lücken des Ungesagten und vielleicht Unsagbaren im Diskurs, indem sie Bezugspunkte markieren, die das Intendierte zu situieren erlauben, wo es inhaltlich nicht dingfest gemacht werden kann. Motor seines Zuhörens und Sprechens ist für Freud stets seine forschende Neugier, die sich auf das hoch Spezifische im Sprechen seiner Patientin richtet, das er wiederum durch das hoch Spezifische seiner eigenen Sprache und seiner Einfälle so zurückvermittelt, dass für sein Gegenüber etwas Neues hörbar wird. Nicht um das Auffinden des ödipalen Konfliktes und der unbewussten Homosexualität als solche geht es dabei in erster Linie (das ist Voraussetzung), sondern um die einzigartige Weise, in der die Analysandin diese erlebt und gestaltet (z. B. als Heldin einer Novelle von Schnitzler, als Pferdehirt, als Leporello).

Zuweilen kommen Freud in diesem Dialog seine eigenen blinden Flecken, seine und die Ideologie seiner Zeit und seiner Klasse (natürlich ebenfalls Aspekte der Kultur) auch störend in die Quere. Weil er sich aber trotz des Charismas, das ihn umgibt und um dessentwillen ihn die Analysandin wahrscheinlich aufgesucht hat, nicht hinter einer Maske großmeisterlicher Abgehobenheit verbirgt, sondern sich als Individuum mit seinen persönlichen Vorlieben, Leidenschaften, Abneigungen und Ängsten zu erkennen gibt, bleibt seine Analysandin ihm gegenüber frei. Auch wo sie ganz offensichtlich seinen Erwartungen entgegenkommt – etwa mit der oben erwähnten »Liebeserklärung« – ist das situationsbezogen und reversibel. Weshalb sollte man solches Entgegenkommen als Unterwerfung qualifizieren? Was Frau G. als Folge dieses Prozesses schlussendlich im Leben tut, wenn sie ihre Verlobung auflöst und sich einen anderen Geliebten und Ehemann nimmt, ist nichts, was Freud ihr untergejubelt hätte, sondern das, wozu sie sich zuvor nicht frei genug gefühlt hatte. Sie bleibt ihr Leben lang Freud und seiner Theorie in Dankbarkeit verbunden, ohne sich ihm doch so anzupassen, dass sie hätte Psychoanalytikerin werden müssen, oder dass sie sich seine Ideen über Weiblichkeit und die Rolle der Frau hätte zueigen machen müssen. In den Briefen, die sie, etwa 50 Jahre alt, an die um eine Generation jüngere Iris Meyer (von Roten) schrieb, welche später eine der wichtigsten und mutigsten Vorkämpferinnen für die Gleichstellung der Frau in der Schweiz werden sollte, kann man sehen, dass sie sowohl weit über die Ansichten ihres Analytikers betreffend Geschlechterverhältnisse hinausgewachsen war, als auch, trotz der durch die Analyse bewirkten Veränderungen, diejenige geblieben ist, die sie schon vor der Analyse gewesen war. Wenn sie der jungen Freundin kluge Ratschläge über den Umgang mit deren Freund gibt, spricht sie von diesem Freund als vom »Walliser«, in welcher Formulierung wir schmunzelnd noch einmal das Echo von Leporellos Registerarie vernehmen (Meichtry 2007, S. 167).

Fazit: Freud war ein einfühlsamer, »vernünftiger« Analytiker, der nicht im abgeschiedenen Kabäuschen analysierte, sondern im offenen, weiten Raum der Kultur seiner Zeit und Welt. Man kann sich bei ihm einiges abgucken, aber auch Dinge sehen, die man besser unterlässt. Er war in seiner therapeutisch-analytischen Praxis, in der er sich über weite Strecken nicht an die von ihm für andere aufgestellten Regeln hielt, und in der es ihm nicht primär um die Verifikation seiner Theorie ging, nicht ganz die herausragende Figur, die er als Theoretiker war und geblieben ist, aber für die meisten seiner Analysanden war er wohl, wie Winnicott gesagt hätte, zumindest »good enough«. Die differenziertesten unter den modernen Analytikern führen vielleicht eine feinere Klinge, spüren dem Unbewussten nicht nur in den großen Komplexen, sondern auch in seinen entfernteren Ausläufern mit noch mehr Scharfsinn nach, wodurch ihre Kunst vielschichtiger erscheint, aber leicht auch abgehoben und selbstreferenziell wirken kann. Freud dagegen bleibt stets nahe bei seiner Analysandin und immer mitten in einer ihm und ihr gemeinsamen Welt, deren Sprache er spricht. Was er therapeutisch bewirkt, beruht zu einem bedeutenden Teil auf gelungener Suggestion und diese ist weder durch die psychoanalytische Metapsychologie noch durch eine Theorie der Technik erschöpfend zu erklären. Ziel dieser Suggestion ist aber niemals eine im Sinne der Vorstellungen des Analytikers wünschbare Veränderung der Analysandin, sondern die Eröffnung eines Freiraumes für eine mögliche Veränderung im Sinne der realisierbaren eigenen Fantasien der Analysandin. Diese Analysandin erscheint weniger als diagnostizierte Kranke, denn als die Heldin einer auf sie zugeschnittenen, in der Übertragung angedeuteten Inszenierung. Kaum je wähnt man sich beim Blick durchs Schlüsselloch in der Enge eines klinischen Sprechzimmers, sondern man hat den Eindruck, auf die Bühne des großen Welttheaters zu schauen.

Literatur

Kläui, C. (2008): Psychoanalyse *nach* Freud. In: RISS, 22. Jahrgang, Heft 68.

Koellreuter, A. (2007): Als Patientin bei Freud 1921 – Aus dem Tagebuch einer Analysandin. Vortragsmanuskript.

Laplanche, J. (1994): Nouveaux fondements pour la psychanalyse. Paris (Quadrige/PUF).

Laplanche, J. (1996): Die unvollendete kopernikanische Revolution in der Psychoanalyse. Frankfurt/M. (Fischer).

Laplanche, J. (1997): La psychanalyse: mythes et théorie. In: Revue philosophique. no 2/1997.

Laplanche, J. (2007): Psychanalyse et psychothérapie. In: Sexual; La sexualité élargie au sens Freudien. Paris (Quadrige/PUF).

Meichtry, W. (2007): Verliebte Feinde: Iris und Peter von Roten. Zürich (Ammann).

Pohlen, M.; Bauz-Holzherr, M. (1991): Eine andere Aufklärung. Das Freudsche Subjekt in der Analyse. Frankfurt/M. (Suhrkamp).

Pohlen M. (2006): Freuds Analyse. Die Sitzungsprotokolle Ernst Blums. Reinbek bei Hamburg (Rowohlt).

Rank, O.; Ferenczi, S. (1996): Entwicklungsziele der Psychoanalyse. Zur Wechselbeziehung von Theorie und Praxis. Wien (Thuria + Kant).

Schneider, P. (2008): Gedanken zur Zukunft der Psychoanalyse oder von was geben uns die bildgebenden Verfahren ein Bild? Unveröffentlichtes Vortragsmanuskript

Wortis, J. (1994): Meine Analyse bei Freud. Wien (Verlag integrative Psychiatrie).

»Prof. Freud fordert Toleranz!«
Und: Gedankenstriche, die Couch und Politik bewegten[1]
Karl Fallend

Die Entwicklung der Psychoanalyse kam während der Jahre des Ersten Weltkriegs praktisch zum Stillstand. Viele Analytiker waren zum Kriegsdienst eingezogen bzw. in den verfeindeten Kriegsländern ansässig. Vor allem materielle Engpässe verhinderten einen intellektuellen Gedankenaustausch, sowie wissenschaftlich fruchtbare Arbeit. Gegen Ende des Krieges schien jedoch der Psychoanalyse eine erste gesellschaftliche Anerkennung überraschend sicher zu sein. In der Behandlung der Kriegsneurosen hatten Freud und seine Anhänger bessere Resultate als die klassische Psychiatrie erzielt. Die deutschen, österreichischen und ungarischen Heeresverwaltungen begannen, sich »ernstlich mit der Schaffung eigener psychoanalytischer Stationen bei ihren Armeen zu beschäftigen und wurden nur durch das eintretende Kriegsende an der Verwirklichung dieser Absicht gehindert. (...) Jedenfalls haben die Erfahrungen im Kriege die Verbreitung und das Interesse an der Psychoanalyse in der ganzen Welt gefördert.«[2] Ein Engagement unter der Schirmherrschaft der Militärs blieb den Psychoanalytikern erspart. Das weltweite Interesse allerdings veränderte das Schicksal der Psychoanalyse vom kleinen Kreis sonderbarer Wissenschaftler zu einer internationalen Bewegung.

Allein im Jahre 1921 meldeten sich an der Psychoanalyse Interessierte aus Südafrika, Australien, Bulgarien, Brasilien und Indien. An den Sitzungen der Wiener Psychoanalytischen Vereinigung war der Zulauf ausländischer Gäste dermaßen groß, dass am 13. Juni 1922 eine Neuregelung des Gästewesens

---
1 Immer wieder und diesmal ganz besonders danke ich für die feministische Kritik und Unterstützung meiner Lebensgefährtin Gabriella Hauch.
2 Bericht von Sándor Ferenczi. In: Internationale Zeitschrift für Psychoanalyse. 1920. S. 382.

beschlossen werden musste. In der Tat hatte die Psychoanalyse als Institution nach dem Ersten Weltkrieg die rasanteste Entwicklung in ihrer Geschichte genommen. Der reiche ungarische Industrielle Anton v. Freund spendete der psychoanalytischen Bewegung einen Teil seines Vermögens, wodurch Freuds liebster Plan, die Gründung eines eigenen Psychoanalytischen Verlags, im Jahre 1919 realisiert werden konnte. Nach den Gemeinderatswahlen vom 4. Mai 1919 in Wien, bei denen die Sozialdemokratie die absolute Mehrheit erzielte, begann das sozialpolitische Projekt des Austromarxismus, das vor allem durch den imposanten sozialen Wohnbau als »Rotes Wien« weltweiten Ruf erlangen sollte. Im Zuge der engagierten Reform des Gesundheits- und Fürsorgewesens durch den sozialdemokratischen Wiener Stadtrat Julius Tandler, die zur baldigen Errichtung von Eheberatungsstellen, Schulzahnkliniken, Trinkerfürsorgestellen, Beratungsstellen für Geschlechtskranke usw. in der Stadt Wien führte, waren auch die Psychoanalytiker eingereiht, die, nach dem Vorbild ihrer Berliner Kollegen, Anfang 1920 mit der Planung eines Psychoanalytischen Ambulatoriums begannen, das 1922 eröffnet werden konnte. Es entstand ein neues Berufsbild des »Psychoanalytikers«. Fragen der Ausbildung drängten ebenso in den Vordergrund: Wer darf sich als Psychoanalytiker bezeichnen? Nach welchen Kriterien soll die Auswahl neuer Mitglieder erfolgen? Institutionalisierungsschritte wurden intensiv diskutiert, etwa am Internationalen Psychoanalytischen Kongress in Den Haag im Jahre 1920. Internationalisierung, Institutionalisierung, Professionalisierung bildeten den Dreiklang des heißhungrigen Engagements der Psychoanalytiker nach den kargen Kriegsjahren, die sich scheinbar trotz den unsicheren sozialen, wirtschaftlichen und politischen Verhältnissen entgegenstellten, die von Angst vor Chaos und Anarchie geprägt waren.

Als Anna G. Ende März des Jahres 1921 von Zürich nach Wien kam, konnte sie aus eigener Erfahrung erahnen, was sie in der Metropole der untergegangenen Habsburger-Monarchie erwarten würde. Im November 1917 waren es empörte Massendemonstrationen in Zürich, welche die Freilassung des verhafteten Pazifisten Max Dätwyler forderten. Diese wurden von der Polizei gewaltsam niedergeschlagen, was mehrere Todesopfer forderte (vgl. Teslin 1919, S. 1–26). Auch in der neutralen Schweiz mussten Hunger und Lebensmittelknappheit durch öffentliche Suppenküchen gelindert werden. Wachsende Unzufriedenheit führte in Zürich im Oktober 1918 und im November 1918 zu einem landesweiten Generalstreik, der nach wenigen Tagen von der Armee beendet wurde. 1919 wurde die Sozialdemokratie zweitstärkste Partei im Nationalrat. Anna G. erlebte in Zürich die Massen auf den Straßen. Dabei handelte es sich um revolutionäre Ausläufer, die sich von Russland aus über ganz Europa ausbreiteten und in dem zum Kleinstaat geschrumpften Österreich einen besonderen Niederschlag fanden.

Die erfolgreiche russische Revolution von 1917 förderte die Volkserhebungen in München, Bremen und Berlin. Der Spartacus-Aufstand wurde niedergeschlagen, in der Folge Karl Liebknecht und Rosa Luxemburg ermordet. In Budapest kam es 1919 unter Führung von Béla Kun zu einer kurzen Machtübernahme in Form einer Räteregierung durch Sozialisten und Kommunisten. Die Habsburger-Monarchie lag in Trümmern. Franz Joseph war nach mehr als sechs Jahrzehnten Machtausübung – ein Symbol für väterliche Stabilität – ersatzlos zur Geschichte geworden.

Die Situation des nahezu bankrotten Österreichs war so manchem heutigen sogenannten Drittweltstaat nicht unähnlich. Es herrschten Hungersnot, Tuberkulose und Seuchen. Wegen Kohlemangels konnten die Wohnungen nicht geheizt werden. Gegenüber 1914 hatten sich Anfang 1921 die Lebenshaltungskosten um das Einhundertfünfzigfache erhöht, während die Einkommen nur um das Vierzigfache angestiegen waren. Die Notenbanken kamen mit dem Drucken der Geldscheine kaum nach und das einst mächtige Wiener Bürgertum war nicht selten gezwungen, Schmuck und Bilder zu verkaufen, um das Überleben zu sichern (vgl. Pfoser et al. 1993a, S. 82ff.). Auch Sigmund Freud hatte all seine Ersparnisse verloren. Nur dank ausländischer PatientInnen war es ihm möglich, seinen Lebensunterhalt zu bestreiten, sowie wieder neue Ersparnisse anzulegen. Vor allem waren es amerikanische Kollegen wie etwa Horace Frink oder Monroe Meyer, die mit ihren Honoraren dazu beitrugen, dass Freud – wie Otto Rank in einem Komiteerundbrief am 1. März 1921 schrieb – »immerhin ein Drittel seines Vermögensstandes vor dem Krieg wiedergewonnen« hatte.[3]

Nach den »letzten Tagen der Menschheit« (Karl Kraus) litten jedoch die Massen von Kriegsverlierern an Armut, Hunger und der Unsicherheit was an Stelle der jahrhundertelang herrschenden Monarchie folgen wird. Nur wenige hielten den kleinen Staat für überlebensfähig. Volksabstimmungen, wie in Tirol

---

3   Otto Rank, Komiteerundbrief vom 1. März 1921. Otto Rank Collection, Columbia University, New York.
    Die harte Währung war sicher ein Grund, warum Freud Anna G. zur Analyse annahm. Nicht unbedeutend scheint mir auch die Tatsache, dass Freud durch die intensive Begegnung mit der jungen Medizinerin auch der Lebens- und Gedankenwelt seiner gleichaltrigen geliebten Tochter Sophie wieder nahe kam, die ein Jahr zuvor – am 26. Januar 1920 – 26-jährig gestorben war.

(April 1921) oder Salzburg (Mai 1921)[4] brachten Ergebnisse von über 90%, welche für einen Anschluss an Deutschland votierten.

Welche Welt? (Vgl. Hauch 2008) Das war die zentrale Frage in den Jahren nach dem Ersten Weltkrieg, die durch Massenstreiks, Massendemonstrationen und Massenbewegungen beantwortet werden sollte – soziale Phänomene, die ob ihrer Wucht, Häufigkeit und auch Aggressivität bei vielen nicht nur Begeisterung, Hoffnung, sondern auch Verunsicherung und Angst erzeugten und von Freud und seinen Schülern mit ihrem psychoanalytischen Instrumentarium reflektiert wurden.

Paul Federn war der erste, der unmittelbar nach dem Krieg mit einer psychologischen Analyse der Räteorganisation im »Österreichischen Volkswirt« im März 1919, am einsetzenden Höhepunkt der sozialrevolutionären Phase, an die Öffentlichkeit trat. Diese Analyse trägt den Titel: »Zur Psychologie der Revolution. Die vaterlose Gesellschaft«. Für Federn war das Vater-Kind-Verhältnis die affektive Basis jeglicher Autoritätsbeziehung, die sich vehement in den politischen Organisationen widerspiegelte. Der Wunsch nach väterlicher Sicherheit, Macht, Größe und Schutz bleibt auch nach dem Fall des wirklichen Vaters die Bedingung für die Wahl weiterer Vatergestalten. Federn sah die Chance der Veränderung in der neuen Organisationsform der Räte, die aus der Basis gewachsen ist, von dort ihre Impulse empfängt, dem als unbewusstes psychologisches System das Verhältnis der Brüder innewohnt – die Errichtung einer nicht-patriarchalischen Gesellschaftsordnung ist das eigentliche psychologische Problem (vgl. Federn 1919, S. 76). Aber Federn war sich der Langzeitwirkung von Geschichte bewusst. Er brachte dies mit einer einfachen Beobachtung zur Sprache, als er einen älteren Genossen hörte, der fließend und voller Überzeugung die radikalsten Forderungen referierte, jedoch bei der Abdankung des Kaisers in wenigen Sätzen zwanzigmal zum Stocken kam. »Das kaisertreue Kind in ihm hat dem sozialdemokratischen Manne – wie die Volkssprache sagt – die Rede verschlagen« (ebd., S. 72). Paul Federn – selbst aktiver Sozialdemokrat – vermutete die Sozialdemokratie geläutert, weil sie im Parteigründer Victor Adler ihr ideelles Vaterbedürfnis schon lange am Führer befriedigt hätte. In seinem Sohn, Fritz Adler, sah die Partei eine heldenhafte Gestalt und in dessen Attentat auf den Ministerpräsidenten Graf Stürgkh einen vehementen Ausbruch der Gegnerschaft gegen den alten Obrigkeitsstaat (ebd., S. 75).

---

4 Siehe Arbeiter-Zeitung vom 25. April 1921 (»Die Tiroler Volksabstimmung für den Anschluß. Riesige Beteiligung – fast 99 Prozent für Deutschland«) bzw. 30. Mai 1921 »Die Salzburger Volksabstimmung. Fast einstimmig ›Ja‹«.

Nachdem Federns Analyse der Revolution erschienen war, dürfte in Freud selbst schon der Plan gereift sein, das psychologische Phänomen der Massen einer analytischen Untersuchung zu widmen. Am 12. Mai 1919 schrieb er an seinen Freund Sándor Ferenczi, er habe gerade »mit einem simplen Einfall eine psychoanalytische Begründung der Massenpsychologie versucht« (Jones 1962, S. 59). Es entstand eine Arbeit, die schließlich mit großen Unterbrechungen zu einem Buch anwachsen sollte, denn gleichzeitig war er mit »Jenseits des Lustprinzips« beschäftigt. Das Buch erschien schließlich im August 1921[5], d. h. Freud befasste sich während der Analyse von Anna G. damit. Freud lässt seine Arbeit mit einer radikalen Auflösung der Dichotomisierung von Individuum und Masse beginnen: »Der Gegensatz von Individual- und Sozial- oder Massenpsychologie, der uns auf den ersten Blick als sehr bedeutsam erscheinen mag, verliert bei eingehender Betrachtung sehr viel von seiner Schärfe. [...] Individualpsychologie ist daher von Anfang an auch gleichzeitig Sozialpsychologie« (Freud 1921, S. 73). Er führt aus, dass erotische Beziehungen als »zielgehemmte Libido« die Mitglieder einer Gruppe sowohl horizontal als auch vertikal verbinden. Am Beispiel zweier »künstlicher Massen«, Kirche und Heer[6], analysiert Freud die Psychodynamik der »Vorspiegelung einer Illusion«, d. h. dass ein Führer alle gleich liebt. Jeder Einzelne ist einerseits an den Führer – an Christus oder den Feldherrn – anderseits an die anderen Individuen der Masse libidinös gebunden. Gemäß Freud führt eine drohende Auflösung dieser erotischen Bindung zu sinnloser Angst und Panik, im Sinne einer »Massenangst«, die sich analog der neurotischen Angst des Einzelnen bei der Aufkündigung von Gefühlsbindungen zeigt. Diese muss abgewehrt werden, was wiederum zur Festigung des Bündnisses beiträgt und die feindseligen Impulse des Einzelnen nach außen richten lässt: »darum muß eine Religion, auch wenn sie sich die Religion der Liebe heißt, hart und lieblos gegen diejenigen sein, die ihr nicht angehören« (ebd., S. 107). An dieser Stelle entpuppt

---

5 Das Interesse am Phänomen der Masse war auch an der Verbreitung von Freuds Arbeit erkennbar. Bereits 1924 erschien die 2. Auflage mit 6–10.000 Exemplaren. 1922 kam die englische Übersetzung auf den Markt. 1923 wurde eine russische Übersetzung »zum Druck vorbereitet« angekündigt, zu der es aber anscheinend nicht mehr kommen konnte. Stalins Führung war schon erkennbar in der sukzessiven Abkehr von der von Leo Trotzki hochgeschätzten Psychoanalyse. 1924 folgte die französische, spanische und holländische und im Jahre 1929 eine japanische Übersetzung.

6 Wie Mario Erdheim (1988) herausarbeitete, ist Freuds »Massenpsychologie« vorwiegend eine »Institutionspsychologie« auch als eine radikale Institutionskritik zu lesen. Neben Kirche und Heer bleibt das modernere, aktuellere Beispiel der politischen Parteien noch unerwähnt, ist jedoch kontinuierlich mitzudenken.

sich Freud als fundamentaler Kritiker von Religionen und dies, angesichts der stalinistischen Entwicklungen in Russland, mit politisch-prophetischen Charakter, wenn er fortfährt: »Im Grunde ist ja jede Religion eine solche Religion der Liebe für alle, die sie umfasst, und jeder liegt Grausamkeit und Intoleranz gegen die nicht dazugehörigen nahe. [...] Wenn diese Intoleranz sich heute nicht mehr so gewalttätig und grausam kundgibt wie in früheren Jahrhunderten, so wird man daraus kaum auf eine Milderung in den Sitten der Menschen schließen dürfen. Weit eher ist die Ursache davon in der unleugbaren Abschwächung der religiösen Gefühle und der von ihnen abhängigen libidinösen Bindungen zu suchen. Wenn eine andere Massenbindung an die Stelle der religiösen tritt, wie es jetzt der sozialistischen zu gelingen scheint, so wird sich dieselbe Intoleranz gegen die Außenstehenden ergeben wie im Zeitalter der Religionskämpfe« (ebd., S. 107f.).

Mit seinen Überlegungen zur »Massenpsychologie« lag Freud am Puls der Zeit, standen doch psychische Phänomene und Prozesse im Zentrum seiner Beobachtungen, die er zuhauf im politischen Alltag beobachten konnte. Das Erstarken politischer Parteien zu Massenorganisationen, das öffentliche Agieren von Massen in dieser Vielfalt, über die Grenzen hinweg und von solchen Ausmaßen, waren soziale Erscheinungen, die in dieser Form neu waren. Nach Kriegsende hatten Freud und die meisten seiner Kollegen den Zenit ihres Lebenslaufes überschritten und waren in ihrer Geisteshaltung einer Welt des Gestern verhaftet. Mit dem Auftreten junger Studenten und vor allem Studentinnen in den regelmäßigen Diskussionsrunden der Wiener Psychoanalytischen Vereinigung war nicht nur ein Generationswechsel verbunden, sondern es hielten auch neue Ideen Einzug, die die Welt radikal veränderten. Es waren Stimmen, die über Jahrhunderte kein Recht auf Gehör gefunden hatten: die der Jugend und der Frauen. Es zeigten sich Analogien in der Unterdrückung, die der Anführer der radikalen Wiener Jugendbewegung und angehende Psychoanalytiker Siegfried Bernfeld schon 1914 in einer Broschüre konstatierte (vgl. Fallend 1992). Es »begegnen und bedingen einander die Ideen der neuen Jugend und die der modernen Frauen« (Bernfeld 1914, S. 37). Freiheit, Emanzipation und Selbstbestimmung in allen Lebensbereichen umfassten die Ideale einer vorwiegend urbanen Avantgarde, die die neue demokratische Republik an ihren Forderungen maß. Mit ihnen wurden auch Freud und seine Kollegen konfrontiert. Ein knappes Jahr bevor Anna G. ihre Analyse bei Freud begann, referierte Bernfelds Mitstreiter, der Medizinstudent Otto Fenichel, am 2. Juni 1920 in der Wiener Psychoanalytischen Vereinigung über die »Sexualfragen in der Jugendbewegung«. Freud zeigte sich in der Diskussion zwar irritiert, reagierte aber mit Offenheit und Toleranz. Das Protokoll vermerkt: »Prof. Freud fühlt sich Problemen dieser Zeit sehr entrückt. Meint, dass innerhalb der heutigen Gesellschaftsordnung nicht zu helfen: Abstinenz, aber unter Protest! Fordert Toleranz!« und weiter ist im Protokoll zu lesen: »Wirkung der Jugendaskese: schafft energische Männer, Wirkung zeigt sich in Charakterverbildung, nicht in Neurosen, z. B. Schweiz. Ist Folge der großen Sexualeinschränkung« (Fallend 1995, S. 200f.). Diese stereotype Bemerkung ist schwer einzuordnen. Sie dürfte jedoch auf Erfahrungen mit einer repressiven »kulturellen Sexualmoral« basieren, die er auch kurze Zeit später bei seinen Schweizer Psychoanalytiker-Kollegen feststellen musste.

Georg Groddeck, Arzt, Sozialreformer und Schriftsteller aus Baden-Baden, war einer jener »Sonderlinge, Träumer, Sensitiven« (Anna Freud 1968, S. 2489) unter den Psychoanalytikern, für die Sigmund Freud besondere Sympathien hegte und der mit seinem psychoanalytischen Roman »Der Seelensucher« besonderes Aufsehen erregte. Der Roman erschien Anfang 1921 im Internationalen Psychoanalytischen Verlag und war ganz nach dem Geschmack Freuds, wenn der Autor etwa seinen Helden Thomas Weltlein ausrufen lässt: »Sieh, wie groß die Erde ist und wie klein Dingchen, das dir so wichtig vorkommt; schau dich um, das bisschen Freude, das die Sexualität macht, kannst du überall finden. Die Welt ist durchtränkt davon« (Groddeck 1921, S. 385). Freud amüsierte sich ob der Prüderie seiner Analytikerkollegen, die zur Wahrung des Images ihres Berufsstandes über dieses Buch in Rage gerieten. Am 23. Januar 1921 schrieb Freud an Max Eitingon: »Ich amüsiere mich sehr über das allgemeine Schütteln des Kopfes, das Groddecks Roman bei den Analytikern selbst in unserem engeren Kreise erregt. Bei den verheuchelten Schweizern oder beim Anagogen Silberer nimmt es mich nicht Wunder, aber sonst kann ich vom Urteil nicht abgehen, dass es ein Leckerbissen ist, freilich Caviar für's Volk, das Werk eines Rabelais ebenbürtigen Kopfes«.[7]

Solch lobende Worte waren nicht alltäglich – ebenso die Gründe, warum Freuds Amusement bald zum Ärgernis wurde. Nach einer Protestsitzung der Schweizerischen Psychoanalytischen Vereinigung traf ein schroffes Schreiben beim Psychoanalytischen Verlag in Wien ein, das in der bisherigen Geschichte der Psychoanalyse einmalig war. Erstmals sprach sich eine Ortsgruppe offiziell im vorauseilenden Gehorsam für die Zensur eines psychoanalytischen Werkes aus und forderte vom Verlag, die Auslieferung von Groddecks »Seelensucher« zu verbieten. Das ging zu weit. Am 28. Februar 1921 formulierten Freud und

---

[7] Freud/Eitingon-Briefe, Sigmund Freud Museum, London.

Otto Rank im Namen der Verlagsleitung ein zehn Seiten langes eindeutiges Schreiben an die Schweizerische Gesellschaft, das keine Antwort mehr erwarten ließ. Unmissverständlich war u. a. zu lesen, dass Freud und Rank es sehr bedauern würden, »wenn sie annehmen sollten, dass die Schweizer Kollegen unsere Psychoanalyse nur akzeptiert haben, um den sexuellen Inhalt derselben in feierlichem Beschweigen ein Leichenbegräbnis 1-ter Klasse zu bereiten und hoffen zuversichtlich, es sei nicht so.«[8]

Hier ging es nicht um moralisch-ethische oder gar literarische Meinungsverschiedenheiten. Die Schweizer Kollegen hatten an den Grundfesten der Psychoanalyse gerüttelt. Die Annahme scheint nicht abwegig, dass Anna G. – ungeachtet Freuds klingendem Namen – auch deswegen nach Wien ging, weil sie sich dort mehr Toleranz, Verständnis und Offenheit für ihre Probleme erhoffen konnte.

Sie stand im Sog der großen sozialen Bewegungen der Arbeiter und Jugend und vor allem der internationalen Frauenbewegung[9], für die nach dem Ersten Weltkrieg eine neue Zeitrechnung begann. Deren Auswirkungen waren im »Roten Wien«, durch die absolute Stimmenmehrheit der Sozialdemokratie in der Hauptstadt, besonders spürbar. Die Gründung der Republik hatte zum ersten Mal Frauen zu Staatsbürgerinnen gemacht. Sie erhielten das aktive und passive Wahlrecht[10], sowie das Recht sich politisch zu organisieren. Diese Rechte wurden nicht nur festgeschrieben, sondern auch vehement in Anspruch genommen. Bereits bei der ersten Wahl zur Konstituierenden Nationalversammlung am 16. Februar 1919 machten 82,1% der wahlberechtigten Frauen österreichweit von ihrem neu errungenem Recht Gebrauch. In der I. Gesetzgebungsperiode von 1920 bis 1923 waren zwölf weibliche Abgeordnete im Nationalrat vertreten. Eine Zahl, die erst wieder 1978 erreicht wurde (vgl. Hauch 1995, S. 92ff.).

Die soziale und politische Gleichberechtigung der Frauen fungierte als Basisforderung. Es ging jedoch um mehr: nämlich um die volle Anerkennung der Frau als Persönlichkeit und um die Würdigung ihres Selbstbestimmungsrechts. Das viktorianische Bild der Frau, wie es über Jahrhunderte geprägt war, und das noch wenige Jahre zuvor für Frauen mittlerer und höherer Schichten

---

8 Sigmund Freud Archiv. Manuscript Division. Library of Congress. Washington D. C.
9 Anna G. identifizierte sich zeitlebens mit der Frauenemanzipations-Bewegung und verfasste Ende der 1920er-Jahre selbst feministische Artikel (Persönliche Mitteilung von Anna Koellreuter).
10 In der Schweiz wurde auf Bundesebene erst im Jahre 1971 das Wahlrecht für Frauen eingeführt.

uneingeschränkt galt, sollte nun mehr einer »Welt von Gestern« angehören. Der österreichische Schriftsteller Stefan Zweig hatte es beschrieben: »Es wurde also in der vorfreudianischen Zeit die Vereinbarung als Axiom durchgesetzt, dass ein weibliches Wesen keinerlei körperliches Verlangen habe, solange es nicht vom Manne geweckt werde, was aber selbstverständlich offiziell nur in der Ehe erlaubt war. Da aber die Luft – besonders in Wien – auch in jenen moralischen Zeiten voll gefährlicher erotischer Infektionsstoffe war, musste ein Mädchen aus gutem Hause von der Geburt bis zu dem Tage, da es mit seinem Gatten den Traualtar verließ, in einer völlig sterilisierten Atmosphäre leben. Um die jungen Mädchen zu schützen, ließ man sie nicht einen Augenblick allein« (Zweig 1944, S. 97).

Sigmund Freud war nicht der einzige, der zur Veränderung dieses Bildes beitrug, wie Anna G. an einer besonders markanten Stelle in ihrem Tagebuch unterstrich:

»Ich möchte nach Russland, wie jene Söhne und Töchter der Aristokratie bei der letzten Revolution ihre Familie verliessen, möchte ich fort gehen und dieses Milieu verlassen in das ich nicht gehöre. – Ich denke an jenes Stück von Schnitzler ›Der Flötenton‹.

Sigmund Freud: Das ist genau Ihr Konflikt.« (erste Eintragung im Tagebuch)

Die Ausstrahlung der Russischen Revolution – die Sehnsucht nach Auflösung der Klassenschranken und Generationenverträge – war vor allem für junge Menschen im Jahre 1921 ungebrochen. Die neuesten Entwicklungen, wie der Aufstand der Kronstädter Matrosen, die im Februar des Jahres die Beamten der Sowjetregierung verhafteten und die Macht in der Stadt eroberten, waren nachzulesen[11], aber noch schwer einzuordnen. Daneben war es wenig erstaunlich, dass Freud in der Analyse mit Anna G., laut ihren Tagebuchaufzeichnungen, Arthur Schnitzler als einzigen namentlich genannten Zeitgenossen zu hören bekam. Einen Schriftsteller, den Anna G. mit großer Leidenschaft las.[12] Seinen »Doppelgänger«, den »psychologischen Tiefenforscher« – wie Freud ein Jahr später zu dessen 60. Geburtstag am 14. Mai 1922, den Dichter, Schriftsteller und Arzt bezeichnen sollte, der alles durch »feine Selbstwahrnehmung weiß, was er durch mühselige Arbeit an anderen Menschen aufgedeckt habe«. »Ihr Determinismus«, schrieb Freud an Schnitzler, »wie Ihre Skepsis – was die Leute Pessimismus heißen –, Ihr

---

11 »Die Meuterei der Kronstädter Matrosen«. In: Neue Freie Presse. 14. Februar 1921, S. 1.
12 Persönliche Mitteilung von Anna Koellreuter.

Ergriffensein von den Wahrheiten des unbewussten, von der Triebnatur des Menschen, Ihre Zersetzung der kulturell-konventionellen Sicherheiten, das Haften Ihrer Gedanken an der Polarität von Lieben und Sterben, das alles berührte mich mit einer unheimlichen Vertrautheit« (Jones 1962, S. 514).

Die Kritik der bürgerlichen Sexualmoral war den beiden Männern genauso eigen, wie die Kritik an der Institution Ehe, welche Freud schon 1908 zum Ausdruck gebracht hatte: »Das Heilmittel gegen die aus der Ehe entspringende Nervosität wäre vielmehr die eheliche Untreue« (Freud 1908, S. 158). Beide Männer sprachen Anna G. wohl aus der Seele. Arthur Schnitzler war einer der erfolgreichsten Dramatiker im deutschsprachigen Raum, der genau zu jener Zeit mit einem Theaterstück für Aufregung sorgte. Die Zeitungen berichteten ausführlichst, der Skandal war in aller Munde und sogar Ursache für eine politische Krise. Vielleicht stand der Tagebucheintrag unter diesem Eindruck, dass die Analysandin von einem (Theater-)Stück schreibt, während es sich um eine Erzählung handelt, die nicht »Der Flötenton«, sondern »Die Hirtenflöte« heißt.[13]

Nicht das »typisch novellistische Dingsymbol« (Fliedl 2005, S. 162) blieb Anna G. in Erinnerung, sondern der süße Ton der Verführung – »vielleicht bedeutet dieser ›Flötenton‹ die einzige Lockung, der zu unterliegen du bestimmt bist, vielleicht die erste nur von wenigen oder vielen« (Schnitzler 1911, S. 236). Es ist der alte Erasmus in der Erzählung, der seine junge Frau Dionysia aus allzu rationaler Liberalität in die Freiheit schickt und die Verführungen nahe legt: »Es sind die Töne einer Hirtenflöte. Und siehe, ohne dass du es dir gestehen möchtest, ja, ohne dass du dir dessen so recht bewusst wärst, regt sich in dir, die soeben bereit war in den Tod zu gehen, die Neugier zu erfahren, an welchen Lippen die Flöte ruht, der diese Töne erklingen« (ebd,). Dionysia durchlebt Anna G.s »Leporelloarie« – wie Freud die Männersehnsüchte seiner Analysandin bezeichnete – in einer »Revue verschiedener gesellschaftlich und moralisch gestaffelter Frauenrollen, von der Ehefrau über die Hirtengespielin, Fabrikantengefährtin, Arbeiterdirne und Grafengeliebte bis zur Fürstenmätresse« (Fliedl 2005, S. 163), ohne ihr Glück zu finden. Dionysia verlässt daher auch ihren Mann, weil ihr »vor der steinernen Fratze seiner Weisheit« graut (Schnitzler 1911, S. 261), vor seinem Pseudoverständnis ihrer erotischen Bedürfnisse, das sie nur erneut verdinglicht, ohne sie als eigenständige Persönlichkeit ernst zu nehmen (vgl. Fliedl 2005, S. 164). Genau

---

13 Für wertvolle Hinweise danke ich Konstanze Fliedl.

zu diesem Schritt sah sich die junge Schweizerin durch Schnitzlers Literatur und Freuds Denken ermutigt.

Während sich Dionysias Erlebnisreise noch in »märchenhaften Traumzonen« (Fliedl) abspielt, ist Schnitzlers *Reigen*, Tragikkomödie in zehn Dialogen, von einer der realistischen Schärfe mit seiner offenen, spiegelbildhaften Kritik der verlogenen »kulturellen Sexualmoral«. Sie rüttelte an den morsch gewordenen Grundfesten und löste einen der größten Theaterskandale der Literaturgeschichte aus. Arthur Schnitzler hatte den *Reigen* schon 1897 verfasst und 1900 auf eigene Kosten in einer Auflage von 200 Exemplaren drucken lassen, da er das Stück für unaufführbar hielt. 1903 erschien eine Buchfassung, erregte damit großes Aufsehen und erlebte in acht Monaten zehn Auflagen mit 14.000 verkauften Exemplaren. Aber erst nach dem Krieg entschied sich der Autor für eine Theateraufführung, die Premiere sollte am 23. Dezember 1920 am Berliner Kleinen Schauspielhaus stattfinden. Die erste Aufführung in Wien folgte am 1. Februar 1921 in den Kammerspielen.

Zehn Dialoge zwischen Mann und Frau, die sich jeweils in ein Vor und Danach teilen und zentral als Höhepunkt die wohl folgenschwersten Gedankenstriche der Literaturgeschichte markieren. »- - - - - - - - - - - - - - - - - -« im Manuskript[14], die auf der Bühne mit Verdunklung oder fallendem Vorhang in den Fantasien der ZuschauerInnen den Geschlechtsverkehr zum stummen, aber lebhaften Bild werden lassen. Durch das sexuelle Aufeinandertreffen verschiedener gesellschaftlicher Klassen – zwischen Dirne – Soldat / Soldat – Stubenmädchen / Stubenmädchen – junger Herr / junger Herr – junge Frau / junge Frau – Ehegatte / Ehegatte – süßes Mädel / süßes Mädel – Dichter / Dichter – Schauspielerin / Schauspielerin – Graf / Graf – Dirne hält Schnitzler den Reigen geschlossen. In der Mitte, nicht im Mittelpunkt des Stücks steht das bürgerliche Ehebett und lenkt den Blick auf die Verlogenheit der herrschenden Sexualmoral: »Der Gatte: Geliebt hab ich nur eine – das bist du. Man liebt nur, wo Reinheit und Wahrheit ist« (Schnitzler 1903, S. 52).

Schon bei der Berliner Uraufführung kündigte sich an, was in Wien auf den Höhepunkt zusteuern sollte. Es kam zu lautstarken Protesten gegen das »unzüchtige Machwerk des Juden aus Wien«, die gar zu Gerichtsprozessen führten (vgl. Pfoser et al. 1993b). Obwohl am 6. Januar 1921 in Berlin die einstweilige

---

14 Schnitzler 1903, S. 10, 15, 23, 35, 39, 52, 65, 79, 92, 108. Sie waren auch Gegenstand der Zensurgutachten: »Namentlich jene Szenen, die im Textbuch mit Gedankenstrichen ausgefüllt sind, müssen in solchen Grenzen gehalten werden, dass dem Zuschauer die Wahrnehmung des sinnlichen Vorganges erspart bleibt.« – »Die Zensurgutachen über den ›Reigen‹« In: Arbeiter-Zeitung. 24. April 1921.

Verfügung aufgehoben wurde, führte dies nicht zum Verstummen der Proteste. Sie waren nur die Vorboten für den Wiener Eklat, also gleichsam Anzeichen für die zukünftige politische Katastrophe. In Berlin waren es der »Verband nationalgesinnter Soldaten« und der »Antisemitische Schutz- und Trutzbund«, die den »Reigen« sprengten. Bei der Verhaftung wurde »Deutschland über alles« gesungen und »Nieder mit den Juden!« skandiert.[15]

In Wien hatte die national-konservative und völkische Presse die antisemitische Stimmung gegen Autor und Stück angeheizt mit Ausdrücken wie »Pornograf«, »jüdischer Schweineliterat«. Der christlichsoziale Abgeordnete und spätere Bundeskanzler Prälat Ignaz Seipel wusste auf einer Katholikenversammlung diese Stimmung parteipolitisch einzuordnen, »dass die Sozialdemokratie auftreten und stürmische Szenen machen muß, wenn es sich um die Verteidigung irgendeiner jüdischen Machenschaft handelt.«[16] Danach zogen – so Schnitzler in seinem Tagebuch – über 300 Menschen zu den Kammerspielen »insultiren die Theaterbesucher, die eben kommen, johlen: ›Man schändet unsre Weiber! Nieder Reigen! Nieder mit den Sozialdemokraten‹« (Schnitzler 2006, S. 43). Nach weiteren Demonstrationen und Störversuchen der Aufführungen musste schließlich am 16. Februar 1921 die Vorstellung abgebrochen werden, was man – so die Neue Freie Presse – »mit mathematischer Gewissheit voraussehen konnte«.[17] Die Ereignisse waren einzigartig: Unruhe entstand »schon während der ersten Dialoge, als ein scharfer, durchdringender Geruch sich bemerkbar machte, der auf Stinkbomben zurückgeführt wurde«. Während der Aufführung drangen Demonstranten in das Theater ein, es kam zu »tätlichen Misshandlungen von vielen Theaterbesuchern, von Männern und Frauen, die geschlagen und bei den Haaren gezerrt wurden […] sich plötzlich ein Wasserstrahl über den Zuschauerraum ergoß, nachdem einer der Demonstranten den nächst der Bühne befindlichen Hydranten aufgedreht hatte […] auf die Wachleute wurde mit Stöcken und Knütteln losgeschlagen […] Männer, die ihre bedrohten Frauen beschützen wollten, wurden verprügelt, viele von ihnen durch Hiebe mit Stöcken und mit Schlagringen verletzt, weibliche Theaterbesucher bei den Haaren zu Boden gerissen und geschleift.«[18]

---

15 »Die ›Reigen‹-Skandale in Berlin«. In: Neue Freie Presse. 23. Februar 1921. S. 5.
16 »Abgeordneter Professor Dr. Seipel über die ›Reigen‹-Affäre.« In: Neue Freie Presse. 14. Februar 1921.
17 »Sprengung der heutigen Vorstellung des ›Reigen‹. Stinkbomben und Prügelszenen im Zuschauerraum – Unterbleiben der Nachtvorstellung«. In: Neue Freie Presse. 17. Februar 1921. S. 6.
18 Alle Zitate in: Neue Freie Presse. 17. Februar 1921. S. 7.

Demonstrationen, Proteste und Tumultszenen folgten wenig später auch in München, Hamburg, Frankfurt, Hannover, Eisenach, Mährisch-Ostrau, Prag und so weiter, aber nirgends war der Aufruhr so gewalttätig und folgenreich wie in Wien. Nach einem polizeilichen Verbot der weiteren Aufführungen wuchs die Auseinandersetzung in den nächsten Monaten zu einem Kulturkampf zwischen dem »Roten Wien« und der christlichsozial dominierten Bundesregierung. Die Auseinandersetzung rund um den »Reigen« geriet zu einer Staatsaffäre und Verfassungskrise. Stürmische Szenen im österreichischen Nationalrat und dem Wiener Landtag waren an der Tagesordnung. Die Kompetenzkonflikte rund um das »Reigen«-Aufführungsverbot zwischen »schwarzem« Innenministerium und »roter« Wiener Stadtverwaltung zeigten bereits jene zweigeteilten Spannungsverhältnisse des Landes, die sich von Juli 1927 bis zum Bürgerkrieg im Februar 1934 dramatisch verschärfen sollten.[19]

Das erste Halbjahr 1921, in dem Anna G. in Wien lebte, war eine kulturell, sozial und politisch aufregende Zeitspanne. In der europäischen Zwei-Millionen Metropole erlebte sie nicht nur den Untergang einer jahrhundertelang währenden alten Ordnung in Form der Monarchie, sondern auch die zukunftsweisenden Auseinandersetzungen der erstarkten Arbeiter-, Jugend- und Frauenbewegung. Sie war mit viel Armut, Hunger[20] und Wohnungsnot konfrontiert, aber auch den ersten sozialen Experimenten der austromarxistischen Stadtverwaltung. Sie erlebte einen offenen, alltäglich deklarierten Antisemitismus und das Aufeinanderprallen zweier politisch organisierter Weltanschauungen, die kontinuierlich die latente Drohung eines Bürgerkriegs an die Wand malten.

Im persönlichen Zentrum stand wohl die erlebte Wirkung zweier Männer, die beide auf ihre Art den Zusammenhang von verlogener »kultureller Sexualmoral und moderner Nervosität« zur Sprache brachten und durch ihre Kritik vor allem den Frauen erweiterte Möglichkeiten von Lebensentwürfen eröffneten.

---

19 Nach all diesen Skandalen verhängte Schnitzler ein Aufführungsverbot, dass erst von seinem Sohn, Heinrich Schnitzler, zum 1. Januar 1982 aufgehoben wurde.
20 Eindrücke, die den amerikanischen Arzt Isador H. Coriat (1921) zu einer psychoanalytischen Arbeit inspirierten.

Literatur

Bernfeld, Siegfried (1914): Die neue Jugend und die Frauen. Wien, Leipzig (Kamoenenverlag).

Coriat, Isador H. (1921): Sex and Hunger. In: Psychoanalytic Review 8, 375–381.

Couch, Lotte S. (1972): Der Reigen: Schnitzler und Sigmund Freud. In: Österreich in Geschichte und Literatur. 16. Jg. Heft 1, 217–227.

Erdheim, Mario (1982): Die gesellschaftliche Produktion von Unbewusstheit. Eine Einführung in den ethnopsychoanalytischen Prozeß. Frankfurt/M. (Suhrkamp).

Fallend, Karl (1992): Von der Jugendbewegung zur Psychoanalyse. In: Fallend, Karl; Reichmayr, Johannes (Hg.): Siegfried Bernfeld oder die Grenzen der Psychoanalyse. Frankfurt/M. (Stroemfeld), S. 48–69.

Fallend, Karl (1995): Sonderlinge, Träumer, Sensitive. Psychoanalyse auf dem Weg zur Institution und Profession. Protokolle der Wiener Psychoanalytischen Vereinigung und biographische Studien. Wien.

Federn, Paul (1919): Zur Psychologie der Revolution: Die vaterlose Gesellschaft. In: Dahmer, Helmut (Hg.): Analytische Sozialpsychologie. Band 1. Frankfurt/M. 1980 (Suhrkamp), S. 65–87.

Fliedl, Konstanze (2005): Arthur Schnitzler. Stuttgart (Reclam Verlag).

Freud, Sigmund (1908): Die »kulturelle« Sexualmoral und die moderne Nervosität. In: ders.: G.W. VII, S. 143–167.

Freud, Sigmund (1921): Massenpsychologie und Ich-Analyse. In: ders.: G.W. XIII, S. 71–161.

Groddeck, Georg (1921): Der Seelensucher. Ein psychoanalytischer Roman. Wiesbaden, München 1983 (Limes-Verlag).

Hauch, Gabriella (1995): Vom Frauenstandpunkt aus. Frauen im Parlament 1919–1933. Wien (Verlag für Gesellschaftskritik).

Hauch, Gabriella (2008): Welche Welt? Welche Politik? Zum Geschlecht in Revolte, Rätebewegung, Parteien und Parlament. In: Konrad, Helmut; Maderthaner, Wolfgang (Hg.): Das Werden der Republik. Wien (Carl Gerold's Sohn Verlagsbuchhandlung).

Jones, Ernest (1962): Das Leben und Werk von Sigmund Freud. Band III. Die letzte Phase 1919–1939. Bern, Stuttgart, Wien 1978 (Verlag Hans Huber).

Koebner, Thomas (1997): Arthur Schnitzler. Reigen. Erläuterungen und Dokumente. Stuttgart (Reclam).

Pfoser, Alfred; Pfoser-Schewig, Kristina; Renner, Gerhard (1993a): Schnitzlers »Reigen«. Band 1. Der Skandal. Frankfurt/M. (Fischer).

Pfoser, Alfred; Pfoser-Schewig, Kristina; Renner, Gerhard (1993b): Schnitzlers »Reigen«. Band 2. Die Prozesse. Frankfurt/M. (Fischer).

Reik, Theodor (1913): Arthur Schnitzler als Psycholog. München (J.C.C. Bruns).

Schnitzler, Arthur (1903): Reigen. Zehn Dialoge. Stuttgart 2007 (Reclam).

Schnitzler, Arthur (1911): Die Hirtenflöte. Stuttgart, 1975 (Verlag Deutscher Bücherbund).

Schnitzler, Arthur (2006): Reigen. Zehn Dialoge. Wien (Burgtheater, Programmheft).

Teslin, Elise (1919): Massenpsychologie und Selbsterkenntnis. Olten (Verlag).

Zweig, Stefan (1944): Die Welt von Gestern. Erinnerungen eines Europäers. Frankfurt/M. 1982 (Fischer).

Auf den Spuren des Verhältnisses zwischen S. Freud und E. Bleuler zwischen 1916 und 1927

Bernhard Küchenhoff

Einleitung

Eugen Bleuler war in seiner eingehenden Auseinandersetzung mit Sigmund Freud die große Ausnahme unter den Psychiatrieordinarien seiner Zeit. Er befasste sich ausführlich und kritisch mit Freud, benannte die Übereinstimmungen und Differenzen aufgrund seiner klinischen Erfahrungen.

In diesem Beitrag geht es um das Verhältnis zwischen Bleuler und Freud im Umfeld des Zeitraumes, in dem Anna G. bei Bleuler arbeitete (1920), ihre Dissertation schrieb und ihre Analyse bei Freud machte (1921). Zu dem Verhältnis zwischen Bleuler und Freud, vor und nach den angeführten Jahren, verweise ich auf frühere Veröffentlichungen (Küchenhoff 2000, 2001, 2006; Wieser 2001).

Im Jahre 1913 kam es zur Trennung C. G. Jungs von Freud. Obwohl immer wieder auch von einem Bruch zwischen Bleuler und Freud zu diesem Zeitpunkt gesprochen wird, trifft dies nicht zu (Küchenhoff 2006). Es ist mir ein Anliegen, in diesem Artikel erneut darauf hinzuweisen und zu belegen, dass nach 1913 weiterhin bedeutsame Zeugnisse für einen persönlichen und inhaltlichen Austausch zwischen E. Bleuler und S. Freud existieren.

Die Bedeutung Freuds für Bleuler nach 1916

Noch im Vorwort seines bedeutsamsten Werkes »Dementia praecox oder Gruppe der Schizophrenien« von 1911, wurden Kraepelin und Freud von Bleuler als seine zentralen Bezugsgrößen genannt (Bleuler 1911). Dagegen hat in Bleulers »Lehrbuch der Psychiatrie«, das 1916 in der ersten Auflage erschien, Kraepelin und seine nosologische Einteilung deutlich die Überhand gewonnen. Freud wird im Lehrbuch nur noch an vereinzelten Stellen genannt, was aber auch auf den sachlichen Grund zurückzuführen ist, dass Bleuler die Psychosen im Lehrbuch entschieden mehr gewichtet als die Neurosen. Die ausführlichste Stellungnahme zu Freud, Seite 392, umfasst knapp eine halbe Seite und ist kleiner gedruckt. Die Stelle lautet: »Trotzdem gewiss manche der Einzelaufstellungen Freuds der weiteren Erfahrung nicht standhalten werden, ist es sehr unrichtig, den Forscher herabzusetzen, wie es Mode wurde, und unwissenschaftlich, das Temperament dabei soviel mitsprechen zu lassen. Wie seinerzeit die fast ebenso temperamentvoll und mit zum Teil den gleichen Argumenten bekämpfte Hypnosen- und Suggestionslehre doch den ersten Teil des Fundamentes zu einer wissenschaftlichen Psychopathologie legte, so hat Freud eine ganze Menge von Grundlagen geschaffen, die jetzt schon der Wissenschaft eine ganz andere Gestalt gegeben haben – und zwar auch bei seinen Gegnern, soweit sie überhaupt auf Psychologisches eingehen. Ohne sie wäre die Psychopathologie nicht weiter gekommen. Manches von dem, was Freud brachte, ist wie bei jeder wissenschaftlichen Erkenntnis nicht absolut neu, aber er erst hat es zu der Klarheit herausgearbeitet, die eine Anschauung als Grundlage für weitere Studien brauchbar macht. Dahin gehört die Rolle des Unbewussten, die prinzipielle Forderung der psychologischen Verstehbarkeit aller psychischen Symptome und die Demonstration, dass diese oft erlangt werden kann durch Beobachtung aller psychischen Zusammenhänge, auch in unbewussten Regungen, im Traum usw.; der klare Begriff der Verdrängung, der Ubiquität und der Bedeutung innerer Konflikte, die unbegrenzte Nachwirkung früherer affektiver Erlebnisse, die Übertragung des Affektes auf ihm ursprünglich fremde Vorstellungen, der intellektuelle Begriff der Verdichtung, die bessere Hervorhebung, wenn auch nicht volle Klarstellung der Begriffe der Konversion (Verwandlung verdrängter Affekte in körperliche Symptome), des Abreagierens, dann der Bruch mit der Gepflogenheit, auch in wissenschaftlichen Dingen das Geschlechtsleben möglichst zu ignorieren, und die (wenn auch vielleicht übertriebene) Heraushebung der Bedeutung der Sexualität« (Bleuler 1916a, S. 392).

Neben dieser sehr dichten, knappen Würdigung und Stellungnahme zu Freud finden sich noch kürzere Bemerkungen an einzelnen Stellen im Lehrbuch. Betrachtet man jedoch diese Stellen und den jeweiligen Kontext genauer, wird die Ambivalenz Bleulers deutlicher. So wird z. B. im Zusammenhang der Zwangsneurose an erster Stelle Kraepelin, und nicht Freud, genannt. Bezüglich der Therapie schreibt er: »Ich habe einige wenigstens praktisch vollwertige

Heilungen bei Psychoanalyse (nach Frank) gesehen« (Bleuler 1916a, S. 417). Bei oberflächlichem Lesen erscheint dies als Würdigung, dennoch enthält dieser Satz eine eigentliche Spitze gegen Freud; denn im Zusammenhang mit der Psychoanalyse wird nicht Freud genannt, sondern Frank, ein Psychiater aus Zürich, der einen eigenen Weg beschritten hat und der nicht als Freud-Schüler bezeichnet werden kann.

Im Kapitel über Hysterie fällt gleichfalls auf, dass bei den Literaturhinweisen Freud fehlt, dafür finden sich aber Verweise auf Lewandovsky und Binswanger. Im Zusammenhang mit dem Thema Sexualität wird von Bleuler kurz auf die »Freud'sche Lehre« hingewiesen, aber insgesamt sehr zurückhaltend.

Interessant ist es auch, die nachfolgenden Auflagen des Lehrbuches einer genaueren Lektüre zu unterziehen. In der 2. Auflage des Lehrbuches von 1918 ist der zitierte Absatz der Stellungnahme zu Freud noch unverändert geblieben, während sich in der 4. Auflage von 1923 diskrete Änderungen im erwähnten Absatz finden lassen. So heißt es statt »wie bei jeder neuen wissenschaftlichen Erkenntnis« nun neu: »wie regelmäßig in solchen Fällen«. Diese kleine Veränderung, die zunächst als unwesentlich angesehen werden könnte, zeigt jedoch eine nicht unbedeutende Korrektur, wenn man sich Bleulers Einstellung zur Wissenschaft vergegenwärtigt (Küchenhoff 2006).

In seinem Artikel »Physisch und psychisch in der Pathologie« aus dem Jahre 1916 nimmt Bleuler auf Freud Bezug. Nüchtern, ganz in wissenschaftlicher Manier, bezieht er Freud als einen unter anderen Fachkollegen mit ein. Dass diese Bezugnahme in Psychiaterkreisen aber nicht selbstverständlich ist, ergibt sich aus der Fußnote, in der sich Bleuler von den »ausgesprochenen Freudgegnern« (Bleuler 1916b, S. 448) abgrenzt. Erstaunlich ist Bleulers Zugeständnis der Möglichkeit, dass Psychosen, die von der Schizophrenie nicht zu unterscheiden sind, »blosse psychische Reaktionsformen seien« und er findet es »erklärlich, wenn Freud und einige seiner Schüler trotz allem an der rein funktionellen Natur der ganzen Schizophreniegruppe festhalten« (Bleuler 1916b, S. 450).[1] Andererseits ist es auffallend, dass Freud in jenem Teil, der die Behandlung der Neurosen (Bleuler 1916b, S. 469–471) zum Inhalt hat, nicht genannt wird.

Ausführlicher als in dem zuvor genannten Artikel, in welchem Bleuler Ansichten aus seinen früheren umfangreichen Arbeiten über Freud aufnimmt

---

[1] Eine bis in die Wortwahl ähnliche Äußerung findet sich auch in Bleulers Artikel »Störung der Assoziationsspannung ein Elementarsymptom der Schizophrenien« aus dem Jahre 1919, S. 3.

(Bleuler 1906a, 1910, 1913; Küchenhoff 2001, 2006), setzt er sich mit Freud im Zeitschriftenbeitrag »Die psychologische Richtung in der Psychiatrie« aus dem Jahre 1917 auseinander. Bleuler betont in diesem Text den Fortschritt, den Freud gebracht hat (Bleuler 1917, S. 90), sowie die »dauernden Verdienste Freuds« (ebd., S. 93) im Verständnis psychotischer und neurotischer Symptome. So führt er z. B. aus, dass »die Hindernisse, die sich der Erfüllung der Wünsche entgegenstellen, zum *Verfolgungswahn* verarbeitet« werden (Bleuler 1917, S. 91; kursiv im Original). Tatsache ist für Bleuler auch, dass die »*unbewussten Reaktionen*« eine große Rolle bei den »krankmachenden Mechanismen« (ebd., S. 91) spielen. Diese Vorstellung bringt er in einen engen Zusammenhang mit seinem eigenen Ansatz, dem »*autistischen Denken*« (ebd.). Positiv hebt Bleuler weitere Freud'sche Mechanismen hervor, wie Verdrängung, Übertragung der Affekte, Verdichtung und Konversion (ebd., S. 92). Aber erneut verbirgt er seine Kritik an Freud nicht, an dessen »Übertreibung und Einseitigkeit« (ebd., S. 93). Insbesondere stößt er sich an der umfassenden Bedeutung der Sexualität und der sexuellen Libido bei der Genese der Störungen: »Ich glaube auch nicht, dass *nur* sexuelle Komplexe die Neurosen und die Träume bestimmen, und einen grossen Teil der von Freud als funktionell aus sexuellen Konflikten abgeleiteten Geisteskrankheiten halte ich für organisch bedingt« (ebd., S. 92–93). Andererseits nimmt er Freud gegen seine Kritiker und Kollegen in Schutz, denen er eine »Neophobie« (ebd., S. 94) vorwirft.

In diesem Artikel hält Bleuler an seiner durchgehenden und unveränderten Position fest, an seiner Differenzierung zwischen Erkrankung und Symptomatik: für ihn sind die Erkrankung und der Krankheitsprozess bei den Schizophrenien organisch (anatomisch, chemisch, molekular) bedingt, während die Symptome sekundäre Folgeerscheinungen sind, die u. a. auch mit Hilfe von Freud verstanden werden können.

Im gemeinsam mit seinem Stellvertreter Hans W. Maier veröffentlichten Artikel »Kasuistischer Beitrag zum psychologischen Inhalt schizophrener Symptome« gibt sich Bleuler hinsichtlich Freuds bedeckt. So wird Freud mit keinem Wort erwähnt, aber als Bezugnahme auf Freud kann doch die folgende Bemerkung gewertet werden: »Das Untersuchungsergebnis scheint uns ein Beleg für an anderen Orten geäusserte Anschauungen über die Psychologie der Schizophrenie zu sein« (Bleuler/Maier 1918, S. 35). Dieser indirekte Bezug auf Freud zeigt sich auch in der Bedeutung, die der Sexualität bei der Symptomatik des dargestellten Patienten eingeräumt wird.

Im Artikel »Störung der Assoziationsspannung ein Elementarsymptom der Schizophrenien« findet sich noch eine andere Parallele zu Freud, die bei der

Lektüre leicht übersehen werden kann, da Freud hier nicht explizit erwähnt wird. Gemeint ist die Vergleichbarkeit von und die fehlende kategoriale Abtrennung zwischen normalen und pathologischen Vorgängen. Für die Neurosenpsychologie Freuds ist dies bekannt, aber Bleuler bezieht hier auch die Psychosen ein, wenn er schreibt: »Gehen wir der Genese der schizophrenen Symptome auf den Grund, so finden wir nirgends etwas prinzipiell Neues, sondern immer nur Übertreibungen von Mechanismen, wie sie bei Gesunden beständig in Tätigkeit sind« (Bleuler 1919, S. 3).

Im Zentrum der wissenschaftlichen und praktischen Tätigkeit Bleulers, also im Zeitraum, der im Zusammenhang mit der psychiatrischen Tätigkeit von Anna G. am Burghölzli und des Tagebuches ihrer Analyse bei Freud besonders interessiert, stand weiter seine Schizophrenielehre. Diese blieb im Kollegenkreis keineswegs unwidersprochen. Aus diesem Grund verteidigte Bleuler wiederholt seine Auffassungen und Erfahrungen gegen seine Kritiker. Im Artikel »Schizophrene und psychologische Auffassungen. Zugleich ein Beispiel wie wir in psychologischen Dingen aneinander vorbeireden« setzt er sich ausführlich mit den Einwänden seines Wiener Kollegen J. Berze auseinander. Insbesondere verteidigt er seine Auffassungen über die Assoziationen und ihre Störungen. Freud spielt in dieser Debatte keine große Rolle, wird aber immerhin einmal von Bleuler erwähnt: »Wir waren es ja gerade, die den Sinn im Unsinn bei der Schizophrenie aufgedeckt haben; er liegt aber an einem anderen Orte, und der Führer war uns Freud« (Bleuler 1920/21a, S. 156).

Wiederholt und ausführlich hat sich Bleuler mit dem Unbewussten beschäftigt, etwa in seinen Schriften »Zur Kritik des Unbewussten« und »Über unbewusstes psychisches Geschehen«. In diesen Arbeiten ist die Differenz zu Freud unübersehbar, da Bleuler das deskriptive Unbewusste im Auge hat und nicht das Freud'sche dynamische Unbewusste. Aber immerhin beschäftigt er sich wiederholt mit einem zentralen Moment der Psychoanalyse.

Bleulers eigener psychologischer Ansatz im Kontrast zu Freud

In diesem Artikel geht es in erster Linie um das Verhältnis Bleulers zu Freud. Es muss jedoch erwähnt werden, dass sich Bleuler keineswegs nur reaktiv auf Freud bezog. Er bemühte sich immer wieder, einen eigenen psychologischen Ansatz und eigenständige psychologische Vorstellungen zu entwickeln, so z. B. in seinem Artikel »Über psychische Gelegenheitsapparate und Abreagieren«

(Bleuler 1920/21b). Darin setzt sich Bleuler mit dem Phänomen des Abreagierens kritisch auseinander. Er wendet sich gegen die Annahme, dass es sich dabei einfach um eine Entladung oder Abfuhr von aufgestauter Energie handle. An der eigenen Modellvorstellung des Gelegenheitsapparates[2] belegt er an verschiedenen Beispielen, dass es sich um unterschiedliche und vielfältige Erscheinungen handelt, die mit der Vorstellung der Energieabfuhr nicht zureichend beschrieben werden. Bleuler problematisiert einerseits auch die bildliche und metaphorische Verwendung des Energiebegriffes, was durchaus als kritische Sicht auf Freuds eher unreflektierte Verwendung dieses Begriffes aufgefasst werden kann. Andererseits kommt er aber trotzdem nicht ohne diesen Begriff aus.

Bleuler entwickelte immer umfassender und eigenständiger seine eigene »biologische Psychologie«. In seiner Monographie »Naturgeschichte der Seele« (Bleuler 1921b), in seinen Artikeln »Lokalisation der Psyche« (Bleuler 1923b) und »Biologische Psychologie« (Bleuler 1923c) stellt er seine Ansichten und Überzeugungen vor, nämlich »dass die ganze Psyche ›naturwissenschaftlich‹, d. h. genau wie irgendeine andere biologische Funktion betrachtet, beschrieben und verstanden werden kann« (Bleuler 1923c, S. 554). Er nennt seine Auffassung »Identitätspsychologie« (Bleuler 1923c, S. 571). »Im übrigen verstehe ich unter dem, was wir Psyche nennen wirklich nichts als eine Gruppe von Hirnfunktionen, die wir von innen direkt als unsere Psyche, von aussen teils in ihren Wirkungen (›Äusserungen‹) als Analogie zu unserer Psyche, teils als Objekt der Physiologie des CNS kennen« (Bleuler 1923c, S. 571).[3] Die »gelehrte« oder auch als philosophische bezeichnete Psychologie ist für ihn wertlos, »weil sie nicht diejenigen psychischen Funktionen behandelt, die für den Arzt nötig sind« (Bleuler 1923c, S. 570). Dagegen wird, allerdings nur in diesem Abschnitt, die »Freud'sche Tiefenpsychologie« als ein Bereich erwähnt, der für den Arzt wichtige Zusammenhänge thematisiert.

Während Freud im Laufe seiner Theoriebildung und Entwicklung immer mehr von seiner ursprünglichen Absicht, eine naturwissenschaftliche Psychologie[4] zu begründen, loskommt, entwickelt Bleuler immer entschiedener eine biologische Psychologie. In dieser hat Freud kaum noch Bedeutung und Relevanz für Bleuler.

---

2 Hier klingt eine ähnliche Begrifflichkeit wie bei Freud an, der vom psychischen Apparat spricht.
3 In diesen Positionen, wie auch in seinem Bestreiten der Willensfreiheit, finden sich enge Parallelen Bleulers mit einigen der heutigen Neurowissenschaftler.
4 Von Habermas als »szientistisches Selbstmissverständnis« Freuds bezeichnet (Habermas 1968).

Über diese uns hier vor allem beschäftigende Jahre 1920 und 1921, kann also gesagt werden, dass sich die wissenschaftlichen Wege der beiden immer entschiedener trennen und dass die Differenz zwischen Bleuler und Freud vor allem inhaltlich begründet ist.

Offen muss bleiben wie es in dieser Zeit Anna G. erging, die in der Psychiatrie bei Bleuler arbeitete und ihre Analyse bei Freud in Angriff nahm.

Weitere Berührungspunkte nach 1921

Trotz der zunehmenden Distanz gab es auch in der Folge noch wiederholte Hinweise Bleulers auf Freud und auch weitere Berührungspunkte.

Dass Bleuler die Schriften Freuds weiterhin zur Kenntnis nahm, davon zeugen nicht nur die im Bleuler-Archiv des Burghölzlis vorliegenden Bücher und Sonderdrucke, die ihm von Freud zugesandt wurden, sondern auch seine eigenen Rezensionen, wie z. B. jene von Freuds Arbeit: »Das Ich und das Es« (Bleuler 1923d).

Die Psychoanalyse war für Bleuler auch in der therapeutischen Praxis nie ganz aus dem Blickfeld geraten. Ein dokumentierter Beleg dafür ist, dass Oskar Pfister 1924 einen Patienten zur Konsultation zu Bleuler schickte. Dieser diagnostizierte eine »milde Schizophrenie« und empfahl, dass Pfister die Behandlung durchführen solle, wobei er natürlich wusste, wie nahe sich Pfister und Freud standen. Jedoch wird auch in dieser Empfehlung der Zwiespalt Bleulers deutlich, wenn er schreibt: »Er (gemeint ist der Patient) sei in einem frühen Stadium (der Erkrankung), dass eine Psychoanalyse nützlich sein könnte, wenn sie durchgeführt werde weniger als Analyse, sondern mehr als eine Erziehung« (Lynn 1993, S. 63). Dieser Patient wurde nach der Behandlung durch O. Pfister zusätzlich von Freud selbst in psychoanalytische Behandlung genommen.

Wie schon anhand des Lehrbuches von Bleuler aufgezeigt wurde, bietet der Vergleich der verschiedenen Auflagen die Möglichkeit für eine differenzierte Beurteilung der Standpunkte Bleulers gegenüber Freud, sowie Einblick in die Entwicklung ihrer Beziehung. Das gilt auch für den Vergleich der 1. Auflage der Monografie »Affektivität, Suggestibilität, Paranoia« aus dem Jahre 1906 mit der 2., neu bearbeiteten Auflage aus dem Jahre 1926. Während um die Zeit von 1906 noch ein engeres Verhältnis zu Freud bestand, verhielt sich Bleuler um 1926 Freud gegenüber distanzierter. Hätte aber Bleuler die Ansichten Freuds völlig verworfen, dann hätte er auch alle Hinweise auf ihn in der 2. Auflage beseitigen können. Dies hat Bleuler jedoch nicht getan. Eine sorgfältige Überprüfung zeigt, welche Bezüge sich verändern. Auf der einen Seite werden alle Stellen aus der 1. Auflage, die Freud erwähnten, in der 2. Auflage weggelassen. Auf der anderen Seite werden ganz neu geschriebene, ausführliche Erörterungen zu Freud'schen Positionen eingeschoben. Ich nenne ein paar Beispiele dazu: Die beiden Verweise Bleulers in der 1. Auflage (Bleuler 1906b, S. 33, 64) auf die »Drei Abhandlungen zur Sexualtheorie« von Freud strich Bleuler. Dagegen findet sich in der 2. Auflage eine ergänzende, positive Bezugnahme auf die Psychoanalyse (Bleuler 1926a, S. 62), die in der 1. Auflage noch nicht zu finden war. Während in der 1. Auflage am Ende des Abschnittes über Affektivität keine weitere Erörterung Freuds erfolgte, findet sich in der 2. Auflage auf mehreren Seiten eine eingehende positive und kritische, aber immer sachliche, Auseinandersetzung mit dem Triebdualismus, dem Lust- und Realitätsprinzip (Bleuler 1926a, S. 70–74). Auf diesen Seiten entdeckt man auch einen zaghaften Hinweis auf die Rezeption des Freud'schen Strukturmodells. Es sind allerdings nicht nur die expliziten Ausführungen zu Freud zu berücksichtigen, sondern immer auch das, worüber nicht gesprochen wird. Diesbezüglich fällt in dieser Arbeit Bleulers auf, dass er im Abschnitt über Paranoia Freud an keiner Stelle erwähnt.

Ein bedeutsames Dokument für die Beziehung stellt der dreiseitige Brief Bleulers an Freud vom 17.2.1925 dar. In diesem Brief bedankt sich Bleuler zunächst für die Zusendung der neuesten Arbeit Freuds, der »Selbstdarstellung«. In diesem Brief heißt es u. a.: »Noteworthy, but for me disturbing, are your sentences concerning the differences in our views. For you they appear so significant that you cannot understand that I still stand for psychoanalysis; I consider these differences quite unimportant side issues [...]. Your essential theories were for me self-evident after I fully understood them [...]. Moreover, I am still sending patients to be psychoanalyzed [...]. In spite of the objections of my colleagues I stress in my clinic the significance of psychoanalysis; my theoretical lecture course for years consists essentially in a course about psychoanalysis and I consider your teaching the greatest advancement in the science of psychology. With old reverence for the work and ist originator, Your thankful, Bleuler« (Alexander/Selesnik 1965, S. 8).

Im Jahre 1926 schrieb Bleuler zu Freuds 70. Geburtstag (6.5.) einen ausführlichen Artikel für die *Neue Zürcher Zeitung*. In diesem Artikel befasst sich Bleuler mit dem persönlichen und wissenschaftlichen Werdegang Freuds und schildert auch die verschiedenen Kontroversen. Der insgesamt würdigende

Artikel endet mit: »Eine Zeit wird kommen, da man von einer Psychologie vor Freud und einer solchen nach Freud wird sprechen müssen. Man hat das Wort ›Seele‹ schon mit ›See‹ zusammengebracht, mit der Vorstellung eines bewegten Wassers. Vor Freud segelten die Schiffe der Psychologen fröhlich darüber hinweg; er aber, der ›Tiefseeforscher‹ tauchte hinab und begehrte zu schauen, was sich da unten verhehle, dem Grauen trotzend, womit es bisher zugedeckt worden war« (Bleuler 1926b). Also noch zu einem so späten Zeitpunkt ihrer Beziehung äußert sich Bleuler in der Öffentlichkeit über Freud und bekundet in einer z. T. metaphorischen Sprache seine Wertschätzung Freuds, wobei er seine Ambivalenzen – es handelt sich schließlich um einen Artikel zum 70. Geburtstag – zurückhält.

Über diesen Artikel Bleulers schreibt Freud an Marie Bonaparte (10.5.1926): »Unter den schriftlichen Äusserungen machten mir die von Einstein, Brandes, Romain Roland und von Yvette Guilbert besondere Freude, die besten Zeitungsartikel waren von Bleuler (Zürich) und von Stefan Zweig« (Freud 1960).

Literatur

Alexander, Franz; Selesnik, Sheldon (1965): Freud-Bleuler Correspondenz. Arch. Gen. Psych. 12, 1–9. (Das Originalschreiben liegt mir vor, aber es darf aus Copyright Gründen bisher nicht aus ihm direkt zitiert werden.)
Bleuler, Eugen (1906a): Freud'sche Mechanismen in der Symptomatologie von Psychosen. Psychiatrisch-Neurologische Wochenschrift 34, 316–318; 35, 323–325; 36, 338–340.
Bleuler, Eugen (1906b): Affektivität, Suggestibilität, Paranoia. Halle/Saale (Marhold).
Bleuler, Eugen (1910): Die Psychoanalyse Freuds. Verteidigung und kritische Bemerkungen. In: Bleuler, Eugen; Freud, Sigmund (Hg.): Jahrbuch für psychoanalytische und psychopathologische Forschungen Bd. II, Leipzig (Franz Deuticke), S. 623–730.
Bleuler, Eugen (1911): Dementia praecox oder Gruppe der Schizophrenien. Leipzig (Franz Deuticke).
Bleuler, Eugen (1913): Kritik der Freud'schen Theorien. Allgemeine Zeitschrift für Psychiatrie und psychisch-gerichtliche Medizin 70, 665–718.
Bleuler, Eugen (1916a): Lehrbuch der Psychiatrie. Berlin (J Springer).
Bleuler, Eugen (1916b): Physisch und psychisch in der Pathologie. Zeitschrift für die gesamte Neurologie und Psychiatrie 30, 426–475.
Bleuler, Eugen (1917): Die psychologische Richtung in der Psychiatrie. Verhandlungen der Schweizerischen Naturforschenden Gesellschaft Zürich 99, 89–105.
Bleuler, Eugen (1918a): Lehrbuch der Psychiatrie. 2. Auflage. Berlin (J Springer).
Bleuler, Eugen; Maier, Hans Wolfgang (1918b): Kasuistischer Beitrag zum psychologischen Inhalt schizophrener Symptome. Zeitschrift für die gesamte Neurologie und Psychiatrie 43, 34–48.
Bleuler, Eugen (1919): Störung der Assoziationsspannung ein Elementarsymptom der Schizophre-

nien: Eine Hypothese. Allgemeine Zeitschrift für Psychiatrie und psychisch-gerichtliche Medizin 74, 1–21.

Bleuler, Eugen (1920): Zur Kritik des Unbewussten. Zeitschrift für die gesamte Neurologie und Psychiatrie 53, 80–96.

Bleuler, Eugen (1920/21a): Schizophrenie und psychologische Auffassungen. Zugleich ein Beispiel, wie wir in psychologischen Dingen aneinander vorbeireden. Allgemeine Zeitschrift für Psychiatrie und psychisch-gerichtliche Medizin 76, 135–162.

Bleuler, Eugen (1920/21b): Über psychische Gelegenheits-Apparate und Abreagieren. Allgemeine Zeitschrift für Psychiatrie und psychisch-gerichtliche Medizin 76, 669–698.

Bleuler, Eugen (1921a): Über unbewusstes psychisches Geschehen. Zeitschrift für die gesamte Neurologie und Psychiatrie 64, 122–135.

Bleuler, Eugen (1921b): Naturgeschichte der Seele und ihres Bewusstwerdens: eine Elementarpsychologie. Berlin (Springer).

Bleuler, Eugen (1923a): Lehrbuch der Psychiatrie. 4. Auflage. Berlin (J Springer).

Bleuler, Eugen (1923b): Lokalisation der Psyche. Allgemeine Zeitschrift für Psychiatrie und psychisch-gerichtliche Medizin 80, 305–311.

Bleuler, Eugen (1923c): Biologische Psychologie. Zeitschrift für die gesamte Neurologie und Psychiatrie 83, 554–585.

Bleuler, Eugen (1923d): Freud S: Das Ich und das Es. Münchener Medicinische Wochenschrift 70, 989.

Bleuler, Eugen (1926): Affektivität, Suggestibilität, Paranoia. Halle/Saale (Marhold).

Bleuler, Eugen (1926): Zu Sigmund Freuds siebzigstem Geburtstag. Neue Zürcher Zeitung 147, Nr. 722, 6.5.1926.

Freud, Sigmund (1905): Drei Abhandlungen zur Sexualtheorie. Gesammelte Werke Bd. V.

Freud, Sigmund (1925): Selbstdarstellung. Gesammelte Werke Bd. XIV.

Freud, Sigmund (1960): Briefe 1873–1939. Frankfurt/M. (S. Fischer).

Habermas, Jürgen (1968): Erkenntnis und Interesse. Frankfurt/M. (Suhrkamp).

Küchenhoff, Bernhard (2000): Autismus – Autoerotismus. Das Verhältnis von Psychiatrie und Psychoanalyse am Burghölzli. In: Sprecher, Thomas (Hg.): Das Unbewusste in Zürich. Zürich (NZZ), S. 217–232.

Küchenhoff, Bernhard (2001): Die Auseinandersetzung Eugen Bleulers mit Sigmund Freud. In: Hell, Daniel; Scharfetter, Christian; Möller, Arnulf (Hg.): Eugen Bleuler Leben und Werk. Bern (Huber), S. 57–71.

Küchenhoff, Bernhard (2006): Freud und Bleuler. In: Böker, Heinz (Hg.): Psychoanalyse und Psychiatrie. Heidelberg (Springer), S. 41–52.

Lynn, David (1993): Freud's Analysis of A.B., a psychotic man, 1925–1930. The Journal of the American Academy of Psychoanalysis 21, 63–78. (Das Zitat wurde vom Verfasser aus dem englischen Artikel ins Deutsche übersetzt).

Wieser, Annatina (2001): Zur frühen Psychoanalyse in Zürich (1900–1914). Med. Dissertation Zürich.

Freud arbeitete anders.
Bemerkungen zum Analysentagebuch von Anna G.[1]
Ulrike May

»Things, get in telling, sometimes strangely twisted«
(Doolittle 1968, S. 64)

Zur Quelle und der Problematik ihrer Auswertung

Nach den vielen Berichten, die wir über Freuds Analysen bereits haben, ist nun ein neuer aufgetaucht: das Tagebuch von Anna G. (1894–1982), die 1921 dreieinhalb Monate lang bei Freud war.[2] Das ist zunächst einmal sehr aufregend. Wir stürzen uns in die Lektüre und möchten einen Blick erhaschen, wie »er« es gemacht hat. Wir machen »es« zwar auch täglich, aber mit vielen Zweifeln, ob wir es gut genug machen, und ob wir den Analysanden wirklich helfen und nützen können.

Die Lektüre des Tagebuchs ist aufregend, bald aber auch frustrierend. Nicht nur, weil einzelne Wörter der Handschrift nicht entziffert werden konnten, sondern weil viele Passagen, bei deren Lesung es keine Probleme gab, trotzdem nicht nachvollziehbar sind. Wir hören, was eine junge Frau aus den Stunden bei Freud mitgenommen hat, was sie für sich festgehalten hat, und doch stellt sich ein Verständnis des Textes nicht unmittelbar ein.

---

1 Ich danke den Kollegen der *Akademie für Psychoanalyse und Psychotherapie München*, insbesondere Hannelore Bodansky, Adelaide Herrmann und Herbert Will, für die anregende Diskussion von Auszügen aus dem Tagebuch.
2 Ausführliche Analysenberichte liegen vor von Blanton (1971), Blum (Pohlen 2007), Doolittle (1975), Dorsey (1976), Kardiner (1977), Pankejeff (1982), Wortis (1954); kürzere von u. a. Helene Deutsch (1973), Ferenczi (1985), de Groot (1976), Money-Kyrle (1979); sowie von Grinker, Riviere, de Saussure und Stern (in: Ruitenbeek 1973); zu Berichten aus zweiter Hand siehe vor allem Roazen (1995).

Wir wissen nicht, wie die junge Frau Freud und die Stunden erlebt hat; sie sagt darüber fast gar nichts. Und wir wissen natürlich auch nicht, wie die Stunden »wirklich« waren, was Freud »wirklich« gesagt hat. Wir hören nur, was Anna G. erzählt, und nicht einmal das, denn ihre Eintragungen wurden nicht für mögliche Leser formuliert. Sie lassen unausgesprochen, was der Schreiberin selbstverständlich war. Es ist, als ob wir Bruchstücke des Texts eines Schauspiels oder der Noten einer Symphonie vor uns hätten, und nun vor die Aufgabe gestellt wären, herauszufinden, wie das Schauspiel, wie die Symphonie an einem bestimmten Abend aufgeführt wurde. Das Tagebuch gibt nicht wieder, was in den Stunden geschah, und es gibt nicht einmal die subjektive, psychische Realität der Analysandin wieder. Es hat vielmehr den Status eines Traumtexts, zu dem wir keine Assoziationen des Träumers haben – eine wirklich unmögliche Situation, in der wir uns außerstande sehen, etwas analytisch Haltbares zu sagen.

Einen ersten Ausweg bieten die äußeren Rahmenbedingungen der Analyse. Über sie wird etwas zu sagen sein, weil wir die Möglichkeit eines Vergleichs mit anderen Analysen haben.

Zum äußeren Rahmen: Vereinbarung, Dauer, Stundenzahl, Frequenz

Die Analyse von Anna G. fand zwischen April und Juli 1921 statt und entspricht in ihren äußeren Aspekten der Praxis, die für Freud in den Jahren zwischen 1910 und 1920 typisch gewesen war (May 2006, 2007). Die Ähnlichkeiten beginnen mit der Vereinbarung der Behandlung: Freud sagte Anna G.s eine Analyse zu, ohne sie je gesehen und sich ein Bild davon gemacht zu haben, ob sie sich dafür eigne. Briefliche Empfehlungen, in diesem Fall von Oskar Pfister und Emil Oberholzer, zwei Schweizer Kollegen, reichten ihm aus; so verfuhr er auch in anderen Fällen.[3] Die blinde Annahme der Analysandin hatte nichts damit zu tun, dass er Patienten brauchte. Im Gegenteil:

---

3 Z.B. Lucy Ernst-Hoesch, Aranka Schwarcz oder Loe Kann; nach 1920 z.B. John Dorsey, Abram Kardiner und Smiley Blanton. Sie waren ihm angekündigt worden und/oder hatten selbst bei ihm angefragt, kamen nach Wien und begannen die Analyse nach einem kurzen Vorgespräch über Honorar und Zeitplanung. Mit manchen Analysanden vereinbarte Freud eine mehrwöchige Probeanalyse, z.B. mit Nacht, Kann und Wortis (Freud/Eitingon, S. 67; May 2007, S. 610; Wortis 1954, S. 20). Ob er eine solche Probezeit auch mit Anna G.s festlegte, wissen wir nicht.

Im April 1921 war seine Praxis übervoll. Er hatte am 27. März 1921, exakt in den Tagen, in denen die Anfragen für die junge Schweizer Ärztin bei ihm eintrafen, an Eitingon geschrieben: »Die Arbeitswellen schlagen mir über dem Kopf zusammen. Ich habe kein halbes Stündchen mehr frei, lehne ab, wo ich kann, aber niemand läßt sich abhalten« (Freud/Eitingon, S. 245f.).

Wichtiger als die Eignung für die Analyse war Freud, ob Anna G. mit Honorar und Zeitplanung einverstanden war. Am 20. März 1921 schrieb er an Pfister, die Analysandin könne am 1. Oktober anfangen und solle mit vier bis sechs Monaten Analyse rechnen, »kürzer lohnt es nicht« (Freud/Pfister, S. 84). Ein paar Tage später hatte sich die Situation verändert. Nun hatte er bereits am 1. April einen Platz frei, den er Anna G.s unter der Bedingung anbot, dass sie mindestens bis zum Beginn seiner Sommerferien (15. Juli) bleiben könne. Aus den vier bis sechs Monaten waren also dreieinhalb geworden, weil es sich von der Praxisorganisation her so ergab. Für diese dreieinhalb Monate wollte er von der Analysandin jedoch eine verpflichtende Zusage.

Man sieht hier, dass Freud Analysen mit festgesetzter Dauer oder Mindestdauer vereinbarte. Das steht im Gegensatz zu unserer Vorstellung von der reinen, zeitlosen Analyse, wie sie kürzlich von Sandler (2007) noch einmal vertreten wurde. Wir verlangen oder wünschen uns von den Analysanden, dass sie der Analyse keine zeitlichen Grenzen setzen. Freud wünschte sich solche Analysen vermutlich auch, war aber gleichwohl mit zeitlich begrenzten Behandlungen einverstanden, nicht nur im Falle Anna G.s, sondern auch bei z.B. Emil Oberholzer oder Claire Wallentin-Metternich (May 2006, S. 57; 2007, S. 599). Die Kollegen, die nach 1920 zu ihm kamen, um die Analyse zu lernen, hatten wohl in der Mehrheit terminierte Analysen (siehe z.B. Kardiner 1977, S. 15, 79).

Was die relativ kurze Dauer (dreieinhalb Monate) von Anna G.s Analyse angeht, so war sie ebenfalls keine Ausnahme: Knapp die Hälfte von 36 Analysen, die Freud zwischen 1910 und 1920 durchführte, nahm weniger als ein halbes Jahr in Anspruch (May 2007, S. 620). Das gilt sowohl für Analysanden, die als Patienten kamen, als auch für solche, die bereits Analytiker waren oder nach der Analyse bei Freud Analytiker wurden. Auch die tägliche Stunde, die Anna G. bei Freud hatte, war nicht unüblich: Die Hälfte der Analysanden aus den Jahren zwischen 1910 und 1920 kam mit dieser Frequenz (May 2007, S. 694). Vorausgesetzt, die Analyse begann wie vereinbart am Freitag, den 1. April, und endete am Donnerstag, den 14. Juli 1921, hätte Anna G.s, falls sie nicht krank wurde oder für verlängerte Wochenenden nach Hause fuhr, 88 Stunden gehabt, ähnlich wie ungefähr die Hälfte der Analysanden, die die zwischen 1910 und 1920 bei Freud waren: 15 von 36 hatten weniger als 100 Stunden (ebd., S. 621).[4]

Alles in allem war Anna G.s Analyse also im Hinblick auf die äußeren Bedingungen eine gewöhnliche Analyse; keine große, mehrjährige, wie sie in Freuds Praxis auch vereinzelt vorkam, sondern eine kurze, dichte.

Soweit uns bekannt ist, suchte Anna G.s Freud auf, weil sie ein Problem hatte: Sie konnte sich nach siebenjähriger Verlobung nicht entscheiden, ob sie ihren Bräutigam heiraten sollte, wobei die Hochzeit schon für den September 1921 angesetzt war. Anna G. war aber auch Psychiaterin, arbeitete am Burghölzli und schreibt im Tagebuch einmal, sie habe früher die Psychoanalyse »lernen« wollen. Vielleicht war sie schon einmal in Analyse gewesen, denn sie erwähnt den Schweizer Analytiker Franz Riklin, der immer auf die Lösung von der Mutter gedrängt habe, während Freud, wie sie klug bemerkte, auf die Lösung vom Vater hinauswollte. Es ist also nicht ausgeschlossen, dass sie nicht nur wegen ihrer Beziehungsprobleme zu Freud ging, sondern auch herausfinden wollte, ob sie den Beruf der Analytikerin ergreifen sollte. Es sind mehrere Fälle bekannt, in denen Leute zuerst Hilfe bei Freud suchten und sich während oder nach der Analyse dazu entschlossen, Analytiker zu werden (Beispiele: Spitz, Dubovitz, Lévy; May 2006). Wie ihre Enkelin Anna Koellreuter berichtet, schloss sich Anna G.s nach der Analyse jedoch keiner psychoanalytischen Gruppierung an und machte keine Ausbildung, obwohl ihr diese Tätigkeit sehr gelegen haben könnte. Ob Anna G.s mit Freud über diese Frage sprach, wissen wir nicht; auch nicht, ob Freud in ihr eine künftige Analytikerin sah. Immerhin kam sie vom Burghölzli, jener großen Zürcher Klinik, an der man schon früh ein Interesse an der Psychoanalyse gezeigt hatte und aus der eine große Zahl von Freud-Schülern hervorgegangen war.

---

4 Für den April 1921 würde ich 26 Stunden ansetzen, für den Mai nur 24, weil Freud an seinem 65. Geburtstag (6. Mai) die Stunden wegen der großen Zahl von Gratulanten absagte (Freud an Max Halberstadt am 8.5.1921; mit Dank an Michael Schröter). Am Pfingstmontag (16. Mai) wird er, so wie regelmäßig im Jahrzehnt vorher, ebenfalls nicht gearbeitet haben. Danach gab es bis zum Beginn von Freuds Ferien keine Feiertage mehr. Da Freud an Anna schrieb, dass alle Patienten bis zum 14. Juli bleiben würden (Freud/Anna Freud, S. 316), dürfte das auch auf Frau G. zugetroffen haben, falls sie in diesem Monat noch in Analyse war. Wenn sie bis zu den Ferien bei Freud geblieben war, hätte sie im Juni vermutlich 26 und im Juli 12 Stunden gehabt, also insgesamt 88 (=26+24+26+12) Stunden. Vom Krankenkassenstandpunkt aus betrachtet hätte für diese Behandlung ein Antrag auf tiefpsychologisch fundierte Therapie (50+30+20 Stunden) gereicht; allerdings wäre er wegen der hohen Frequenz nicht genehmigt worden.

Die Analysandin aus der Perspektive Freuds

Anna G., 27-jährig (*1894), ungefähr im Alter von Freuds Tochter Anna (*1895), hatte nach einigen Semestern Germanistik ein Medizinstudium abgeschlossen und als Assistenzärztin in der Psychiatrie gearbeitet. Vielleicht darf man sie sich als tüchtige, junge Akademikerin vorstellen. Auf dem Weg ins Erwachsenenleben geriet sie in eine Sackgasse: Weder konnte sie sich von dem Mann trennen, mit dem sie seit sieben Jahren verlobt war, noch konnte sie ihn als Partner annehmen.

Im Zentrum von Anna G.s Problematik sieht Freud die Fixierung an den ödipalen Vater: Weil sie die Zurückweisung ihrer Liebeswünsche an den Vater nicht adäquat verarbeitet hatte, bleibt sie an ihn gebunden, und muss sich nun an ihm und stellvertretend an den Männern rächen. Sie sucht den Mann, der sie küssen und vor Liebe auffressen will, kann aber nicht bei ihm bleiben, »gleitet« von einem zum anderen. Wie Dionysia in Schnitzlers Novelle *Hirtenflöte*, die sie selbst in der Analyse erwähnte, kann sie den vielfältigen Lockungen, die die Welt bereithält, nicht widerstehen, will gemocht und begehrt werden und erträumt sich davon das Glück auf der Flucht vor ihrem eigenen Unglück, der narzisstischen »Wunde«, ein Mädchen zu sein und als Mädchen vom Vater verlassen worden zu sein, der die Mutter und die Brüder vorzog. So entstand der Wunsch, ein Junge zu sein oder wie die Mutter Kinder vom Vater zu bekommen, sowie der spätere Wunsch nach immer neuen Beziehungen zu Männern.

Im Zentrum von Freuds Verständnis steht, wenn die Tagebucheintragungen nicht täuschen, der unbewältigte, auf den Vater gerichtete ödipale Liebeswunsch. Die Mutter nimmt in den Notizen – vielleicht auch in der Analyse oder in Freuds Bemerkungen – weniger Raum ein. Sie erscheint als Konkurrentin, deren Tod gewünscht wird; Eifersucht und Neid prägen die Beziehung zu ihr (und anderen Frauen); an einer Stelle wird eine homosexuelle Komponente erwähnt (30. April). Die Identifikation mit ihr ist schwankend, der Stolz auf die eigene Weiblichkeit labil. Darüber hinaus erscheinen im Tagebuch noch viele andere Aspekte der infantilsexuellen Entwicklung: Schuldgefühle und schlechtes Gewissen wegen sexueller Wünsche, die Angst vor der aggressiven männlichen Sexualität, Kastrationswünsche gegenüber dem Mann. Beherrschend aber bleibt das eine »Geheimnis«, wie Freud es nennt: die ungeheuren Liebeswünsche des Kindes, deren Schicksal das Leben bis ins Erwachsenenalter prägen können.

Anna G. erzählte später, nicht Freuds Worte hätten ihre Veränderung bewirkt, sondern »seine Anwesenheit im gleichen Raume« (Koellreuter 2007, S. 21). Wir können nicht sagen, ob es so war, nur: Vielleicht hat sich die Analysandin in der Tat aus dem Zusammensein mit Freud ein Stück von dem Glück geholt, das ihr beim Vater versagt war. Vielleicht irrte sie sich aber auch, und es waren doch Freuds »Worte«, die Art und Weise, wie er ihre kindlichen Wünsche, Ängste und Enttäuschungen in Worte fasste, die es ihr ermöglichten, sich nach der Analyse vom Verlobten zu trennen, aus Zürich wegzugehen und neu aufzubrechen auf dem Weg ins Leben.

Im Zentrum von Freuds Praxis: Ödipuskomplex und Narzissmus

Ich wähle nun zwei Stellen aus dem Tagebuch aus, an denen Freud die Mitteilungen der Analysandin in einer überraschenden Weise aufgreift. Die theoretischen Grundvorstellungen, die seinen Bemerkungen zugrundeliegen, entsprechen, wie ich meine, nicht unserem Bild von seiner Arbeitsweise und stehen auch unserem heutigen analytischen Denken fern.

Zuerst zu den Eintragungen, mit denen Anna G. das Tagebuch eröffnet:

> A: Als ich 4 Jahre alt war in Straßburg/da war meine kleine Kousine, ein/ dicker Säugling. Ich kneifte sie u./quälte sie immer wenn ich alleine/war bis sie schrie./Einmal riß ich auf dem Balkon/alle jungen Pflänzlein aus, die ich/für Unkraut hielt./Zufällig entdeckte ich dort die Onanie/indem ich mich an ein Gesimse/preßte.

Daraufhin scheint Freud die Frage gestellt zu haben, ob sie auch ihren kleinen Bruder gequält habe, was Anna G.s bejaht. Sein Kommentar:

> *– Sie begannen die Onanie als sie sich/einsam fühlten. Man liebte Sie nicht/mehr so wie als Sie noch allein waren./Darum rächten Sie sich auch an dem/kleinen Kind u. dem Symbol,/den jungen Pflänzlein.*

Wir wissen natürlich nicht, was Anna G.s sonst noch in dieser Stunde sagte, und in welchen Zusammenhang die notierte Sequenz gehörte. Die Verbindung zwischen der Aggression, der Onanie und der Einsamkeit stammt aber höchstwahrscheinlich von Freud selbst. Er verstand den Sadismus und die Onanie offensichtlich als Reaktionen auf die Liebesenttäuschung durch den

Vater: Weil sich das kleine Mädchen gegenüber dem kleinen Bruder zurückgesetzt fühlte, rächte es sich an ihm, an der Cousine und den Pflänzchen.[5]

Ich habe die Stelle zwei Kollegen vorgelesen, und zwar nur die ersten vier Sätze (bis: »indem ich mich an ein Gesims preßte«). Ich teilte ihnen das Alter der Analysandin mit, den Analysenanlass und die Tatsache, dass die Analysandin zwei kleinere Brüder hatte. Unabhängig voneinander meinten beide, dass es um sadistische Wünsche gehen könnte, die sich auf die Brüder beziehen und die aktuelle Beziehung der Analysandin zu Männern beeinträchtigen; vielleicht handle es sich um den Wunsch, den Brüdern den Penis auszureißen, sie zu kastrieren. In der Analyse müssten die sadistischen Phantasien bewusst gemacht und exploriert werden.

Freud scheint die Mitteilungen der Analysandin anders verstanden zu haben. Er betonte das Gefühl des Zurückgesetztwerdens, der enttäuschten Liebe, als Motiv der Racheakte. Natürlich gilt auch hier, dass wir nicht wissen, was Freud wirklich gesagt hat. Nehmen wir aber probeweise einmal an, dass Anna G.s seine Bemerkungen adäquat wiedergegeben hätte. Was hätte Freud dann an dieser Stelle getan, wie hätte er die Analysandin verstanden?

Die Analysandin, so lese ich die oben zitierte Sequenz, betont Freud gegenüber, wie schlimm und böse sie als Kind war. Freud begegnet der sadistischen Lust mit Akzeptanz und wohlwollendem Verständnis. Er gibt der Analysandin die schlimmen Wünsche, wie man heute gerne sagt, »verdaut« zurück und ermöglicht es ihr dadurch, sie in ihr Ich zu integrieren. Er lässt sich nicht dazu verführen, auf ihren Sadismus einzugehen, weder verurteilt er ihn noch will er mehr darüber wissen. Auf diese Weise unterläuft er den Versuch der Analysandin, sich bestätigen zu lassen, wie schlimm sie ist, und macht sie stattdessen auf ihre vergebliche Liebessehnsucht und ihren Rückzug in die Einsamkeit aufmerksam.

Hat Freud die Aggressivität oder den Sadismus der Balkonerinnerungen negiert und verharmlost? Er geht jedenfalls an dieser Stelle nicht auf diese Aspekte ein. Ansonsten war natürlich er selbst es gewesen, der den Sadismus als normale Triebkraft der seelischen Entwicklung behauptet (1905d) und im Jahr vor Anna G.s Analyse den Todestrieb und seinen Abkömmling, den Aggressionstrieb, in die Theorie eingeführt hatte (1920g). Insofern war Freud offen für die Wahrnehmung von Sadismus und Aggression und zögerte, wie

---

5 Vom Standpunkt der Selbstpsychologie aus wäre die kleine Sequenz geradezu klassisch, weil man sie so verstehen könnte, dass – wie Kohut behauptet hatte – aggressive und sexuelle Triebregungen dann manifest werden, wenn das Selbst von Fragmentierung bedroht ist, weil es sich nicht beachtet und nicht geschätzt fühlt.

man im Tagebuch an anderen Stellen sieht, auch in Anna G.s Analyse nicht, auf Todeswünsche gegenüber den infantilen Liebesobjekten aufmerksam zu machen.

Das zweite Beispiel entnehme ich einer Eintragung, in der Freud auf das »übermäßige Mitleid« mit dem Bruder sowie auf das wiederholte Auftauchen von Verstümmelten, Kastrierten und Blinden in den Einfällen der Analysandin reagierte (undatiert; aus der Zeit zwischen dem 5. Mai und dem 10. Juni).

Das Thema des Mitleids war in der Analyse schon vorher angeklungen, beispielsweise in der Fantasie, einen traurigen jungen Mann glücklich zu machen. Dazu sagt Freud nun sinngemäß, nicht die anderen seien zu bedauern, sondern die Analysandin selbst:

> Sie *waren die/Benachteiligte. Die Mutter bekam d. Kind statt/daß Sie es bekamen. Dann wollten Sie doch wie/der Bruder sein. Entweder eine Frau u. ein/Kind haben oder ein Mann mit dem Penis.* (Hervorhebung von U.M.).

Zum »Mitleid« fällt uns heute als erstes die Reaktionsbildung ein, d. h. dass sich hinter übermäßigem Mitleid grausame Regungen verbergen können. Freud selbst hat vom Mitleid als einer früh erworbenen psychischen Hemmung (1905d) und der »Verwandlung der Aggressionsneigung in Mitleiden« gesprochen (1909b, S. 97). Diese Sicht des Mitleids würde auch zu den sadistischen Handlungen und Fantasien passen, von denen die Analysandin gleich auf der ersten Seite des Tagebuchs berichtet hatte.

Freud konfrontierte die Analysandin jedoch an der Stelle, an der er auf ihr Mitleid einging, nicht mit ihren sadistischen Wünschen, sondern mit ihrer defensiven Grandiosität, ihrer Abwehr der Wahrnehmung der narzisstischen Kränkung.[6] Er erinnerte sie daran, dass sie sich als Kind benachteiligt gefühlt hatte. Er ging noch einen Schritt weiter und verlieh der psychischen Realität der Analysandin Objektivität. Er sagte nicht, sie habe sich benachteiligt *gefühlt*, sondern: sie *sei* die Benachteiligte gewesen – wiederum: falls Anna G. diesen möglicherweise für sie selbst sehr bewegenden Moment richtig notiert hat.

Das ist eine Parteinahme für die Analysandin, die man problematisch finden kann. Freud hat anscheinend die Unschärfe in Kauf genommen, die durch seine Bemerkung entstanden war. Ich nehme an, dass hier seine Vorstellung von den

---

6 Ähnlich wird das Mitleid im Wolfsmann verstanden: »Der narzißtische Ursprung des Mitleids, für den das Wort selbst spricht, ist […] ganz unverkennbar« (Freud 1918b, S. 202).

unvermeidbaren narzisstischen Kränkungen der Kindheit zum Tragen kam, die er eben in *Jenseits des Lustprinzips* noch einmal in dramatischen Worten geschildert hatte (1920g, S. 230f.). Zu diesen realen Kränkungen gehörte seiner Auffassung nach die »Verschmähung« durch die Eltern, vor allem durch das gegengeschlechtliche Elternteil; das beschämende Unvermögen, selbst ein Kind zu bekommen; das Versagen der Sexualforschung; und, beim Mädchen, die Penislosigkeit. Die »Frühblüte des infantilen Sexuallebens« ist, wie Freud es formuliert, »infolge der Unverträglichkeit ihrer Wünsche mit der Realität und der Unzulänglichkeit der kindlichen Entwicklungsstufe zum Untergang bestimmt« (ebd., S. 230). Sie ging, wie er fortfährt, »unter den peinlichsten Anlässen unter tief schmerzlichen Empfindungen zugrunde« (ebd., S. 231).

Falls Freud also zur Analysandin gesagt hat, sie sei benachteiligt gewesen, dann machte er sie auf die narzisstische Wunde aufmerksam, die sie nicht sehen wollte und konnte. Er validierte ihr Gefühl des Benachteiligtseins, gab ihr zu verstehen, dass dieses Gefühl berechtigt sei. Auf einer theoretischen Ebene heißt das, dass sich Freud in der Analyse Anna G.s nachdrücklich um die Schicksale des infantilen Narzissmus gekümmert hat und an ihrer Abwehr gearbeitet hat. Nicht, weil er die Patientin »unterstützen« wollte, sondern weil der Narzissmus ein bedeutsamer Teil seiner Entwicklungstheorie war. Die beschämenden, peinlichen Erlebnisse des Kindes, die sich im Falle Anna G.s hinter der Schlimmheit und dem Don-Juanismus verbargen, müssen Freuds Theorie zufolge in der Analyse ebenso ins Bewusstsein gehoben werden wie die verdrängten Liebeswünsche.

Die beiden Stellen, die ich ausgewählt habe, würden heute anders verstanden werden. Man würde sie hauptsächlich unter dem Aspekt der Triebschicksale sehen, d. h. sich die Frage stellen, welche Triebregungen, speziell: welche aggressiven oder sadistischen Triebregungen und Fantasien, abgewehrt werden.[7] Im Zentrum von Freuds Analyse steht hingegen die Arbeit an der Abwehr der Wahrnehmung der Liebesregungen und ihrer Enttäuschung sowie die Arbeit an der Abwehr der Wahrnehmung der narzisstischen Kränkung. Aggression und Sadismus haben in Anna G.s Notaten keine selbstständige Dynamik, sondern beziehen ihre Triebkraft aus den ödipalen Liebesregungen. Ferner ist mir aufgefallen, dass die Oral- und die Analerotik im Tagebuch kaum vorkommen,

---

[7] Natürlich gibt es lokale, regionale, vereins- und institutsgebundene Schwerpunkte des analytischen Denkens und Handelns. Wenn ich Aussagen über die heutige Psychoanalyse mache, beziehe ich mich auf die Praxis, die ich von mir selbst und von meinen Kollegen, hauptsächlich aus München und Berlin, kenne, und die mir in Publikationen heutiger Autoren häufig begegnet.

was natürlich daran liegen kann, dass die Analysandin keine ausgeprägten Fixierungen in diesen Bereichen erworben hatte. Es ist aber auch denkbar, dass Oralität und Analität in Freuds Arbeit immer nur Nebenschauplätze waren. Anna G. notierte beispielsweise mehrere Male Einfälle und Erinnerungen, die mit dem Auffressen zu tun hatten: der Vater, der die Kinder frisst; der Geliebte, der sie auffressen soll; das Ungeziefer, das sie auffrisst. Diese Einfälle wurden, sofern wir dem Tagebuch trauen können, von Freud nicht auf die orale Phase der Kindheit bezogen. Möglicherweise verstand er die manifeste Oralität so wie im Wolfsmann, nämlich als regressive Sprach- und Bilderwelt, in der die eigentliche Thematik, nämlich der Ödipuskomplex, nur zum Ausdruck gebracht wird, die aber über keine Eigendynamik verfügt.

Freuds Umgang mit der Übertragung

Im Tagebuch sieht es so aus, als hätte Freud die Übertragung nicht oft angesprochen. Es scheint, dass er wartete, bis die Gefühle, die die Analysandin für ihn hatte, sehr stark wurden, ganz im Sinne seiner Empfehlung, die Übertragung erst dann zu deuten, wenn sie die Analyse stört. Das war vermutlich der Fall, als Anna G. – nach drei Wochen Analyse – zu Freud sagte, sie würde ihn »eventuell heiraten« wollen, sie habe ihn »schon sehr gern« (25. April). Er antwortete: »Das ist nun die Übertragung der alten Liebe und Verliebtheit, die Sie zum Vater hatten, auf mich. Auch alle die schmerzliche Enttäuschung, Eifersucht etc. wird dann kommen«. Als Anna G.s in der nächsten Stunde ihre Gefühle ihm gegenüber noch einmal zum Ausdruck bringt – »Ich habe Sie so unbeschreiblich gern, wie ich noch gar niemand vorher geliebt habe«, – notiert sie Freuds Antwort: »Diese Liebe zum Vater war so ungeheuer, dass alles Spätere ein schwacher Abglanz war. Von der Intensität der Kinderliebe macht man sich keinen Begriff«.

Freud scheint auf die Liebesübertragung Anna G.s ruhig und gelassen reagiert und im gleichen Moment davon gesprochen zu haben, dass nun auch negative Gefühle in Bezug auf ihn und die Analyse zu erwarten wären. Es wäre nicht überraschend, wenn Anna G.s diese Reaktion als abweisend empfunden hätte, weil Freud das, was sie offenbart hatte, ignoriert und den Fokus auf die Vergangenheit verlegt hatte. Es könnte aber auch sein, dass Freud im Tagebuch kühler erscheint als er gegenüber Anna G.s war, weil ein abweisender Vater zur inneren Geschichte der Analysandin gepasst hätte. Vielleicht war es aber noch einmal anders und Freuds Antwort hat der Analysandin auch gut getan, weil sie erlebte, dass man einem Mann sagen kann, wie gern man ihn hat, ohne zurückgewiesen zu werden. Dann wäre in diesen Stunden die narzisstische Wunde gesehen und ein wenig geheilt worden, weil es zu keiner traumatischen Wiederholung der Enttäuschung kam. Aber, wie gesagt: Wir wissen es nicht.[8]

Auch wenn wir nicht wissen, wie Anna G. Freuds Antwort empfand, glaube ich doch, dass die Tagebucheintragungen die Vermutung bekräftigen, dass Freud mit der Übertragung anders umging als heute üblich, nämlich insofern, als er die Übertragung nicht konstant thematisierte. Denn dafür sprechen auch seine eigenen Falldarstellungen. Ernst Blum, der kurz nach Anna G.s bei Freud war (März bis Juni 1922), erinnert: »Freud hat fast überhaupt nicht die Verbindungslinie zu sich hergestellt, wenn ich über meinen Vater gesprochen habe; auch hat er nicht umgekehrt die Verbindungslinie von sich auf meinen Vater hergestellt, wenn ich über ihn gesprochen habe. Er hätte ja sonst das analytische Geschehen ganz auf sich konzentriert, und das hat er nie gemacht« (Pohlen 2006, S. 263).[9] Freud war weniger daran interessiert, die Wiederholung der alten Beziehungen in der Übertragung zum Gegenstand der täglichen analytischen Arbeit zu machen. Sein Hauptinteresse galt der Rekonstruktion der Vergangenheit. Dort, in dem, was damals geschehen war, suchte er die Lösung für die aktuellen Probleme.

In Freuds Analysen, nicht nur im Falle Anna G.s, wird die Übertragung, um einen etwas schiefen Vergleich zu wählen, wie eine Bombe benutzt. Die Zündschnur wird durch eine Wahrnehmung, einen Einfall, eine Erinnerung des Analysanden gezündet, wobei nach Freuds Auffassung das Setting selbst schon die Atmosphäre für die Entstehung eines kleinen Brandes schafft. Freud wartete dann, bis die Glut nahe an die Bombe herangekommen war, und verwendete die Explosion dazu, dem Analysanden die Einsicht zu vermitteln, dass er Bomben mit sich herumträgt. Damit will ich sagen, dass Freud die Übertragung nicht zusätzlich nährte, indem er sie dauernd ansprach. Er benutzte vielmehr ihre Wucht im Moment der Explosion, um ihren illusionären Charakter aufzuzeigen. In der Analyse von Ernst Blum »explodierte« die Übertragung in dem Moment, als zum Vorschein kam, dass er Freuds Tochter

---
8 Vielleicht hatte Freud selbst Anna G.s Liebesgeständnis provoziert. Denn in der Stunde vor der ersten Liebeserklärung (21. April) scheint er gesagt zu haben, die Analysandin wünsche sich eine »richtige Defloration«. Falls er es so formuliert hat, würde ich es für übergriffig halten. Er wäre ihr dann sexuell zu nahe getreten, und das könnte eine Sexualisierung und die Liebeserklärung ausgelöst haben.
9 Das Gleiche berichtet Arthur Couch (1995, 1999) über seine Analyse bei Anna Freud.

heiraten wollte, worauf Freud antwortete, er habe nichts dagegen. Freud entzog damit Illusionen über eine inzestuöse Nähe den Nährboden. Der junge Mann erlebte Freuds Reaktion als narzisstische Stärkung und Schuldfreispruch und konnte dann selbst ein für ihn geeignetes Liebesobjekt wählen. Bei Anna G.s fand die eine Explosion in der eben angeführten Stunde statt, in der Freud der Analysandin sagen wollte, ihre Gefühle gälten nicht ihm, sondern dem Vater. Eine zweite ereignete sich möglicherweise in der vorletzten im Tagebuch notierten Stunde (ich komme weiter unten darauf zurück).

Im Unterschied zu Freuds Praxis neigen wir heute zum Gegenteil, nämlich dazu, die Übertragung zum Hauptthema der Analyse zu machen, nur noch die Übertragung zu sehen, und auf die Arbeit der Rekonstruktion weitgehend zu verzichten. Das ist nicht nur bequem, sondern ein wirklicher Verlust. Denn die Vergangenheit zeigt sich nicht in ihrer Gänze in der Gegenwart, sondern muss, wie ich mit Freud glaube, gesucht und gefunden werden.[10]

Nicht-analytische Elemente von Freuds Praxis: Support, Strukturierung, Unterricht

Freud verwendete in den Analysen nicht-analytische Elemente. Das ist uns nicht neu, Anna G.s Tagebuch bestätigt es nur. So bezeichnete er einmal Anna G.s Erinnerungen als »außerordentlich gut«, ein anderes Mal einen Traum als »außerordentlich wichtig«. Er setzte damit Akzente und gewährte der Analysandin eine narzisstische Befriedigung, verhielt sich also, wie man heute sagen würde, »supportiv«. Darunter wäre auch seine Neigung zu subsumieren, Analysanden mit literarischen Vorlagen zu vergleichen, im Falle Anna G.s unter anderem mit Don Juan.[11] Diese Erhöhung enthält ebenfalls eine narzisstische Gratifikation und dürfte der Analysandin geholfen haben, sich mit den problematischen und beschämenden Aspekten ihres eigenen Liebeslebens auseinanderzusetzen.

Ein weiteres nichtanalytisches Element ist der Unterricht, den Freud Anna G. erteilte. Er sagte ihr, was bestimmte Symbole bedeuten, wie und wann man Symboldeutungen verwendet oder wie eine direkte Rede im Traum zu verstehen ist, und machte sie mehrmals darauf aufmerksam, dass sie in ihrer

---

10 Zu einer Kritik am Umgang mit der Übertragung in der heutigen Praxis, die ich weitgehend teile, siehe Klemann (2008).
11 Darüber hinaus mit Schnitzlers Dionysia und seiner eigenen »Dora«.

freien Assoziation von einem Traum zum nächsten übergeleitet oder zwei Einfälle miteinander in Beziehung gesetzt hatte. Auf diese Weise vermittelte er der Analysandin Grundprinzipien des analytischen Denkens und schulte ihre Selbstbeobachtung.

Ob Freud den Unterricht für essenziell hielt, kann ich nicht sagen. Sicher ist aber, dass er die supportiven Interventionen für notwendig hielt. Es sei nur an den Wolfsmann erinnert, in dessen Behandlung es vieler Monate »Vorbereitungs- und Erziehungsarbeit« bedurfte, bis eine Analyse im eigentlichen Sinn möglich war (Freud 1918b, S. 216). Das reine Gold der Analyse muss immer wieder mit unedlen Metallen legiert werden. Das ist, so verstehe ich Freud, bedauerlich, aber nicht unehrenhaft, nicht unmoralisch und nicht schädlich für den Analysanden, sondern therapeutisch notwendig; es ermöglicht erst die Analyse.

Das wird heute anders gesehen, zumindest von Analytikern wie Segal (2006). Sie hat kürzlich zwei analytische Traditionen unterschieden. Die eine gehe auf Freud zurück, zu ihr gehörten Klein und Bion. Analytikern dieser Tradition gehe es in der Analyse primär um »the search for truth« und um den Schutz des analytischen Settings. Die zweite Traditionslinie beginne mit Ferenczi; ihr seien Balint, Winnicott und Kohut und die britischen Independents zuzuordnen. Die Analytiker der zweiten Gruppe verträten eine andere Auffassung von Heilung und Veränderung: »A new concern emerged that focused on various notions of cure and change that did not rest on attaining truth and that considered the personal influences of the analyst – e.g., his support, advice, and comfort – to be integral to the analytic process (2006, S. 288f.). Das sei »essentially nonanalytic« und richte sich »against the psychoanalytic effort to bring about change through the search for truth. For when the analyst actively takes upon himself the parental role, he invites the patient to live in a lie. This in turn promotes concrete functioning rather than symbolization and psychic growth« (ebd., S. 289).[12]

So gesehen hat Freud keine Chance, als Analytiker zu gelten. Denn er verhielt sich »nonanalytic«, wenn ihm das notwendig erschien, um eine Analyse zu ermöglichen, und er suchte, wie ich meine, in den Stunden nicht primär nach Wahrheit. Ich würde eher sagen, dass er sich, soweit es ihm gegeben war, auf die Analysanden einstellte, und dass er versuchte, mit ihnen so viel Analyse zu

---

12 Fünfzig Mitglieder der *British Psychoanalytic Society* verwehrten sich in einem Leserbrief an die *American Imago*, in der Segals Aufsatz (2006) erschienen war, gegen diese Darstellung und verlangten eine Entschuldigung (Letter to the editor, 2007). Segal entschuldigte sich, hielt aber an ihrer Auffassung fest (Segal 2007).

machen wie jeweils möglich war. Das galt vor allem für Analysanden, deren Problematik er bereits »durchschaut« hatte, d. h. die für ihn kein wissenschaftliches Neuland boten. Anders mag es sich bei Analysanden verhalten haben, deren Krankheitsbild er noch nicht zu verstehen meinte. Hier suchte er vielleicht nach der »Wahrheit«, jedoch nicht mit dem moralischen Anstrich, den ich in Segals Bemerkung höre. Ich glaube, dass es der Drang nach Erkenntnis war, der ihn leitete. Diesen Erkenntnisdrang fand er selbst weder moralisch hochstehend noch praktisch empfehlenswert, sondern störend, wenn er sich *in den Stunden* bemerkbar machte.[13] Der rigorose Drang nach Erkenntnis, die fanatische Suche nach der Wahrheit, so verstehe ich Freud, gehört ins Denken und Nachdenken, nicht aber in die therapeutische Beziehung (und auch nicht in die private).

Die »Erwartungsvorstellung« – Zu Freuds Dogmatismus

Nach Freuds Auffassung zerfallen Analysen oft in zwei Phasen: In der ersten erwirbt sich der Analytiker ein Verständnis des Falles und »entwickelt« vor dem Patienten »die Konstruktion der Entstehung seines Leidens«. In der zweiten prüft der Patient, was davon zu halten ist (1920a, S. 261f.). Der Analytiker sei, wie Freud an verschiedenen Orten dargelegt hat, dazu verpflichtet, dem Patienten das Stück Theorie mitzuteilen, das seiner Meinung nach die Problematik erkläre. Dem Analysanden müsse eine »Erwartungsvorstellung« gegeben werden, »nach deren Ähnlichkeit er [=der Patient] die verdrängte, unbewußte bei sich auffindet« (1910d, S. 124).[14] So geschah es auch in der Analyse Anna G.s. Freud vertraute ihr bald das »Geheimnis« an, das ihrer Entscheidungsunfähigkeit in Bezug auf ihre Verlobung zugrunde lag.

Ich habe noch keine klare Meinung über diese Vorgehensweise. War Freud dogmatisch, wenn er Anna G. erläuterte, dass und inwiefern ihre aktuelle Problematik auf eine spezifische Lösung des ödipalen Konflikts zurückzuführen war? War er offen für alternative Erklärungsansätze, und ist ein Analysand

---

13 Kardiner berichtet folgende selbstkritische Äußerung Freuds: »Ich habe mehrere Nachteile, die mich zum großen Analytiker ungeeignet machen. [...] Zweitens bin ich die ganze Zeit viel zu sehr mit theoretischen Problemen beschäftigt, so daß ich bei jeder Gelegenheit an meinen eigenen theoretischen Problemen arbeite, anstatt auf die therapeutischen Probleme zu achten« (1977, S. 81).
14 Zur Erwartungsvorstellung siehe auch: 1909b, S. 91; 1916/17a, S. 421, 435.

überhaupt je in der Lage, die Gültigkeit einer Theorie seines Analytikers zu prüfen?

Die Abstinenzregel – Bestandteil des Settings

Freuds Aufforderung, Anna G. solle, »wenn es möglich ist«, die »Abenteuer« sein lassen, »sodass alles desto deutlicher in der Stunde zum Vorschein kommt«, war nicht als Maßnahme im Sinne der Nacherziehung gedacht, sondern entsprach der sogenannten Abstinenzregel: Der Analytiker solle die Wünsche des Analysanden nicht befriedigen, und der Analysand solle sich während der Analyse nicht maßlosen Ersatzbefriedigungen hingeben, damit die »zum Betrieb der Kur erforderte Energie« nicht »versickert« (1919a, S. 245). Die Abstinenzregel schaffte nach Freuds Auffassung günstige Voraussetzungen für die Analyse und gehörte insofern zum Setting oder zum analytischen Raum. Heute wird bekanntlich nur noch der erste Teil der Regel für sinnvoll gehalten.

Anna G. versuchte anscheinend, der Abstinenzregel zu genügen. Denn nach einer ersten Serie von Tagebucheintragungen, die vom 15. April bis zum 5. Mai reicht, ließ sie zwei Seiten leer und schrieb auf die letzte Zeile der zweiten Leerseite: »Ich ziehe mich von F. zurück«. Mit »F.« dürfte »France« gemeint sein, mit dem sie sich in Wien näher befreundet hatte. Auf den nächsten Seiten folgen weitere Eintragungen, darunter folgende von Freud: »Nun, da Sie die Libido vom Fr. zurückziehen ...«. Fünf Seiten später notierte Anna G.s dann allerdings: »Gestern umarmte mich France auf der Treppe vor der Pension« und: »Heute war wieder eine Liebesszene zwischen Fr. und mir« (14. Juni).[15]

Es sieht also so aus, als hätte sich die junge Frau doch wieder mit »Fr.« zusammengetan. Sie hätte dann die Abstinenzregel nicht eingehalten und Freud hätte daraufhin die Analyse nicht etwa abgebrochen. Vielleicht fühlte er sich durch die Wiederaufnahme der Beziehungen zu »Fr.« veranlasst, Anna G.s zwei Tage später, am 16. Juni, zu sagen, sie liebe France aus Trotz gegen die Eltern – aber wiederum: wir wissen es nicht. Worauf es mir ankommt, ist nur, dass die Abstinenzregel von Freud vermutlich als Wunsch, Bitte oder Empfehlung gehandhabt wurde. Er hat sicher gewollt, dass die Analysandin

---

15 Dass Anna G.s sich mit einem France befreundete und ihn so abkürzt (»Fr.«, »F«), dass man unwillkürlich auch an »Freud« denkt; dass die erste Serie der Eintragungen exakt am 5. Mai endet, einen Tag vor Freuds 65. Geburtstag, an dem die Stunden abgesagt wurden – das sind Details, auf die ich nicht eingehen kann.

sich so verhält, wie es für die Analyse günstig ist, aber ich glaube nicht, dass er sie »psychotisch« oder »pervers« fand, wenn sie diesen Empfehlungen nicht nachkam.[16] Eine andere seiner Patientinnen, Loe Kann, die Lebensgefährtin von Ernest Jones, lernte während ihrer Analyse bei Freud einen Mann kennen, heiratete ihn, und Freud nahm an der Heirat als Trauzeuge teil! Die Abstinenzregel wurde also, so viel kann man mit Sicherheit sagen, von Freud nicht prinzipiell und fanatisch gehandhabt, sondern jeweils so, wie er es im einzelnen Fall für durchsetzbar und angebracht hielt.

Zum Ende des Tagebuchs

Anna G.s schrieb ihr Tagebuch in Form eines Protokolls und notierte ihre und Freuds Äußerungen in der Form der direkten Rede. Das gesamte Tagebuch enthält, von einer Ausnahme abgesehen, keine einzige Bemerkung *über* die Stunden und *über* Freud. Vielleicht war Anna G.s von ihrem Analytiker so überwältigt und beeindruckt, sozusagen positiv traumatisiert, dass sie nur noch das Geschehen in Worten festhalten konnte, nicht aber, wie es ihr dabei erging. Ich vermute, dass sie die Analyse mit einer idealisierenden Übertragung begann, in der Freud zunächst der ideale Vater war, analog dem inneren idealen Vater, den sie nicht aufgeben konnte, weil es ihr nicht gelungen war, die Enttäuschung an ihm psychisch zu verarbeiten, d.h. ihn schrittweise zu entidealisieren. In der durch die infantile Fixierung aufrechterhaltenen Idealisierung des Vaters verschwand sie selbst und kam nur noch als die vor, mit der »er« sprach und die »ihm« etwas erzählte.

Am Ende der Tagebucheintragungen kam es möglicherweise zum Beginn einer Entidealisierung und, damit einhergehend, dem Beginn der Subjektwerdung Anna G.s. Am 16. Juni notiert sie: »Freud: Sie stehen unter der Herrschaft des Trotzes gegen die Eltern«, und sie fährt fort: »(Er glaubt diese Liebe ist zum größeren Teil daraus zu erklären, aber es ist nicht wahr. O mein Gott. Wie liebe ich ihn.)«

Anna G. äußert hier zum ersten Mal Gefühle und Gedanken, die sie als ihre eigenen *und* als verschieden von Freud erlebt. Sie ist nun als selbstständiges Individuum, als Anna G., erkennbar, hat sich für einen bedeutsamen Moment

---

16 Segal schreibt: »To state it briefly, I think the setting stands for sanity, and it is the psychotic or perverse part of the patient that is always attacking and wanting to change the setting« (2007, S. 125). Mit dem Setting sind bei Segal alle Faktoren gemeint, die zum Zustandekommen einer Analyse oder zum Schutz des analytischen Raums erforderlich sind.

aus der idealisierenden Verschmelzung mit Freud gelöst und steht ihm gegenüber – wenn auch noch, ganz buchstäblich, in Klammern. Ein paar Zeilen später bricht das Tagebuch ab. Es könnte sein, dass sich die Analysandin nun in der Differenz zu Freud selbst entdeckt hatte, ihre eigenen Gedanken und Gefühle, und damit entscheidungsfähig wurde, auch in Bezug auf ihre Verlobung. Es war dann auch nicht mehr so wichtig für sie, festzuhalten, was Freud und sie sagten, und sie konnte nun vielleicht die Stunden dazu nutzen, zusammen mit Freud herauszufinden, was sie selbst vom Leben wollte.

Resümee

Ich habe das Tagebuch von Anna G. unter einem engen Blickwinkel gelesen. Ich wollte herausfinden, ob und inwiefern sich Freuds Arbeitsweise von der heutigen Praxis unterscheidet. Dass Freud anders arbeitete als wir, scheint mir bei aller Diversität technischer und theoretischer Standpunkte – und trotz aller Vorbehalte in Bezug auf die Auswertbarkeit des Tagebuchs – unzweifelhaft:

Viele Analysen Freuds, und auch die Anna G.s, wurden mit einer Dichte geführt, die heute nicht mehr praktiziert wird; sie dürfte die Intensität der Übertragung und das Ausmaß der analytischen Regression erhöht haben (1). Die kurze Dauer von Anna G.s Analyse (und vieler anderer Analysen Freuds) weicht etwas weniger von der heute üblichen Praxis ab, überrascht aber doch, vor allem in Relation zu unseren Normen und Wünschen (2).

Die Begrenzung der Analyse Anna G.s auf dreieinhalb Monate steht im Widerspruch mit der Forderung nach »zeitlosen« Analysen (3). Anna G.s Analyse war nicht »rein«, sondern enthielt reichlich dozierende, strukturierende und supportive Elemente. Freud hielt sie für notwendig, um eine Analyse durchführen zu können, während heute die Tendenz besteht, die nichtanalytischen Bestandteile der Technik für unanalytisch und geradezu unmoralisch zu halten (4). Die Theorie, die Freuds Arbeit zugrunde lag, unterscheidet sich insofern von der heutigen, als in ihrem Zentrum die ödipalen Liebeswünsche standen, die für die Dynamik der psychischen Störung verantwortlich gemacht wurden; präödipale Faktoren waren von nachgeordneter Bedeutung, vielleicht sogar dynamisch irrelevant (5). Bewusstzumachen waren verdrängte und verleugnete ödipale libidinöse Triebwünsche und narzisstische Kränkungen, nicht aber die primitive Aggression (6). Narzisstische Kränkbarkeit und Bedürftigkeit des Kindes und des Analysanden wurden in der Analyse stärker berücksichtigt als heute (7). Freud teilte Anna G.s explizit mit, mit welcher Theorie er arbeitete und wie seiner Auffassung nach die Ätiologie ihrer Problematik beschaffen war; er vertrat die theoretischen Grundlagen der Analyse, wie es scheint, mit großem Nachdruck. Sein Standpunkt, dass die Offenlegung der allgemeinen und speziell für den vorliegenden Fall anzunehmenden Theorieteile notwendig sei, ist heute unüblich (8). Die Übertragung spielte – anders als heute – eine Neben- und eine Hauptrolle. Eine Nebenrolle insofern, als die manifeste analytische Arbeit weitgehend außerhalb der Übertragung stattfand; gleichzeitig wurde die analytische Arbeit im Hinter- und Untergrund von der Übertragung des Analysanden getragen, ohne dass das thematisiert wurde. In seltenen, umschriebenen Momenten der Analyse wurde die Übertragung, genauer: die vom Analytiker angestrebte Auflösung der Übertragung, ein Hauptfaktor der Kur (9). Als Hauptaufgabe und Hauptarbeit der Analyse galt die Rekonstruktion, nicht die Arbeit an und in der Übertragung (10).

Die kurze Analyse half Anna G. insofern, als sie am Ende das Problem lösen konnte, dessentwegen sie Freud aufgesucht hatte. Ob es zu jenem »strukturellen Wandel« kam, den wir heute erreichen wollen oder sollen, lässt sich nicht sagen, ist aber bei der Kürze der Behandlung eher unwahrscheinlich. Freud war, wie es scheint, auch in diesem Punkt bescheidener als wir und beendete die Analyse wie vereinbart nach dreieinhalb Monaten.

Literatur

Blanton, Smiley (1971): Tagebuch meiner Analyse bei Sigmund Freud. Frankfurt/M. (Ullstein), 1975.
Couch, Arthur S. (1995): Anna Freud's adult psychoanalytic technique: a defence of classical analysis. I. J. Psycho-Anal. 76, 153–171.
Couch, Arthur S. (1999): Therapeutic functions of the real relationship in psychoanalysis. Psa Study Child 54, 130–168.
Deutsch, Helene (1973): Selbstkonfrontation. München (Kindler), 1975.
H. D. [Doolittle, Hilda] (1975): Huldigung an Freud. Rückblick auf eine Analyse. Mit den Briefen von Sigm. Freud an H. D. Mit einer Einleitung von Michael Schröter. Frankfurt/M. (Ullstein).
H. D. (1968): Palimpsest. Carbondale (Southern Illinois University Press).
Dorsey, John M. (1976): An American Psychiatrist in Vienna, 1935–1937, and his Sigmund Freud. Detroit (Center for Health Education).
Ferenczi, Sándor (1985): Ohne Sympathie keine Heilung. Das klinische Tagebuch von 1932. Frankfurt/M. (Fischer), 1988.
Freud, Sigmund (1905d): Drei Abhandlungen zur Sexualtheorie. Studienausgabe 5, S. 37–145.
Freud, Sigmund (1909b): Analyse der Phobie eines fünfjährigen Knaben. Studienausgabe 8, S. 9–123.

Freud, Sigmund (1910d): Die zukünftigen Chancen der psychoanalytischen Therapie. Studienausgabe, Erg.bd., S. 121–132.
Freud, Sigmund (1916–17a): Vorlesungen zur Einführung in die Psychoanalyse. Studienausgabe 1, S. 34–445.
Freud, Sigmund (1918b): Aus der Geschichte einer infantilen Neurose. Studienausgabe 8, S. 125–232.
Freud, Sigmund (1919a): Wege der psychoanalytischen Therapie. Studienausgabe, Erg.bd., S. 241–249.
Freud, Sigmund (1920a): Über die Psychogenese eines Falles von weiblicher Homosexualität. Studienausgabe 7, S. 257–281.
Freud, Sigmund (1920g): Jenseits des Lustprinzips. Studienausgabe 3, S. 213–272.
Freud, Sigmund; Freud, Anna (2006): Briefwechsel, 1904–1938. Hg. von Ingeborg Meyer-Palmedo. Frankfurt/M. (Fischer).
Freud, Sigmund; Eitingon, Max (2004): Briefwechsel, 1906–1939. 2 Bde., hg. von Michael Schröter. Tübingen (Edition diskord).
Freud, Sigmund; Pfister, Oskar (1963): Briefe 1909–1939. Hg. von Ernst L. Freud und Heinrich Meng. Frankfurt/M. (Fischer).
Kardiner, Abram (1977): Meine Analyse bei Freud. München (Kindler), 1979.
Klemann, Manfred (2008): »Wer nicht hören will, muß fühlen!« Übertragungsanalyse und die unbewußten Wünsche des Analytikers. Psyche – Z Psychoanal. 62, 397–422.
Koellreuter, Anna (2007): Als Patientin bei Freud 1921. Aus dem Tagebuch einer Analysandin. Werkblatt 24, 3–23.
Lampl-de Groot, Jeanne (1976): Personal experiences with psychoanalytical technique and theory during the last half century. Psa Study Child 31, 283–296.
Letter to the Editor (2007): [Après-coup. Tradition and Truth]. Amer Imago 64, 121–124.
May, Ulrike (2006): Freuds Patientenkalender: Siebzehn Analytiker in Analyse bei Freud (1910–1920). Luzifer-Amor, Zs Gesch Psa 19, 43–97.
May, Ulrike (2007): Neunzehn Patienten in Analyse bei Freud (1910–1920). Teil I. Zur Dauer von Freuds Analysen (Teil I). Zur Frequenz von Freuds Analysen und weitere Beobachtungen (Teil II). Psyche – Z Psychoanal. 61, 590–625, 686–709.
Money-Kyrle, Roger E. (1979): Looking backwards — and forwards. I. J. Psycho-Anal. 6, 265–272.
Pankejeff, Sergej (1972): Meine Kindheitserinnerungen, und: Meine Erinnerungen an Sigmund Freud. In: Gardiner, Muriel (Hg.): Der Wolfmann vom Wolfsmann. Frankfurt/M. (Fischer), 1982, S. 17–165, 169–189.
Pohlen, Manfred (2006): Freuds Analyse. Die Sitzungsprotokolle Ernst Blums. Hamburg (Rowohlt).
Roazen, Paul (1995): Wie Freud arbeitete. Gießen (Psychosozial), 1999.
Ruitenbeek, Hendrik M. (1973): Freud as we knew him. Detroit (Wayne State University Press).
Sandler, Anne-Marie (2007): Psychoanalyse in Deutschland heute und morgen. In: Psychoanalyse – heute? Gießen (Psychosozial-Verlag), S. 49–62, 54.
Segal, Hanna (2006): Reflections on truth, tradition, and the psychoanalytic tradition of truth. Amer Imago 63, 283–292.
Segal, Hanna (2007): [in: Après-coup; response to a letter to the editor] Amer Imago 64, 124–125.
Wortis, Joseph (1954): Fragments of an Analysis with Freud. New York (Simon and Schuster).

Freud als Analytiker und Therapeut
Ernst Falzeder

»Wenn es unser Ziel weiterhin bleibt, das entstehende Bewußtsein im Rahmen der Übertragung zu verbalisieren, dann praktizieren wir Analyse; wenn nicht, sind wir Analytiker, die etwas anderes praktizieren, von dem wir glauben, daß es der Situation angemessen ist. Und warum nicht?« (Winnicott 1962, S. 528)

»In der Analyse kann man alles machen, nur muß man wissen, warum und wozu dies oder jenes gemacht wird« (Caruso, in Tanco-Duque 1988, S. 78).

Freud hat nie eine zusammenfassende Arbeit über die psychoanalytische Technik geschrieben. Seinen Plan, eine »allgemeine Methodik« zu verfassen, hat er schließlich aufgegeben.[1] Die stattdessen entstandenen kurzen Artikel stellten keine »Regeln« auf, sondern waren »Ratschläge«. Sie waren auch, wie er selbst später bemerkte, »völlig inadäquat«, nur für »Anfänger« (Blanton 1971, S. 43) bestimmt und »wesentlich negativ« (Freud/Ferenczi 2005, S. 170) – d. h., sie unterstrichen, was AnalytikerInnen *nicht* tun sollten, ohne positive Regeln aufzustellen.

Lange Zeit wussten wir jedoch wenig über seine eigene analytische Arbeitsweise, was den Fantasien Tür und Tor öffnete. So wurde häufig stillschweigend angenommen, er habe selbst gemäß der von ihm niedergelegten Ratschläge praktiziert, wobei diese »Ratschläge« unter der Hand gleichzeitig zu allgemein verbindlichen »Geboten« oder »Verboten« mutierten. Mit dem Erscheinen seiner ungekürzten Briefwechsel, von Memoiren, Interviews und anderen

---

1 Eine erste Erwähnung von Freuds Plan, eine »Allgemeine Methodik der Psychoanalyse« zu schreiben, findet sich in seinem Brief an Abraham vom 9.1.1908 (Freud/Abraham 2002, S. 20). Er verfolgte dieses Projekt bis 1910, gab es aber dann in dieser Form auf und verfasste stattdessen zwischen 1911 und 1914 sechs kurze Artikel (s. editor. Einleitung in SA, Erg., S. 145–148).

Dokumenten wurde und wird dieses Bild zunehmend infrage gestellt. Noch immer tauchen neue Dokumente auf, die uns zu einer ständigen Neubewertung dieser Frage nötigen.

Wir verfügen über eine ganze Reihe von Quellen, aus denen wir etwas über Freuds Arbeitsweise erfahren können.

1 Texte aus Freuds eigener Hand

Neben seinen Krankengeschichten und Fallnotizen (z. B. Freud 1955a) sind hier vor allem Freuds Briefe zu nennen, in denen er nicht nur über seine Praxis berichtete, sondern auch seinen Anhängern briefliche Supervision gab. Schließlich finden sich verstreute Hinweise auch in anderen, nicht primär klinischen Arbeiten.

2 Memoiren von ehemaligen AnalysandInnen

Relativ viele seiner ehemaligen AnalysandInnen haben ihre Erinnerungen an ihre Analyse schriftlich niedergelegt und auch publiziert, darunter Smiley Blanton (1971), Helene Deutsch (1973), John Dorsey (1976), Roy Grinker (1975), »H. D.« [Hilda Doolittle] (1956), Abram Kardiner (1977), Kata Lévy-Freund (1990), Sergej Pankejeff (in Gardiner 1971, vgl. Obholzer 1980), Adolph Stern (1922), Bruno Walter (1946) oder Joseph Wortis (1984) (vgl. auch den Sammelband von Hendrik Ruitenbeek [1973]). Noch unpubliziert sind z. B. die Erinnerungen des Malers und Graphikers Rudolf Kriser (1954) oder die umfangreichen Analysetagebücher von Marie Bonaparte (vgl. Bertin 1982). Die wahrscheinlich detailliertesten Aufzeichnungen unter den bisher publizierten dürften jene von Ernst Blum sein, die dieser mit Freuds Wissen nach jeder Sitzung gemacht hatte (Pohlen 2006).

3 Interviews mit ehemaligen AnalysandInnen

Hier sind vor allem Kurt Eissler und Paul Roazen zu nennen, die beide viele Interviews (wenn auch mit unterschiedlichen Intentionen) mit ehemaligen AnalysandInnen Freuds geführt haben. Roazen hat nach eigenen Angaben 25 seiner ehemaligen PatientInnen befragt (1995, S. xviii) und die Ergebnisse seiner Gespräche in mehreren Büchern und Artikeln verarbeitet (vgl. Roazen 1971, 1992, 1995). Die Abschriften von Eisslers Interviews (Library of Congress, Freud Collection) sind bis heute nur zum Teil zugänglich, wurden aber zum Teil ausgewertet. So hat David Lynn auf der Basis einer unveröffentlichten Autobiografie und eines Eissler-Interviews über Freuds Analyse von Albert Hirst, dem Neffen von Emma Eckstein, geschrieben (Lynn 1997). Lynn hat auch, zusammen mit George Vaillant, 43 von Freuds Fällen im Hinblick auf Freuds Umgang mit Anonymität, Neutralität und Vertraulichkeit ausgewertet (Lynn/Vaillant 1998).

4 Berichte aus der Sekundärliteratur

Aus der Sekundärliteratur wissen wir z. B. über die therapeutische Intervention Freuds im Falle von Gustav Mahler (Jones 1955, S. 103f.). Wie auch im Fall von Bruno Walter,[2] Bruno Goetz[3] (vgl. Gay 1987, 184f.; Goldmann 1985) und anderen wird daraus deutlich, dass Freud zweifellos auch psychotherapeutisch, und nicht nur analytisch gearbeitet hat.[4]

5 Freuds Patientenkalender

Christfried Tögel hat vor wenigen Jahren auf eine bis dahin unbeachtete Quelle hingewiesen, nämlich die im Londoner Freud Museum aufbewahrten Patientenkalender Freuds, die den Zeitraum zwischen Oktober 1910 und Dezember 1920 lückenlos abdecken. Er selbst (2006) und Ulrike May (2006, 2007a, 2007b, 2008) haben begonnen, dieses faszinierende, nur auf den ersten Blick spröde Material auszuwerten und Schlüsse daraus zu ziehen. Mit diesen drei Kalendern »haben wir für diese zehn Jahre ein Protokoll seiner therapeutischen Tätigkeit, das uns bisher ungeahnte Möglichkeiten verschafft, uns umfassend und genau über seine Praxis zu informieren« (May 2006, S. 43).

Sigmund Freud hat nicht nur eine neue Perspektive, das psychische Leben zu erforschen, eröffnet, sondern darüber hinaus ein Instrument geschaffen, das diese

---

2 Einer der bedeutendsten Dirigenten des 20. Jahrhunderts.
3 Schweizer Dichter, der damals in Wien studierte.
4 »Il n'y a pas de doute que Freud avait une activité psychothérapique, même dans les années de maturité« (Haynal 2007, S. 242).

Forschung erst ermöglicht hat. Das Instrument heißt Psychoanalyse.[5] Was ist nun Psychoanalyse in diesem Sinn? Freuds Antwort: »Ein Gespräch zwischen zwei gleich wachen Personen, von denen die eine sich jede Muskelanstrengung und jeden ablenkenden Sinneseindruck erspart, die sie in der Konzentration ihrer Aufmerksamkeit auf ihre eigene seelische Tätigkeit stören könnten« (Freud 1904a, S. 5). 1926 bekräftigt er nochmals: »Es geht nichts anderes zwischen ihnen vor, als daß sie miteinander reden« (Freud 1926e, S. 213).

Der eine Dialogpartner, der Analysand, wird aufgefordert, »sich [...] gehen zu lassen, wie man es etwa in einem Gespräch tut, bei welchem man aus dem Hundertsten in das Tausendste gerät'« (Freud 1904a, S. 5) und sich zu benehmen »wie zum Beispiel ein Reisender, der am Fensterplatze des Eisenbahnwagens sitzt und dem im Inneren Untergebrachten beschreibt, wie sich vor seinen Blicken die Aussicht verändert« (Freud 1913c, S. 469). Der Analytiker andererseits solle allem, was er »zu hören bekommt, die nämliche ›gleichschwebende Aufmerksamkeit‹« (Freud 1912e, S. 377) entgegenbringen. Nichts ist zu unwichtig oder zu peinlich, um nicht gesagt und wahrgenommen zu werden. Im Gegenteil! Diese radikale Ehrlichkeit zeichnet die Freud'sche Methode aus: »die Analyse [...] ist [...] zuerst eine ehrliche Feststellung« (Freud/Pfister 1963, S. 91).

Beide Aufforderungen – in diesem Sinn zu reden und zuzuhören – rufen Widerstände hervor. Diese Art von Ehrlichkeit beginnt damit, möglichst unvoreingenommen *wahrzunehmen*, was der Einzelne jedoch »mit allen Mitteln der Kritik« (Freud 1904a, S. 6) zu verhindern sucht, bis sich bei fortgesetzter Anstrengung »endlich das direkte Unbehagen« (ebd.) einstellt. Mächtige affektive Kräfte schützen den Kern der abgewehrten Impulse und Vorstellungen, um den die freien Einfälle wie um den heißen Brei schleichen. Freud hat daher »eine *Deutungskunst* ausgebildet« (ebd., S. 7), die den Zugang zum ursprünglichen Sinn erlauben soll.

Als Freud seine programmatische Arbeit »Die Freudsche psychoanalytische Methode« 1904 veröffentlichte, hatte er bereits Erfahrung damit, dass jene affektiven Kräfte zudem verschoben und in »Übertragungen« verlegt werden. Darüber hatte er in der Dora-Analyse drei Jahre zuvor geschrieben: »Was sind die Übertragungen? Es sind Neuauflagen, Nachbildungen von den Regungen und Phantasien, die während des Vordringens der Analyse erweckt und bewußt

---

5 »Die Psychoanalyse wird als Wissenschaft nicht durch den Stoff, den sie behandelt, sondern durch die Technik, mit der sie arbeitet, charakterisiert. [...] Sie beabsichtigt und leistet nichts anderes als die Aufdeckung des Unbewußten im Seelenleben« (Freud 1916–17a, S. 403f.).

gemacht werden sollen, mit einer für die Gattung charakteristischen Ersetzung einer früheren Person durch die Person des Arztes. Um es anders zu sagen: eine ganze Reihe früherer psychischer Erlebnisse wird […] als aktuelle Beziehung zur Person des Arztes wieder lebendig« (1905e, S. 279f.).

Zu Beginn wohl ohne seine Absicht erweckt[6], wird die Übertragung durch Bewusstmachen zu einem wesentlichen, zentralen Bestandteil der Begegnung und, wie er in derselben Abhandlung schreibt, »zum mächtigsten Hilfsmittel« (ebd., S. 281) der Analyse.

Freud war nach seinen eigenen Worten angetreten, »etwas von den Rätseln dieser Welt zu verstehen und vielleicht selbst etwas zu ihrer Lösung beizutragen« (Freud 1927a, S. 290), menschlichen Rätseln, dürfen wir annehmen,[7] obwohl ihm »nichts von einem Bedürfnis, leidenden Menschen zu helfen, bekannt« (ebd.) war. Es war sein wissenschaftliches Ideal, wie es ihm auch in der Ausbildung gelehrt worden war, eine Situation zu schaffen, die der in einem Laboratorium vergleichbar ist und in der das, was wahrgenommen wird, nicht durch den Beobachter beeinflusst werden soll. Zwangsläufig musste dieses wissenschaftliche Ideal beim Studium der »menschlichen Verhältnisse« mit seinen eigenen Bedürfnissen und mit seinen persönlichen Moralvorstellungen in Konflikt kommen, einer Moral, die sich für ihn immer von selbst verstand (vgl. Freud 1905a, S. 25). Freud war gezwungen, eine Struktur von Abwehrmechanismen zu entwickeln, um mit den in der therapeutischen Beziehung ausgelösten Affekten umgehen zu können. So hat er sich später selbst in einem Brief an Ferenczis Geliebte Gizella Pálos als »hartherzig« (Freud/Ferenczi 1993, S. 432) beschrieben – allerdings, wie er hinzufügte, »aus Mitleid und Weichheit« (ebd.); und sah sich als »gefühlvollen Esel, der […] auch mit grauen Haaren nicht auf[hört], sich zu blamieren« (Freud/Ferenczi 1994, S. 41).

Aus zahlreichen Quellen wissen wir, dass Freud in seinen Behandlungen einen Bereich zuließ, in dem er sich nicht »abstinent« verhielt, sondern in dem er spontan, moralisch, gekränkt, wütend, liebevoll, belehrend oder aufbrausend reagierte. So schrieb er über einen frühen Patienten, Herrn E., an Fliess: »Er hat mir die Realität meiner Lehren am eigenen Leibe gezeigt, indem er mir mit einer überraschenden Wendung die von mir übersehene Lösung meiner einstigen Eisenbahnphobie gegeben. Für dies Stück Leistung habe ich

---

6 Die Übertragung erschien als Störfaktor oder sogar, wie im Falle der angeführten Dora-Analyse, als Grund des Misserfolges.
7 »Eher bewegte mich eine Art von Wißbegierde, die sich aber mehr auf menschliche Verhältnisse als auf natürliche Objekte bezog« (Freud 1925d, S. 34).

ihm sogar ein Bild ›Ödipus und die Sphinx‹ zum Geschenk gemacht« (Freud 1985, S. 430).

Ein weiteres Beispiel: Albert Hirsts Analyse begann im Jahr 1903, als Hirst 16 Jahre alt war. Freud forderte Hirst auf, auf dem Sessel genau jene Haltung einzunehmen, in der er masturbierte. Er versicherte ihm, dass Masturbation nicht schädlich sei, und Hirst fühlte sich immens erleichtert (Lynn 1997, S. 74).

In Freuds Notizen zum Fall des »Rattenmannes« können wir lesen, dass er es immer wieder »für nötig« hielt, seinem Patienten »ein Stück der Theorie zu geben« (Freud 1955a, S. 522), dass er ihm »ein Compliment wegen der Klarheit [machte], mit der er diese Zustände zum Ausdruck bringt« (ebd., S. 521), dass er verlangte, der Patient solle eine Fotografie seiner Dame mitbringen, was zu Komplikationen führte (»Heftiger Kampf, unglückl Tag. Widerstand«; ebd., S. 527), dass sein Analysand von einer Karte Freuds an ihn meinte, »›herzlich‹ unterzeichnet sei zu intim« (ebd., S. 551), und dass Freud »ihm Zola Joie de vivre zu lesen« gab (ebd., S. 561). Freud schreibt auch: »Ich hatte früher einmal, als er erzählt, wie sein Mädchen auf Bauch lag u ihr die Genitalhaare rückwärts vorsahen, bedauert, daß die Frauen jetzt auf diese keine Sorgfalt verwendeten, unschön bezeichnet [sic]« (ebd., S. 564). Freud hat seinen Patienten sogar zum Essen eingeladen[8] (»Hungerig u wird gelabt«; ebd., S. 559) – es gab Hering. In der folgenden Stunde »eine Übertraggsph, daß zwischen zwei Frauen, meiner Frau u Mutter ein Häring ausgespannt ist, der aus dem Afterloch der einen in das der anderen reicht bis ein junges Mädchen ihn entzwei schneidet [...] Dazu erst nur das Gestandniß, daß er Häring absolut nicht mag [...] Das Madchen ist eines, was er auf Stiege gesehen u für meine 12j Tochter gehalten« (ebd., S. 562). Der Patient gestand dann Freud, dass er schon zu Behandlungsbeginn mit großem Misstrauen gekommen sei, weil er »wisse, daß in meiner Familie einmal ein großes Unglück geschehen, ein Bruder der Kellner war, habe in Budapest Mord begangen u sei hingerichtet worden. Ich lache auf, woher er das wisse u damit sinkt sein ganzer Affekt zusammen« (ebd., S. 545).

Auch aus späteren Jahren verfügen wir über mehrere Berichte, die Freuds Aktivität belegen. So schreibt Abram Kardiner: »Ende März [1922], nach dem fünften Monat, sagte er: ›Herr Doktor, ein bißchen Durcharbeitung.‹ Diese Sache versetzte mich in einige Verwirrung. [...] Von diesem Zeitpunkt

---

8 Das war nicht die erste solche Einladung: Eine Patientin L. G. »war einmal bei mir zu Abend und wird regelmäßig eingeladen werden« (Freud 1985, S. 446). »E. hat endlich mit einer Abendeinladung in meinem Hause seine Laufbahn als Patient beschlossen« (ebd., S. 448f.).

an geriet die Analyse ins Treiben« (Kardiner 1977, S. 74). Kardiner erzählt auch über Clarence Oberndorfs Analyse bei Freud, bei der dieser auf einer Deutung beharrte: »Die Deutung Freuds machte Oberndorf wütend, und sie stritten sich monatelang um diesen Traum, bis Freud dessen müde wurde und die Analyse beendete« (ebd., S. 90). »Der Umstand, daß Freud mit mir sprach, erregte in Wien ziemlich viel Aufsehen, soviel, daß ich eines Tages die Ehre hatte, von James Strachey und John Rickman zum Tee eingeladen zu werden. [...] Rickman (sagte) zu mir: ›Ich höre, Freud redet mit Ihnen.‹ Ich sagte: ›Ja, die ganze Zeit.‹ Sie sagten: ›Wie machen Sie das bloß?‹ Ich antwortete: ›Ich weiß es nicht genau. [...] Wie ist es denn bei Ihnen?‹ Sie sagten beide: ›Er sagt kein einziges Wort‹« (ebd., S. 92). Freud sah in der Analyse keinen moralfreien Bereich, wenn er Smiley Blanton gegenüber bemerkte: »Es gibt in der Analyse nichts, was menschlichen Errungenschaften und moralischer Würde Abbruch tut« (Blanton 1971, S. 33). Er schenkte ihm auch am 13.2.1930 eine Ausgabe seiner Gesammelten Schriften – nicht ohne hinzuzufügen, dass Blanton »aus der Lektüre Gewinn ziehen würde« (ebd., S. 37). John Dorsey, der zwischen 1935 und 1937 bei Freud in Analyse war, berichtet z. B.: »I recall during a session his leaning over the couch to sing [!] one or two strains to me from Mozart's *Don Giovanni*« (Dorsey 1976, S. 51). Und was passierte in dieser Sitzung (1933), über die Hilda Doolittle (H.D.) berichtete? »Ich wußte nicht, was ihn plötzlich in Wut brachte. Ich schnellte herum, weg von der Couch, und setzte die Füße auf den Boden. [...] Der Professor selbst benimmt sich vorschriftswidrig genug; er schlägt mit der Hand, mit der Faust auf das Kopfende des altmodischen Pferdehaar-Sofas [...] Und noch als ich herumschnellte und ihn ansah, besaß ich Distanz genug, um mich verwundert zu fragen, ob er sich vorstellte, er könne *so* die Produktion von analytischem Material beschleunigen oder den Fluß assoziativer Bilder umlenken. Der Professor sagte: ›Das Schlimme ist – ich bin ein alter Mann –, *Sie halten es nicht für der Mühe wert, mich zu lieben*‹« (»H.D.« 1956, S. 45ff., Hervorhebung im Original). Und, in einem Brief an Doolittle: »Was Sie mir gaben, war nicht Lob, sondern Zuneigung, und ich brauche mich meiner Genugtuung nicht zu schämen. Das Leben in meinem Alter ist nicht leicht, aber der Frühling ist schön und ebenso die Liebe« (ebd., S. 220f.).

Erinnern wir uns in diesem Zusammenhang auch daran, dass Freud keine mütterliche Rolle einnehmen wollte. »Er hatte gesagt: ›*Und* – ich muß es Ihnen sagen (Sie waren offen mit mir, und ich will offen mit Ihnen sein), ich bin *nicht* gern die Mutter in der Übertragung – es überrascht und schockiert mich immer ein wenig. Ich fühle mich so sehr als Mann.‹ Ich fragte ihn, ob denn andere das, was er Mutterübertragung nannte, bei ihm hätten. Er sagte ironisch und, wie ich glaube, ein wenig nachdenklich: ›Oh, *sehr* viele‹« (ebd., S. 163, Hervorhebung im Original). Ähnlich bemerkte er zu Kardiner, »daß ich zu sehr der Vater bin« (Kardiner 1977, S. 81). Zu Groddeck: »Ihre Unterbringung meiner Person in der Mutterreihe – in die ich doch offenbar nicht passe – [...] [zeigt] klar, wie Sie der Vaterübertragung ausweichen wollen« (Freud/Groddeck 1974, S. 59). Erinnern wir uns auch daran, dass Freud Psychotiker nicht mochte: »Ich gestand mir endlich [...], daß ich diese Kranken nicht liebe, daß ich mich über sie ärgere, sie so fern von mir und allem Menschlichen empfinde. Eine merkwürdige Art von Intoleranz [...] Benehme ich mich dabei wie frühere Ärzte gegen die Hysteriker, ist es die Folge einer immer deutlicher gewordenen Parteinahme für den Primat des Intellekts, den Ausdruck einer Feindseligkeit gegen das Es? Oder was sonst?« (Brief an István Hollós; in Schur 1966, S. 10).

Mehrfach äußerte er sich abschätzig über seine »Narren« (z. B. Freud/Jung 1974, S. 396; Freud/Ferenczi 1996, S. 119) und teilte »einzelnen Vertrauten« die »pessimistische Ansicht« mit: »die Neurotiker sind ein Gesindel, nur gut, uns finanziell zu erhalten und aus ihren Fällen zu lernen, die Psychoanalyse als Therapie sei wertlos« (Ferenczi 1985, S. 249). Auf Binswangers Frage, wie er zu seinen Patienten stünde, antwortete er: »Den Hals umdrehen könnte ich ihnen allen« (Binswanger 1956, S. 56). An Fließ schrieb er: »Jeder einzelne der Kranken ist mein Quälgeist, wenn ich nicht heiter und gesammelt bin. Ich glaube wirklich, ich müßte gleich erliegen« (Freud 1985, S. 442f.). Zu Edoardo Weiss: »Bedenken wir auch, daß leider nur wenige Patienten die Mühe wert sind, die wir auf sie verwenden, so daß wir uns gar nicht therapeutisch einstellen dürfen, sondern froh sein müssen, an jedem Fall irgend etwas gelernt zu haben« (Freud/Weiss 1970, S. 50).

Wenn ihm – und der »Sache« – allerdings jemand nahestand, konnte Freud fast zärtlich werden. Von den Mitgliedern des geheimen Komitees sprach er als von seinen »Kindern« oder seinen »angenommenen Kindern« (Freud/Ferenczi 1994, S. 192, 195). Ferenczi, bei dem Jones damals gerade seine Analyse machte, gab er den Rat: »Seien Sie streng und zärtlich mit ihm [Jones]. Er ist ein sehr guter Mensch. Füttern Sie die Puppe, so daß eine Königin aus ihr werden kann« (ebd., S. 224). Über Loe Kann, Ernest Jones' Freundin, die zur selben Zeit bei ihm in Analyse war, bekannte er: »Ich habe diese Loe außerordentlich lieb gewonnen und bei ihr ein sehr warmes Gefühl mit voller Sexualhemmung wie selten vorher (dank dem Alter wahrscheinlich) zustande gebracht« (ebd., S. 235). Gerade während Kanns Analyse schlief Jones mit deren Begleiterin und Krankenschwester Lina, was Freud zu der Bemerkung veranlasste, dass sein Respekt für Jones ungebrochen sei und, da er die Episode in den Griff der Analyse bringen konnte, er Jones für ein – immerhin gefährliches – Experiment zu danken habe! (Freud/Jones 1993, S. 192)

Es ist bekannt, dass er den sogenannten Wolfsmann finanziell unterstützte, nachdem dieser sein Vermögen verloren hatte. »Freud bestärkte auch Bruno Goetz, der 1904 an Gesichtsneuralgien litt, in dessen Selbsterziehung und gab diesem neben einem Rezept gegen Kopfschmerzen 200 Kronen, um sich öfter ein Beefsteak leisten zu können« (Goldmann 1985, S. 316). Dr. Max Graf, der Vater des »Kleinen Hans«, erzählt folgende Geschichte: Seine spätere Frau, die bei Freud in Analyse war, bekam zu Hause mit ihren Eltern Schwierigkeiten und ihre Mutter erklärte, »sie würde nicht mehr eine Kur zahlen. Daraufhin ist diese junge Dame zu Professor Freud gegangen und hat gesagt, ›Herr Professor Freud, ich kann leider die Kur nicht mehr fortsetzen, nicht wahr, ich bitte, ich habe nicht mehr das Geld dazu‹, und hat ihm die Geschichte erzählt. Und Freud hat ihr gesagt: ›No, und Sie können sich nicht entschließen, als armes Mädchen die Kur fortzusetzen?‹ Das hat sie akzeptiert, nicht wahr?! Er hat sie ohne jede Zahlung behandelt« (Interview mit Kurt Eissler vom 16.12.1952, Library of Congress, Manuscript Division).

Andererseits hielt sich Freud mit wertenden Äußerungen über andere in Analysen nicht zurück: »Über Dr. Horney sagte er: ›Sie ist fähig, aber böswillig – gemein‹« (Blanton 1971, S. 59). Sein Engagement führte fallweise soweit, dass er sich massiv in das Leben seiner Schüler und Analysanden einmischte: So hat er Pfister »energisch bestärkt« (Freud/Jung 1974, S. 494), sich von seiner Frau scheiden zu lassen, so drängte er Horace Frink dazu, seine Ehefrau zu verlassen und eine andere zu heiraten (vgl. Edmunds 1988), so wollte er Ferenczi davon abhalten, Elma Pálos zu heiraten, so beendete Helene Deutsch auf seine Initiative die Analyse Viktor Tausks, die er selbst verweigert hatte (vgl. Roazen 1969) – in vielen Fällen mit unangenehmen bis katastrophalen Folgen.

Aus diesen Zeugnissen entsteht ein facettenreiches – wenn auch sicher verzerrtes und unvollständiges – Bild des Therapeuten Freud.[9] Ohne diese Berichte deuten, werten oder gewichten zu wollen, sei doch festgehalten, dass Freud offenbar in einigen Fällen sehr zurückhaltend war, in anderen wiederum sich außerordentlich engagierte und sich auf Patienten, die ihn interessierten, einließ,

---

9 Zur Entwicklung von Freuds Technik gibt es eine umfangreiche Literatur, auf die hier nicht eingegangen werden kann. Die bisher umfassendste Darstellung dazu, und zur psychoanalytischen Behandlungstechnik bis 1920 im Allgemeinen, findet sich in Leitner (2001).

ihnen Geschenke machte oder Aufträge (z. B. zu Übersetzungen) erteilte, und dabei seine Persönlichkeit nicht verleugnete und oft genug auch einsetzte. Dies kontrastiert deutlich mit seinen veröffentlichten Stellungnahmen, in denen er eine viel zurückhaltendere Einstellung empfahl.

Mit anderen Worten, Freud hat sich über die von ihm selbst aufgestellten »Don'ts« in seiner eigenen Praxis so häufig hinweggesetzt, dass es völlig irreführend wäre, seine technischen Schriften als irgendwie verlässlichen Hinweis darauf zu sehen, wie er selbst gearbeitet hat. Es scheint fast, als ob diese ›Abweichungen‹ bei ihm der Normalfall, und nicht die Ausnahme gewesen wären.[10] Angesichts dessen, was seine »Zauberlehrlinge« manchmal anrichteten, konnte er sich zu Zeiten als deren »würdiger, alter Meister« (Freud/Jung 1974, S. 527) fühlen, der diese Ratschläge selbst ignorieren konnte, wenn sie ihm aus irgendeinem Grund nicht zu passen schienen.

Andererseits gestand er aber auch – was vielleicht zu wenig oft unterstrichen wird – seinen Schülern zu, sich nicht sklavisch daran zu halten. Um nur ein Beispiel von vielen anzuführen: Als ihm seine Analysandin Irmarita Putnam von einer Patientin von ihr berichtete, für die sie alles mögliche getan hatte, was dem Abstinenz»gebot« widersprach (so hatte sie ihr z. B. Geld gegeben oder einen Maler ihr Portrait malen lassen), meinte Freud: »Manchmal muß man Mutter und Vater für einen Patienten sein«. Und: »Man tut, was man kann.« Nach Putnam war Freud »völlig unorthodox«. Es war ihm nur wichtig, dass die Maßnahmen des Analytikers »nicht seiner persönlichen Befriedigung, sondern dem Interesse des Patienten dienten«[11] (Roazen 1995, S. 192f.). Wichtiger als das, was man tut, war für ihn, was man ist (Bertin 1982, S. 291).[12]

Freud war aber nicht nur bei der eigentlichen »Technik«, sondern auch beim Setting außerordentlich flexibel. Das bezieht sich nicht etwa nur auf die bekannte ›Analyse‹ Max Eitingons im Spazierengehen (auch die therapeutische Intervention bei Gustav Mahler fand auf einem vierstündigen Spaziergang statt), sondern es war geradezu ein Kennzeichen von Freuds Praxis, dass er eben nicht eine Art Standard-Analyse anbot (so und so viele Sitzungen pro Woche für einen so und so langen Mindestzeitraum), sondern stark variierte

---

10 Paul Roazen meint sogar, die Kluft zwischen dem, was Freud öffentlich empfahl, und dem, was er selber praktizierte, sei so groß gewesen, dass unter seinen Anhängern, die darum wussten, eine »conspiracy of silence« darüber entstand (Roazen 1995, S. xxii).
11 Meine Übersetzungen aus dem Englischen (E. F.).
12 »Plus important que ce que l'on fait est ce que l'on est.« Hier nach der französischen Originalausgabe zitiert. In der deutschen Übersetzung wird dies sinnverdrehend umgekehrt: »Wichtiger als das, was man ist, ist das, was man macht« (S. 315). Mit Dank an André Haynal.

– sei es, weil es der Fall seiner Meinung nach erforderte, sei es, weil äußere Umstände es erforderten, wie z. B. wie bei Analysanden aus dem Ausland, die nur eine begrenzte Zeit und/oder Geldsumme zur Verfügung hatten. Allein bei Analysendauer und Stundenfrequenz finden wir für den Zeitraum 1910–1920, dass sie zwischen wenigen Tagen und vielen Jahren, wenigen Sitzungen und mehr als 1.000 Stunden, und einer Frequenz zwischen 3 und 19½ Stunden (!) pro Woche schwankte (May 2007a, 2007b).

Unter all diesen Quellen nimmt nun das hier erstmals vollständig veröffentlichte Analyse-Tagebuch eine besondere Stellung ein: Erstens handelt es sich um eine rein therapeutische Intervention, im Unterschied zu einer sogenannten Lehranalyse,[13] zweitens fand sie vor Freuds Krebserkrankung statt, und drittens sind die Notizen anscheinend wörtlich notierte Ausschnitte dessen, was im Behandlungszimmer gesagt wurde. Es gibt zwar relativ viele Dokumente, die das eine oder andere dieser Kriterien erfüllen, aber unter den bisher veröffentlichten keines, bei dem alle drei zutreffen. Die weitaus meisten erhaltenen Zeugnisse betreffen Analysen, die zumindest teilweise zum Zweck der Ausbildung zum Psychoanalytiker unternommen wurden. Der Großteil davon wiederum bezieht sich auf die Zeit nach Freuds Krebsoperation, deren Folgen seine »Technik« merklich beeinflussten: Er wurde auf einem Ohr schwerhörig und hatte Mühe und Schmerzen beim Sprechen, was ihn deutlich schweigsamer werden ließ, noch dazu, wo die meisten dieser Lehranalysen auf Englisch durchgeführt wurden.[14] Und schließlich beinhalten die wenigsten unter ihnen ein derart genaues Protokoll des therapeutischen Dialogs.

Wie Freud in diesem speziellen Fall arbeitete, soll in den Beiträgen dieses Buches beleuchtet werden. Im Allgemeinen kann gesagt werden, dass unser Bild vom klinischen Freud, so wie es sich in den letzten Jahren und Jahrzehnten herauskristallisiert hat, dadurch nicht grundlegend verändert wird. Es bekommt jedoch neue Facetten – und es bleibt ein Vergnügen, Freud bei der Arbeit sozusagen über die Schulter schauen zu können (vgl. Cremerius 1981). Wir können Anna Koellreuter und ihrer Mutter – der Tochter von G.

---

13 Auch wenn die Unterschiede zwischen diesen gerade in der Frühzeit der Psychoanalyse oft bis zur Unkenntlichkeit verschwimmen. Bei G. jedoch ist klar, dass sie mit dem Ziel in die Analyse kam, sich Klarheit über ihre Liebesbeziehungen zu verschaffen, und nicht mit der Absicht, Analytikerin zu werden.
14 »[T]he most significant single event in Freud's life as a practicing analyst was his getting cancer of the jaw in 1923; among those I met who had been in analysis with Freud that event constituted a genuine watershed. Significantly, he never wrote another case history afterward. ... [He was] altogether less outgoing than before in his clinical practice. It now hurt Freud to talk« (Roazen 1992, S. 293).

– nur dafür dankbar sein, dass sie sich entschlossen haben, dieses wertvolle Dokument der Öffentlichkeit zu übergeben.

Literatur

Bertin, Célia (1982): Marie Bonaparte. Paris (Plon), 1999. Die letzte Bonaparte. Freuds Prinzessin – Ein Leben. Freiburg im Breisgau (Kore), 1989.

Binswanger, Ludwig (1956): Erinnerungen an Sigmund Freud. Bern (Francke).

Blanton, Smiley (1971): Diary of My Analysis With Sigmund Freud. New York (Hawthorne Books). Tagebuch meiner Analyse bei Sigmund Freud. Frankfurt/M. (Ullstein), 1975.

Cremerius, Johannes (1981): Freud bei der Arbeit über die Schulter geschaut. Seine Technik im Spiegel von Schülern und Patienten. Jb. d. Psa., Beiheft 6: 123–158.

Deutsch, Helene (1973): Confrontations with Myself: An Epilogue. New York (Norton). Selbstkonfrontation. Die Autobiographie der großen Psychoanalytikerin. Übers. B. Stein. München (Kindler) 1975.

Dorsey, John M. (1976): An American Psychiatrist in Vienna, 1935–1937, and His Sigmund Freud. Detroit (The Center for Health Education).

Edmunds, Lavinia (1988): His Master's Choice. Johns Hopkins Magazine (April 1988): S. 40–49.

Ferenczi, Sándor (1985[1932]): Ohne Sympathie keine Heilung. Das klinische Tagebuch von 1932. Frankfurt/M. (S. Fischer) 1988.

Freud, Sigmund (1904a): Die Freudsche psychoanalytische Methode. G. W. V, S. 3–10.

Freud, Sigmund (1905a): Über Psychotherapie. G. W. V, S. 13–26.

Freud, Sigmund (1905e): Bruchstück einer Hysterie-Analyse. G. W. V, S. 161–286.

Freud, Sigmund (1912e): Ratschläge für den Arzt bei der psychoanalytischen Behandlung. G. W. VIII, S. 376–387.

Freud, Sigmund (1913c): Zur Einleitung der Behandlung. G. W. VIII, S. 454–478.

Freud, Sigmund (1916–17a): Vorlesungen zur Einführung in die Psychoanalyse. G. W. XI.

Freud, Sigmund (1925d): »Selbstdarstellung«. G. W. XIV, S. 31–96.

Freud, Sigmund (1926e): Die Frage der Laienanalyse. G. W. XIV, S. 207–286.

Freud, Sigmund (1927a): Nachwort zur Frage der Laienanalyse. G. W. XIV, S. 287–296.

Freud, Sigmund (1955a [1907–08]): Originalnotizen zu einem Fall von Zwangsneurose. G. W., Nachtr., S. 509–569.

Freud, Sigmund (1985): Briefe an Wilhelm Fließ 1887–1904. Ungekürzte Ausgabe. Hg. Jeffrey Moussaieff Masson; Bearbeitung der deutschen Fassung von Michael Schröter. Frankfurt/M. (S. Fischer) 1986.

Freud, Sigmund; Abraham, Karl (2002): The Complete Correspondence of Sigmund Freud and Karl Abraham, 1907–1925. Completed Edition. Hg. Ernst Falzeder. London (Karnac). Briefwechsel 1907–1925. Ungekürzte Ausgabe. Hg. Falzeder, Ernst; Hermanns, Ludger. Wien (Turia + Kant) [im Druck].

Freud, Sigmund; Ferenczi, Sándor (1993): Briefwechsel. Band I/1, 1908–1911. Brabant, Eva; Falzeder, Ernst; Giampieri-Deutsch, Patrizia (Hg.) Wien (Böhlau).

Freud, Sigmund; Sándor, Ferenczi (1994): Briefwechsel. Band I/2, 1912–1914. Hg. Eva Brabant, Ernst Falzeder und Patrizia Giampieri-Deutsch. Wien (Böhlau).

Freud, Sigmund; Sándor, Ferenczi (1996): Briefwechsel. Band II/2, 1917–1919. Hg. Ernst Falzeder und Eva Brabant. Wien (Böhlau).

Freud, Sigmund; Sándor, Ferenczi (2005): Briefwechsel. Band III/2, 1925–1933. Hg. Ernst Falzeder und Eva Brabant. Wien (Böhlau).

Freud, Sigmund; Groddeck, Georg (1974): Briefe über das Es. Hg. Martha Honegger. München (Kindler).
Freud, Sigmund; Ernest, Jones (1993): The Complete Correspondence of Sigmund Freud and Ernest Jones, 1908–1939. Hg.: Paskauskas, R. Andrew. Cambridge (Harvard University Press).
Freud, Sigmund; Jung, C. G. (1974): Briefwechsel. Hg.: McGuire, William. Frankfurt/M. (S. Fischer).
Freud, Sigmund; Pfister, Oskar (1963): Briefe 1909–1939. Hg.: L. Freud, Ernst; Meng, Heinrich. Frankfurt/M. (S. Fischer).
Freud, Sigmund; Weiss, Edoardo (1970): Briefe zur psychoanalytischen Praxis. Frankfurt/M. (S. Fischer), 1973.
Gardiner, Muriel (Hg.) (1971): The Wolf-Man. New York (Basic Books). Der Wolfsmann vom Wolfsmann. Sigmund Freuds berühmtester Fall. Erinnerungen, Berichte, Diagnosen. Frankfurt/M. (Fischer Taschenbuch Verlag) aktual. und erw. Ausg., 1982.
Gay, Peter (1987): Freud. Eine Biographie für unsere Zeit. Frankfurt/M. (S. Fischer), 1991.
Goldmann, Stefan (Hg.) (1985): Sigmund Freuds Briefe an seine Patientin Anna v. Vest. Eine Kur aus der Frühzeit der Psychoanalyse. Jb. d. Psa. 17, 269–337.
Grinker, Roy R., Sr. (1975). Reminiscences of Dr. Roy Grinker. Journal of the American Academy of Psychoanalysis 3, 211–221. Idem, Fifty Years in Psychiatry: A Living History. Springfield (Charles C. Thomas), 1979.
Haynal, André (2007): Freud psychothérapeute. Essai historique. Psychothérapies 27, 239–242.
H. D. [Hilda Doolittle] (1956): Tribute to Freud. With Unpublished Letters by Freud to the Author. New York (Pantheon Books). Reprint New York (New Directions Publishing Corporation), 1984. Huldigung an Freud. Rückblick auf eine Analyse. Frankfurt/M. (Ullstein), 1976.
Jones, Ernest (1955): Leben und Werk von Sigmund Freud. Bd. 2: Jahre der Reife, 1901–1919. Bern (Hans Huber Verlag), 1962.
Kardiner, Abram (1977): My Analysis with Freud. Reminiscences. New York (W. W. Norton). Meine Analyse bei Freud. München (Kindler), 1979.
Kriser, Rudolf (1954): Erinnerungen. Unpubliziertes Manuskript. Library of Congress, Manuscript Division.
Leitner, Marina (2001): Ein gut gehütetes Geheimnis. Die Geschichte der psychoanalytischen Behandlungstechnik von den Anfängen in Wien bis zur Gründung der Berliner Poliklinik im Jahr 1920. Gießen (Psychosozial-Verlag).
Lévy-Freund, Kata (1990). Dernières vacances des Freud avant la fin du monde. Coq-Héron Nr. 117 (juillet), 39–44.
Lynn, David B. (1997): Sigmund Freud's psychoanalysis of Albert Hirst. Bulletin of the History of Medicine 71 (1), 69–93.
Lynn, David J.; Vaillant, George E. (1998): Anonymity, Neutrality, and Confidentiality in the Actual Methods of Sigmund Freud: A review of 43 cases, 1907–1939. American Journal of Psychiatry 155 (2), 163–171.
May, Ulrike (2006): Freuds Patientenkalender: Siebzehn Analytiker in Analyse bei Freud (1910–1920). Luzifer-Amor, Zeitschrift zur Geschichte der Psychoanalyse 19 (37), 43–97.
May, Ulrike (2007a): Neunzehn Patienten in Analyse bei Freud (1910–1920). Teil I: Zur Dauer von Freuds Analysen. Psyche – Z Psychoanal 61 (6), 590–625.
May, Ulrike (2007b): Neunzehn Patienten in Analyse bei Freud (1910–1920). Teil II: Zur Frequenz von Freuds Analysen. Psyche – Z Psychoanal 61 (7), 686–709.
May, Ulrike (2008): Nineteen Patients in Analysis with Freud (1910–1920). American Imago 65 (1), 41–105.

Obholzer, Karin (1980): Gespräche mit dem Wolfsmann. Eine Psychoanalyse und die Folgen. Reinbek bei Hamburg (Rowohlt).

Pohlen, Manfred (2006): Freuds Analyse. Die Sitzungsprotokolle Ernst Blums. Reinbek bei Hamburg (Rowohlt).

Roazen, Paul (1969): Brother Animal. The Story of Freud and Tausk. New York (Random House), 1971.

Roazen, Paul (1971): Freud and His Followers. New York (Alfred A. Knopf). Reprint: New York (Da Capo Press), 1992. Sigmund Freud und sein Kreis. Eine biographische Geschichte der Psychoanalyse. Bergisch Gladbach (Gustav Lübbe), 1976.

Roazen, Paul (1992): Freud's Patients: First-Person Accounts. In: Gelfand, Toby; Kerr, John (Hg.): Freud and the History of Psychoanalysis. Hillsdale (The Analytic Press), S. 289–306.

Roazen, Paul (1995): How Freud Worked. First-Hand Accounts of Patients. Northvale (Aronson). Wie Freud arbeitete. Berichte von Patienten aus erster Hand. Gießen (Psychosozial-Verlag), 1999.

Ruitenbeek, Hendrik M. (Hg.) (1973): Freud As We Knew Him. Detroit (Wayne State University Press).

Schur, Max (1966): Das Es und die Regulationsprinzipien des psychischen Geschehens. Frankfurt/M. (S. Fischer), 1973.

Stern, Adolph (1922): Some Personal Psychoanalytical Experiences with Prof. Freud. New York State Journal of Medicine 22, 21–25.

Tögel, Christfried (2006): Sigmund Freuds Praxis. Visiten und Ordination – Psychoanalysen – Einnahmen. Psyche – Z Psychoanal 60, 860–880.

Walter, Bruno (1946): Theme and Variations. New York (Knopf).

Wortis, Joseph (1984): My Analysis With Freud. Northvale, London (Jason Aronson), 1994.

»Ich schlage ein Kind«
Einige Bemerkungen zum Fall G.
August Ruhs

Analyseprotokolle und ihre Verlässlichkeit

Unabhängig von ihrer jeweiligen Dauer, ihrem Ausgang und relativ unbeeinflusst von der Einstellung zum Analytiker scheint jede Analyse bei Freud einen tiefen und dauerhaften Eindruck hinterlassen zu haben. Dabei zeichnen sich die diesbezüglichen mündlichen und schriftlichen Überlieferungen von Seiten der Analysierten durch eine relative Resistenz gegenüber mnestischen Umarbeitungen aus.

Eine Bestätigung für diese Annahme erfuhr der Verfasser dieses Textes, als er durch eine glückliche Fügung im Jahr 1998 ein Gespräch mit jener damals 98-jährigen Dame führen konnte, welche sich als Realperson hinter Freuds Publikation der Analyse eines Falles von weiblicher Homosexualität (Freud 1920) erweisen sollte.

Es war erstaunlich, wie deutlich ihre Schilderung der Begegnung mit dem Freud'schen Bericht sowohl hinsichtlich der Aussagenüberlieferung als auch hinsichtlich der Beschreibung der atmosphärischen Färbung der Behandlungssituation übereinstimmte. Die Skepsis, dass sich die Analogie des Aussageninhalts auch aus einer möglichen Übernahme der letztlich veröffentlichten Formulierungen Freuds hätte ergeben können, wurde allerdings durch den Authentizitätscharakter ihres Sprechens erheblich reduziert. Bei ihrer zwiespältigen Einstellung zu Freud hätte sie auch keinen wirklichen Grund gehabt, ihm durch eine widerspruchsfreie Wiedergabe seiner Perspektive gefällig zu sein.

»Na ja«, sagte sie, »ich habe den Doktor Freud nicht besonders geschätzt. Es hat ja auch nichts gebracht, ich habe ihn für einen alten, uninteressanten Mann gehalten [...]. Er hat mir auch einmal gesagt: ›Wenn ich Sie mit den tiefsten Regungen ihrer Seele in Verbindung bringe, ist das für Sie, wie wenn ich Ihnen etwas aus der Zeitung vorlese‹ [...].«

Wahrscheinlich literarisch verfremdet und überhöht heißt es bei Freud allerdings: »Als ich ihr einmal ein besonders wichtiges und sie nahe betreffendes Stück der Theorie auseinandersetzte, äußerte sie mit unnachahmlicher Betonung: ›Ach, das ist ja sehr interessant‹, wie eine Weltdame, die durch ein Museum geführt wird und Gegenstände, die ihr vollkommen gleichgültig sind, durch ein Lorgnon in Augenschein nimmt« (ebd., S. 290). Meinen Aufzeichnungen entnehme ich noch ihre Aussage: »Ich war damals 19 Jahre alt, es hat ja nur einige Monate gedauert, es hat ja nichts geholfen. Ich wollte mich aber auch nicht ändern. Es war schließlich mein Vater, der mich zu ihm gebracht hatte. Meinem Vater gegenüber hat er einmal geäußert: ›Sie ist jedenfalls unschuldig wie ein fünfjähriges Kind‹. Da hatte er recht, ich war ein Kind und total unschuldig. Keine Ahnung, keine Erfahrung, was das Liebesleben betraf [...]« (s. dazu Ruhs 2008).

Als relativ authentisch sind daher wohl auch die vielen anderen Interviews von Personen zu betrachten, die sich bei Freud einer analytischen Therapie unterzogen hatten und schließlich auch jene Zeugnisse, Dokumente und Bücher, in welchen wir durch umfassende Erfahrungsberichte von Lehranalysanten einen tiefen Einblick in Freuds Behandlungszimmer gewinnen können.

G.s Behandlung im psychoanalysegeschichtlichen Kontext

In diesem Zusammenhang kann auch das 1921 geschriebene psychoanalytische Tagebuch einer jungen Frau, dessen Veröffentlichung wir ihrer Enkelin, der Schweizer Psychoanalytikerin Anna Koellreuter zu verdanken haben, das Recht eines psychoanalyse-historisch bedeutsamen Dokuments für sich beanspruchen. Seine Verfasserin sei im Folgenden als Fall G. bezeichnet.

G. beginnt ihre knapp 4-monatige und allem Anschein nach bis zum 14. Juli 1921 dauernde »Auto-Analyse« am 1. April desselben Jahres. Sie trifft auf einen 65-jährigen Freud, der sich, offenbar noch wenig berührt von Vorahnungen weiterer schwerer Schicksalsschläge, von der düsteren Erfahrung des Ersten Weltkriegs und seiner verheerenden Folgejahre, verbunden mit tragischen Verlusten in seinem engsten Familienkreis und in seinem unmittelbaren Umfeld, erholt hat. Allerdings wird er in seiner gewohnten Arbeit durch die Lösung von Spannungen und durch die Schlichtung von Auseinandersetzungen unter seinen Mitstreitern und den mit ihnen verbundenen internationalen Gesellschaften weiterhin behindert. Es gilt, in Konflikten zu vermitteln, die nicht zuletzt mit den Mühen um die Organisation und Konsolidierung des 1919 gegründeten Internationalen Psychoanalytischen Verlags in Zusammenhang zu bringen sind. Andererseits ist er zumindest von den privaten finanziellen Nöten weitgehend befreit, sodass er nun weder auf die Vermittlung vermögender Patienten und Schüler durch die ausländische Kollegenschaft angewiesen ist, noch in die bedrückende Lage kommt, sich Geld ausleihen zu müssen, wozu er zu seiner großen Verbitterung und zur tiefen Betroffenheit seiner Familie auch tatsächlich genötigt war (Jones 1962, S. 16). Noch zwei Jahre zuvor, 1919, hat er in einem Brief an Jones die – letztlich kurzzeitige – Düsternis seiner damaligen seelischen Verfassung einbekannt:

»Ich kann mich an keine Zeit in meinem Leben erinnern, in welcher der Horizont vor mir so finster lag, oder wenn es der Fall war, so war ich doch damals jünger und nicht von den Leiden des beginnenden Alters gestört« (ebd., S. 19).

Sein Charakter jedoch, der unter anderem von einem sich selbst zugeschriebenen »fröhlichen Pessimismus« sowie von einer Neigung zu kompensatorischer Euphorie geprägt ist, verhindert die Entwicklung einer nachhaltigen Depression, sodass er nicht nur sehr rasch mit gewohntem Elan seiner wissenschaftlichen Tätigkeit nachgehen, sondern auch den schweren persönlichen Schicksalsschlägen in dieser Zeit mit beinahe stoischer Gelassenheit begegnen kann: So scheint es Freud in Anbetracht des plötzlichen Todes seiner zweiten Tochter Sophie und unter dem Eindruck des nahezu gleichzeitigen Verlustes seines jungen Freundes und Förderers Anton von Freund im Januar 1920 eher daran gelegen zu sein, seine um ihn besorgte Kollegenschaft zu trösten, als sich selbst zum Adressaten von Mitgefühl und Mitbetroffenheit machen zu lassen.

Unter diesen Umständen ist es trotz der aufrechten Haltung des offensichtlich Unbeugsamen nicht verwunderlich, dass in den Jahren von 1919 bis 1921, als Freud kurzzeitig, aber nicht wirklich ernsthaft, sogar eine Auswanderung nach England in Betracht zieht, das Fortschreiten seiner Theoriearbeit von jenen negativen Aspekten und Begrenzungen des Daseins bestimmt ist, die mit den Fragen von Aggression, Sadismus, Masochismus, Krieg und Tod in ihren paradoxen Verstrickungen mit bewusster Lust und heimlichem Genießen verbunden sind. Offenbar um die Unvoreingenommenheit seines Geistes bemüht und auf die Aufrechterhaltung des Universalitäts- und Allgemeinheitsanspruchs seiner metapsychologischen Erkenntnisleistungen bedacht, distanziert sich Freud allerdings immer wieder von Vermutungen über derartige Zusammenhänge, was wiederum aufgrund der Tatsache, dass sein Forschungsdrang schon seit jeher von solchen Thematiken bestimmt gewesen ist, nicht unglaubwürdig erscheint. Wenn er jedoch über das Aufleben seiner Kreativität in dieser Zeit die wohl ironisch gemeinte Bemerkung fallen lässt: »Ich weiß nicht, ist es der erkältete Frühling oder die vegetarische Kost, die mich plötzlich so produktiv macht« (ebd., S. 56). So ist der Bezug zur Aktualität im Sinne einer Hinwendung zu intensiver Arbeit als Flucht vor den Nöten und Entbehrungen zweifellos gegeben.

Unter diesen »klimatischen« und »asketischen« Bedingungen bringt Freud 1919 seine Abhandlung über Entstehungsmomente des Masochismus unter dem Titel »Ein Kind wird geschlagen« heraus, im gleichen Jahr erscheint »Das Unheimliche« als Umarbeitung und Vollendung eines liegengelassenen alten Manuskripts, dem er sich in den schöpferischen Pausen zu seiner ihn sichtlich fesselnden Arbeit »Jenseits des Lustprinzips« (erschienen im Dezember 1920), als Auseinandersetzung mit den dem Tod innewohnenden Triebkräften, widmet. Gleichzeitig und ab 1919 schreibt er auch »Massenpsychologie und Ich-Analyse«, deren Manuskript er im März 1921 zum Druck versendet.

Was die andere, analytisch-therapeutische Seite seiner Arbeit betrifft, verdienen in diesem zeitlich-atmosphärischen Zusammenhang zwei Ereignisse besondere Hervorhebung, die nicht ohne Beziehung zueinander stehen und die auch in ihrer Verknüpfung mit der kurz zuvor erwähnten Masochismusarbeit zu betrachten sind. Im Herbst 1918 beginnt Anna Freud ihre Analyse bei ihrem Vater, wobei in die Zeit zwischen Herbst 1918 und März 1919 auch die letztlich gescheiterte Analyse jener jungen Dame fällt, deren Verlauf Freud schließlich unter dem Titel »Über die Psychogenese eines Falles von weiblicher Homosexualität« 1920 publiziert. Einerseits darf angenommen werden, dass die Abhandlung »Ein Kind wird geschlagen« mit der Analyse der Tochter verbunden ist, wobei die Wahrscheinlichkeit groß ist, dass es sich bei dem fünften Fall, auf den Freud Bezug nimmt, um Anna handelt und dass der sechste mit diesem eine starke Ähnlichkeit aufweist (Allouch 2001, S. 56). 1924 wird übrigens Anna die Analyse bei ihrem Vater wieder aufnehmen. In einem Brief an Lou Andreas-Salomé begründet sie dies mit der störenden Wiederkehr ihrer Schlagefantasien und ihren onanistischen Konsequenzen (vgl. Young-Bruehl 1995, S. 174). Und schließlich wird sie 1922 wiederum Freuds Arbeit für ihre eigene Abhandlung des Themas heranziehen, mit deren Vortrag sie sich auch den Eintritt in die Wiener Psychoanalytische Vereinigung verschafft.

Weibliche Identität, das Problem des (weiblichen) Masochismus und die

Frage der weiblichen Homosexualität sind somit Schwerpunkte in Freuds klinischer Tätigkeit und Reflexion während der uns hier interessierenden Jahre. Die Thematik bleibt allerdings nicht auf den therapeutischen bzw. beruflichen Bereich beschränkt. Sie betrifft auch Freuds persönliches Leben und, institutionspolitisch betrachtet, in gewisser Weise auch die weitere Entwicklung und Gestaltung der Internationalen Psychoanalytischen Bewegung insbesondere im Hinblick auf die Fragen der Stellvertreterschaft Freuds und die spätere Verwaltung seines Erbes (vgl. Allouch 1962, S. 52ff.).

Übertragungen und Übertragungserwartungen

Mit diesem Überblick sei der Kontext umrissen, in welchem sich G.s Analyse abspielt. Freud stellt zunächst zwei Bedingungen, welche die Bezahlung und die Dauer der Behandlung betreffen: vierzig Franken für die Stunde und eine Analyse von 4–6 Monaten, damit es sich lohne, wie er hinzufügt (Koellreuter 2007, S. 3). Dem Hinweis auf das Geld darf nun nicht mehr allzu große Bedeutung zugeschrieben werden, da seine finanziellen Nöte mittlerweile behoben sind und er über eine mehr als ausreichende Patienten- bzw. Analysandenzahl verfügt, sodass er »im Juli 1921 erkennen musste, dass er zweimal so vielen Leuten versprochen hatte, sie zu analysieren, als ihm bei der Wiederaufnahme der Arbeit im Oktober tatsächlich möglich sein werde« (Jones 1962, S. 100). Damit darf angenommen werden, dass es Freud nicht sonderlich daran gelegen war, G.s Behandlung länger als grundsätzlich nötig durchzuführen, was auch die Vermutung einer aktiveren therapeutischen Haltung mit einer möglichen Forcierung des Abschlusses zulässt. Aus den Notizen von G. wird ersichtlich, dass Freud in der Behandlung durchaus jenen Richtlinien und Zielvorstellungen folgt, die er 1919 in »Ein Kind wird geschlagen« kurz darlegt und seiner Kollegenschaft ans Herz legt:

»Strenggenommen – und warum sollte man dies nicht so streng als möglich nehmen? – verdient die Anerkennung als korrekte Psychoanalyse nur die analytische Bemühung, der es gelungen ist, die Amnesie zu beheben, welche dem Erwachsenen die Kenntnis seines Kinderlebens vom Anfang an (das heißt etwa vom zweiten bis zum fünften Jahr) verhüllt. Man kann das unter Analytikern nicht laut genug sagen und nicht oft genug wiederholen. Die Motive, sich über diese Mahnung hinwegzusetzen, sind ja begreiflich. Man möchte brauchbare Erfolge in kürzerer Zeit und mit geringerer Mühe erzielen. Aber gegenwärtig ist die theoretische Erkenntnis noch ungleich wichtiger für jeden von uns als der therapeutische Erfolg, und wer die Kindheitsanalyse vernachlässigt, muß notwendig den schwersten Irrtümern verfallen« (Freud 1919, S. 235).

Wir dürfen annehmen, dass die analytische Therapie der »jungen Homosexuellen«, die entsprechend unserer Kenntnis in die Zeit der Abfassung des Masochismus-Artikels fällt und mit der Analyse von Anna parallel läuft, grundsätzlich unter diesen Leitlinien stehen sollte. Allerdings hat Freud seinem Bericht nach einiges getan, um das Erreichen seiner Zielvorstellungen zu verhindern und den Fall buchstäblich zu Fall zu bringen. Wie bekannt ist, fühlt er sich durch die Scheingefügigkeit der Patientin und durch ihre ihm als konstruiert erscheinenden Träume hinters Licht geführt und mit dem Hinweis, dass sie sich ihm gegenüber wie zu ihrem Vater verhalte (was von seiner Befürchtung, zunächst verführt und dann gründlich fallengelassen zu werden, begleitet ist) bricht er die Analyse ab und schlägt dem »Mädchen« vor, diese bei einer weiblichen Analytikerin fortzuführen.

Das Scheitern dieser Analyse – grundsätzlich nicht unähnlich jenem im Fall Dora – greift Lacan in zwei Seminaren in Zusammenhang mit der Frage nach der Position des Analytikers und der Handhabung der Übertragung auf.

Im Seminar »Die Objektbeziehung« (1956/57, Lacan 1994) vertritt Lacan die Auffassung, dass Freud in seiner Konzentration auf die »imaginäre Übertragung« (d. h. auf seine Vaterrolle) die »symbolische Übertragung« etwa als Arbeit an den in seiner Kasuistik gar nicht ausgeführten Traumtexten ungenützt gelassen habe, sodass es zu einer Festigung der imaginären Beziehung und damit zu einem vorzeitigen Ende gekommen sei. Mit anderen Worten gesagt hätte er also der *Deutung in der Übertragung* gegenüber der *Deutung der Übertragung* den Vortritt lassen müssen.

1963, in seinem Seminar »L'angoisse« (2004) spezifiziert Lacan die Wirkung dieses Versäumnisses, indem er im Übertragungsgeschehen die Position Freuds als die eines Objekts »a« in Form eines phallischen Blicks herausstreicht, eines Blicks, welcher jenem vernichtenden Blick des realen Vaters analog gewesen sei, der das Mädchen dazu veranlasst hatte, sich in einem ›passage à l'acte‹ über das Geländer der Stadtbahnbrücke zu stürzen. Damit habe sich Freuds Analyse einer hypnotischen Behandlung angenähert, sie sei mit einem buchstäblichen Fallenlassen der Patientin beendet worden, und das Verharren Freuds in seiner Objektposition habe es der Patientin verunmöglicht, ihn als Triebobjekt fallen zu lassen und so den Weg zum Begehren zu eröffnen. In einem Kommentar dazu stützt Allouch (2001) Lacans Argumentationen u. a. mit einer narrativen Begründung der ausagierten Gegenübertragung Freuds, die sich aus der Erzählstruktur des Falles ergebe:

»Indem er seine junge Patientin zu einer Frau schickt, führt Freud sie zurück zur Situation à trois, zur Dreierkonfiguration des acting-out. Bestenfalls könnte die Analytikerin die Dame ersetzen, das Mädchen sich in sie verlieben und sich mit einem Freud wiederfinden, der den Platz des Vaters gegenüber ihrer Beziehung zur Dame einnähme. Der Vater wäre also endlich beiseite geräumt« (ebd., S. 50). Allouch führt weiter aus:
»Lacan kritisiert Freud nicht nur wegen der Einstellung auf die imaginäre Übertragung, *sondern auch und vor allem, weil er diese imaginäre Übertragung durch seine Interpretation zertrümmert habe* (ebd., S. 51, kursiv im Original).

Einen ähnlichen Vorwurf, so Allouch, habe Freud auch von Lou Andreas-Salomé in einem Brief vom 20. Juli 1920 über diese Behandlung entgegennehmen müssen:

»[...] wie schade dass er [der Fall] abbrach; hinter der negativen Übertragung auf Sie steckte doch die ursprünglichste positive auf den Vater: wär nicht durch das Agieren der negativen schließlich dieser Urgrund heraufgelangt?« (ebd., S. 56)

Damit wird behauptet: Hätte sich Freud hingegen auf die symbolische Übertragung konzentriert, so hätte er von der imaginären profitieren können, anstatt sie zu zerschlagen. Die präzise Formulierung dessen, was geschehen ist und worin Freuds Irrtum bestanden hat, ist erst durch Lacans Überlegungen zur Beziehung des Analytikers zum Objekt »a« deutlicher geworden:

»Denn genau darum lässt Freud das Mädchen fallen, weil er sich nicht dem Risiko aussetzen will, von ihr fallengelassen zu werden. Es geht um denselben Schautrieb (wo zweifellos der Blick auch als Exkrement fungiert). Auf dem von Lacan angedeuteten Weg hätte Freud dem Mädchen die Möglichkeit eröffnet, ihn fallen zu lassen, jedoch ihn als Träger des väterlichen phallischen Blicks, wenn nicht geradezu als diesen Blick selbst« (ebd., S. 52).

Frauen auf Freuds Couch
oder einige Lektionen in Fragen der Liebe

Mit dem Fall G. haben wir nun neben den Dokumenten über die Analysen von Anna Freud und der jungen Homosexuellen einen weiteren Analysebericht einer weiblichen Analysandin Freuds aus einer für ihn bewegten und bewegenden Zeit vorliegen. Dabei erhebt sich die Frage, welche Gleichläufe und Gegensätze sich im Vergleich der drei Behandlungen sowohl hinsichtlich der Ausgangssituation als auch hinsichtlich des therapeutischen Prozesses einschließlich der Vorgangsweise Freuds erkennen lassen.

Im Gegensatz zum homosexuellen »Mädchen«, wie Freud seine Patientin kennzeichnet, ist G. zum Zeitpunkt ihrer Analyse ganz offensichtlich das, was man eine »gestandene Frau« nennt, oder anders gesagt, eine Frau, die ihren Mann steht. Sie ist emanzipiert und mit einem Selbstbewusstsein ausgestattet, das es ihr, ungeachtet aller erfolgreichen Bestrebungen, ein normiertes weibliches Rollenbild hinter sich zu lassen und sich in einer männerdominierten Welt zu behaupten, möglich macht, weder ihre sexuelle Identität als Frau ernsthaft infrage zu stellen noch eine bedeutsame Objektwahl außerhalb des Heterosexuellen zu treffen. Sicherlich, auch Anna lässt an Durchsetzungskraft und beruflicher Leistungsfähigkeit nur wenig zu wünschen übrig, sodass man ihr nicht zuletzt die Verwaltung des väterlichen Erbes zutrauen kann. Aber offenbar anders als G. trägt sie die zusätzliche Bürde, innerhalb eines familiären Komplexes an eine Stelle gerückt zu sein, die nach einer bisweilen vorgebrachten spöttischen Formulierung darin besteht, Freuds bester Sohn zu sein.

G.s Analyse ist von vornherein zeitlich begrenzt und thematisch insofern eingeschränkt, als sie sich einem gewissen Druck ausgesetzt sieht: Im siebenten Jahr ihrer Verlobung stehend (als »verflixtes siebentes Jahr« kein unwesentliches Signifikat jenes sich in der Analyse immer wieder aufdrängenden numerischen Signifikanten »sieben«), eine letztlich unerwünschte bzw. gefürchtete Heirat unmittelbar vor sich sehend und die Verheißung eines neuen Liebeslebens spürend hat sie nicht allzu viel Zeit für die Arbeit an ihrem vordergründigen Konflikt. Seine Lösung wird, wie in den meisten solcher Fälle, in welchen die Frage der Trennung von einem Partner auf dem Spiel steht, darauf hinauslaufen, bewusst etwas auf sich zu nehmen, was unbewusst bereits vollzogen ist. Freud andererseits ist auch pressiert, hat er doch schon zu vielen Interessenten eine Behandlung in Aussicht gestellt, sodass er bestrebt ist, seine Aufgabe in kürzestmöglicher Zeit zu erledigen. Indem sie Freud konsultiert, geht G. entschlossen und selbstmotiviert zum »Schmied« und nicht zum »Schmiedl«, verschafft sich also einen Analyseplatz beim großen Meister, von dessen Werken sie wohl auch einige der damals aktuelleren gelesen haben dürfte. Denn ihrem Tagebuch zufolge beginnt sie mit einer Kindheitserinnerung, die Freud nicht gleichgültig lassen kann. Thema dieser Ouvertüre sind infantile sadistische Akte in mehreren Varianten, die offensichtlich zu weiterer phantasmatischer Ausarbeitung Anlass gegeben haben und mit ersten masturbatorischen Erfahrungen in Verbindung stehen. Auf eine Kurzformel gebracht scheint der Komplex auf den Satz hinauszulaufen: »Ich schlage ein Kind.«

Wenn auch ein derartiges Thema für Freud wie ein Köder und als Angebot einer frühen Gabe wirken mag, deren Verführungscharakter er zum Anlass einer entsprechenden Intervention nehmen könnte, so scheint er geflissentlich darüber hinwegzusehen, um stattdessen die gute Erinnerungsfähigkeit der Analysandin zu loben (was eigentlich einer Deutung in der Übertragung anstelle einer Übertragungsdeutung entspricht). Ganz im Sinne seiner psychoanalytischen Prinzipien und der damit verbundenen Zielsetzung, vor allem an die Aufhebung der kindlichen Amnesie heranzugehen und die infantile Sexualität auf die ödipale Konstellation als Kernkomplex der Neurose zurückzubinden, behandelt er die Erinnerung als Deckerinnerung und legt von da aus die wesentlichen Kernkonflikte frei:

Zunächst ein prinzipieller Autonomie-Abhängigkeitskonflikt als zurückgelassener Rest emanzipatorischen Voranschreitens, für dessen Lösung G. selbst einen möglichen Vorschlag beibringt. Denn ihre von Freud als Metapher des Kernkonflikts erkannte Anspielung auf eine Erzählung Schnitzlers (»Die Hirtenflöte«, von G. wohl irrtümlich als »Der Flötenton« erinnert) verweist auf den paradoxen Sachverhalt, dass Autonomie zwar in einer Selbstautorisierung besteht, dass diese aber wiederum nur vom Anderen her erfolgen kann. Wenn in der Geschichte der alte Mann seine junge Frau plötzlich und unvermutet in die Freiheit entlässt, was sie in höchste Bestürzung versetzt, so wird sie dadurch vor dem Sturz in ein Nichts bewahrt, dass ein in ihr vorhandenes Begehren auf eine von außerhalb kommende Verführung (von Schnitzler vielsagend in einem Flötenton inkarniert) adäquat reagieren kann. Hier geht es also um die Position des (idealen) Vaters. In einer doppelten Begehrensfunktion zur Mutter stehend, d. h. sowohl als begehrter als auch als begehrender, und damit über einen Mangel verfügender, Vater ist er für die Entwicklung des Kindes von ausschlaggebender Bedeutung. Auf Freuds offensichtliche Schwierigkeit mit dieser Haltung wurde bereits hingewiesen. Wie noch zu zeigen sein wird, wird auch G. davon nicht unberührt bleiben, wenngleich sich Freud bemüht, ihr den Weg zu einem autonomen Begehren ohne Normierung des Liebesobjekts (wie bei Dora) nicht unnötig zu verstellen.

Jedenfalls kann er, von hier ausgehend, an die Herausarbeitung der noch ungelösten Verflechtungen und Verstrickungen des ödipalen Dramas herangehen, freilich im Sinne seiner Ödipuskonzeption: als konkrete Dreipersonenbeziehung in ihren libidinös-aggressiven Verstrickungen, was die bereits erfolgte Differenzierung von Objekt und Anderem voraussetzt, und nicht etwa als bereits früher anzusetzende vorwiegend intrasubjektive phantasmatische Beziehungserfahrungen (wie bei Klein) oder als Kristallisationspunkt für das Erfassen logischer Strukturen und medialer Kategorien mit der Möglichkeit der Differenzerfahrung durch den Einfall des Symbolischen (wie bei Lacan). In dieser Hinsicht ist die topisch und zeitlich zu verstehende Ordnung des auf die Entwicklung der Objektbeziehungen gerichteten Dreistufenmodells, das Freud anhand dieses Falles mehrfach herausstreicht – Geliebter/Geliebte, dann Geschwister, schließlich auf der untersten Etage die Eltern – nur innerhalb seines theoretischen Rahmens schlüssig. Dessen Leitlinien und das sich daraus ergebende behandlungstechnische Vorgehen sind aber allem Anschein nach ausreichend, um der sowohl von G. als auch von Freud geteilten Zielvorstellung der Analyse, die man in einer späteren Generation von Analytikern eher als Fokaltherapie erachten wird, zu entsprechen.

Was dabei außen bzw. innen vorbleibt, was durch die Terminsetzung und die Konzentration auf einen oder mehrere Kernkonflikte einer intensiveren Bearbeitung nicht unterzogen werden kann, bleibt freilich auch in dieser kurzen Kur nicht gänzlich stumm. Wenn sie auch nicht zu einem vollen Sprechen veranlasst werden können, wenn es auch nicht gelingen kann, sie in ihrer ganzen Ausdehnung zu durchqueren, so können doch all jene Phantasmen, die den verschiedenen Subjektpositionen der Patientin zugrunde liegen und die ihr Leben – angefangen von ihren Lust- und Genießensbetätigungen über Liebesobjekte und Partnerwahlen bis hin zu den mehr oder weniger bewussten Motiven ihrer professionellen Orientierung – bestimmen, in verschiedenartigen Bildungen des Unbewussten und vornehmlich in einer Überfülle an Träumen ihren Ausdruck finden.

Dabei geht es vor allem um den narzisstischen Urgrund aller späteren, also ödipalen Beziehungskonstellationen, um jene wach und lebendig gebliebenen Positionen, in welchen das Objekt des Begehrens und das Objekt der Identifizierung noch in einem Objekt zusammenfallen, sodass man die Stelle dessen, was man begehrt auch gleichzeitig einzunehmen gezwungen ist: nachvollziehbarer Entfremdungseffekt, woraus jene primäre Aggressivität und jene unmittelbare Rivalität mit dem imaginären anderen resultiert, wie sie Lacan als Spiegelidentifizierung im Rahmen der Ichbildung diesseits der symbolisch gefestigten Subjektkonstituierung konzeptualisiert hat. Freud erkennt sie durchaus, jene kleinen Gefährten, welche G. zu Gegenständen einer Sammelleidenschaft zu machen scheint und mit welchen sie ihre Spiele von Schädigung und Wiedergutmachung treibt (als einer Art Inversion der typischeren hysterischen Verführungs- und Frustrationsneigung). Er erkennt sie als solche, wenn er sagt: »Sie gleiten vom einen zum anderen wie bei den Geliebten. Die Geliebten sind Brüderersatz, sie sind darum gleich alt, eigentlich sozial jünger«. Allerdings sieht er in ihnen hauptsächlich Ersatzobjekte für den Vater in einer Ödipuskonstellation, anstatt sie an jene archaischere Positionen zurückzubinden, für deren Nachweis die Patientin durchaus bedeutsame Phantasmen und Erinnerungen liefert: Bilder und Dokumente oraler Gewalt und aggressiver Einverleibung, die in Kinderfressvorstellungen ihren archaischsten Ausdruck finden, in Vorstellungen also, die einer Identifizierung mit einer hexenartigen Mutterfigur oder aber – wenn schon Vater – mit einer dem Kronos entsprechenden Urvaterimago geschuldet sind, in Vorstellungen letztlich, in deren assoziativer Nähe sich nicht zufällig G.s Gedanken zur Schizophrenie (und einer gefürchteten eigenen Verrücktheit?) ansiedeln.

Hassliebe, Identitätsdiffusion und multiple Identitätsbildungen stehen somit im Hintergrund von G.s bewusster Weltbezogenheit, in welcher sie sich einerseits durchaus auf eine ausgereifte Liebesfähigkeit berufen und auf eine relativ solide Identität stützen kann, in welche aber andererseits diese narzisstischen Restzustände als neurotische Grundphantasmen immer wieder störend eingreifen. Sie führen einerseits zu bedrohlichen Kollusionen in den bislang gelebten Beziehungen, in welchen die libidinösen und aggressiven Besetzungen des eigenen Selbst und des anderen auf dasselbe hinauslaufen: »Ich denke abwechselnd, er soll sterben oder ich«, sagt G. in einem solchen Zusammenhang, in welchem auch ihre zwangsneurotischen Strukturanteile durch die dafür typische Frage »Bin ich tot oder lebendig?« (Fink 2005, S. 166) anklingen. Andererseits begründen sie die Unentschiedenheit bezüglich der geschlechtlichen Identität mit ihrem Oszillieren zwischen einer weiblichen und einer männlichen Position, wie sie Lacan als charakteristisch für die hysterische Struktur und damit auch allgemein für das Wesen des Weiblichen erachtet. In dieser Hinsicht ist die unbewusste Seinsfrage der Frau jenseits aller pathologischen Entwicklungen im Sinne einer manifesten Hysterie stets auf die Frage »Bin ich eine Frau oder ein Mann?« hin orientiert (ebd.). Aus dieser strukturellen Gegebenheit heraus entwickelt sich im Rahmen der psychosexuell determinierten Subjektentwicklung ein komplexes Identifizierungsspiel. Im Gegensatz zur symbolischen Identifizierung als Mechanismus innerhalb einer zwanghaften bzw. männlichen Struktur, bei welcher der von Freud herausgearbeitete »einzige Zug« des Objekts determinierend ist, kommt es bei der hysterischen, d. h. imaginären Identifizierung zu Identifikationen sowohl mit beiden Teilen des Liebes- bzw. Elternpaares als auch mit der (sexuellen) Beziehung zwischen ihnen als solcher. Wie Freud schon am Fall Dora gezeigt hat, kann letztere als phantasmatische Identifizierung mit dem Objekt in Form der Erregung in neurotischer Steigerung Anlass zu verschiedenartigen hysterischen Konversionssymptomen geben (s. dazu Nasio 1999, S. 80ff.).

Lacans bewusst zweideutiger Satz, dass die Hysterikerin den Mann macht, verweist darüber hinaus auf jene Aspekte der hysterischen Identifizierung, wonach das hysterische Subjekt einerseits den Herrn produziert (um ihn letztlich vermittels seines unbefriedigten Begehrens zu dominieren), andererseits aber ihre Selbstrepräsentanz so gestaltet, dass sie sich selbst als Mann bzw. als phallisches Objekt vorstellt. Daraus resultieren verschiedene Phänomene, die für das Hysterische als charakteristisch erachtet werden dürfen. Zunächst das Phänomen der Maskerade, das in der Analyse von G.s Träumen und Erinnerungen einen fast durchgehenden Topos darstellt und in den zahlreichen Themen von Kleidern, Kleidungsstücken und Accessoires seinen lebhaften Ausdruck findet. Damit verbunden sind die vielen phallischen Objekte in ihren metaphorischen und metonymischen Gestalten an den verschiedensten Aufbewahrungsorten und in ihren diversen Verhüllungen. In einem Spannungsfeld von Sein und Haben veranlassen sie das Subjekt, sich sowohl mit ihnen zu identifizieren als auch in ihren Besitz zu gelangen bzw. sie zu zerstören und zu vernichten. Freuds Neigung zu Symboldeutungen, die dem Bilderwert der Traum- und Fantasieelemente gegenüber ihrem Zeichenwert einen Vorrang einräumen und die in dieser Hinsicht ein gewisses Zurückfallen hinter seine eigene frühere Position (»Traumdeutung«, Witzarbeit, Psychopathologie des Alltagslebens) bedeuten, findet hier ein reiches Betätigungsfeld.

Indem sich G. Einblicke in die Hintergründe ihrer triebhaften Konstellationen auf der imaginär-narzisstischen Ebene verschafft, sodass die entsprechenden Imagines und Partialobjektrepräsentanzen an die psychische Oberfläche kommen, kann gleichzeitig auf der Ebene der Liebe ein Begehren hervortreten, das auf den idealen Anderen gerichtet ist. Es ist grundsätzlich ein fantasmatisches Ideal und entspricht jenem idealen Vater, an dem sich im Unbewussten die Vorstellung des vollkommenen Anderen aufrichtet, sofern das Subjekt einem androzentrischen Diskurs unterliegt. Lacan spricht in dieser Hinsicht und unter Bezugnahme auf die Unmöglichkeit des proportionalen Geschlechterverhältnisses von einem typisch weiblichen Phantasma. Es ist vom Glauben getragen und von der Hoffnung erfüllt, dass es den Einen gibt, der vollständig ist (im Gegensatz zum charakteristischen Phantasma des Mannes, wonach die Frau als nicht-ganz betrachtet wird, sodass man alle Frauen besitzen muss, um zur Frau als Ganzer zu gelangen). Der religiös-mystische Aspekt dieser Vorstellung vom ganzen Mann als Subversion des bewussten Begehrens lässt schließlich in Lacan im Zusammenhang mit der Amphytrion-Geschichte den Verdacht aufkommen, dass uns unsere Frauen immer mit irgendeinem Gott betrügen (vgl. Ruhs 1995).

Von dieser Idealfigur erwartet auch G. einiges, nicht zuletzt ein Kind als idealem Endpunkt phallischen Strebens auf dem Weg der uns geläufigen imaginären Gleichungen. So träumt sie schließlich den Traum vom Ideal der unbefleckten Empfängnis (11. Juni/16. Juni), wenngleich sie sich im Kompromiss des manifesten Traums auch mit der befleckten Empfängnis zufrieden gibt: »… es macht nichts« und »… es macht gar nichts« wird G. daher über die vom Künstler bzw. Bildhauer verursachten Flecken an ihrem Kleid sagen (16. Juni).

Bevor sich dieses Begehren, dessen Objektbezug vielleicht ein dritter in der Freud'schen Ordnung neben dem narzisstischen Typ und dem Anlehnungstyp der Objektwahl sein könnte, in der Übertragung entfalten kann, gilt es jedoch, noch einige kleine Rivalen buchstäblich aus dem Feld zu schlagen. Wenngleich die dabei ausgeteilten Schläge und Ohrfeigen für eine hauptsächlich bubenhaft-sadistische Identifizierung des kleinen streitlustigen Mädchens sprechen, so ist Freud dennoch bemüht, passive Schlagefantasien jenseits der aktiven Strebungen herauszuarbeiten und hervorzuheben. Schließlich ist er, nicht zuletzt im Hinblick auf Annas Vortrag vor der Gesellschaft, daran interessiert, die Fallzahlen zur Stützung seiner Theorie des weiblichen Masochismus zu erhöhen. Allein G.s Interessen scheinen in eine andere Richtung zu laufen. Den Sadismus des Vaters herauszufordern, um ihr Bedürfnis nach sexueller Liebe zu befriedigen ist wohl nicht ganz ihre Sache. Eher am Johannistrieb eines betagten Genies und explizit nach Muster Goethe (25. April) orientiert, mündet die entsprechende Übertragung in eine Liebesbezeugung, die in ihrer O-Herr-ich-bin-nicht-würdig-Haltung mit Heiratsanspruch auf ein sublimeres Sexualziel gerichtet ist (26. April).

Wie geht Freud damit um?

Man ist zu sagen geneigt: business as usual. Obwohl er schon sehr früh erkannt hat, dass einerseits Übertragung grundsätzlich auf Liebe hinausläuft (was auch ein Umschlagen in Hass als einer anderen Figur der Leidenschaft beinhalten kann; Lacan erfindet in dieser Hinsicht den Neologismus »Hainamouration« als Verbindung von *s'enamourer*/sich verlieben und *haine*/Hass) und dass andererseits jede Liebe gleichzeitig Übertragung ist, hat er im praktischen Leben und Arbeiten mit einem solchen an ihn gerichteten Begehren gewisse Schwierigkeiten. Schon im Hinblick auf Dora und auf den Fall der jungen Homosexuellen (und unter Außerachtlassung der Analyse seiner

Tochter, bei welcher die Verhältnisse schwer vergleichbar sind und von der wir auch wenig wissen) ist seine Neigung zu bemerken, eine solche Übertragung nicht aufkommen zu lassen oder ihr Feuer vorzeitig zu löschen, sodass eine wirkliche Durchquerung des Phantasmas ausbleiben muss. In ähnlicher Weise geht auch Freud im Falle G. vor: anstatt sich die Beziehung zunutze zu machen und sich von der Übertragung auch tragen zu lassen, um innerhalb ihrer Wirkkraft seine Deutungsarbeit zu verrichten, deutet er vorschnell die Übertragung, um ihr den Charakter einer unzeitgemäßen, abgeleiteten und daher unechten Liebe zu verleihen:

Fr: Das ist nun die Übertragung der alten/Liebe u. Verliebtheit die Sie zum Vater hatten,/auf mich. Auch alle die schmerzl. Enttäuschung Eifersucht etc. wird dann/kommen. (25. April)

Es ist nicht auszuschließen, dass die Vorkehrungen, die mit dieser Prophezeiung getroffen werden, auch dazu führen, dass sich G. in der nächsten Sitzung herabgesetzt fühlt, und dies umso mehr, wenn sie ihre Kränkung mit einer Äußerung Freuds konfrontiert sieht, durch die sie sich in die Nähe einer Dame mit Hämorrhoiden versetzt sieht (26. April). Dass ihr daraufhin kurzzeitig nichts einfallen mag, dürfte eher an der Verblüffung über Freuds befremdlich anmutende Assoziation liegen als an dem von ihm konstatierten Übertragungswiderstand. So wiederholt sich hier ein Trauma, das Freud zwar als historisches Ereignis bzw. als schwerwiegende Enttäuschung durch den Vater rekonstruiert, dessen Re-Aktualisierung durch ihn selbst er aber aus Gründen seiner Gegenübertragung offensichtlich nicht anzuerkennen bereit ist. Denn sofern durch die Behandlung von G. auch seine väterlichen Regungen für eine Tochter ins Spiel kommen, ist deren ambivalenter Charakter auf Grund seiner eigenen Lebensumstände nicht von der Hand zu weisen. Hatte er nicht schon in anderen Fällen und nicht zuletzt im eigenen Haus sein Begehren an die Kandare nehmen müssen? Und hatte andererseits nicht gerade diese emotionale Askese dazu geführt, dass er, im Gegensatz zu Breuer, »seine« Psychoanalyse weiterentwickeln konnte? Unter diesen Prämissen wird sich auch hier ein Impuls-Abwehr-Konflikt geltend machen, der schließlich in einer projektiven, aber nicht minder verräterischen Rhetorik seinen Ausdruck findet:

Wenn Sie sich herabsetzen tun Sie es um/<u>mir</u> die Liebe zu verleiden, wie z. B. die/Dame mit dem Hämorrhoiden – (26. April)

Was dabei an Wahrheit über seine eigene Begehrenskonstellation sichtbar wird, könnte sich als Gegenübertragungsbekenntnis in etwa folgender Form artikulieren: »Wenn ich Ihre erotischen Gefühle mir gegenüber möglichst rasch als Übertragung deute, so tue ich es, um Ihnen die Liebe zu verleiden, vor der ich ebenso Angst habe wie vor meinen eigenen Liebesregungen und vor deren Folgen ich mich in beiden Fällen schützen muss.«

Man sieht: Wie im Fall der jungen Homosexuellen bereitet sich auch hier Freud darauf vor, von der Patientin fallen gelassen zu werden, weshalb er die Liebe wie ein anales Objekt fallen lässt: wie Hämorrhoiden, die es zu entfernen gilt, wie eine *Liebesfrucht*, die abgetrieben werden muss.

Eine solche Interpretation wird ihm auch von G. geliefert, indem sie, entlang der signifikanten Gleichung *Abort-Abortus* auf einen anal-urethralen Schauplatz hinüberwechselnd, auf die frustrierenden Interventionen Freuds mit Kastrationsphantasmen antwortet und das aufkeimende Begehren wie eine Frühgeburt einer Abtreibung unterzieht (26. April).

Im Rückblick auf Lacans kritische Äußerungen bezüglich Freuds Vorgangsweise in der Analyse der jungen Homosexuellen lässt sich somit der Eindruck nicht vermeiden, dass Freud auch hier seine Patientin in gewisser Weise fallen lässt.

Aber sowohl trotz als auch wegen seines indirekt zurückweisenden Verhaltens eröffnet sich für G. in der Folge ein Erkenntnisfeld, auf dem sie den Spuren ihrer ödipalen Enttäuschungen und deren phantasmatischen und realen Konsequenzen weiter nachgehen kann. Es sind vorwiegend Rankünen, die sich an die Agenten und Mittelspersonen dessen richten, was sie als bestimmend für ihr (weibliches) Schicksal erachtet: an eine Mutter, die sie als »lahmes Mädchen« geboren hat, an die Brüder und kleinen Freunde im Sinne der *petits amis*, mit welchen sie in Rivalitätskämpfe verwickelt und in imaginäre Beziehungen zwischen Identifizierung und Begehren verstrickt ist und schließlich an die enttäuschenden Vaterfiguren, welchen nichts zu fehlen scheint und die mit der Verschließung ihres eigenen Begehrens dem Begehren der Tochter die Anerkennung versagen.

Als Fallengelassene übernimmt G. zumindest in ihren Träumen und Fantasien die Rolle des gefallenen Mädchens und spult ihr Repertoire in den verschiedensten Arrangements und Inszenierungen von Promiskuität, Prostitution und donjuanesken Strebungen ab.

Indem sie trotz (oder wegen?) der gebotenen Eile ihre diesbezüglichen Fantasiebildungen teilweise durcharbeitet und zu einem geringen Teil wohl auch ausagiert, steuert ihre Analyse einem offensichtlich guten Ende zu.

So wie sie in einem Traum auf Ersatzzucker verzichtet (10. Juni), so scheint sie auch dem Verzicht auf jene Ersatzbefriedigungen und Ersatzobjekte zuzustreben, welche ihrem bisherigen Dasein keine wirkliche Erfüllung geboten haben.

Sie wird zu ihrem Bildhauer kommen, von dem sie erwarten kann, dass er an der Zertrümmerung ihrer infantilen Imagines mitwirkt und von dem sie hoffen darf, dass er wie einst Pygmalion aus ihr ein ideales Liebesobjekt macht.

Ihre letztlich gewinnbringende Arbeit mit Freud wird sie als kostbares Andenken sowohl für sich selbst als auch für nachfolgende Generationen aufbewahren. Damit scheint die Sache gelaufen zu sein: Die Psychoanalyse hat ihre Schuldigkeit getan, die Psychoanalyse kann gehen. Und mit ihr wohl auch Freud. Das Begehren, dem Vater ein Kind zu schenken, ist bearbeitet. Im Gegensatz zu Anna wird sich G. weder in sexueller Abstinenz üben müssen noch wird sie kinderlos bleiben. Vielleicht ergeben sich daraus einige Antworten auf die Frage, warum G. nicht Analytikerin geworden ist. Dabei ist auch die Erfahrung zu bedenken, dass Analysen, deren Ausgang darin besteht, dass man selbst Analytiker wird, nicht unbedingt die besten sein müssen.

Literatur

Allouch, Jean (2001): Die Fehlbezeichnung »passage à l'acte«. texte. psychoanalyse. ästhetik. kulturkritik. 3, 41–62.
Fink, Bruce (2005): Eine klinische Einführung in die Lacansche Psychoanalyse. Theorie und Technik. Wien (Turia + Kant).
Freud, Anna (1922): Schlagephantasie und Tagtraum. Imago 8, 317–32. The relation of beating phantasies to a day dream. Int J Psychoanal 4 (1923), 89–102.
Freud, Sigmund (1919): »Ein Kind wird geschlagen.« Stud., VII, S. 229–254.
Freud, Sigmund (1920): Über die Psychogenese eines Falles von weiblicher Homosexualität. G. W. XII, S. 269–302.
Jones, Ernest (1962): Das Leben und Werk von Sigmund Freud. Band 3, Bern, Stuttgart (Huber).
Koellreuter, Anna (2007): Als Patientin bei Freud 1921. Aus dem Tagebuch einer Analysandin. Werkblatt 58/1, 3–23.
Lacan, Jacques (1994): Le Seminaire livre IV (1956–1957): La relation d'objet. Paris (Editions du Seuil, Champ Freudien). Deutsch: Lacan, Jacques (2003): Das Seminar, Buch IV: Die Objektbeziehung. Wien (Turia + Kant).
Lacan, Jacques (2004): Le Séminaire livre X (1962–1963): L'angoisse. Paris (Editions du Seuil, Champ Freudien).
Nasio, Juan David (1999): 7 Hauptbegriffe der Psychoanalyse. Wien (Turia + Kant).
Ruhs, August (1995): Mangel/Differenz/Geschlecht. texte. psychoanalyse. ästhetik. kulturkritik. 1, 47–59.

Ruhs, August (2008): Freud 1919: Ein Fall von weiblicher Homosexualität und gewisse Folgen ... In: Diercks, Christine; Schlüter, Sabine (Hg.): Sigmund-Freud-Vorlesungen 2006. Die großen Krankengeschichten. Wien (Mandelbaum-Verlag), S. 119–128

Young-Bruehl, Elisabeth (1995): Anna Freud. Teil 1, Die Wiener Jahre. Wien (Milena Verlag).

»I dwell in possibility«[1] –
Gedanken über das Zögern
Lilli Gast

»Es ist wie ein Zauderrhythmus im Leben der Organismen«, schreibt Freud im Jahre 1920 in seiner großen Abhandlung *Jenseits des Lustprinzips*, »die eine Triebgruppe stürmt nach vorwärts, um das Endziel des Lebens möglichst bald zu erreichen, die andere schnellt an einer gewissen Stelle dieses Weges zurück, um ihn von einem bestimmten Punkt an nochmals zu machen und so die Dauer des Weges zu verlängern« (Freud 1920g, S. 43).

Im Jahr darauf, 1921, nimmt er die junge Frau aus Zürich in Analyse, die seine Hilfe nachsucht, weil sie sich nicht entschließen kann, den langen Jahren der Verlobung nun die längst verabredete und im Grunde von allen erwartete Hochzeit folgen zu lassen. Sie zögert. Sie zaudert. Sie tritt aus dem organisierten Ablauf der Ereignisse aus, sie verweigert sich dem *Lauf der Dinge*, sie führt in die systematisierte Ordnung des Vorhersehbaren etwas Unerwartetes ein – etwas Unerwartetes, dessen Subjekt sie ist, dem sie sich aber zugleich auch ausgeliefert fühlt. Indem sie sich für eine Analyse bei Freud entscheidet, wählt sie ein dreimonatiges Moratorium, mit dem sie ihrem Zögern einen Ort: Wien, ein Zeitintervall: April, Mai und Juni, einen Raum: Freuds Sprechzimmer und eine Gestalt: die Analyse zuweist. Die Ereigniszeit tritt in den Hintergrund, um der Taktung der inneren Zeit den Vorzug zu geben. Moratorium leitet sich ab vom lateinischen *mora*, Verzug, und bedeutet soviel wie Aufschub, Verzögerung. Eine Handlungskette wird unterbrochen, ein Vollzug vorerst ausgesetzt – ja, man kann sagen: ein gleichsam institutionalisiertes, definiertes, ein *entäußertes*, und durch die Zuordnung raum-zeitlicher Koordinaten ein nachgerade objektiviertes Zögern also.

Die Rahmung des Tagebuchs und auch sein latenter Inhalt ist also das

---
1 Emily Dickinson (1830–1886)

Zögern, und zwar ein Zögern, das sich nicht als schiere Unschlüssigkeit oder Unentschlossenheit denunzieren lassen will, sondern das als Chiffre eines durchaus aktiven und eigenen Gesetzen gehorchenden Prozesses verstanden werden muss.

Ich möchte diesen Hintergrundaspekt des vorliegenden Tagebuchs aufgreifen und zum Ausgangspunkt nehmen für einige eher unsystematische und recht assoziative Gedanken über das Zögern und auch über den Zauderrhythmus, von dem Freud sprach.

Zögern und *zaudern* sind Worte, die in Freuds Œuvre nicht häufig, aber an markanten Stellen vorkommen und dort in ihrem semantischen Bedeutungshof oftmals weit über sich hinausreichen. Freud verwendet sie zwar in erster Linie beschreibend, aber markiert mit ihnen zugleich so elementare Vorgänge wie Widerstand, Ambivalenz, Tabuverletzung, Konflikt. Zögern und Zaudern treten jeweils als Einbruch in einen Ablauf, als Störung einer Ordnung – Rede oder Handlung – in Erscheinung und verweisen zugleich auf ein einbrechendes Drittes, in dessen Namen sie auftreten. Mit anderen Worten: das Zögern verleiht dem Einbrechenden seine eigene Erscheinung und Gestalt, es *maskiert* das, was einbricht, als ein Zögern und schafft dem Neuen auf eben diese Weise Raum zur Repräsentation. In seiner Wendung vom *Zauderrhythmus* nun unterlegt Freud dem allen äußerem Anschein nach *arbiträr* Einbrechenden, das den regulären Ablauf ins Stocken bringt, eine eigene Rhythmik; ja mehr noch: Er sieht es in einer eigenen, idiosynkratischen Gesetzmäßigkeit verwurzelt, die er als eine Art basso ostinato des Lebens selbst versteht, als ein der conditio humana unterliegendes, ja sie bezeichnendes Taktmaß, das sich aus dem gegenläufigen Ineinandergreifen der beiden Triebgruppen Eros und Thantatos, Lebens- und Todestriebe, ergibt. Der Todestrieb strebt auf direktem Weg die Rückkehr des Organismus in den anorganischen Zustand an, die Libido drängt dieses Triebziel auf einen Umweg – und dieser Umweg ist nichts geringeres, als die Lebensgeschichte des Subjekts.

Mithilfe seiner Wendung vom *Zauderrhythmus* thematisiert Freud die Doppelfunktion der Libido angesichts des elementaren Befundes, *das Ziel allen Lebens sei der Tod* (ebd., S. 40). Tatsächlich ist es das Libidinöse, das sich der direkten Abfuhr der thanatalen Triebspannung in den Weg stellt und sie »zu immer komplizierteren Umwegen bis zur Erreichung des Todeszieles« nötigt (ebd., S. 41). Zugleich aber drängt auch die Libido, ebenso wie der Todestrieb, zur Spannungsabfuhr, d.h. auch die Sexualtriebe bewegen sich in Richtung Selbstaufhebung indem sie sich verausgaben, doch zugleich verzögern sie im Akt der Verausgabung den Tod.

Freud zeichnet im Grunde in seinem gesamten Œuvre und implizit bereits vor der Formulierung der Todestriebhypothese ein fein gesponnenes, ineinandergewirktes Netz von auf Bindung und auf Entbindung gerichteten Kräften, eine dialektische Konfiguration einer gleichzeitigen Gegenläufigkeit also, in dem sich die Konstitution des Subjekts und die Entfaltung seines psychischen Raumes ereignet. Doch handelt es sich bei dieser Gegenläufigkeit nicht lediglich um einen einfachen »Streit der Giganten« (Freud 1930a, S. 481), es reduziert sich nicht auf ein reines Kräftespiel zweier antagonistischer Monolithe, sondern diese Gegenläufigkeit spiegelt sich vielmehr in der *inneren* Ausgelegtheit der Triebkräfte selbst wider. Zu Recht macht Elfriede Löchel (1996) in ihrer Relektüre von *Jenseits des Lustprinzips* darauf aufmerksam, dass Leben und Tod nicht etwa auf die beiden Triebqualitäten verteilt sind, sondern dass »jede Triebgruppe in sich, in ihrer Eigenbewegung eine paradoxe Figur, eine Infragestellung ihrer selbst [enthält]« (S. 691).[2] Die Elementarform dieser Infragestellung bildet zweifellos die Tendenz beider Triebstränge zur Selbstaufhebung in Form der Spannungsreduktion. Doch das ist nicht alles: Beide Triebantagonisten sind in ihrer Manifestation aufeinander angewiesen und sie bedürfen einander zur Sicherung ihrer Ansprüche. Die Lebenstriebe bringen sich zur Geltung, indem sie den Todestrieb auf einen Umweg zwingen, und der *stumme* Todestrieb verläuft in den Bahnen des Lebenstriebes, um sich Repräsentanz zu verschaffen (vgl. Freud 1923b, S. 275 sowie 1930a, S. 480; vgl. auch Ricoeur 1969).

Diese nur scheinbaren Paradoxalitäten verdanken sich der komplexen Dialektik des Freud'schen Denkens, das in seiner komplexen und hoch verdichteten Triebtheorie in paradigmatischer Weise zum Ausdruck kommt – eine Dialektik, die sich zudem in Freuds Entfaltung des Phänomens der Wiederholung hinein verlängert und darüber hinaus in seiner Analyse der darin enthaltenen konstitutiven und auch pathologischen Dimensionen abbildet. In der Traumdeutung situierte er die Wiederholungsbewegung im Register des Lustprinzips und entfaltete mit ihr nicht nur die Genese des Wunsches und der Erinnerung, sondern begründete auf dieser Matrix auch die konstitutionslogische Verankerung seiner Theorie der Subjektgenese. Hier nun, in der Schrift *Jenseits des Lustprinzips*, zeigt er die andere Seite der Wiederholung, nämlich die Wiederholung als Emanationen der Todestriebe, man könnte auch sagen, als

---

2 So befand Freud schon früh, nämlich in der Hochphase seiner Analyse der Libido, »daß etwas in der Natur der Sexualtriebe selbst mit dem Zustandekommen der vollen Befriedigung nicht günstig« sei (Freud 1912d, S. 89).

dessen *Erynnien*, in deren Spur sich das Agieren an die Stelle der Erinnerung setzt. Diese beiden Facetten oder Dimensionen der Wiederholung und des Aufschubs markieren die Schnittstelle oder, noch pointierter formuliert, bilden das Scharnier zwischen der libidinösen und der thanatalen Triebökonomie, d. h. die bereits erwähnte dialektische Verwobenheit beider Ökonomien speist sich von dort – das Motiv des Don Juan, das auch im Tagebuch des Öfteren auftaucht, steht pars pro toto für diese im Grunde unhintergehbare Verflechtung. Derridas neologistische Begriffsschöpfung der *différance*, mit der er den Aufschub qua Wiederholung als jenen Vorgang beschreibt, mit dem sich das Leben mithilfe der Ökonomie des Todes vor dem Tod schützt, setzt an dieser Gelenkstelle an und arbeitet die von Freud inaugurierte Verschränkung der Triebökonomien zu einer umfänglichen Ursprungskritik aus, in der Aufschub und Verspätung an die Leerstelle eines *ausgestrichenen*, also nicht existenten Ursprungs treten (vgl. Derrida 1972, S. 310f.).

Nun will ich diese Linie und deren epistemologische Feinheiten hier nicht weiter verfolgen, sondern zu dem darin enthaltenen Moment des Zögerns, und in dessen Kielwasser des Aufschubs (mora) und des Umwegs zurückkehren. Betrachtet man die Herleitung der Worte *Zögern* und *Zaudern*, so wird rasch deutlich, dass dafür nur ein kleiner Schritt vonnöten ist, denn auch etymologisch bestätigt sich deren Abkunft von einer Wiederholungshandlung. Beide Begriffe sind Iterativbildungen von *ziehen* und bedeuten folglich *wiederholt hin- und herziehen*. Bereits das Wörterbuch der Brüder Grimm verweist mit ausführlichen Belegen auf diesen etymologischen Kern und umschreibt »zögern« als »das mehr oder weniger absichtliche Verweilen in dem Zustand vor der Ausführung einer Handlung, die man vor sich hat oder die von einem erwartet wird«, wobei zur Semantik von Zaudern noch zusätzlich der Anklang einer Unschlüssigkeit hinzukomme (Gebr. Grimm 1854).

Wiederholung, Aufschub und in gewissem Sinn auch Umweg sind also mit der Begriffsbildung *Zögern* sowohl in sprachkundlicher als auch, wie wir von Freud wissen, in psychologischer Hinsicht unablösbar verknüpft und gemeinsam bilden sie, wie ich es sehe, eines der zentralen Dispositive der Freud'schen Metapsychologie. Offenkundig ist es diese semantische Spur, die sich in Freuds Rede vom Zauderrhythmus fortsetzt – in jener Wendung also, mit der er das Hin und Her, das Vor und Zurück, die konstante Gegenläufigkeit von Bewegungen und deren ineinander verschlungenes Mäandern in Szene setzt, deren Ergebnis nicht etwa Stillstand, sondern eine Produktivität ganz eigener Art ist. Bilden das Voranstürmen und das Zurückschnellen der Lebens- und Todestriebe eine Interferenz sich permanent überlagernder Wellen, so wäre, um im Bild zu bleiben, das Zögern und dessen spezifische Gestalt als das *Interferenzmuster* dieses Überlagerungsprozesses von Bindung und Entbindung zu beschreiben. Und das, was prima vista als Stillstand, als ein *Auf-der-Stelle-treten* imponiert, gibt sich alsbald als ein in sich bewegliches, hochaktives und auch filigran differenziertes Gebilde zu erkennen.

Damit führt das Zögern eine dritte Qualität ein, und zwar ein psychisches Bewegungsmuster, das die organisierte und organisiert fortschreitende Handlungskette unterbricht und die Vielfalt der Möglichkeiten und Handlungsoptionen wieder eröffnet. Joseph Vogl (2007) spricht in seiner vorzüglichen literaturwissenschaftlichen Arbeit *Über das Zaudern* von einem »exzentrischen Augenblick, in dem nicht nur die Tat, sondern auch die Welt, in der sie sich realisiert, in die Schwebe geraten« (S. 34) und in dem die »Setzungsgewalt« der Ordnungsbegriffe selbst in fundamentaler Weise in Frage gestellt und möglicherweise revidiert werden (vgl. S. 36). Hier zeigt sich, wie an dieser Stelle in Parenthese hinzuzufügen wäre, eine Emanation des Unbewussten, das die Biografie als konsistentes Narrativ aushebelt und insgesamt als Fiktion entlarvt. Denn der Schwebezustand der Potenzialität versagt der algorithmischen Folgerichtigkeit eines erwarteten Ereignisses seine Anerkennung, es unterläuft das im Register des Handelns gültige Gesetz, stellt seine autoritative Kraft in Abrede und lässt es erneut verhandelbar erscheinen.

Folgt man der von Vogl ins Spiel gebrachten Exzentrizität, die sich im Zögern in Erscheinung bringt, so weist dies eine gedankliche, wenn auch zunächst eher assoziative Nähe zu dem auf, was Winnicott (1974, S. 116) als *potential space* im Sinne eines *schöpferischen Spannungsbereichs*[3] bezeichnete. Steht bei Vogl das mit dem Zögern verbundene Infragestellen des Gesetzes und seiner Autorität als Deutungsmacht im Vordergrund, so könnte Winnicotts Analyse jener als *potential space* bezeichneten Sphäre helfen, die (entwicklungspsychologischen) Voraussetzungen dieser Infragestellung aufzuschließen und damit die Textur des Zögerns aus dieser theoretischen Position heraus in den Blick zu bekommen. Winnicott beschreibt den *Möglichkeitsraum* als dritten Ort, als einen Zwischenbereich, der die Register der inneren und die der äußeren Welt verknüpfend zusammenführt ohne indes deren Differenz zu tilgen. So entwirft er ihn als Produkt einer Dreiheit, einer Triangulierung, die der Dyade von Symbol (dem Gedanken) und dem Symbolisierten (dem Gedachten) als drittes Element noch den Denker beifügt, der seinen eigenen Gedanken hervorbringt und das Symbol deutet. Der *potential space* ist jener Zwischenraum

---

3 So die von Michael Ermann, dem Übersetzer Winnicotts vorgeschlagene Übersetzung.

in einer engen, zweifellos allzu engen Passung, jene Lücke, wenn man so will, durch die sich das Subjekt ins Spiel bringt, und zwar in seiner Eigenschaft als Autor seiner Gedanken, als Urheber seiner Wünsche und Handlungen sowie als Interpret seiner ihn umgebenden Realität. Es ist dies zunächst ein entwicklungspsychologisches, im engen Kontext der Übergangsphänomene angesiedeltes Konzept, mit dessen Hilfe Winnicott die Veränderungen der kindlichen Objektwelt genauer zu fassen suchte. Zugleich aber begriff er diesen intermediären Raum des Potenziellen als lebenslang verfügbare psychische Verfasstheit, die das Reservoir für kreative, spielerische Prozesse abgibt und in der sich kulturelle Erfahrungen, die psychoanalytische Kur eingeschlossen, ereignen – als einen Bereich also, in dem das Psychische einer spezifischen Taktung folgt, ein eigenes, idiosynkratisches Muster beschreibt. Ist es abwegig, in dem hier angeschlagenen Taktmaß eine Variante des Zauderrhythmus, eben jenes *Interferenzmuster* des Zögerns zu vermuten? Aus der exzentrischen Position heraus und als Folge der Triangulierung entsteht Reflexion in Gestalt des denkenden und deutenden Subjekts und es ergibt sich ein Bedeutungsüberschuss, der das Symbol zu einer Quelle vielfältiger Verweisungszusammenhänge macht. Wunsch und Handlung, Gedanke und Tat, Erwartung und Ereignis werden hier aus ihrer unmittelbaren Entsprechung und organisierten Abfolge herausgelöst und aufgrund ihrer Mehrdeutigkeit zu letztlich kontingenten und frei kombinierbaren, d. h. gestaltbaren Elementen. Emily Dickinson (1955 Poem, 657) hat dieser Freiheit mit emphatischen Worten Ausdruck verliehen:

»I dwell in Possibility –
A fairer House than Prose –
More numerous of Windows –
Superior – for Doors –
[…]«

Winnicott bezeichnet den *potential space* als dritten Ort, von dem Green (1975) sagt, ein solcher Raum sei »weder der des ›das bedeutet nichts‹ noch der des ›das bedeutet das‹, sondern der des ›das könnte das bedeuten‹« (S. 516); es sei, so Green weiter, der »Raum des Potentiellen und der Abwesenheit« (S. 517) – einer Abwesenheit, die das Denken hervorbringt. Ebenso gut könnte man ihn mit Vogl als *Atopos* bezeichnen, als einen Übergangs- oder Schwellenraum, der, so Vogl, weder ein bestimmter Ort noch ein Nicht-Ort sei, sondern vielmehr eine Lage, die jeden bestimmten Platz ins Wanken und Gleiten bringe (vgl. ebd., S. 84), wobei hinzuzufügen bliebe, dass doch dieses Wanken und Gleiten nichts anderes ist als das Potenzielle selbst, das sich in den Bahnen des Unbewussten und in Gestalt des Zögerns in die organisierte Struktur hineindrängt, sie ins Stocken bringt und das Ende der Gewissheit einläutet. Das Zögern stellt scheinbar zwingende Handlungsfolgen und unverrückbar erscheinende Lösungsalgorithmen zur Disposition und untergräbt die Endgültigkeit und Unwiderruflichkeit von Gesetzmäßigkeiten. Einen lockeren Verweisungszusammenhang zu Winnicott (1974) herstellend könnte man auch sagen: festgefügte, geronnene Strukturen und Narrative werden in *Ungeformtes* aufgelöst, in jenen dem Traum nahestehenden Zustand also, »in dem sich das Material befindet, bevor es gemustert, verschnitten, in eine Form gebracht und zusammengefügt wird« (S. 44). Vogl nennt dies die »aktive Seite des Zauderns«, das die Revision des Bestehenden will und in dem sich ein »komplizierender Sinn« artikuliere, der sich der *Hegemonie von Konsequenzsucht* sowie der *Finalität von Handlungsketten* und *der Unausweichlichkeit im Ablauf von Taten und Begebenheiten* als eine Art Schattenexistenz, ja gar als dessen Widerlegung antrage (vgl. ebd., S. 108). Erinnert eine solche Charakterisierung nicht an die Programmatik der psychoanalytischen Aufklärung? Hat es nicht große Ähnlichkeit mit der Umschreibung des Unbewussten und dessen epistemologischem Status als großer Infragesteller, ja Verstörer der Ordnung? Ist nicht auch das psychoanalytische Denken ein systematisches, ein zur hochelaborierten Methode raffiniertes Zögern, eine wiederholende, durcharbeitende Pendelbewegung im Zauderrhythmus, das unvergänglich und erratisch scheinende Strukturen verflüssigt und der (Rück-)Gewinnung von Subjektivität und Deutungsmacht dient? Methode sei Umweg, bemerkt Walter Benjamin (1928, S. 8), und »Verzicht auf den unabgesetzen Lauf der Intention [sei] sein erstes Kennzeichen«. Und er fährt fort: »Ausdauernd hebt das Denken stets von neuem an, umständlich geht es auf die Sache selbst zurück.« Trifft dies nicht in besonderer Weise auf die Erkenntnismethode der Psychoanalyse zu, und zwar sowohl in ihrer theoretischen wie in ihrer klinischen Anwendung?

Kehrt man nun von diesen kursorischen, zuweilen lediglich assoziativ ineinander geflochtenen Gedanken über das Zögern zurück zum Tagebuch der jungen, ihrem Zaudern ausgelieferten Frau aus Zürich, dann könnte man sagen, sie schlägt sich, ihrer Lebensnot gehorchend, auf die aktive Seite des Zögerns, indem sie sich der Virtuosin des Zögerns und des Umwegs, der Psychoanalyse, anvertraut. So wird nicht nur ihr Symptom zum Medium der Erkenntnisgewinnung, sondern auch die Struktur ihres Symptoms findet eine direkte Entsprechung in der Methode seiner Bearbeitung. In diesem Sinn ist ihr analytisches Moratorium tatsächlich ein in jeder Hinsicht *entäußertes Zögern*, um die eingangs vorgeschlagene Umschreibung nochmals aufzugreifen. Wenig verwunderlich also, dass auch die wesentlichen Elemente, die das vom Zauderrhythmus erzeugte *Interferenzmuster* des Zögerns prägen, im Tagebuch auftauchen und zu wesentlichen Topoi ihrer Analyse wurden, allen voran das zwischen Wunsch und Abwehr oszillierende Todesmotiv in den unterschiedlichsten Schattierungen der libidinösen Einfärbungen – Todeswünsche, kannibalistische Ängste, die Ersatzreihen in der Registerarie des Leporello, Bindung und Entbindung in der gleitenden Objektwahl des Don Juan, um nur die augenfälligsten Facetten exemplarisch zu nennen.

»I dwell in possibility«, so lässt Emily Dickinson ihr Hohelied auf die Möglichkeitsform des Lebens beginnen, und niemand wüsste wohl besser um die strukturierende Kraft des Phantasmatischen und um die Notwendigkeit einer befriedigenden Vermittlung zwischen Wunsch und Realität als die Psychoanalyse. Eine ihrer wesentlichsten und in konventioneller Hinsicht auch beunruhigensten Einsichten ist die, dass es in letzter Konsequenz dem Wunsch obliegt, die unendliche Mannigfaltigkeit der Möglichkeiten und die Vielfalt möglicher Zukünfte zu filtern, ihnen einen Wert, ein Gewicht und damit eine Bedeutung zu geben. Man kann auch sagen: An den Zufall wird der Triebwunsch als Diskretum, als eine Art Differenzial herangetragen, und indem sich der Zufall am Wunsch bricht, erfährt er schließlich seine Begrenzung, weil er auf diese Weise mit Bedeutung geladen wird. Dieser Gedanke lässt Leibniz' Satz von der »besten aller möglichen Welten« entfernt anklingen – eine philosophische Figur, auf der nicht zuletzt seine Begründung der Theodizee beruht. Für Leibniz ist die *beste aller möglichen Welten* nicht die vollkommene, sondern diejenige, die aufgrund ihres Veränderungspotenzials in einem unabschließbaren Entwicklungsprozess begriffen ist. Was für die Psychoanalyse der Wunsch, ist, überpointiert formuliert, für Leibniz der *zureichende Grund* (Gottes), der darüber entscheidet, welche Kombination von kompossiblen Möglichkeiten aus einem unerschöpflichen Reservoir an kontingenten Potenzialitäten die *beste aller möglichen Welten* darstellt und folglich vom Zustand der Möglichkeit in den Status der Wirklichkeit überführt wird.

Das Moratorium der psychoanalytischen Kur, der Umweg nach Wien, die Überstellung des eigenen Zögerns in das systematisierte, methodische Zögern der Psychoanalyse scheint es der jungen Frau aus Zürich ermöglicht zu haben, den geraden Weg in eine vorgezeichnete Zukunft zu verlassen und aus der Mannigfaltigkeit möglicher Optionen und Zukünfte für sich »die beste aller möglichen Welten« zu finden, sie vom Konjunktiv des Wunsches in den Indikativ der Realität zu übertragen und zu ihrer Lebenswirklichkeit werden zu lassen.

Literatur

Benjamin, Walter (1928): Ursprung des deutschen Trauerspiels. Frankfurt/M. (Suhrkamp), 1969.
Derrida, Jacques (1972): Die Schrift und die Differenz. Frankfurt/M. (Suhrkamp).
Dickinson, Emily (1955): Complete Poems of Emily Dickinson. Hg.: Thomas Johnson. [zusammengestellt nach der ersten Gesamtausgabe von 1913/1924].
Freud, Sigmund (1912d): Über die allgemeinste Erniedrigung des Liebeslebens. G.W. 8, S. 78–91.
Freud, Sigmund (1920g): Jenseits des Lustprinzips. G.W. 13, S. 1–69.
Freud, Sigmund (1923b): Das Ich und das Es. G.W. 13, S. 237–289.
Freud, Sigmund (1930a): Das Unbehagen in der Kultur. G.W. 14, S. 419–506.
Green, André (1975): Analytiker, Symbolisierung und Abwesenheit im Rahmen der psychoanalytischen Situation. Psyche — Z Psychoanal. 6.
Grimm, Jacob; Grimm, Wilhelm (1854–1960): Das deutsche Wörterbuch. Digitalisierte Fassung auf CD-ROM, 2004.
Löchel, Elfriede (1996): »Jenseits des Lustprinzips«: Lesen und Wiederlesen. Psyche — Z Psychoanal. 50 (8), S. 681–714.
Ricoeur, Paul (1969): Die Interpretation. Ein Versuch über Freud. Frankfurt/M. (Suhrkamp).
Vogl, Joseph (2007): Über das Zaudern. Zürich-Berlin (Diaphanes).
Winnicott, Donald W. (1974): Vom Spiel zur Kreativität. Stuttgart (Klett-Cotta), 1997.

»Ich lag im Bett. Freud war auch da.« Einige Bemerkungen zum Analysetagebuch der Anna G.
Thomas Aichhorn

Nach vielen Jahren wieder aufgefunden und nun veröffentlicht: Zwei Schulhefte mit Eintragungen, die sich eine junge Frau während ihrer Analyse bei Freud gemacht hat. Sie war im Frühjahr 1921 aus der Schweiz zu Freud nach Wien gekommen, weil sie sich nicht dazu entscheiden konnte, den Mann, mit dem sie seit vielen Jahren verlobt war, endlich zu heiraten. Eine Analyse bei Freud sollte ihr dazu verhelfen, sich entscheiden zu können. Wieder aufgefunden und zugänglich gemacht wird ihr Analysetagebuch – wie eine Flaschenpost, die die junge Frau einst in den Strom der Zeit geworfen hatte. Sie öffnet damit dem ihr unbekannten Adressaten nachträglich einen Spalt weit vormals sorgsam verschlossene Türen, die ihm Einblick in die Intimität einer vergangenen, durch ihre Nachricht wiederbelebten Szenerie gewährt.

Dem, an den die Nachricht gelangt, dem, der sie erwartungsvoll, wissbegierig aber auch zögernd öffnet, werden allerdings kaum die Antworten gegeben werden, die er sich erwartet hätte. Er wird nicht das vorfinden, was er gesuchte hat – einen genauen Bericht darüber etwa, wie Freud gearbeitet hat –, sondern er wird eine Botschaft vorfinden, die für ihn rätselhaft bleibt. Obwohl die Schreiberin ihrem Bericht die nüchtern objektivierende Form eines Protokolls gab, handelt es sich keineswegs um systematisch-wissenschaftliche Aufzeichnungen. Die junge Frau dürfte für – oder an – niemanden anderen als sich selbst geschrieben haben. Jeweils nach den Analysestunden schrieb sie das auf, was ihr damals wichtig schien. Es mag ihr darum gegangen sein, für sich selbst festzuhalten, was mit ihr geschah, es mag ihr darum gegangen sein, für sich selbst festzuhalten, wer und wie sie war und zu wem sie durch ihre Analyse werden würde. Es handelt sich also um keinen objektiven oder gar vollständigen Bericht, sondern um einen poetischen, geheimnisvoll schillernden Text, der öffnet und doch verschließt, irritiert und zum Nachdenken anregt.

Wien, April bis Juni 1921

1921 waren die Folgen des Ersten Weltkriegs noch kaum überwunden. Die Österreichische Republik hatte sich noch nicht konsolidiert. Die Zeitungen aus der Zeit sind voll von Meldungen über Kundgebungen, auf denen – nicht zuletzt aus ökonomischen Gründen – lautstark der Anschluss Österreichs an Deutschland gefordert wurde. In die Stille des Raums in der Berggasse 19 aber drang nichts vom Getümmel auf den Straßen Wiens. War für die Zeitungen zu jener Zeit auch das, was sich dort abspielte, nicht wichtig genug, um darüber zu berichten, so waren dennoch Nachrichten darüber bereits weit verbreitet. So schreibt etwa Arthur Schnitzler am 1. April 1921 (etwas kryptisch) in sein Tagebuch: »Frau Paukner; hat in Amerika allerlei für mich gethan; entrirt [entriet] Hirtenflöte-Film; [...] – bestätigt mir gleichfalls die Popularität meines Namens in Amerika (– Freud, Einstein – ich ihrer Meinung nach die bekanntesten)« (Schnitzler 1993, S. 164).

Die Türen waren aber nicht nur der Außenwelt gegenüber fest verschlossen. Auch all das, was Freud damals beschäftigte, hatte keinen Eingang in den Raum gefunden. Im Mai 1921 hatte er an Sándor Ferenczi geschrieben: »Ich bin nun schrecklich alt und merke, daß man dies auch allgemein so annimmt. Man dringt auf mich ein, daß ich die schwere Arbeit einschränken soll, und ich fühle, wie ich der Suggestion erliege und mich trotz des Widerspruchs der Realforderungen für einen müßigen Arbeitstag von sechs oder sieben Stunden bereit mache. Allerdings erst vom Herbst an. Immerhin habe ich schon jetzt den Triumph der Analyse und das Ausharren der besten und treuesten Freunde erlebt. Auf dem Gebiet kann mir also nicht viel geschehen. In der Familie könnte es mehr Glück oder Chancen dafür geben. Man muß sich sagen, je früher man stirbt, desto mehr notwendiges Unheil mitzuerleben bleibt einem erspart. Am 13. März d. J. habe ich ganz plötzlich einen Schritt ins wirkliche Alter getan. Seither verlässt mich der Todesgedanke überhaupt nicht mehr, und manchmal habe ich den Eindruck, daß sieben Organe sich noch um die Ehre streiten, meinem Leben ein Ende machen zu dürfen« (Freud 1992g [1908–33], S. 107).

Im April 1921 setzte Freud seine »schwere Arbeit« also fort. Er war ganz auf die junge Frau konzentriert, die da vor ihm auf der Couch lag. Scheinbar absichtslos sprach sie vor sich hin und schien den hinter ihr sitzenden alten Mann kaum zu beachten. Nur hin und wieder machte er Bemerkungen zu dem, was sie sagte, Bemerkungen, die ihr Sinn und Richtung ihres Redens entschlüsselten. Nur die Aufhebung der bewussten *Interessen*, der Zielvorstellungen und alltäglichen Lebensgewohnheiten der beiden an ihr Beteiligten, ermöglicht eine *psychoanalytische Praxis*. Es wird ein deutlich abgegrenzter Bereich konstituiert, innerhalb dessen der Diskurs einzig im Medium von *Sprache* stattfindet und die *psychoanalytische Grundregel* – die *freie Assoziation* aufseiten des Patienten und die *gleichschwebende Aufmerksamkeit* aufseiten des Analytikers – bewirkt, dass sich der durch die analytische Situation in Gang gebrachte Prozess keinem von außen vorgegebenen Ziel unterordnet.

Das, was sich die junge Frau zunächst aufschrieb, beginnt scheinbar irgendwo und irgendwann. Vielleicht aber war es die Stunde, in der sie Freud zuerst über ihre aggressiven, bösartigen Handlungen und Impulse und über ihre Onanie berichtete? Sie betrat damit endgültig jenen Bereich, in dem ihr Freuds große, grundlegende Entdeckung erkennbar wurde – die der sogenannten *polymorph-perversen Sexualität des Kindes*. Freud schreibt: »[...] daß keine andere Gruppe von Trieben eine so weitgehende Unterdrückung durch die Anforderungen der Erziehung zur Kultur erfahren hat wie gerade die sexuellen, daß aber auch die sexuellen Triebe sich bei den meisten Menschen der Beherrschung durch die höchsten Seeleninstanzen am ehesten zu entziehen verstehen. Seitdem wir die in ihren Äußerungen oft so unscheinbare, regelmäßig übersehene und mißverstandene *infantile Sexualität* kennen gelernt haben, sind wir berechtigt zu sagen, daß fast jeder Kulturmensch die infantile Gestaltung des Sexuallebens in irgend einem Punkte festgehalten hat, und begreifen so, daß die verdrängten infantilen Sexualwünsche die häufigsten und stärksten Triebkräfte für die Bildung der Träume ergeben« (Freud 1901a, S. 696).

Es hatte sich herausgestellt, dass sich die junge Frau wohl nicht nur nicht dazu entschließen konnte zu heiraten, sondern dass es ihr bisher überhaupt noch nicht gelungen war, erwachsen-sexuelle Beziehungen erleben zu können. Bedingt durch die *analytische Situation* war sie damit konfrontiert worden, dass ihr Seelenleben hauptsächlich mit der aus ihrer eigenen Kindheit stammenden *infantilen Sexualität*, mit dem *rätselhaft Drängenden*, dem *Unbewussten* in ihrem eigenen Inneren beschäftigt war und nicht nur mit der biologisch bedingten, in der Pubertät aufgetretenen *Erwachsenensexualität*.

Entscheidend und des Aufschreibens wert mochte für sie gewesen sein, dass Freud ihr ihre Triebimpulse nicht als angeborene Bösartigkeit deutete, sondern als Äußerungen jener *infantilen Sexualität* an die sie gebunden geblieben war. Er wies sie darauf hin, dass sie damit auf eine sie erschütternde Liebesenttäuschung reagiert habe: Sie habe sich einsam und nicht mehr geliebt gefühlt und sie habe dem geliebten Vater den Treuebruch mit der Mutter, der sie den Tod gewünscht habe, weil sie ihr den Geliebten genommen hatte, nie verziehen.

In einer späteren Stunde wird ihr Freud sagen, dass diese Liebe zum Vater so ungeheuer intensiv gewesen sei, dass alles Spätere nur ein schwacher Abglanz gewesen sei. Von der Intensität der Kinderliebe mache man sich gewöhnlich keinen Begriff, weil sie nur potenziell (oder imaginär) vorhanden gewesen und nicht zur Tat geworden sei. Ihre Angst vor einer Liebesenttäuschung sei Angst vor der Wiederholung. Und er wird ihr auch sagen, dass sie durch die Spuren von *infantilsexuellen* und *inzestuösen* Wünschen, die sie beim Vater – durchaus der Wirklichkeit entsprechend – wahrgenommen hatte, in ihren Entwicklungsmöglichkeiten behindert worden sei. Ihr Wunsch, von ihm geschlagen zu werden, zeige ihren (und seinen) Wunsch, von ihm sexuell geliebt zu werden.

Schließlich riet Freud ihr, für die Dauer der Kur abstinent zu leben: »Die einen Leute müssen alles *tun*, die anderen, bei denen genug psychisches Material vorhanden ist, machen alles in der Psyche aus. Wenn es möglich ist, lassen Sie die Abenteuer sein. Dulden und entbehren Sie, so dass alles desto deutlicher in der Stunde zum Vorschein kommt.« Dass sie die sexuellen Spannungen nicht aushalten werde und dann eine noch dümmere Heirat als sie vorgehabt habe schließen werde, sei unsinnig. Es sei ja der Zweck der Kur, dass sie lerne, die Triebe nicht mehr nur zu verdrängen, sondern sie zu beherrschen – dann erst werde sie fähig sein, in freier Wahl und nicht aus Angst vor dem Trieb zu heiraten. Ihre Idee aber, sie sei nun zu alt, um ein neues Leben anfangen zu können, sei unberechtigt, da sie durch ihr Studium ihre Pubertät – heute würde man wohl *Adoleszenz* sagen – außerordentlich lang hinausgezogen und noch nicht so recht – »tief« wie Freud sagte – erlebt habe.

In jener ersten Stunde, die die junge Frau aufgeschrieben hat, sagte sie abschließend: »Ich möchte nach Russland, wie jene Söhne und Töchter der Aristokratie bei der letzten Revolution ihre Familie verließen, möchte ich fort gehen und dieses Milieu verlassen in das ich nicht gehöre. Ich denke an jenes Stück von Schnitzler *Der Flötenton*.« Darauf habe Freud erwidert: »Das ist genau ihr Konflikt.«

Die Blickpunkte, unter denen man sich dem Text nähern kann, die Gedanken, die durch ihn angeregt werden, sind vielfältig. Ich werde mich in meinem Kommentar auf eine höchst zufällige Auswahl beschränken. Die Themen, zu denen ich – angeregt durch das Tagebuch – meine Bemerkungen machen werde, sind: *Triebverzicht*, *Adoleszenz* und Schnitzlers *Flötenton*.

Triebverzicht

Das Ziel der analytischen Kur bestehe also darin, wie Freud der jungen Frau sagte, sie zu lehren, die Äußerungen der *infantilen Sexualität* nicht mehr nur zu verdrängen, sondern sie zu beherrschen, also auf sie zu verzichten.

Im Gegensatz zur weit verbreiteten Meinung, dass eine Psychoanalyse zur *Befreiung der Sexualität* führen solle, war Freud von einem vollkommen anderen Ansatz ausgegangen. In seiner Kritik zu Fritz Wittels' Buch *Die sexuelle Not* (Wittels 1909), das den Satz »Die Menschen müssen ihre Sexualität ausleben, sonst verkrüppeln sie« zum Motto hat, sagte er unter anderem, dass er sich Wittels' Reformvorschlägen nicht anschließen könne. Er sei zwar auch der Ansicht, dass die Unterdrückung der Sexualität schädlich sei, meinte dann aber: »Wir aber setzen hier fort, indem wir sagen: Durch die Kur befreien wir die Sexualität, aber nicht damit sich nun der Mensch von ihr beherrschen lasse, sondern wir ermöglichen eine Unterdrückung, Verwerfung der Triebe von einer höheren Instanz aus.« Er trete nicht für das Ausleben der Sexualität ein, sondern: »Wir unterscheiden zwischen einem pathologischen Prozeß der Verdrängung und einem normal zu heißenden. Die pathologische suchen wir zu ersetzen durch Verwerfung. So aber können wir es auch nur in der Gesellschaft versuchen, und auch sie muß ihre Unterdrückungen aufheben, um sie dann neuerlich zu verwerfen« (Nunberg/Federn 1967, S. 81).

Wie unsinnig die Rede von der *Befreiung der Sexualität* vom psychoanalytischen Standpunkt aus ist, hat etwa Jean Laplanche in seiner Arbeit »Das Sexualverbrechen« aufgezeigt, indem er auf den Anteil des *Sexuellen* in jedem Verbrechen und auf die *sexuelle Gewalt* hingewiesen hat, die in dem von Dominanz gezeichneten Zusammentreffen zwischen dem Erwachsenen und dem Kind *im Allgemeinen* steckt (Laplanche 2004).

Er spricht von einer sexuellen Gewalt, »begangen von jemandem der seiner eigenen infantilen Sexualität ausgeliefert ist« (ebd., S. 50). Versucht man dieses Geschehen mit Laplanche zu begreifen, dann führt dies zur beunruhigenden Erkenntnis, dass das Zusammentreffen zwischen dem Erwachsenen und dem Kind *im Allgemeinen* durch die Widersprüchlichkeit in der Sexualität des Erwachsenen, d.h. vor allem durch die Präsenz des *Infantilsexuellen* bei jedem Erwachsenen, und insbesondere bei jedem Erwachsenen in Gegenwart eines Kindes, bestimmt ist (ebd., S. 35ff.). Die *infantile Sexualität* aber ist eine vom *Sadomasochismus* gekennzeichnete *polymorph-perverse* Sexualität, eine *autoerotische* an die Fantasie gebundene *Triebsexualität*, die, was Ziel und Objekt angeht, beweglich ist und die nicht wie die *biologisch* und *genetisch* bedingte *Instinktsexualität* an das Genitale und den Geschlechtsunterschied gebunden ist. Sie kennt keine Ordnung, kein Gesetz, und ist auf Spannungserhöhung, auf Suche nach Erregung aus (Früh 2005). Die Tendenz zur Entladung im Orgasmus stellt sich erst mit dem Auftreten der biologisch angelegten *Instinktsexualität* ab der Pubertät ein, die *infantile Sexualität* aber ist eine Sexualität vor oder jenseits des Geschlechts oder des Geschlechtlichen, das Geschlechtliche vielleicht einschließend, aber in einer sehr eigenen Form, nämlich der phallischen (Laplanche 2004, S. 38).

Die Widersprüchlichkeit in der Sexualität selbst, die vor allem durch die Präsenz des *Infantilsexuellen* beim Erwachsenen bedingt ist, veranlasste Freud, von der Notwendigkeit des *Triebverzichts* zu sprechen. Bereits im Manuskript N (31. Mai 1897) schreibt er: »›Heilig‹ ist, was darauf beruht, daß die Menschen zugunsten der größeren Gemeinschaft ein Stück ihrer sexuellen und Perversionsfreiheit geopfert haben. Der Abscheu vor dem Inzest (ruchlos) beruht darauf, daß infolge der sexuellen Gemeinschaft (auch in [der] Kinderzeit) die Familienmitglieder dauernd zusammenhalten und des Anschlusses an Fremde unfähig werden. Er ist also antisozial – Kultur besteht in diesem fortschreitenden Verzicht. Dagegen der ›Übermensch‹« (Freud 1985c, S. 269).

In »Die kulturelle Sexualmoral und die moderne Nervosität« aus 1908 findet sich das Thema des *Triebverzichts* in nahezu gleichem Wortlaut wieder (Freud 1908d). Der Text klingt zwar wie ein Hilfeschrei oder sogar wie ein gedämpfter Verzweiflungsschrei angesichts der »viktorianisch« genannten Moral, denn mit ihr beschränkt sich der Verzicht bei Weitem nicht auf die »perverse« Sexualität, sondern umfasst alle sexuellen Beziehungen außer denen, die in der Ehe der Fortpflanzung dienen. Dennoch, trotz der offensichtlichen Anklage hütet sich Freud davor, wie Laplanche bemerkt, Rezepte zu verteilen oder die »sexuelle Freiheit« zu propagieren, und noch weniger gibt er die Vorstellung eines notwendigen »Triebverzichts« auf (Laplanche 2006, S. 285).

Die Notwendigkeit des *Triebverzichts* wird sich von da an wie ein roter Faden durch Freuds gesamtes Werk ziehen (Laplanche 2006, S. 284ff.). Aus allen seinen Texten, von den frühen bis zu den späten, geht hervor, dass er zwischen der Sexualität und der menschlichen Entwicklung hin zum zivilisierten Zustand eine Unverträglichkeit erkannt hat. Allerdings, über die jeweils unverträglichen Elemente muss man sich erst verständigen. Freud ist ziemlich eindeutig: Unverträglich ist der *polymorph perverse infantile sexuelle Trieb*. Aber, warum ist seiner Ansicht nach dieser Trieb derart unverträglich? Man trifft auf zwei unterschiedliche Antworten, die eine ist externer, die andere interner Natur: Einerseits ist die *infantile Sexualität* unverträglich mit der Kultur, mit der Gesellschaft. Diese

Erklärung hat den Nachteil, dass sie der »Gesellschaft« eine Art von eigener Kraft oder Energie und auch eine eigene Absicht zugesteht: nämlich sich selbst zu reproduzieren. Andererseits aber ist die *infantile Sexualität* mit sich selbst unverträglich. Der *infantile Sexualtrieb* in seinem ungebundenen, anarchischen Funktionieren, in seiner Suche nach Erregung und nicht nach Befriedigung, ist sozusagen selbstzerstörerisch. Da er einzig den Gesetzen des Primärprozesses folgt, kann er aus sich selbst heraus, nachdem er sich erschöpft hat, nur nach dem »Niveau 0« streben, also nach der psychischen und womöglich auch physischen Zerstörung des Individuums (Laplanche 2006, S. 285f.).

Genau das aber ist Laplanches Deutung des *Todestriebs* als eines *sexuellen Todestriebs*, der demnach nichts anderes ist, als die am meisten destrukturierende und destrukturierte Form der Sexualität: »Tatsächlich sollte man soweit kommen, sich zu sagen, dass ›das Tier im Menschen‹ nicht das wirkliche, angepasste Tier ist, das wir kennen, sondern das wilde Tier, die sexuelle Bestie. Und diese sexuelle Bestie ist nicht am Anfang da, sie ist nicht das wirkliche Tier. Wir haben nicht seit jeher ein prähistorisches Tier in uns versteckt. Wir haben dieses Tier hergestellt. […] So wie das Unbewußte und das Es nicht von Anfang an da sind, und die perversen Phantasien der Effekt der Verdrängung sind« (Laplanche 2004, S. 50f.).

Andererseits heißt aber »Verzicht« nicht Zerstörung. Laplanche schreibt: »Der prägenitalen Sexualität stehen die Wege der (immer nur teilweisen) Verdrängung und der Übersetzung offen, der Historisierung und Umsetzung ins Werk, was nichts anderes ist als die Sublimierung, wenn man ihr ihren ›sublimen‹ Aspekt entzieht und darin die Bewegung der Symbolisierung – Übersetzung erkennt, die den meisten Menschen offensteht. Als erster Zweck der Sublimierungen steht ganz einfach die genitale Sexualität, insofern sie in der Lage ist, die infantilen perversen Komponenten zu integrieren« (Laplanche 2006, S. 286).

Adoleszenz

Mit seiner Bemerkung, dass sie wegen des Studiums ihre *Adoleszenz* außerordentlich lang hinausgezogen und sie noch nicht so recht erlebt und durchgearbeitet habe, gab Freud der jungen Frau zu verstehen, dass sie noch allzu sehr an die Liebesobjekte der Vergangenheit gebunden geblieben war und dass sie die sexuellen Möglichkeiten ihres erwachsen gewordenen Körpers noch nicht ausreichend erkannt und entwickelt habe.

Das Problem, das Jugendliche zu lösen haben, besteht darin, ihre Libido von den Eltern abzuziehen, um dadurch fähig zu werden, neue Objekte außerhalb der Familie zu lieben. Trauer über diesen Verlust ist unvermeidlich. Freud bemerkt dazu: »Wir erfahren, dass zur Zeit der Pubertät, wenn der Sexualtrieb zuerst in voller Stärke seine Ansprüche erhebt, die alten familiären und inzestuösen Objekte wiederaufgenommen und von neuem libidinös besetzt werden. Die infantile Objektwahl war nur ein schwächliches, aber Richtung gebendes Vorspiel der Objektwahl in der Pubertät. Hier spielen sich nun sehr intensive Gefühlsvorgänge in der Richtung des Ödipuskomplexes oder in der Reaktion auf ihn ab, die aber, weil ihre Voraussetzungen unerträglich geworden sind, zum großen Teil dem Bewusstsein ferne bleiben müssen. Von dieser Zeit an muss sich das menschliche Individuum der großen Aufgabe der Ablösung von den Eltern widmen, nach deren Lösung es erst aufhören kann, Kind zu sein, um ein Mitglied der sozialen Gemeinschaft zu werden. […] Diese Aufgaben ergeben sich für jedermann; es ist beachtenswert, wie selten ihre Erledigung in idealer Weise, d. h. psychologisch wie sozial korrekt, gelingt. […] In diesem Sinne gilt der Ödipuskomplex mit Recht als der Kern der Neurosen« (Freud 1916–17a, S. 349).

Die Heftigkeit der jugendlichen Empfindungen ist also zunächst als eine Wiederholung der ödipalen Konflikte zu verstehen. In der Regel ist schon beim Kind eine Objektwahl zu beobachten, die bedingt, dass sämtliche (infantile) Sexualstrebungen in Richtung auf eine Person gehen, an der sie ihre Ziele erreichen wollen: »Dies ist dann die größte Annäherung an die definitive Gestaltung des Sexuallebens nach der Pubertät, die in den Kinderjahren möglich ist. Der Unterschied von letzterer liegt nur noch darin, dass die Zusammenfassung der Partialtriebe und deren Unterordnung unter das Primat der Genitalien in der Kindheit nicht oder nur sehr unvollkommen durchgesetzt wird. Die Herstellung dieses Primats im Dienste der Fortpflanzung ist also die letzte Phase, welche die Sexualorganisation durchläuft« (Freud 1923e, S. 294).

Demnach geht es also nicht nur darum, dass neue Objekte gefunden werden müssen, sondern auch darum, dass das Erleben der erwachsenen Sexualität nur dann möglich wird, wenn vollkommen neue Erfahrungen mit dem Körper gelingen. Freud schreibt, dass »auf der Höhe des Entwicklungsganges der infantilen Sexualität das Interesse an den Genitalien und die Genitalbetätigung eine dominierende Bedeutung [gewinnt], die hinter der in der Reifezeit wenig zurücksteht. Der Hauptcharakter dieser ›infantilen Genitalorganisation‹ ist zugleich ihr Unterschied von der endgültigen Genitalorganisation der Erwachsenen. Er liegt darin, daß für beide Geschlechter nur ein *Genitale*, das männliche, eine Rolle spielt. Es besteht also nicht ein Genitalprimat, sondern ein Primat des Phallus« (ebd., S. 294f.). Er setzt fort: »Es ist nicht unwichtig, sich vorzuhalten, welche Wandlungen die uns geläufige geschlechtliche Polarität während der kindlichen Sexualentwicklung durchmacht. Ein erster Gegensatz wird mit der Objektwahl, die ja Subjekt und Objekt voraussetzt, eingeführt. Auf der Stufe der prägenitalen sadistisch-analen Organisation ist von männlich und weiblich noch nicht zu reden, der Gegensatz von *aktiv* und *passiv* ist der herrschende. Auf der nun folgenden Stufe der infantilen Genitalorganisation gibt es zwar ein *männlich,* aber kein weiblich; der Gegensatz lautet hier: *männliches Genitale* oder *kastriert.* Erst mit der Vollendung der Entwicklung zur Zeit der Pubertät fällt die sexuelle Polarität mit *männlich* und *weiblich* zusammen. Das Männliche fasst das Subjekt, die Aktivität und den Besitz des Penis zusammen, das Weibliche setzt das Objekt und die Passivität fort. Die Vagina wird nun als Herberge des Penis geschätzt, sie tritt das Erbe des Mutterleibs an« (ebd., S. 297).

In der infantilen Zeit – darin liegt das Ergebnis der infantilen Sexualforschung – scheint der Geschlechtsunterschied also davon abhängig zu sein, ob der Phallus anwesend oder abwesend ist. Die zweite, dem »natürlichen« Geschlecht entsprechende Differenzierung ist erst ab der Pubertät möglich. Es handelt sich um eine überraschende körperliche Erfahrung, die durch keine vorgängige, frühere Erfahrung antizipiert werden kann. Auch insofern stellt daher die Pubertät eine Diskontinuität dar, weil das Kind höchstens eine Ahnung davon haben kann, wie und was die späteren, erwachsenen Sexualziele sein werden. Das endgültige Ergriffenwerden durch die neue genitale Sexualität spielt sich im Rahmen einer Neuauflage der ödipalen Konflikte ab. Es kommt daher ab der Pubertät zu einer explosiven Annäherung zwischen einer komplementären und realisierbaren Heterosexualität und den ödipal geprägten elterlichen Imagines, die durch das Inzestverbot gezeichnet sind. Die Veränderungen in den Beziehungen zu den Objekten und die narzisstischen Umformungen haben in den Schichten, in denen das Unbewusste am tiefsten in den Körper eingeschrieben ist, ihren Ursprung. Diese ursprünglichen Prozesse behalten zwar während des ganzen Lebens die Macht, ihre Gesetze aufzuzwingen, aber die Pubertät, die in der biologisch vorgegebenen Realität verankert ist, ist dennoch ein bevorzugter und qualitativ neuer Entwicklungsabschnitt, in dem zuerst erfahren werden kann, dass sich die beiden Geschlechter wechselseitig ergänzen können.

In seiner Arbeit *Über die allgemeinste Erniedrigung des Liebeslebens* (Freud 1912d) zeigt Freud eine weitere Problematik auf, die durch die gegensätzlichen Funktionsweisen der beiden Aspekte der Sexualität bedingt ist. Er schreibt dort, dass er in der Arbeit mit Liebesunfähigen und Impotenten herausgefunden habe, dass die Grundlage ihres Leidens eine Hemmung in der Entwicklungsgeschichte ihrer Libido sei. Die zwei Strömungen, die man als die *zärtliche* und die *sinnliche* voneinander unterscheiden könne, seien nicht zusammengetroffen. Die *Zärtlichkeit* stammt, wie Freud schreibt, »[...] aus den frühesten Kinderjahren, [sie] hat sich auf Grund der Interessen der Selbsterhaltung gebildet und richtet sich auf die Personen der Familie und die Vollzieher der Kinderpflege. Sie hat von Anfang an Beiträge von den Sexualtrieben, Komponenten von erotischem Interesse mitgenommen, die schon in der Kindheit mehr oder minder deutlich sind, beim Neurotiker in allen Fällen durch die spätere Psychoanalyse aufgedeckt werden. Sie entspricht der *primären kindlichen Objektwahl*. Wir ersehen aus ihr, daß die Sexualtriebe ihre ersten Objekte in der Anlehnung an die Schätzungen der Ichtriebe finden, gerade so, wie die ersten Sexualbefriedigungen in Anlehnung an die zur Lebenserhaltung notwendigen Körperfunktionen erfahren werden. Die ›Zärtlichkeit‹ der Eltern und Pflegepersonen, die ihren erotischen Charakter selten verleugnet (›das Kind ein erotisches Spielzeug‹), tut sehr viel dazu, die Beiträge der Erotik zu den Besetzungen der Ichtriebe beim Kind zu erhöhen« (ebd., S. 79f.). Diese zärtlichen Fixierungen des Kindes, die immer wieder Erotik an sich ziehen, die dadurch von ihren sexuellen Zielen abgelenkt wird, setzen sich die ganze Kindheit hindurch fort. Freud schreibt weiter: »Im Lebensalter der Pubertät tritt nun die mächtige ›sinnliche‹ Strömung hinzu, die ihre Ziele nicht mehr verkennt. Sie versäumt es anscheinend niemals, die früheren Wege zu gehen und nun mit weit stärkeren Libidobeträgen die Objekte der primären infantilen Wahl zu besetzen. Aber da sie dort auf die unterdessen aufgerichteten Hindernisse der Inzestschranke stößt, wird sie das Bestreben äußern, von diesen real ungeeigneten Objekten möglichst bald den Übergang zu anderen, fremden Objekten zu finden, mit denen sich ein reales Sexualleben durchführen lässt. Diese fremden Objekte werden immer noch nach dem Vorbild (der Imago) der infantilen gewählt werden, aber sie werden mit der Zeit die Zärtlichkeit an sich ziehen, die an die früheren gekettet war« (ebd., S. 80f.).

Die Adoleszenz ist also dadurch charakterisiert, dass der kindlichen Zärtlichkeit die erwachsene Leidenschaft beigefügt wird, die ihre Ziele – nämlich die Möglichkeit der wechselseitigen Ergänzung der Geschlechter – nicht länger verkennt. Der Trieb stellt die Verbindung zwischen einer somatischen inneren Quelle und einem psychisch erfassten, äußeren Objekt her. Dieses Muster, das in der Pubertät wiederholt wird, entspricht der Beziehung des erogenen Körpers des Säuglings zum mütterlichen Partialobjekt. Während der infantilen Zeit erhalten sich zwar körperliche Befriedigungsvorgänge, in die unterschiedlichste Objekte einbezogen werden können, diese Vorgänge sind aber dennoch dominant autoerotisch und nicht von der Vorstellung begleitet, dass Vorgänge zusammen mit einem Objekt lustvoller sein könnten. Dieser autoerotische, von Allmachtsfantasien begleitete Charakter des Triebs bleibt bis zur Pubertät bestehen.

Der pubertäre erogene Körper wird von einer qualitativen und quantitativen Zentrierung auf die Genitalzonen erfasst, durch die aber keineswegs automatisch eine Strukturveränderung erfolgt. Die infantilen, polymorphperversen Funktionsformen verlieren ihre Macht nicht automatisch, sondern sie funktionieren weiter. Neu ist die durch die biologische Entwicklung bedingte konflikträchtige Verdichtung an der Genitalzone, die die Abwehr des Ichs an einem durch diese Verdichtung geschwächten Punkt angreift und Neustrukturierungen erzwingt, die zunächst aber noch weit entfernt von einer triumphierenden Genitalität sind. Die Strukturveränderung wird erst das Ergebnis einer Wiederholung, eines nachträglichen Durcharbeitens der ödipalen Konflikte sein. Insofern kann die Pubertät als eine Wiederholung und Verlängerung der Entwicklung angesehen werden, die während der ersten fünf Lebensjahre bereits gemacht worden ist.

Die Geheimnisse der *Urszene* aber können nicht endgültig entschlüsselt werden, sie können nur auf einer neuen Ebene wiederbelebt und selbst erlebt werden, ohne dass dadurch ihre Geheimnisse enthüllt werden könnten: Das Unbewusste hört nicht auf wirksam zu sein, es stellt vor neue Herausforderungen, das Rätsel, das die sexuelle Identität gestellt hat, wird sich auch jetzt nicht auflösen lassen.

Der Flötenton – Die Hirtenflöte

»Ich denke an jenes Stück von Schnitzler *Der Flötenton*«, hatte die junge Frau gesagt. Darauf erwiderte Freud: »Das ist genau ihr Konflikt.« Obwohl es kein Theaterstück Arthur Schnitzlers mit dem Titel *Der Flötenton* gibt, haben die beiden einander wohl dennoch verstanden.

Bereits vor 1902 arbeite Schnitzler an einer Novelle, deren Arbeitstitel *Verlockung* war. 1907 wollte Schnitzler dieses Material für seine *Traumnovelle* verwenden. In einer Skizze zu dem Stück *Der Verführer und die drei Jungfrauen* nahm er das Thema wieder auf. Schnitzlers Hinweis: »Vielleicht hier die Novelle von jener Sternguckersgattin, die dem Ton einer Hirtenflöte folgte und damit endet, daß sie ihren einst geliebten Gatten töten läßt. Aurelie: ›Ich würde dem Ton der Flöte nicht folgen.‹ Graf: ›Wenn ich es aber verlangte‹«" (Urbach 1974, S. 195). 1911 veröffentlichte Schnitzler schließlich die Novelle unter dem Titel *Die Hirtenflöte* (Schnitzler 1911).

Dass die höchst ambivalente Beziehung zwischen Freud und Schnitzler zu einem oft beschriebenen Thema werden würde, konnte die junge Frau damals nicht wissen (vgl.: Anz/Pfohlmann 2006; Kupper/Rollman-Branch 1959; Weinzierl 1994). Sie konnte auch nicht wissen, dass Freud und Schnitzler einander ausgerechnet im Frühjahr 1921 – nach Jahren, wie Schnitzler schreibt – getroffen haben.

Bereits am 13. Mai 1921 schreibt Schnitzler in sein Tagebuch: »Lili [Schnitzlers Tochter] mit den Hängezöpfen, sehr Backfisch kommt von der Lection bei Frl. Freud [Anna Freud], erzählt von den Raufereien in der Schule, den Brieferln unter der Bank und will kein ›Tugendspiegel‹ sein« (Schnitzler 1993, S. 180). Am 21. Mai trägt er ein: »Vm. [Vormittag] zu Frl. Freud, wo Lili (mit Gerda Hausmann) Privatstunden nimmt, wohnte auch der Lection bei; sprach (nach Jahren) flüchtig Sigmund Freud; und seine Frau (Schnitzler 1993, S. 183). Anna Freud hat Schnitzler – zusammen mit Lou Andreas-Salomé, die er bereits in früheren Jahren getroffen und gesprochen hatte – im Winter desselben Jahres nochmals gesehen (Schnitzler 1993, S. 255, 257f.).

Zu einer längeren Begegnung Schnitzlers mit Freud ist es allerdings erst im Jahr darauf gekommen. Schnitzler berichtet darüber am 16. Juni 1922 ausführlich in seinem Tagebuch: »Z. N. [zum Nachtmahl] bei Prof. Freud. (Seine Gratul[ation] zu meinem Geburtstag, meine Antwort, seine Einladung.) Frau und Tochter Anna (die Lili im vorigen Jahr ein paar Monate unterrichtet hat). – Hatte ihn bisher nur ein paar Mal flüchtig gesprochen. – Er war sehr herzlich. Unterhaltung über Spitals- und Militärzeiten, gemeinsame Chefs, etc. – Lieutnt. Gustl [Titel einer Novelle Schnitzlers] etc.; – Dann zeigt er mir seine Bibliothek – eigenes, Übersetzungen, Schriften seiner Schüler; – allerlei kleine antike Bronzen etc. – er ordinirt nicht mehr, sondern bildet nur Schüler aus, die sich – zu diesem Zweck von ihm analysiren lassen. Schenkt mir eine schöne neue Ausgabe seiner Vorlesungen. – Begleitet mich in später Stunde von der Berggasse bis zu meiner Wohnung [Schnitzler wohnte in der Sternwartenstraße, die zu Fuß etwa eine dreiviertel Stunde entfernt liegt]. – Das Gespräch wird wärmer und persönlicher; – über Altern und Sterben; – er gesteht mir gewisse Solneßgefühle ein (die mir völlig fremd sind)« (Schnitzler 1993, S. 318f.). *Baumeister Solneß* ist ein Theaterstück Henrik Ibsens. Solneß wird als einer geschildert, der über seine Visionen seine Mitmenschen zu kurz kommen lässt. Ibsen beschreibt in seinem Stück die Angst des Erfolgreichen vor dem Fall, das immerwährende Streben nach dem Unmöglichen, das Opfer erfordert.

Was mochte Freud gemeint haben, als er den Wunsch der jungen Frau, ihre Familie und das ihr gewohnte Milieu zu verlassen, als ihren *Konflikt* deutete? War sie nicht mit der berechtigten Erwartung von ihm befreit zu werden aus der Schweiz zu ihm nach Wien gekommen?

Schnitzler erzählt in seiner Novelle von einer Frau, der er den bedeutungsvollen Namen Dionysia gab, die von ihrem Mann, Erasmus, überredet wird, sich der »Verlockung« hinzugeben. Sie geht, von ihm dazu verführt, jeweils dem nach, was ihr gerade gefällt, und stürzt sich, ohne weiter zu überlegen, in einen wahren Hexenkessel der Leidenschaft.

Es könnte sein, dass die junge Frau die Erzählung vor allem als Ruf nach Freiheit und Ungebundenheit verstanden hat, als eine Erzählung, die die Befreiung der Frau zum Inhalt hat. Nun ist aber die Novelle wohl eher als eine Parabel zu verstehen, deren Moral darin besteht aufzuzeigen, wie destruktiv es sein kann, sich den Verlockungen einer scheinbaren Freiheit hinzugeben.

Erasmus ist ein wohlhabender Mann, der sich als Jüngling in städtischer und ländlicher Gesellschaft vielfach umgetan, allerlei Wissenschaften und Künste als Liebhaber betrieben und Reisen in ferne Lande unternommen hatte. Schließlich ließ er sich nieder, baute sich am Waldesrand ein Haus und nahm sich die anmutige, eben erst verwaiste Tochter eines Landwirts – Dionysia – zur Frau. Eines Nachts konnte er es nicht mehr ertragen, über die Beständigkeit ihrer Zärtlichkeit und Liebe ihm gegenüber nicht wirklich Bescheid zu wissen: »Aber verstehst du denn noch immer nicht, daß mir das gar nichts mehr bedeutet, nichts bedeuten kann, nun, da mir in stiller Nachtstunde die Einsicht geschenkt ward, daß das tiefste Geheimnis deiner Seele noch verborgen und unerweckt in dir ruhen mag? Um aber die Ruhe wiederzufinden, die mir sonst für ewig verloren wäre, ist es unerlässlich, daß dieses Geheimnis ans Licht gebracht werde; und darum Dionysia, habe ich beschlossen, dich frei zu geben« (Schnitzler 1911, S. 13). Gerade in dem Moment, als die von Erasmus' Reden erschütterte Dionysia versucht hatte, aus dem Fenster zu springen und von ihm gerade noch zurückgezogen worden war, erklingen die Töne einer Hirtenflöte. Es gelingt Erasmus nun, die vom Klang betörte Dionysia dazu zu überreden, den Lockungen der Flöte, der Neugierde nach den Lippen, die sie bläst, nachzugeben und ihn zu verlassen.

Von da an gibt sich Dionysia jeder Verlockung hin. Sie wird zunächst Gefährtin des Hirten, den sie bald wieder verlässt, um mit einem reichen Mann zu leben. Auch ihn verlässt sie und gerät in die Wirren einer Revolution. Dionysia schließt sich den Aufständischen an: »Sie rechneten alle auf die Niederlage der Mächtigen, denen sie bisher Frondienst geleistet, auf die Einsicht und Bundesbrüderschaft der Vernünftigen und auf das Erstehen eines Reichs der Gleichheit und Gerechtigkeit« (Schnitzler 1911, S. 23f.).

Der Aufstand wird niedergeschlagen, Dionysia wird von einem jungen Grafen gerettet. Sie wird seine Geliebte und zieht an seiner Seite in den Krieg. Der Graf wird im Kampf getötet, Dionysia, die ihm einen Sohn geboren hatte, wird die Geliebte des Fürsten, der ihren Sohn als seinen Erben anerkennt. Die Getreuen der verstoßenen Fürstin töten ihren Sohn und vertreiben sie aus dem Land, Dionysia kehrt zu Erasmus zurück.

»Nach einer Reihe von Tagen, die sie nicht gezählt, zu einer sternstillen Mitternachtsstunde stand sie an der Pforte des vor so langer Zeit verlassenen Hauses, die offen stand wie für eine Erwartete. Ohne die Wohnung zu betreten, schritt Dionysia die Wendeltreppe hinauf zum Turm, wo sie sicher war, ihren Gatten zu finden. Sie erblickte ihn, aufrecht stehend, das Auge am Fernrohr, das zum Himmel gerichtet war. Als er Schritte hörte, wandte er sich um, und da er Dionysia erkannte, zeigte sein Blick keinerlei Erstaunen, nur ein mildes Lächeln von der Art, wie es liebe Gäste zu begrüßen pflegt.

›Ich bin es‹, sagte Dionysia.

Der Gatte nickte. ›Ich habe Dich erwartet. In dieser Nacht, nicht früher und nicht später musstest Du kommen.‹

›So kennst Du mein Schicksal?‹

›Ob Du's auch unter fremdem Namen erlebtest, ich kenne es. Es war keines von der Art, dass es geheim bleiben konnte; und von allen Frauen, die leben, konnte es keiner beschieden sein, als dir. Sei willkommen, Dionysia.‹

›Willkommen nennst Du mich? Dich schaudert es nicht vor mir?‹

›Du hast dein Leben gelebt, Dionysia. Reiner stehst du vor mir als all jene anderen, die im trüben Dunst ihrer Wünsche atmen. Du weißt, wer du bist. Wie sollte mich vor dir schaudern?‹

›Ich weiß wer ich bin? So wenig weiß ich's, als du mich entließest. In der Beschränkung, die du mir zuerst bereitet und wo alles Pflicht wurde, war mir versagt mich zu finden. Im Grenzenlosen, wohin du mich sandtest, und wo alles Lockung war, musste ich mich verlieren. Ich weiß nicht, wer ich bin.‹

›Was kommt Dich an, Dionysia? Willst du, Undankbare, mir zum Vorwurf machen, dass ich tat, was kein Weiser unter den Liebenden je gewagt, was kein Liebender unter den Weisen je sich abgewonnen?‹

›Du ein Weiser? Und hast nicht erkannt, dass jedem menschlichen Dasein nur ein schmaler Strich gegönnt ist, sein Wesen zu verstehen und zu erfüllen? Dort, wo das einzige, mit ihm einmal geborene und niemals wiederkehrende Rätsel seines Wesens im gleichen Bett mit den hohen Gesetzen göttlicher und menschlicher Ordnung läuft? Ein Liebender du? Und bist nicht selbst an jenem fernen Morgen ins Tal hinabgestiegen, eine Flöte zerbrechen, deren Töne der Geliebten Verführung drohten? Dein Herz war müd, Erasmus, darum ließest du mich scheiden, ohne einen Kampf aufzunehmen, der damals noch nicht verloren war; und dein Geist war erwürgt im kalten Krallengriff von Worten, darum vermeintest du des Lebens ungeheure Fülle, das Hin- und Widerspiel von Millionen Kräften im hohlen Spiegel einer Formel einzufangen.‹ Und sie wandte sich zu gehen.

›Dionysia‹, rief der Gatte ihr nach. ›Komm doch zu dir! Dein buntes Schicksal hat dir den Sinn verwirrt. Hier wirst du Ruhe und Klarheit wieder finden. Hast du denn vergessen? Gemach, Bett und Gewand warten deiner, und keine Frage, kein Vorwurf wird jemals dich quälen. Hier bist du in Sicherheit, draußen lauern Gefahr und Tod.‹

Noch einmal, an der Tür schon, wandte Dionysia sich um: ›Was kümmert mich, was draußen meiner harrt? Ich fürchte das Draußen nicht mehr. Bange macht mich deiner Nähe allein!‹

›Meine Nähe Dionysia? – Denkst du etwa, ich könnte meines Wortes je vergessen? Sei ohne Sorge, Dionysia! Hier ist der Friede, denn hier ist das Verstehn!‹

›So sagst du selber mir, warum ich dich fliehe –? Ja wärst du erschauert vor dem Hauch der tausend Schicksale, der um meine Stirne fließt, so hätt' ich bleiben dürfen, und unsere Seelen wären vielleicht ineinander geschmolzen in der Glut namenloser Schmerzen. So aber, tiefer als vor allen Masken und Wundern der Welt, graut mich vor der steinernen Fratze deiner Weisheit.‹

Damit schritt sie die Wendeltreppe wieder hinab, ohne nur einen Blick zurückzuwerfen. Eilig verließ sie das Haus und verschwand als bald im weiten Schatten der Ebene« (Schnitzler 1911, S. 39ff.).

Auch eine Psychoanalyse ist Verlockung und der Analytiker ist ein Verführer, der vom Analysanden verlangt, sich ohne weitere Überlegung dem hinzugeben, was ihm gerade einfällt. Allerdings, die Türen bleiben fest verschlossen, das Drama spielt sich – sprachlich gebunden – in einem Raum ab, der nicht verlassen wird.

Jemanden in Analyse zu nehmen, der an ihm selbst unverständlichen, unlösbaren Konflikten leidet und daher Hilfe sucht, heißt ihn einer *traumati-*

sierenden Erfahrung auszusetzen: Der *hilflos* gewordene Leidende liefert sich dem Eingriff eines Anderen, Fremden aus, dem er unterstellt, das Wissen, wie zu helfen sei, zu besitzen. Der *Analytiker, dem dieses Wissen unterstellt wird,* wird – wie Erasmus – zum *Verführer,* zum Provokateur einer Erregung, durch die frühere, ähnliche Erlebnisse wieder belebt und in die psychoanalytische Situation *übertragen* werden. Insofern beruht *Übertragung* auf einer *Täuschung,* einer *Verführung,* die einen Behandlungsprozess in Bewegung bringt, in den die ursprüngliche Beziehung zum helfenden Erwachsenen *übertragen* wird: Sie wird erneut gegenwärtig sein. *Übertragung* wird demnach dadurch ermöglicht, dass die am Ursprung des psychischen Lebens gegebene *Hilflosigkeit* und *passive Abhängigkeit* von einem, dem Wissen unterstellt wird, künstlich wiederhergestellt wird. Es entsteht eine Situation, die unweigerlich in Resonanz mit der *Ursituation* tritt: Jener des Elternteils, *der wissen lässt,* dieses Wissen aber selbst nicht hat.

Laplanche nimmt an, dass in der *analytischen Situation* erneut das in den ersten *Befriedigungserlebnissen* enthalten gewesene *ursprünglich Zu-Übersetzende* anwesend ist – eine sich selbst unbekannte Botschaft, die vom Anderen gekommen ist und von ihm implantiert wurde – und dass dadurch in ursprünglicher Weise die Bewegung der Übersetzung/Entübersetzung, die menschliche Zeitlichkeit, wieder in Gang gebracht werden kann (Laplanche 1991, S. 138). Die Konstruktion der psychoanalytischen Situation basiert tatsächlich auf einer *Täuschung,* diese ist aber notwendig, um die Erneuerung oder eine Annäherung an etwas *Wahres, Ursprüngliches* zu ermöglichen, nämlich eine Annäherung an das *Trauma* der *Urverführung.* Es ist eine Annäherung durch die allein der *Prozess der Übersetzung* und *Symbolisierung* wieder in Gang gesetzt werden kann. Der Analytiker, der Andere, wird in die durch das Setting vorgegebene Umfassung miteingeschlossen und mit der *Übertragung* der bereits existierenden, *spontan entstandenen Theorien des Analysanden* in die vom Analytiker aufgegebene *rätselhafte Botschaft,* ist die Möglichkeit gegeben, diese *nachträglich* zu bearbeiten – die Technik der Psychoanalyse, ihre *assoziative, dissoziative* und *deutende* Methode, besteht darin, die jeweils auftauchenden früheren Antworten zu deuten und damit die Bewegung der *Übersetzung/Entübersetzung,* deren Motor das *Unbewusste* ist und bleiben muss, wieder in Gang zu bringen. Der Verlauf der Kur wird wesentlich durch den Versuch bestimmt sein, eine Antwort auf die Frage zu finden, worin das *helfende Wissen* besteht, das, so wie einstmals dem Erwachsenen, nun dem Analytiker unterstellt wird. In diesem Prozess wird das unterdessen weiterentwickelte Ich *nachträglich* in die längst vergangene, wieder gegenwärtig gewordene Situation eingesetzt.

Wie lückenhaft die Protokolle der jungen Frau auch sein mögen, wie ungenau und wie ungefähr nur sie erkennen lassen, von welchen Ideen und Theorien Freud bei dem, was er ihr sagte, ausgegangen ist, so vermitteln sie dennoch aufregende und anregende Einblicke in uns sonst verschlossene Zeiten und Räume.

Was mich vor allem beeindruckt, ist Freuds unnachahmliche, niemals moralisierende, auf gemeinsames Verstehen ausgerichtete Handhabung der Kur. Er bleibt stets aufmerksam zugewandt, freundlich und dennoch unbestechlich. Erstaunlich auch, dass die Kur, wie es scheint, im vorliegenden Fall nach kürzester Zeit zum Erfolg geführt hat. Es wirkt zwar fast wie ein kitschiges »Happy End« – aber, es scheint der jungen Frau gelungen zu sein, sich soweit von den Verlockungen ihres Trieblebens zu befreien, dass sie fähig wurde, ihre Verlobung zu lösen, einen anderen Mann zu finden und sich entschließen zu können, diesen zu heiraten.

Literatur

Anz, Th.; Pfohlmann, O. (2006): Psychoanalyse in der literarischen Moderne. Bd. I. Marburg (Verlag LiteraturWissenschaft.de).
Freud, S. (1901a): Über den Traum. G. W. Bd. 2/3, S. 643–700.
Freud, S. (1908): Die kulturelle Sexualmoral und die moderne Nervosität. G. W. Bd. 7, S. 143–167.
Freud, S. (1912d): Über die allgemeinste Erniedrigung des Liebeslebens. G. W. Bd. 8, S. 78–91.
Freud, S. (1916–17a): Vorlesungen zur Einführung in die Psychoanalyse. G. W. Bd. 11.
Freud, S. (1923e): Die infantile Genitalorganisation. G. W. 13, S. 293–298.
Freud, S. (1985c [1887–1904]): Briefe an Wilhelm Fließ. Frankfurt/M. (S. Fischer).
Freud, S. (1992g [1908–33]): Sigmund Freud/Sándor Ferenczi Briefwechsel. Bd. III, 1. Wien, Köln, Weimar (Böhlau Verlag), 2003
Früh, F. (2005): Warum wird die infantile Sexualität sexuell genannt? In: Quindeau, I.; Sigusch, V. (Hg.): Freud und das Sexuelle. Frankfurt/M., New York (Campus Verlag), 2005, S. 97–111.
Kupper, H. I.; Rollman-Branch, H. S. (1959): Freud and Schnitzler-Doppelgänger. J. Amer. Psychoanal. Assn. 7, 109–126.
Laplanche, J. (1991): Die Zeit und der Andere. In: Laplanche, J. (1996): Die unvollendete kopernikanische Revolution in der Psychoanalyse. Frankfurt/M. (Fischer Taschenbuch Verlag), S. 114–141.
Laplanche, J. (2004): Das Sexualverbrechen. Werkblatt Nr. 52 (1), 21. Jg., 35–53.
Laplanche, J. (2006): Inceste et sexualité infantile. Sexual. Paris 2007 (Quadrige/PUF), S. 275–292.
Nunberg, H.; Federn, E. (1967): Protokolle der Wiener Psychoanalytischen Vereinigung. Bd. II 1908–1910. Frankfurt/M. 1977 (S. Fischer).

Schnitzler, A. (1911): Die Hirtenflöte. In: Die erzählenden Schriften. Zweiter Band. Frankfurt/M. 1961 (S. Fischer), S. 11–41.

Schnitzler, A. (1993): Tagebuch 1920–1922. Wien (Verlag der Österreichischen Akademie der Wissenschaften).

Urbach, R. (1974): Schnitzler-Kommentar zu den erzählenden Schriften und dramatischen Werken. München (Winkler).

Weinzierl, U. (1994): Arthur Schnitzler, Lieben Träumen Sterben. Frankfurt/M. (S. Fischer).

Wittels, F. (1909): Die sexuelle Not. Wien, Leipzig (C. W. Stern).

Notizen und Fragen an Freud und Frau G. Zum »Fall G.«

André Haynal
(übersetzt von Ernst Falzeder)

Der folgende Text will nichts erreichen und nichts beweisen. Er präsentiert keine Ideen, die Frau G.s Diskurs illustrieren sollten. Ich möchte diesem Diskurs nur mit dem »dritten Ohr« folgen und etwas in ihm »stöbern«. Er regt uns dazu an, auf eine therapeutische Praxis und auf eine damit verbundene Theorie an einem bestimmten historischen Zeitpunkt zurückzublicken und darüber nachzudenken.

Was wir nicht sehen können, ist die Theorie. Sie passiert zwar vor unseren Augen, aber wir sehen sie nicht deutlich. Was wir sehen, sind Bilder eines Lebens und eines Lebenswillens. Es geht um eine von der Analysandin repräsentierte neue Kultur, die nur mit Schwierigkeiten ans Tageslicht treten kann. Im Hintergrund sehen wir einen Freud, der uns als Lehrer gegenübertritt. Wir begegnen Erinnerungen, die, wie alle Erinnerungen, verzerrt und entstellt sind. Natürlich ist Erinnerung als solche immer mehr als einzelne Erinnerungsstücke, Andenken oder Mementos. Das Erinnern jedoch kann – wie es dieser Diskurs dem Autor dieser Zeilen im Jahre 2008 nahelegt – sich nie völlig von den einzelnen Erinnerungen befreien. Alte Bilder werden interessant, wenn sie uns Dinge zeigen, die nicht mehr existieren: Diese Aufzeichnungen sprechen davon, *worin* das »Chimney sweeping« bestand. Erinnern ist immer mehr als Erinnerungen und sogenannte Andenken, aber diese Erinnerungen und Andenken legen nahe, dass das Erinnern nicht unabhängig von ihnen möglich ist. Alte Dokumente sind von Interesse, weil sie uns etwas zeigen, das in dieser Form nicht mehr existiert, dessen Konsequenzen aber immer noch spürbar und präsent sind.

Eine moderne Frau, die Ärztin geworden ist und entschlossen ist, ihr eigenes Leben zu leben. Diese Frau erinnert sich in diesem Schriftstück an Freud, ihren *Befreier*. 1921, sieben Jahre nach *Erinnern, Wiederholen and Durcharbeiten* (Freud 1914), präsentiert sich Freud als Lehrer dieser Befreiung. Wie er über sich selbst sagte, wirkt man »so gut man kann, als *Aufklärer*, wo die Ignoranz eine Scheu erzeugt hat, als *Lehrer*, als Vertreter einer freieren oder überlegenen Weltauffassung« (Freud 1895d, S. 285; Hervorhebung A.H.). Offensichtlich ist er für die Patientin die Verkörperung einer Autorität, eines solchen Lehrers. Ob er sich 1921 tatsächlich noch allgemein als solcher erlebt hat oder ob das eine Besonderheit dieser Behandlung ist, kann möglicherweise heute nicht mehr entschieden werden. Vielleicht wollte er in diesem Fall eher eine analytische Psychotherapie und nicht eine Analyse durchführen, d. h. eine als *Problemlösung* konzipierte Behandlung, wofür auch die kurze Dauer der Therapie sprechen würde. Die Patientin und auch ihre Umgebung haben offensichtlich in Freud den *»großen Mann«* gesehen. In einer Diskussion nimmt die Mutter auf Freuds Schriften Bezug: »Ich habe auch gedacht, ob Dir Prof. Freud nicht in den Ferien auch eine Stunde per Tag geben könnte, es ist natürlich auch nicht gut, so ein langer Unterbruch, wo er doch in seinem Buch betont, man rede sogar von der Sonntagsstunde, die am Montag zu lösen sei, Du könntest ja an denselben Ferienort oder wie stellst Du Dir das alles vor? Wie lange sind überhaupt die Ferien von Freud? 6 Wochen? Oder mehr? Es ist alles so schwierig« (17.6.21) (Koellreuter 2007).

Zu Beginn kommen Themen auf (Angriff auf den kleinen Bruder, Onanie), auf die sich Freud sofort zu stürzen scheint. Andererseits kann es sich natürlich auch um Artefakte handeln, die durch eine unbeabsichtigte Selektion der Patientin entstanden. Wie dem auch sei, wir sehen, wie Freud sehr rasch eine mutige oder auch gewagte Rekonstruktion entwickelt, in der er drei Schichten auseinander hält – die Beziehung zu den Eltern, diejenige zum Bruder, und schließlich der Konflikt mit Richard. Alle diese Elemente werden als Bestandteile eines ödipalen Konflikts begriffen, dass nämlich die Analysandin wegen des »Treuebruchs« der Mutter sich an deren Stelle setzen wolle.

Das Drehbuch lautet also: Eine junge Frau möchte, wie gesagt, nicht das tun, was man von ihr erwartet – sondern etwas, das ihr als etwas viel *Freieres* erscheint ... Sich den Erwartungen unterwerfen oder sich die Freiheit nehmen, das ist hier die Frage, *to be free or not to be, that is the question*. Ist dies aber erlaubt? Das Problem stellt sich in der Form eines Zweifels. Und Freud versteht es: Er ist auf der Seite der Freiheit. Die junge Frau erhält von Freud *gemäß* ihrer vorbewussten Erwartungen eine Unterstützung: Freud verwandelt sich in einen Freu*n*d. Sie bekommt den Mut, das zu leben, von dem sie glaubt, es leben zu müssen. Das Bild, das sich die Analysandin von Freud macht, scheint das eines Lehrers und Freundes, also eines freundlichen Lehrers mit Autorität, zu sein.

An diesem Punkt sei noch einmal auf die möglichen methodischen Beschränkungen dieses Narrativs hingewiesen. Wir dürfen annehmen, dass die Analysandin das niederschrieb, was *sie* als interessant oder signifikant empfunden hat, wodurch diese Notizen auch eine persönliche Auswahl darstellen. Was Freud betrifft, so greift er zunächst einmal, wie erwähnt, die Themen des Verbotenen auf (Ausreißen eines Pflänzchens am Balkon, Kneifen des kleinen Bruders, Onanie). Ist es Freud selbst, der diese Themen herausstreicht, oder ist dies ein Artefakt, ein Produkt des »dritten Ohres« der Aufzeichnenden?

Nach der Erwähnung der »Quälereien« kommt eine Erinnerung der Analysandin aus der Gymnasialzeit. Sie dachte, sie »möchte einen Jüngling gern haben, der unendlich traurig wäre u. durch mich würde ihm das Leben ermöglicht u. er würde dann auch glücklich« (kein Datum, S. 3)[1]: Ein an Melanie Klein erinnernder Zusammenhang zwischen Pein und Wiedergutmachung. Dazu kommt die Assoziation, dass sie Kinder haben möchte. Aber die Kinder werden von den Männern getötet, der Hungerueli Isegrind und die Reuel fressen ihre Kinder. Was aus heutiger Sicht erstaunt, ist, dass Freud zu all dem – wie zu vielem anderen in dieser Erzählung – keinen Kommentar abgegeben hat, zumindest nicht nach den Aufzeichnungen. Möglicherweise war er nicht sehr gesprächig – wie wir auch aus anderen Erinnerungen wissen, konnte er recht zurückhaltend sein. Andererseits konnte er auch ins Dozieren verfallen. Im vorliegenden Bericht finden wir Beispiele für beide Einstellungen.

Wenn wir uns all die Themen, die Freud während dieser Behandlung aufgegriffen und gedeutet hat, vor Augen führen, dann finden wir jene wieder, die ihn ein Leben lang beschäftigt haben, die zu Knotenpunkten seiner Theorie geworden sind und sich um den Ödipus-Komplex ranken: *Vater, ödipale Eifersucht, Wunsch, den gleichgeschlechtigen Elternteil zu ersetzen, Kastrationsangst, Bisexualität.* Das Innenleben der Frau, die Antwort auf »Was will das Weib?«, ist ihm ja nach eigener Aussage stets mehr oder weniger verborgen geblieben. Der oft zitierte *dark continent* (Freud 1926e, S. 241) und die von ihm vielfach erwähnte Rätselhaftigkeit des Weibes – über welche »die Menschen zu allen Zeiten gegrübelt« hätten (Freud 1932d, S. 120; vgl. auch 1932d, S. 140ff.) – scheint ihm hier kein großes Kopfzerbrechen zu machen; nur einige an die spätere Klein'sche Theorie erinnernde Anklänge an Eifersucht und Neid tauchen auf.

Wie de Saussure (1956) in seinem Artikel anlässlich Freuds 100. Geburtstags

---

[1] Die Daten und Seitenzahlen, sofern nichts anderes vermerkt, entsprechen denjenigen im Tagebuch.

betonte, machte Freud auf ihn als seinen damaligen Analysanden, zu Beginn der 1920er-Jahre, den Eindruck, sich mehr mit der Darstellung und Beleuchtung seiner eigenen Gedanken zu beschäftigen, als mit dem Entdecken von etwas Neuem im Diskurs seines Analysanden. Aus heutiger Sicht könnte man sagen, er habe anscheinend seine Selbstanalyse mithilfe des von seinen Patienten gelieferten Materials fortgesetzt. Dass man beim anderen versteht, was man bei sich entdeckt hat, scheint eine grundlegende Befindlichkeit zu sein, die, in versteckter Form, bereits in einer Kontroverse mit Fließ (1985) auftauchte. Fließ meinte nämlich, dass Freud im Material der Analysanden vorfand, was er vorher auf sie projiziert habe. *Laut Freud* hatte ihm Fließ etwas *vorgeworfen*, »was alle meine Bemühungen entwertet: ›Der Gedankenleser liest bei den anderen nur seine eigenen Gedanken‹« (Freud 1985, S. 492). In einer modernen Form könnte dies allerdings heißen, dass im Patienten (in der Fremdanalyse) nur verstanden werden kann, was in der Eigenanalyse bei sich selbst bereits klar und verständlich geworden ist (daher die Wichtigkeit der Gegenübertragung und die Rechtfertigung der Lehranalyse!).

Das Thema des *Fortgehens*, des Verlassens einer Familie, der man (die Analysandin?) sich nicht zugehörig fühlt, führt zu einer Assoziation der Liebesnovelle Schnitzlers: *Die Hirtenflöte*. Die junge Frau, die ihre noch junge Ehe verlassen will und vom Ehemann (Freud?) dazu aufgefordert wird, ihrem sehnsüchtigen Verlangen nachzugehen, stellt ein Bild dar, das in einer prophetischen Gestalt vielleicht bereits ihren späteren Entschluss erahnen lässt ...

Gemäß diesen Aufzeichnungen sehen wir, wie Freud die Analyse in erster Linie anhand der *Traumdeutung* entwickelt. Nicht die Übertragung, sondern die Träume geben dieser Interaktion eine erste Bedeutung. Dann scheint es, als würde Freud vom Vorwiegen der Träume doch genug haben, und er meint, dass es Leute gebe, bei denen »genug psychisches Material vorhanden sei und so machen diese alles in der Psyche« (15.4., S. 11). Freud nimmt auch an, dass die Flucht der Analysandin zum Vater bedeute, dass dieser ihr »erster Geliebter« gewesen sei (18.4., S. 16) (vorher sagte er, die Geliebten seien Brüderersatz [kein Datum, S. 5]), und er verweist selbst (ebd.) auf seine Schrift über *Dora* (Freud 1905e). Für ihn setzt sich Frau G. also an die Stelle Doras – eine für ihn vielleicht bedrückende Erinnerung. Freud nimmt auch an, dass die Tatsache, dass sie sich ihrer Liebe zum Bruder bewusst ist, »nichts [nützt], Sie können sich nicht davon befreien denn sie ist tiefer bedingt« (18.4., S. 17).

Der wiederholte, regelmäßig wiederkehrende Ausdruck »es träumte mir« (19.4., S. 17) – andere mögliche Ausdrücke wie »ich träumte« werden nie verwendet – vermitteln eine Atmosphäre, als ob sie im Traum ihr *Es* beschauen würde, das einer Deutung bedürfe. Sie braucht Freud – auch um korrigiert zu werden. Sie nähert sich der Idee, »wie es wäre wenn« sie mit dem Vater schlafen würde, doch fügt sie rasch hinzu: »aber nur als Spiel, ohne Wunsch« (19.4., S. 17). Für sie ist es also kein Wunsch, sondern nur eine Denkmöglichkeit, ein »Spiel«. Oder ist ihre Bemerkung (»nur als Spiel, ohne Wunsch«) eine *Verneinung oder Verleugnung*? Sagt Freud etwas dazu? Oder denkt er etwas? Was? Hat das etwas mit dem folgenden durchgestrichenen Halbsatz zu tun: »es wundert mich doch, daß [...]« (19.4., S. 17)? Wir werden es wohl nie wissen.

Wieder kommt die Trennungsthematik ins Spiel, was von Freud in dieser Weise nicht gedeutet wird. Hingegen spricht er über den Tod der Mutter, »der gewünscht wird« (19.4., S. 19) – auch eine Trennung! G. spricht dann noch über den Abbruch verschiedener Beziehungen; ein mögliches Vorspiel für den späteren Entschluss, die Verlobung aufzulösen?

Anhand eines Traumes (21.4., S. 21), in welchem sie »Oesch« »über eine Mauer« half und dann »umarmte«, überrascht uns Freud durch den folgenden Satz: »Setzen wir die Symbole ein, die wir dank unserer Kenntnisse wissen« (ebd., S. 22). Dank »unserer Kenntnisse«, heißt es also bei Freud apodiktisch. Als die Analysandin daraufhin einen Traum und ihre Assoziationen über ein Schachbrett (ebd., S. 21) vorbringt, zusammen mit der Erinnerung, dass ihr Vater mit der Mutter Schach gespielt hat, »bevor sie sich verlobten« (ebd., S. 22), interveniert Freud: »Sie können auch selbst die Symbole einsetzen, damit Sie einen Zusammenhang bekommen, *wenn Sie mit den Assoziationen nicht weiter kommen*« (ebd., S. 23, Hervorhebung A. H.). Zur Mauer, die für die Umarmung überwunden werden muss, meint er: »Es ist das Hymen.« Die persönlichen Assoziationen der Analysandin werden hier durch die Methode der »Symboldeutungen« ersetzt, wie in den Abschnitten der *Traumdeutung*, die in späteren Auflagen unter dem Einfluss Stekels und anderer hinzugefügt wurden. Oder entsteht dieser Eindruck aufgrund einer Selektion der Notizschreiberin, d. h. der Analysandin? Es wäre möglich, dass sie von diesen Symboldeutungen am meisten beeindruckt oder betroffen gewesen ist und das Gefühl hatte, damit *richtig zum Es* vorzustoßen ... Oder könnte dies – im Gegenteil – auch ihren Widerstand ausdrücken, indem sie sich auf diese Weise vom Persönlicheren abwendet und auch weniger darüber notiert, und sich stattdessen auf die von Freud vorgeschlagenen, allgemeineren Symboldeutungen konzentriert?

Freuds Deutungsarbeit wird stark von seinen Anschauungen bestimmt. Dass z. B. »[d]ie Sonne [...] immer der Vater« ist, scheint für ihn keinem wie immer gearteten Zweifel zu unterliegen (21.4., S. 24). Dann betont er, dass er es sei, der *den Vater* vertrete, und daß G.s Widerstände durch diese Tatsache provoziert würden, z. B. »die Idee dass die Kur« ihr nichts nützen werde (22.4., S. 28).

Hier kommt es zur Erwähnung von Schlagefantasien: »das bedeutet für ein Mädchen (Kind) sexuell geliebt zu werden« (22.4., S. 28), wofür Freud starkes Interesse zeigt. Kann man annehmen, dass er von der Analyse seiner Tochter Anna beeinflusst ist, die sich mit derjenigen G.s überschneidet (22.4., S. 27) und die auch einen Niederschlag in seiner Arbeit »Ein Kind wird geschlagen« (Freud 1919e) gefunden hat?

Freud erlaubt sich in der Folge einen Wiener Sarkasmus: »Aha eine schweizerische Nationalitätsdiagnose!« (22.4., S. 30), und im Heft der Analysandin folgen dann *drei leere Seiten* – drei Tage Pause zwischen dem 22. und 25. April. War sie vielleicht beleidigt?

Ist es eine Art von Wiedergutmachung, wenn G. dann auf den alten Goethe zu denken kommt und die Idee hat, dass sie gerne einen »älteren [Herrn] heiraten« möchte (25.4., S. 31)? Ein Einfall, der von Freud selbstverständlich als eine »Übertragung zum Vater« gedeutet wird. Dies ist eigentlich eine der wenigen Stellen, wo er in der Begegnung *explizit* auf die Übertragung Bezug nimmt.

Es folgt eine ausführliche Untersuchung der Dynamik der *Selbstherabsetzung* bei der Analysandin. Freud interpretiert sie, indem er auf Beispiele der Selbstherabsetzung »anderer Frauen« Bezug nimmt »z. B. [dass sie] Hämorrhoiden haben«. Wonach ihr *nichts mehr* einfällt (26.4., S. 32). Für Freud ist dies ein »besonderer Widerstand«. G. ist betroffen: »Ich habe Sie so unbeschreiblich gern wie ich noch gar niemand vorher geliebt habe« (26.4., S. 32). Freud, unbeeindruckt von dieser Liebeserklärung, weiß es aber besser. Unbeirrt fährt er fort: »Diese Liebe *zum Vater*« (26.4., S. 33). Folgsam assoziiert Frau G. daraufhin wieder über ihre Kindheit, was Freud die Gelegenheit gibt, erneut auf die Dame mit den *Hämorrhoiden* und G.s Selbstherabsetzung zurückzukommen, die sie, gemäß Freuds Meinung, einsetzt, um ihn (Freud) zu enttäuschen. Wir können hier sehen, dass es auch für Freud nicht so einfach war, mit der *Liebe umzugehen ...*

Ist es ein *halber Lapsus* (wenn so etwas gibt) zu sagen, der Vater habe »erotische Gefühle *gegen* mich« (26.4., S. 38) gehabt, anstatt *für* mich? Eine Sprach*wahl*, nicht unbedingt ein Sprach*fehler*, doch eine interessante Wendung, die darauf hindeuten mag, dass diese Liebe vielleicht auch als Aggression empfunden worden ist.

Es kommt in diesem Zusammenhang auch die *Nacktheit* zur Sprache: nackt spazierte sie mit dem Vater. Ist das eine erotische Verführung oder ein Versuch zu einer solchen? Es folgt eine Art von Vertiefung, ein Tropfen Blut auf einem Finger (4.5., 2:2), Gonokokken (4.5., 2:1), die alle, interpretativ, auch mit den

Genitalien zu tun haben könnten. Es folgen Verurteilung, Verstümmelung, Kastriertsein (5.5., 2:8) und »sale boche« (10.6., 2:9).

Wir sehen, wie sehr Freud in seiner Deutungsarbeit von seinen eigenen Anschauungen und Theorien beeinflusst wird. Was wir erstaunlich vermissen, sind die Beziehungsaspekte, das Spiel von Übertragung und Gegenübertragung, und überhaupt die gesamte affektive Dimension, die alle wenig zum Vorschein kommen. Wir können verstehen, dass Ferenczi und Rank kommen mussten, um die Psychoanalytiker für die Beziehungs-Dimension wirklich empfänglich werden zu lassen. Wir wissen ja nicht, was Freud *gespürt* hat. Aber er hat, wie hier dokumentiert wird, anderen (und vielleicht sich selbst) wenig Rechenschaft darüber gegeben. Aus einer Menge von Beispielen dafür konnte ich aus Platzgründen nur einige aufgreifen, in einer offensichtlich willkürlichen Auswahl, doch sind wir hier Zeugen, wie sich die Psychoanalyse seither ständig weiterentwickelt hat.

Im Jahr 1921 ist Freud offenbar noch sehr auf seine ursprünglichen Konzeptionen festgelegt. Lange Zeit wurde das Bild eines Mannes von »edler Einfalt und stiller Größe« auf ihn projiziert, eines Mannes, der unentwegt und *ohne Schwankungen* und Abweichungen fortschreitet. Dieses Bild, wie es in der traditionellen Literatur entworfen wurde, wird von ihm dann doch korrigiert, indem er später andere Wege beschreitet, etwa in seinen Überlegungen zur weiblichen Sexualität, zum Fetischismus und nach 1936 u.a. zu *Moses*. Hier ist all das noch fern. Es ist begreiflich, dass der zeitgenössische Wiener Kreis dieses Bild Freuds hochgehalten hat und versucht hat, es später in der Emigration, v.a. in Nordamerika und in der Hampstead-Gruppe in London, zu bewahren. Es ist aber ebenfalls begreiflich, dass sich die Wege von anderen stärker therapeutisch beseelten Personen, wie Ferenczi, davon zumindest teilweise entfernen mussten. Und schließlich ist auch Ferenczis Besorgnis angesichts der allmählich alles beherrschenden Ich-Psychologie begreiflich (Ferenczi 1932), die dann ins Zentrum der Bemühungen rücken wird. Ferenczi, Rank, Reik, Reich, Federn und Weiss bleiben so alle auf der Strecke, Helene Deutsch passt sich an, und Abrahams Berlin wird zum führenden Modell in Europa und später in den Vereinigten Staaten, speziell in New York. Die politisch kluge und sich immer ein wenig verfolgt fühlende Melanie Klein berief sich auf Abraham, aber meinte manchmal eigentlich Ferenczi – und begann allmählich, vorsichtig und unwillig, in der analytischen Situation über Gegenübertragung zu sprechen ...

Wir spüren, dass die Psychoanalyse sich immer *weiterentwickelt*. Die Zeit der *Ur-Analysen* (wann waren diese? die frühen Hysterie-Analysen? die Zeit von Wolfs- und Rattenmann?) ist 1921 vorbei, und dennoch sind diese stark *präsent*. Denken wir nur daran, wie anders diese Analyse ist, als eine zur selben Zeit, 1921, bei Ferenczi, oder eine Analyse heute, 2008, in Paris oder London, die sich mehr auf die Beziehungs- und Affektanalyse konzentriert. Ist das so, weil sich Freud mehr für die Theorie, für eine *Metapsychologie* (Anthropologie), interessiert hat, wie oft gemeint wurde, und die Patienten als Material, eine Art von Futter, dafür angesehen hat? Ferenczi schreibt darüber in seinem Tagebuch von 1932 und zitiert Freud mit Bemerkungen über Patienten wie: »Gesindel«, »Nur gut zum Geldverdienen und Studium« (Ferenczi 1932, Eintrag vom 12.6.1932, S. 171). Zweifellos aber hat Freud, ungeachtet seiner Müdigkeit und seines beschränkten therapeutischen Interesses, hilfreich und wohlwollend seine Zeit und Energie zur Verfügung gestellt, um hier auf Frau G. und, wie wir annehmen können, auch auf andere, richtig *einzugehen*. Aber es scheint unverständlich, dass man in seriösen Büchern noch heute schreiben kann, dass sich die psychoanalytische Praxis bzw. Technik nicht oder kaum verändert habe (Fonagy/Target 2003).

Diese Analyse ist ein Meilenstein einer Epoche, die später als klassisch galt. Durch sie können wir die Grundideen *und* Beschränkungen dieser Epoche studieren und klar erkennen. Die vorangehenden Zeilen sollen den Appetit zur Lektüre des Textes anregen und vielleicht auch als Begleitung dazu dienen. Der Leser mag beim Studieren des Originaltextes von seinen eigenen Fantasien angeregt werden und eine Entdeckungstour beschreiten wollen, die sicher interessant, teilweise amüsant und erfreulich sein wird.

Aus einer geschichtlichen Perspektive gesehen, möchte ich meine Ausführungen mit folgenden Bemerkungen schließen:

Alle großen Themen der *Freud'schen* Fantasien sind vorhanden. Nichtsdestoweniger fühlt sich *Frau G.* verstanden und kommt zu den gewünschten, wichtigen und wahrscheinlich (für sie) richtigen Entscheidungen. Die Analyse entfernt sich vom Ausgangsthema und führt zu Fragestellungen, die mit dieser Anfangsproblematik nicht mehr viel zu tun haben. Für den heutigen Leser liefern diese Aufzeichnungen ein Abbild von Freuds damaliger Behandlungsweise, vielleicht gebrochen durch die Auswahl dessen, was Frau G. besonders wichtig erschien. Wir können dabei nur erstaunt sein, wie sehr das Spiel von Übertragung und Gegenübertragung und des affektiven Austausches, die Grundlage des heutigen analytischen Denkens, scheinbar abwesend ist. *Tempora mutantur et nos mutamur in illis.*[2]

---

[2] Die Zeiten ändern sich und wir in ihnen.

Literatur

Ferenczi, Sándor (1932): Ohne Sympathie keine Heilung. Frankfurt/M. 1985, dt. 1988 (S. Fischer Verlag).
Fließ, Wilhelm; Sigmund Freud (1985): The Complete Letters of Sigmund Freud to Wilhelm Fliess 1887–1904. Cambridge (Harvard Univ. Press).
Fonagy, Peter; Mary Target (2003): Psychoanalytic Theories. Perspectives from Developmental Psychopathology. London (Whurr Publishers)
Freud, Sigmund (1895d): Studien über Hysterie. G.W. I, S. 75–312.
Freud, Sigmund (1914): Erinnern, Wiederholen und Durcharbeiten. G.W. X, S. 125–136.
Freud, Sigmund (1919e): Ein Kind wird geschlagen. G.W. XII, S. 197–226.
Freud, Sigmund (1926e): Die Frage der Laienanalyse. G.W. XIV, S. 207–286.
Freud, Sigmund (1933a [1932]): Neue Folge der Vorlesungen zur Einführung in die Psychoanalyse. G.W. XV.
Freud, Sigmund (1985): Briefe an Wilhelm Fließ, 1887–1904. Ungekürzte Ausgabe. Frankfurt/M. (S. Fischer).
Koellreuter, Anna (2007): Als Patientin bei Freud 1921 …, Manuskript S. 4.
Englische Version: Being Analysed by Freud in 1921: The Diary of a Patient. Psychoanalysis and History 9 (2), 137–151.

Dr. G.s stürmische Übertragungsneurose. Über Gebrauch und Missbrauch der Abstinenz

John Forrester
(übersetzt von Ernst Falzeder)

Der Anfang und das Ende

Beginnen wir am Anfang – oder sogar noch vor dem Anfang, was in diesem Fall auch heißt: mit dem Ende.

Als Freud am 20. März 1921 seinen Brief an Pfister schrieb, war ihm bewusst, dass Dr. G. eine Eigenanalyse (»Selbstanalyse«) und keine Lehranalyse anstrebte, aber er hielt sie für eine Ärztin, die eben geheiratet hatte. Am 23. März erhielt er einen Brief von Frau Dr. G. und antwortete noch am gleichen Tag. Wir wissen es nicht sicher, aber sehr wahrscheinlich stellte sie in diesem Brief klar, dass sie nicht verheiratet, sondern verlobt war, und ihre Analyse nicht primär zu Ausbildungszwecken machen wollte. Ihr Brief an Freud ist nicht erhalten, aber ihr Tagebuch sehr wohl, und es scheint, dass die Heiratsfrage schon sehr früh in der Analyse als ein zentrales Thema erkannt wurde. Zu keinem Zeitpunkt wird ihr Wunsch, Analytikerin zu werden, erwähnt. Wir können daraus schließen, dass es Frau G.s Ziel war, – das sie in ihrem Brief an Freud formulierte – sich mit ihrer bevorstehenden Heirat und der Frage, ob sie diese wirklich durchziehen solle oder nicht, auseinanderzusetzen.

In seinem Schreiben an Pfister betonte Freud, dass sich die junge Ärztin für eine genügend lange Zeit verpflichten müsse, damit sich die Analyse lohne, also »solange bleibt, daß die Analyse Aussicht hat etwas zu erreichen, d.h. vier bis sechs Monate, kürzer lohnt es nicht«. Während Freud in seinem Brief an die junge Ärztin selbst *inhaltlich* dieselbe Ansicht ausdrückte, änderte er subtil den Rahmen für diesen Inhalt, stellte eine absolute, unverhandelbare zeitliche Bedingung und vermittelte große zeitliche Dringlichkeit:

»Ich antworte Ihnen umgehend, damit wir zu rascher Entscheidung kommen. Ich kann Sie nicht eher annehmen als bis ich weiß ob Ihnen mein Honorar und mir Ihre Zeitbestimmung paßt, über welche Punkte Sie nichts geäußert haben. Ich berechne 40 frs die Stunde in Ihrer Währung monatlich zahlbar, nehme aber niemand, der nicht bis 15. Juli bleiben kann. Der letzte Punkt ist für sich allein entscheidend. In Anbetracht der knappen Zeit bitte ich Sie um telegraphische Rückäußerung und werde Ihnen dann eventuell auf demselben Wege endgiltig Bescheid sagen. Wenn alles stimmt, würde ich Wert darauf legen, daß Sie vor dem 1. April in Wien eintreffen.«

Der Satz »Der letzte Punkt ist für sich allein entscheidend« ist der Kulminationspunkt in einem ganzen Absatz, der voll von dringenden zeitlichen Bestimmungen ist. Schon der erste Satz enthält zwei solcher Wendungen: »umgehend« und »rasche Entscheidung«. Im dritten Satz findet sich die entscheidende Bedingung: »nehme [...] niemand, der nicht bis 15. Juli bleiben kann«. Alle potenziellen Patienten *müssen* bis zum 15. Juli bleiben. Aber nicht länger. Dieser bereits völlig unmissverständliche Satz wird noch einmal durch eine absolute Vorgabe verstärkt: »Der letzte Punkt ist für sich allein entscheidend« – »allein« und »entscheidend«. So viele Worte, die Bedingungslosigkeit ausdrücken! Das Ende der Analyse, und zwar ein unbedingtes Ende, wird bereits als entscheidend wichtiger Termin festgelegt.

Damit aber nicht genug. Der Brief unterstreicht noch einmal den Zeitdruck: »In Anbetracht der knappen Zeit bitte ich Sie um telegraphische Rückäußerung«. Nur Freud, nicht aber seine Patientin, darf es sich erlauben, sich dem Zeitkorsett zu entziehen: »werde Ihnen dann eventuell auf demselben Wege endgiltig Bescheid sagen«. Eventuell? Sie muss sich definitiv auf den Termin des 15. Juli verpflichten, aber Freud ist nicht verpflichtet, dasselbe zu tun. Er wird sie erst *nach* Erhalt *ihrer* Verpflichtungserklärung wissen lassen, ob er damit einverstanden ist, und er wird ihr *vielleicht*, aber keineswegs *sicher*, auf demselben Weg antworten, auf dem er ihre Antwort *fordert*: nämlich per Telegramm. Er behält sich *selber* die Möglichkeit vor, brieflich zu antworten, also auf eine weniger dringliche Kommunikationsart, während sie ihre Verpflichtung durch das Senden eines Telegramms demonstrieren *muss*.

Wie um klarzustellen, dass in ihrer Analyse das zeitliche Moment entscheidend sei, beendet er den Brief mit einem Hinweis auf die Dringlichkeit des Anfangs – nachdem das Ende als »entscheidend« festgelegt worden war: »Wenn alles stimmt, würde ich Wert darauf legen, daß Sie vor dem 1. April in Wien eintreffen.«

Zu dieser »Strategie« Freuds möchte ich zwei spekulative Ideen vorbringen.¹ Erstens möchte ich herausstreichen, dass Freud Freitag, den 15. Juli, als letzten Tag von Frau Dr. G.s Analyse festlegte, es ihr aber gleichzeitig unmöglich machte, an irgendeinem anderen Tag ihren Abschied zu nehmen. Mit dem Eintritt in die Analyse verpflichtete sie sich, die Analyse weder zu unterbrechen, noch den Versuch zu machen, sie zu verlängern. Zweitens zwang Freud sie in diesem Scharmützel über Zeit und Entscheidungen, sich auf zumindest eine Sache festzulegen: ihre Analyse. Nach Erhalt von Freuds Brief, vermutlich am 24. März, würde ihr eine solche Verpflichtung zu einer Analyse weniger als eine Woche Zeit lassen, um nach Wien zu fahren und am 1. April zu beginnen – was sie auch getreulich tat, nachdem sie nur wenige Tage lang überlegt hatte, wie uns Anna Koellreuter mitteilt. Freud hatte sie vor eine Entscheidung gestellt, und sie traf eine. Als sie ihre Analyse begann, gab es bereits viel, womit Freud und Dr. G. arbeiten konnten!

Und sie arbeiteten tatsächlich. Das Tagebuch ist allerdings die einzige direkte Aufzeichnung, die wir von dieser Arbeit haben. Freud hinterließ keine Fallnotizen über seine Analyse von Dr. G. Eine letzte Anspielung auf sie machte er zwei Wochen nach der Beendigung der Analyse: »Die kleine G. wurde voll durchsichtig u. ist eigentlich fertig: was aber jetzt das Leben mit ihr machen wird, kann ich nicht wissen.« Soweit wir dies erahnen können, war die Arbeitsteilung zwischen Analytiker und Patientin sehr erfolgreich. Wenn es Freuds Ziel war, Durchsichtigkeit – völliges Verständnis – zu erhalten, dann war es Dr. G.s Ziel, zu einer zeitgerechten Entscheidung zu kommen. Der ursprüngliche Rahmen, in den Freud die Analyse stellte, sowie seine anschließende Politik der Nicht-Einmischung waren wirksam: Die Analyse stellte sich als »entscheidend« heraus. Es sei hervorgehoben, dass Freud ganz allgemein das Ergebnis einer Analyse so sah: Es war der *Analytiker*, der Einsicht erlangte, und nicht der Patient.² Dr. G.s Analyse war durch und durch klassisch: Sie drehte sich um das *Leben* und nicht um Verständnis. Ihr »Symptom« war ihr Lebensproblem, mit dem sie in die Analyse kam – ihre Möglichkeiten, ihre

---

1 Wobei ich keineswegs die Tatsache übersehen, dass sich Freud oft – wenn auch keineswegs immer – auf eine ähnliche Weise verhielt, um die Termine seiner Analysen zu organisieren, und um sicherzustellen, genügend Geld während des Arbeitsjahres zu verdienen. Diese organisatorischen Mitteilungen erscheinen mir absolut charakteristisch für die Art, wie Freud seine klinische Praxis führte und einteilte. Ich nehme jedoch an, dass sich viele Leser und Leserinnen der Ansicht anschließen könnten, dass die Zeilen an Frau Dr. G. überdeterminiert waren – indem sie bereits durch seine Antwort auf ihre individuelle Situation beeinflusst waren.

2 Der Terminus Einsicht wird im gesamten Werk Freuds nur selten für die analytische Errungenschaft des Patienten gebracht, sondern im Wesentlichen nur für diejenige des Analytikers (vgl. Guttman et al. 1983, 1995).

Entscheidungen, und natürlich auch ihre Triebregungen und Fantasien, die diesen zugrunde lagen.

Das Tagebuch

Nach einer Betrachtung des Rahmens, in dem Dr. G.s Analyse stattfand, möchte ich mich nun dem Hauptbeleg zuwenden, den wir für deren Verlauf haben: das Tagebuch. So spannend dieses Dokument ist, so bleiben doch quälende Unsicherheiten, nicht zuletzt deswegen, weil sein Zweck undurchsichtig und sein Inhalt fragmentarisch ist – und dazu noch verstummt es an einem entscheidenden Punkt in der Analyse. Wie dieses Schweigen interpretiert werden kann, ist von großer Bedeutung; immer mit dem Vorbehalt, dass keinerlei positive Hinweise dafür existieren, was das Verstummen signalisiert.

Das Material, das Dr. G. aufzeichnete, bezog sich hauptsächlich auf Träume. Diesbezüglich bestätigt es die bereits zahlreichen Belege, dass sich Freuds oft wiederholte Überzeugung vom Traum als »via regia« zum Unbewussten direkt in seine Praxis umsetzte und auch in seinen Patienten und Patientinnen zur Überzeugung wurde. Die meisten von ihnen beendeten die Behandlung, überzeugt von der Wichtigkeit der Träume und deren Analyse. Auch Dr. G.s Tagebuch erzählt dieselbe Geschichte. Viele ihrer Eintragungen sind einfach Traumtexte mit ein paar Assoziationen, gefolgt von der Aufzeichnung eines Dialoges mit Freud. Sie begann mit ihren frühesten Erinnerungen und frühesten sexuellen Entdeckungen – sie wusste schon, worum sich die Psychoanalyse drehte. Bald jedoch wird deutlich, dass sie mehr und mehr dem Standard einer Freud'schen Patientin entsprach – ihre Träume, gefolgt von Freuds interessierten Kommentaren.

Träume mögen der Königsweg zum Unbewussten sein, doch zu dem Zeitpunkt, als Freud Dr. G. behandelte, wusste er, dass der Königsweg, den die psychoanalytische Behandlung beschreiten musste, die Übertragung war. In den *Vorlesungen zur Einführung in die Psychoanalyse* hatte er festgestellt, dass eine künstliche Übertragungsneurose die vorherigen neurotischen Strukturen *ersetzt*:

»[W]enn die Kur sich erst des Kranken bemächtigt hat, dann ergibt es sich, daß die gesamte Neuproduktion der Krankheit sich auf eine einzige Stelle wirft, nämlich auf das Verhältnis zum Arzt. Die Übertragung wird so der Cambiumschicht zwischen Holz und Rinde eines Baumes vergleichbar, von welcher Gewebsneubildung und Dickenwachstum des Stammes ausgehen. Hat sich die Übertragung erst zu dieser Bedeutung aufgeschwungen, so tritt die Arbeit an den Erinnerungen des Kranken weit zurück. Es ist dann nicht unrichtig zu sagen, daß man es nicht mehr mit der früheren Krankheit des Patienten zu tun hat, sondern mit einer neugeschaffenen und umgeschaffenen Neurose, welche die erstere ersetzt. Diese Neuauflage der alten Affektion hat man von Anfang an verfolgt, man hat sie entstehen und wachsen gesehen und findet sich in ihr besonders gut zurecht, weil man selbst als Objekt in ihrem Mittelpunkt steht. Alle Symptome des Kranken haben ihre ursprüngliche Bedeutung aufgegeben und sich auf einen neuen Sinn eingerichtet, der in einer Beziehung zur Übertragung besteht. Oder es sind nur solche Symptome bestehen geblieben, denen eine solche Umarbeitung gelingen konnte. Die Bewältigung dieser neuen künstlichen Neurose fällt aber zusammen mit der Erledigung der in die Kur mitgebrachten Krankheit, mit der Lösung unserer therapeutischen Aufgabe« (Freud 1916–17a, S. 462).

Einer der Gründe, warum Freud darauf bestand, dass sich Dr. G. – oder jeder andere Patient – genügend Zeit für die Analyse nehme, bestand zweifellos darin, sicherzustellen, dass diese »künstliche Neurose« ausreichend Zeit für ihre Entwicklung hätte. Zeit, die das organische Wachstum der analytischen Beziehung brauchte, um die Gestalt des früheren Lebens des Patienten anzunehmen. Wir können daher davon ausgehen, dass Freud darauf wartete, dass die Übertragungsneurose ihre spezifische Form annahm.

Einige von Freuds anfänglichen Bemerkungen deuten darauf hin, dass er seinen Aufsatz »Ein Kind wird geschlagen« als grobes Raster für die Analyse von Dr. G. benutzte. Er beharrte darauf, dass hinter ihrer identifikatorischen Bindung an ihre Brüder – »das Rätsel [...] warum Sie nicht von Ihrem Bruder loskommen« – und ihren Liebeseroberungen das »Geheimnis« der »tiefsten« Schicht die Liebe zu ihrem Vater wäre. Ob er nun zu sehr bemüht war, sie diesem Schema anzupassen, oder nicht, jedenfalls standen ihm genügend andere Mittel aus seinem bewährten technischen Arsenal zur Verfügung, sowohl theoretische (das Vorantreiben der Deutungsarbeit) als auch praktische (die Faustregeln für die Durchführung der Analyse). Die Regel, die er am stärksten, und nicht ohne Absicht, anwendete, war die Abstinenzregel: »[...] daß man Bedürfnis und Sehnsucht als zur Arbeit und Veränderung treibende Kräfte bei der Kranken bestehen lassen und sich hüten muß, dieselben durch Surrogate zu beschwichtigen« (Freud 1915, S. 313). Dr. G. gegenüber drückte er es so aus: »Wenn es möglich ist, lassen Sie die Abenteuer sein. Dulden Sie u. entbehren Sie, sodaß alles desto deutlicher in der Stunde zum Vorschein kommt.«

Obwohl die Hinweise eher spärlich sind, kann man doch zumindest zwei

Themen herausgreifen, die eine Reaktion auf die tatsächliche oder zu erwartende Abstinenz darstellen. Die erste Reaktion, die Angst, von Männern nicht geliebt zu werden, beinhaltet eine Rechnung, wie lange sie es ohne ein Zeichen einer solchen Liebe aushalten kann: »Ich habe Befürchtungen, daß sich nach der Analyse nicht mehr viele in mich verlieben, tanzen und lieben ist das gleiche. Auch jetzt ist es nicht auszuhalten ohne einen Menschen der mich gern hat. Ich rechnete aus, daß die Analyse nur noch etwa 2 Monate dauert« (Mitte Juli).

Man kann sich schwerlich ein ehrlicheres Bekenntnis vorstellen, welche Belastung die Abstinenz für sie darstellte, und vor allem, wie sie die Analyse als Ursache einer nicht wieder gut zu machenden Beeinträchtigung ihrer Fähigkeit, bei anderen Liebe hervorzurufen, ansah. Wie in einer regressiven Bewegung kommt sie unmittelbar darauf auf ihren Entschluss, bei Freud in Analyse zu gehen, zurück: »Es kommt mir vor, es war eine Wahnidee von mir daß ich hierher kam. Mit Mühe erinnere ich mich daß ich ja gar nicht anders konnte.«

Dies ist ein interessanter Moment: Er zeigt auch, dass Dr. G. ihren veritablen Entschluss, die Analyse zu beginnen, in sein glattes Gegenteil verkehrte – als das einzige, was möglich war (keine andere Möglichkeit). Wie gut Freud auch immer mit seinem dringlichen ersten Brief an sie den Boden vorgebahnt hatte, jetzt fühlte sie sich in die Ecke getrieben, verzweifelt – wie könnte sie ohne Liebe überleben?

Durch diese Phase führte sie Freud mit Deutungen, die ich im Lichte seiner theoretischen Erklärung »mitfühlend-beruhigend« nennen möchte: »Da die Libido gestaut wird, indem sie nicht zu dem Mann kann, kommen alle diese Wünsche deutlicher zum Vorschein. Das ist auch der Sinn der Abstinenz.« Das von ihm hier angewendete Modell hatte er auch in der *Traumdeutung* verwendet, um gewisse verstörende Träume zu erklären: Im Schlaf muss ein vorbewusster Wunsch durch das Unbewusste passieren, wo ihn der Primärprozess durch eine Verbindung mit anderen unbewussten (und infantilen) Wünschen transformiert und geeignete Darstellungsmittel findet. Zum Beispiel deutete er den Traum einer Frau vom Tod des einzig verbliebenen Sohnes ihrer Schwester als Ausdruck eines vorbewussten Wunsches, so die Gelegenheit zu bekommen, den von ihr geliebten Mann zu sehen, der im Falle des Todes ihres Neffen sicher zum Begräbnis kommen würde (Freud 1900, S. 158). Eine ähnlich »mitfühlend-beruhigende« Interpretation gebrauchte Freud auch in Bezug auf Dr. G.s regressive Wünsche. Die Angst, nicht geliebt zu werden, war in einem Traum aufgetaucht, in dem die Analyse mit einer dringend nötigen

Knieoperation gleichgesetzt wurde – nicht lieben können und nicht tanzen können »ist das gleiche«. In den Assoziationen zum Traum hatte Bleuler (eine Figur, die in Dr. G.s innerem Pantheon sicher nahe bei Freud stand) eine Frau wegen der venerischen Infektion ihres Knies »verstockte Dirne« genannt. »Ich wünsche mir im Traum die Strafe für meine Sünden«, schreibt Dr. G. In einem zweiten Traum, bzw. im zweiten Teil einer Traumsequenz, kommt ein roter Fleck in ihrem Gesicht vor, von Wanzen oder Ungeziefer, der in ihr die Angst hervorrief, für immer (von der Analyse) entstellt zu werden. Hier gab ihr Freud diese »mitfühlend-beruhigende« Deutung: »Erst nährt man es [den Fleck, das Ungeziefer, die Kinder] von dem was man ißt u. schließlich fressen einen die Kinder noch auf, d. h. alles was man hat. Auch die Angst vor der Entstellung ist begründet bei zahlreichen Kindern.«

Es gibt eine *realistische* Angst, durch gebären von Kindern entstellt zu werden; implizit gibt es aber auch den *realistischen* Wunsch, Kinder zu bekommen, der regressiv, unter dem Druck von Schuld- und Angstgefühlen, in eine quasi-psychotische Angst umgewandelt wird. Dr. G. reagierte mit einer direkten Erinnerung an einen kindlich-magischen Gedanken: »[H]eute Morgen stach ich mich in den Finger, ein Tropfen Blut kam heraus und ich dachte, das bedeutet daß ich mir ein Kind wünsche [...] Schneewittchens Mutter stach sich in den Finger beim Nähen und wünschte sich ein Kind!« Wiederum beruhigte Freud: »Diese Wünsche tauchen alle unter dem Druck der Abstinenz auf.«

Für die bemerkenswerte Traumserie, die von Dr. G. am 26. April erzählt wurde, schlug Freud eine ähnliche »beruhigende«, aber auch komische Deutung vor. Hier will ich nur den zweiten Teil dieser dreiteiligen Traumsequenz kommentieren: »Ich sitze auf dem Klosett u. ein Mann, ein Spanier vielleicht steht in der Türe, drängt sich herein. Ich klemme ihm den Finger ein, indem ich die Türe zuschlage.«

Sie assoziiert dazu unter anderem: »Der Spanier hält den Finger in die Türspalte und ich klemme ihn ein: Richard erzählte einmal von 2 Liebenden die in einer kalten Winternacht erfroren sind weil der Mann sein Glied nicht mehr zurückziehen konnte.« Und sie fügt hinzu: »Spanier – oder Ungar. Gestern war ich mit einem Ungarn, der heute die Pension verlassen hat, in einem Kaffeehaus.«

Freud interpretiert: »Der 2. Teil ist wie eine Romandarstellung [...] Der Ungar ist zum Helden« eines Liebesstückes geworden im Traum. Sie wollen ihn festhalten.«

Diese Deutung folgt sehr eng dem Deutungsmuster, das Freud in der *Traumdeutung* entwickelt hatte. Der Traumgedanke lautet: »Ich möchte diesen

Mann, der mich verläßt, behalten«, und dieser Gedanke wird im Traum – in Übereinstimmung mit den Regeln, denen die »Rücksicht auf Darstellbarkeit« unterliegt (vgl. S. 315–354) – in ein Bild umgeformt, in den Penis des Mannes, der in der Frau gefangen ist. Darüber hinaus wird die *Stärke* ihres Wunsches, ihn zu behalten, deutlich in der Projektion auf die Figur des Mannes, der »sich hereindrängt«. Die Doppeldeutigkeit ihres Wunsches, ihn zu behalten, wird deutlich in der Szene, in welcher der Mann sich in die Toilette, in der sie sitzt, hineindrängt (sowohl eine Grenzverletzung als eine weitere Doppeldeutigkeit im Bild des »sich hereindrängenden« Mannes). Sie stellt sich dann so dar – was für ihren moralischen Ruf und ihre anscheinende Sittsamkeit ganz praktisch ist –, als ob sie ihm den Eintritt verwehren würde, indem sie die Tür zuschlägt und ihm den Finger einklemmt. Ihre Assoziationen verraten aber, dass in Wirklichkeit sein Penis eingeklemmt wird, den er nie zurückziehen wird, weil der Akt des sexuell Genommen-Werdens zum Tod des Paares führt (Erfrieren). Sexualität wird gleichbedeutend mit Tod. Ihr eigenes sexuelles Begehren führt zu ihrem und zu seinem Tod.

Der Kern von Freuds Interpretation vermeidet jedoch jegliche Erwähnung von Sexualität und Tod und hebt schlicht hervor, dass die Szene, in welcher sie dem Mann den Eintritt in die Toilette verwehrt und ihn dabei einklemmt, Ausdruck ihres Wunsches ist, er möge nicht die Pension verlassen, sondern dort bleiben und ihr zur Seite stehen. Der latente, vorbewusste Traumgedanke passiert das Unbewusste und taucht, in Sexualität und Tod gekleidet, in einer Umkehrung wieder auf: Anstatt dass sie ihn verlässt, drängt er sich gewaltsam hinein, der Finger wird ihm eingeklemmt (was auch für eine Abtreibung – ein weiteres Todesbild – steht), und sie lassen sich so auf einen Akt von Liebe/Tod ein, einen Liebestod. Wie könnte man denn besser einen Mann festhalten, scheint Freuds launige Deutung zu besagen, als mit seinem Penis, der auf immer in der Frau gefangen ist? Unter dem Druck ihrer erotischen Begierden, denen sie den Ausdruck versagen will, wird ein einfacher vorbewusster Wunsch umgewandelt. Durch die starken Kräfte ihres Unbewussten wird ihr simples Verlangen, den Ungarn als ihren Gefährten in der Pension zurückzuhalten, zu einem Kampf an der Schwelle einer Toilettentür, einer Tür, die für die ewige und tödliche sexuelle Vereinigung zwischen dem Mann und der jungen Frau steht. Die extremen Themen von Sexualität und Tod werden von Freud nicht hervorgehoben – dies wurde bereits durch die Patientin klargemacht. Seine Aufgabe ist es hier, ihr zu zeigen, dass sie sich weder Sexualität noch Tod wünscht, sondern einfach Gemeinschaft und Kameradschaft. Außer natürlich, sie hat mehr im Sinn als einfache Kameradschaft …

Am 15. April markiert Freud das Ende der ersten zwei Analysewochen mit seiner Aufforderung an sie, »die Abenteuer sein zu lassen«. Während des ganzen April enthüllt eine Serie von Träumen verschiedene Aspekte ihres Liebeslebens, darunter das Thema vom Spanier/Ungarn. Am 30. April bringt Freud seine Deutung vor, in ihren Träumen und ihrem Fantasieleben sei sie die Figur des Don Juan. Im Anschluss an die regressiven Strebungen, die Freud herausstreicht – ihre Angst, von Männern nicht geliebt und durch die Geburt von Kindern entstellt zu werden –, transformiert sie ihre Schwierigkeit, sich zwischen zwei Lieben zu entscheiden, in einen Katalog von Orten und den dazugehörigen Männern. Das Ganze gipfelt in dem Ausspruch: »Einen Franzosen heiraten möchte ich nicht.« Freud bekräftigt seine Deutung: Sie beschreibt sich selbst als ein weiblicher Don Juan. Indem er den Traum mit all seinen Aspekten – vielleicht besonders ihre mörderische Reaktion darauf, dass ihre sexuellen Wünsche *verstanden* werden – als Ganzes betrachtet, stellt er fest: »Dieser Traum scheint mir außerordentlich wichtig zu sein.« Dies ist etwa der Punkt, an dem G. aufhört, regelmäßige Einträge in ihr Tagebuch zu machen.

Ein Negativbeweis – leere Seiten, mit Ausnahme eines »Ich ziehe mich von F. zurück« – ist natürlich eine tückische, schwer zu deutende Angelegenheit. Klar ist jedenfalls, dass sich G. tatsächlich auf ein Abenteuer einließ – ein Mann mit dem ungemein passenden Namen France –, ganz in einer Reihe mit ihrer Liste von Männern und deren Usprungsländern. Was dem Ganzen für uns LeserInnen 80 Jahre später eine komische Wendung gibt, ist, dass die Tagebucheintragungen ab nun durchgehend zweideutig werden. Einträge über Fr. können nun entweder Freud oder France bedeuten – oder beide. Ihre Beziehung zu France war zweifellos ein sexuelles Abenteuer, wie ihre Verweise auf die Umarmung in der Öffentlichkeit und ihre »Befürchtungen, daß die Samenflüssigkeit durch den Stoff dringen könnte«, zeigen. In der Wahrnehmung ihrer selbst, des Selbst, mit dem sie sich in der Analyse beschäftigte, wie im Traum vom Bordell, dem »Haus mit andern Mädchen wie ich«, standen sexuelle Begierde und die Liebe der Männer im Mittelpunkt. Aber selbst bei ihrer ersten direkten Erwähnung von France im Traum vom 10. Juni, bei der sie die wichtige Rolle, die er in ihrem Innenleben spielt, klarmachte, hat man das Gefühl, dass France nur ein Übertragungs-Abenteuer war: »France gibt mir Sacharin. Ich sage: Danke, ich verzichte.« Saccharin ist immer nur ein Ersatz, eines jener Surrogate, vor denen Freud gewarnt hatte. Und sie verzichtet darauf.

Für Freud aber tauchte mit diesen Abenteuern ein anderes Thema auf, und zwar die Rebellion gegen die Eltern und gegen ihn. Die letzte seiner Interventionen, die von Dr. G. notiert wurde, war: »F: Sie stehen unter der Herrschaft des Trotzes gegen d. Eltern.«

Im Anschluss daran folgt ein Eintrag in einem neuen Ton, als ob Dr. G. nicht mehr die Ereignisse in ihrer Analyse *aufzeichnen*, sondern sie von *außerhalb* der Analyse kommentieren würde: »(Er glaubt diese Liebe ist zum größern Teil daraus zu erklären, aber es ist nicht wahr [...] O mein Gott. Wie liebe ich ihn.[)]«

Meiner Meinung nach weisen die Klammern auf diese »Außen«-Position hin. Der Widerstand tritt nun unverhüllt hervor, und zwar auf dem Gebiet des »Ausagierens«, auf das sich Dr. G. nun zu begeben bemüßigt fühlte. Und es ist »klassischerweise« passend, dass ihr Ausruf eine unauflösbare Zweideutigkeit enthält: »O mein Gott. Wie liebe ich ihn.« Wen? Fr(eud) oder Fr(ance)?

Auch der letzte Eintrag im Tagebuch ist eigentümlich passend, ein Traum, der ihr Dilemma in der Mitte einer Analyse, die in weniger als vier Wochen zu Ende sein wird, zeigt:

> Fr. hat gestohlen, wir sind auf der Straße/und müssen fliehen deßhalb. Wir wollen in/ein Tram, aber ich sage es ist besser ein Auto/das geht schneller. Dann sind wir in einem Haus/und ich will andere Kleider anziehen über oder/unter meine, damit man mich nicht kennt/Aber als ich es getan habe, ist es zu heiß, ich halte es/nicht aus. –
> x Ein Polizist verfolgt uns

Dieser Traum fasst die leidenschaftlichen Ereignisse im Zusammenhang mit ihrer Analyse zusammen, ob nun Fr. für Fr(eud)[3] oder Fr(ance) steht. Sie muss mit dem Mann, der etwas gestohlen hat, fliehen, aber sie kann es am Ende nicht aushalten. »Ein Polizist verfolgt uns.« – Es ist nicht sehr weit hergeholt, darauf zu schließen, dass Freud dieser Polizist ist (wie er auch der Mann sein mag, mit dem sie flieht). Er ist sozusagen mit ihrem Fall betraut.

Die Hinweise verflüchtigen sich. Sie hat uns, der heutigen Polizei, keine weiteren Indizien hinterlassen, um ihre Spur aufzunehmen – mit Ausnahme jener, die ihr späteres Leben liefert. War ihre Auflösung der Verlobung, als die Ehe bereits in den Zeitungen angekündigt wurde, ein Trotzakt (gegen ihre

---

3 Vergessen wir auch nicht, dass Dr. G. Freud am Anfang der Analyse Liebeserklärungen gemacht hat, mittels des klassischen Goethe-Vergleichs: »jetzt begreife ich aber ganz gut, wie man jemand ältern heiraten kann[.] D. h. also ich möchte Sie ev. heiraten, ich habe Sie schon sehr gern.«

Eltern oder eine andere innere Figur)? Stellte ihre Flucht nach Paris und ihr dortiger Aufenthalt bis 1939 die Erfüllung ihres Wunsches dar, woanders zu leben als in der Umgebung, in der sie aufgewachsen war? Könnte dies sogar teilweise durch den Wunsch oder gar die Notwendigkeit veranlasst worden sein, der Skandalatmosphäre zu entkommen, die unweigerlich durch die überaus späte Auflösung ihrer Verlobung entstanden wäre? Oder war die Flucht in die Arme des Bildhauers – der bereits nach Paris gegangen war – das Ergebnis jener Entschlusskraft, welche ihr der freiere Zugang zum Unbewussten und die Aufklärung ihres Verhältnisses zum Bruder und zu den Eltern ermöglicht hatte – Ein Aspekt, den Freud oft betonte, auch Dr. G. gegenüber (»Die Leute sind außerordentlich findig, wenn sie sich ihrem Unbewußten überlassen«)? Das vorübergehende Abenteuer mit France, die aufgelöste Verlobung, die Flucht zum Bildhauer nach Paris – sind dies die Handlungen eines voll analysierten Menschen?

Freuds Urteil überrascht: »Die kleine G. wurde voll durchsichtig u. ist eigentlich fertig: was aber jetzt das Leben mit ihr machen wird, kann ich nicht wissen.« Sie ist tatsächlich fertig – interessante Worte nach einer turbulenten, aber ausgesprochen kurzen Analyse. Wie ich argumentiert habe, entsprach diese Analyse tatsächlich Freuds Modell von der künstlichen Übertragungsneurose. Das Lebensproblem, das Dr. G. mit sich in die Analyse gebracht hatte, wurde zuallererst in ihrer Übertragung auf Freud erforscht, und dann direkt vor seinen – und unseren – Augen im Abenteuer mit Fr. in die Tat umgesetzt. Am 14. Juli, dem im Voraus festgelegten Termin (»Der letzte Punkt ist für sich allein entscheidend«), war sie mit der Beendigung ihrer Analyse und der Auflösung ihrer künstlichen Neurose konfrontiert. Dem äußeren Anschein nach war das Leben dann recht freundlich zu ihr, aber natürlich konnten weder sie noch Freud das wissen.

Also – eine kurze, erfolgreiche, fast stürmische Analyse im Frühjahr 1921. Zum Schluss möchte ich Dr. G.s bruchstückhaften Bericht ihrer Analyse mit einem anderen bruchstückhaften Bericht einer Patientin Freuds aus denselben Monaten des Jahres 1921 vergleichen: jenem von Alix Strachey. Über ihre Analyse und ihr Leben habe ich an anderer Stelle geschrieben (Appignanesi/Forrester 1994, S. 503–511; vgl. auch Meisel/Kendrick 1986; Caine 1998, S. 145–169; Forrester 2006, S. 65–85). Hier möchte ich mich auf einen ihrer Artikel beziehen, der die Aufzeichnung ihrer Analyse mit Freud darstellt, die im Herbst 1920 begann und bis zum krankheitsbedingten Abbruch im Frühjahr 1922 fortgesetzt wurde. Der Mitte 1922 publizierte Artikel handelt von der Analyse dreier Träume, die sie in einer Nacht während der Analyse gehabt hatte, wahrscheinlich in der ersten Jahreshälfte von 1921 (Strachey 1922, S. 154–162).[4]

Der Vergleich dieser beiden Quellen – G.s privates Tagebuch und eine anonyme Traumanalyse, veröffentlicht von der frischgebackenen Analytikerin Alix Strachey – ist nicht einfach. Beide Arten der Darstellung sind eine Form von Selbstanalyse, um den interessanten Ausdruck zu gebrauchen, den Freud in seiner ersten Bezugnahme auf Dr. G. als mögliche zukünftige Patientin von ihm verwendet hatte. Die beiden Frauen sind jedoch zwei äußerst verschiedenartige Patientinnen und und unterscheiden sich auch in ihrem Wesen deutlich. Alix Strachey war 28 Jahre alt, ein Jahr älter als Dr. G., als sie ihre Analyse begann. Sie hatte kurz zuvor James Strachey geheiratet, mit dem sie aber bereits seit 1916, wenn nicht schon früher, eine stürmische und unstete Liebesbeziehung gehabt hatte. Ihre Hauptsorge in dem Teil der Analyse, den sie in ihrem Artikel über die Träume offenlegte, galt ihren Fantasien und Ängsten in Bezug auf eine Schwangerschaft. Sie fasste die Bedeutung der Traumserie wie folgt zusammen:

> »Vorausgesetzt, daß ich nicht selbst mit Kind bin – daß meine Schwangerschaft nur eine infantile Phantasie ist, von der ich zugebe, daß ich sie habe – und daß ich dadurch nichts zu befürchten habe« (erster Traum), »Ich bin bereit zu bezweifeln, ob in der Realität die Geburt wirklich so eine schmerzhafte Angelegenheit ist« (zweiter und dritter Traum), »Welche Ansicht mir meine Mutter nahegelegt hat« (dritter Traum) (ebd., S. 159).

Eine weitere Interpretation des Stellenwerts dieser Träume in Bezug auf ihre Analyse müsste sicherlich die Tatsache berücksichtigen, dass einiges von dem Material, das in die Träume Eingang fand, aus der Arbeit stammte, mit der Alix während der Analyse beschäftigt war – die englische Übersetzung von Freuds *Analyse der Phobie eines fünfjährigen Knaben*. Dort müsste man nach einer entscheidenden Übertragungsdimension suchen. Es ist jedoch eine andere Eigenschaft ihrer Analyse, die einen interessanten Vergleich mit jener von Dr. G. verdient.

Alix Stracheys »bewußte Einstellung zu Schwangerschaft und allem, was mit der Geburt zusammenhing, war Angst und Ablehnung« (ebd., S. 159). Sie sagte ganz klar, wie diese Thematik im Zuge ihrer Analyse mit Freud aktiviert und untersucht wurde:

---

4 Ich war der erste, der darauf aufmerksam machte, dass Stracheys Artikel – angeblich über eine ungenannte Patientin – von ihrer eigenen Analyse bei Freud handelt. Vgl. Forrester 2006.

»Angesichts der Tatsache, daß sie an chronischer Verstopfung litt und die Gewohnheit hatte, deswegen regelmäßig Abführmittel zu nehmen, und angesichts anderer Tatsachen, die mit ihrer Verstopfung zusammenhingen, war der Analytiker zu dem Schluß gekommen, daß die Verstopfung psychologisch determiniert war und eine Schwangerschaftsphantasie darstellte, bei der die Mitteleinnahme die Empfängnis symbolisierte. Ein paar Wochen vor dem Traum hatte er ihr empfohlen, mit der Einnahme der Mittel auszusetzen, in der Hoffnung, damit den Konflikt zuzuspitzen. Die Patientin war seinem Rat gefolgt, obwohl sie keinesfalls von der Richtigkeit seiner Anschauungen oder der Weisheit einer solchen Vorgehensweise überzeugt war. Ihr Traum ist eine Reaktion auf diese Abstinenz« (ebd., S. 159).

Es ist dieses Thema der Abstinenz, das ich hier hervorheben möchte. Alix Stracheys Ängste und Fantasien rund um die Schwangerschaft wurden von Freuds Vorschrift, keine Abführmittel mehr zu nehmen, ausgelöst. Aus dieser Vorschrift fließen die Träume, deren Analyse und ihr Selbstverständnis. Der Traum mobilisierte einen lebhaften Zweifel an der Richtigkeit der Auffassung ihres Analytikers (– etwa im ersten Traum, ein Streit mit ihrem Mann, ob sie ein Stück Kuchen tatsächlich gegessen oder diesen Konflikt in einem Traum reproduziert hätte). Sie fügt hinzu: »Die Ersetzung des Analytikers durch ihren Mann braucht keine Erklärung.« Braucht aber ein Ausrufezeichen, mag der Leser sich stillschweigend denken! Essen, Verstopfung, Schwangerschaft – diese unverhohlen oralen und analen Themen waren für ihre Analyse charakteristisch.[5] In dieser Hinsicht besteht ein deutlicher Unterschied zu Dr. G.s Analyse, die extrem auf die genitalen Aspekte fokussiert war. Der Punkt jedoch, den diese beiden Analysen aus dem Jahr 1921 gemeinsam haben, ist die Art, in der das Thema der Abstinenz zuerst von Freud ausdrücklich als Thema und Vorschrift eingeführt wurde, und dann die Reaktionen dieser beiden Patientinnen gestaltete.

Abschließend können wir sagen, dass Dr. G.s Aufzeichnungen ihrer Analyse mit Freud Themen beleuchten, welche den Historikern der Psychoanalyse geläufig sind. Sie illustrieren jedoch diese Themen auf überraschend lebendige Weise. Wir sehen, wie sie mit ihrem Bedürfnis, von Männern – und einer potenziell unbegrenzten Anzahl von ihnen – geliebt zu werden, kämpft, und wie sie versucht, einen Weg zu finden, ihre »außerordentlich lang hinausgezogene

---

5 Und vielleicht auch für Alix Strachey allgemein. Als Studentin machte sie vor dem Weltkrieg eine, wie wir heute sagen würden, anorektische Phase durch. Ihr Leben lang äußerten sich alle ihre Freunde über ihre eigenartigen Essgewohnheiten; Kuchen hatten definitiv einen sehr hohen psychischen Stellenwert für sie, wie aus ihren Briefen von Berlin aus dem Jahr 1925 hervorgeht. Siehe dazu auch Meisel/Kendrick 1986 und Caine 1998, S. 145–69.

Pubertät« zu beenden, die Freud bei ihr wahrgenommen hatte. Wir bekommen dadurch eine Ahnung von der Macht der Abstinenz, die analytisches Material an die Oberfläche brachte, was sogar auch, in Einklang mit den Erwartungen des Analytikers, einen entscheidenden Einfluss auf die Patientin ausgeübt haben mag. Frau Dr. G.s »künstliche« Übertragungsneurose ist meiner Meinung nach eines der schönsten Beispiele, die wir dafür besitzen. Für Freud wurde sie dadurch »voll durchsichtig«. Und dann schien die Sonne des Lebens auf sie herab.

Literatur

Appignanesi, L.; Forrester, J. (1994): Die Frauen Sigmund Freuds. München (List), S. 503–511.
Caine, B. (1998): The Stracheys and psychoanalysis. History Workshop Journal 45, 145–169.
Forrester, J. (2006): Remembering and forgetting Freud in early twentieth century dreams. Science in Context 19 (1), 65–85.
Freud, S. (1900) G. W. II/III, S. 158.
Freud, S. (1915) G. W. X, S. 313.
Freud, S. (1916–17): G. W. XI, S. 462.
Meisel, P.; Kendrick, W. (Hg.) (1986): Blomsbury/Freud. The Letters of James and Alice Strachey 1924–1925. London (Chatto & Windus).
Strachey, A. S. (1922): Analysis of a Dream of Doubt and Conflict. I. J. Psycho.-Anal. 3, 154–162.

Die psychodynamischen Hauptpunkte in der Analyse von G. bei Sigmund Freud
Rolf Vogt

Die Tagebuchaufzeichnungen der Großmutter unserer Kollegin Anna Koellreuter über ihre Analyse bei Freud sind vor allem deshalb für die Fachwelt und die geistig Interessierten von besonderem Interesse, da sie allem Anschein nach nicht für eine Veröffentlichung gedacht waren. Es gibt hier kein heimliches Schielen nach einem Dritten, einem Publikum, dessen vorweg genommener Beifall oder befürchtete Ablehnung in die Zeilen geflossen wären. Die unmittelbar dem subjektiven Empfinden entsprungenen Äußerungen wirken wunderbar frisch und authentisch. Bei aller damit verbundenen Willkür rein individueller Motive bei der Darstellung der für die Analysandin wichtigen Analyseerkenntnisse, erscheint auch Freud in der für ihn charakteristischen Haltung, wie wir sie aus seinen Schriften kennen.

Die in dankenswerter Weise von der Enkelin betriebene Herausgabe des Tagebuches dient dessen Aufnahme in den Diskurs der Fachwelt und der interessierten Öffentlichkeit. Es gibt dabei viele Gesichtspunkte historischer, behandlungstechnischer und theoretischer Art zu diskutieren. Was besonders markant ins Auge fällt, ist Freuds virtuose und außerordentlich konsequente Handhabung seines ödipalen Verständnismodells. Für ihn sind die von ihm aufgedeckten Verhältnisse so klar und zwingend, dass er wohl jeden Vorwurf von suggestivem Vorgehen abweisen würde mit der Begründung, er beziehe sich nur auf eine unumstößliche Wahrheit, die die Analysandin eben akzeptieren müsse, wenn sie Aussicht auf Heilung haben wolle. Die sehr vorsichtige und abwartende Haltung der heutigen Psychoanalytiker wäre für ihn prinzipiell und in Anbetracht der Länge der von ihm durchgeführten Analysen – in diesem Fall etwa 80 Stunden – wohl nicht akzeptabel. Auch aus heutiger Sicht ist es notwendig, schnell zum Punkt zu kommen, wenn man in 80 Stunden (bei sechs Wochenstunden) etwas erreichen will. Die heutige kritische Auffassung, das ausschließlich ödipale Verständnismodell sei für die Vielfalt psychischer Störungen nicht ausreichend, ist zweifellos zutreffend und der Vorstoß der psychoanalytischen Entwicklungspsychologie bis in vorgeburtliche Zustände hat eine Menge neuer klinischer Verständnis- und Behandlungsmöglichkeiten eröffnet, doch tendiert die heutige Psychoanalyse dazu, die Bedeutsamkeit des Ödipuskomplexes zu unterschätzen.

In klinischen Diskussionen können wir immer wieder den Versuch erleben, ödipale Konfliktanteile als Epiphänomene früherer Störungen zu betrachten und das auf nichts anderes reduzierbare Eigengewicht ödipaler Konstellationen zu Gunsten prägenitaler Sichtweisen aufzulösen. Insofern ist dieses Tagebuch ein gutes Lehrstück für die Bedeutsamkeit der ödipalen Dimension in der Schwierigkeit der Analysandin, bezüglich ihrer siebenjährigen Verlobungszeit zu einer Entscheidung zu gelangen. Auch wir in der heutigen Zeit können von Freud hinsichtlich des Verständnisses ödipaler Zusammenhänge einiges lernen. Behandlungstechnisch haben wir aber auch die Gelegenheit zu sehen, wie man es nicht machen sollte.

Ein wohl kollektiver unbewusster Bedeutungsaspekt dieses Analysetagebuches ist die Urszene zwischen dem Vater der Psychoanalyse und einer jungen Frau. Mit dem selbstverständlichen und professionellen Voyeurismus der Psychoanalytiker nähern wir uns der Sache und bemühen uns um ihre Rätsel.

Ich habe mir in meinem Beitrag zum Ziel gesetzt, anhand der Aufzeichnungen von G. die psychodynamischen Hauptpunkte ihrer Analyse näher zu beleuchten. Damit bewege ich mich auf einem von Psychoanalytikern aller Schattierungen oft betretenen Trampelpfad: den Ergebnissen des psychoanalytischen Urvaters eine eigene Version anzuschließen oder gar entgegenzusetzen. Das ist nicht nur unvermeidlich, sondern auch sinnvoll und dient dem wissenschaftlichen Fortschritt. In diesem Falle ist es – wie schon gesagt – ein Teil der Einführung des Tagebuches in den psychoanalytischen Diskurs.

I Erstes Heft

Freud sieht in G.s Psychodynamik drei Stufen. Auf der obersten ist der Konflikt mit dem Verlobten Richard situiert, auf der mittleren befindet sich das Verhältnis zum Bruder Adolf, die tiefste am meisten unbewusste und wichtigste Stufe betrifft die Beziehung zu den Eltern (erster Eintrag).

Schon früh lüftet Freud das Geheimnis der untersten Stufe, indem er G.

gegenüber bemerkt: »Sie liebten ihren Vater und haben ihm den Treuebruch mit der Mutter nie verziehen. Sie wollten die Mutter des Kindes sein. Sie wünschten daher ihrer Mutter, die Ihnen den Geliebten nahm, den Tod. Nach und nach werden Sie Beweise dazu bringen und es wird sich das Rätsel lösen, warum *Sie* nicht von Ihrem Bruder loskommen« (ebd.).

Mit dem von Freud erwähnten Kind ist der Bruder Adolf gemeint. Freud ist der Auffassung, dass die Entscheidungsschwierigkeiten G.s gegenüber ihrem Verlobten Richard mit ihrer Beziehung zu den Brüdern, vor allem Adolf, und den Eltern zusammenhängen.

Im Tagebuch gibt es folgende Hinweise für eine ausgeprägte ödipale Liebe von G. zu ihrem Vater: Die Fantasie, sie habe sieben Kinder, wozu sie sich den Vater nicht vorstellen mochte. Das bezieht sich nach dem Prinzip der Verneinung wohl auf ihren Vater (ebd.). Des Weiteren das starke Heimweh nach dem Vater und die direkte Inzestfantasie mit dem Vater im Alter von zehn Jahren (18. April), die Schachbrettfantasie (21. April), die Träume (26. April, 10. Juni, 11. Juni).

Hinweise für ödipale Todeswünsche der Mutter gegenüber finden sich in der Faustfantasie (19. April), was umso eindrucksvoller ist, da in G.s Aufzeichnung die direkte Inzestfantasie mit dem Vater der Tötung der Mutter unmittelbar voraus geht. Auch die außerordentlich heftigen direkten Todeswünsche G.s gegen die Cousine, da sie dachte, ihr Verlobter R. könne sich in diese verlieben, sind möglicherweise ein indirektes Indiz für schon vorgebahnte entsprechende Impulse gegenüber der Mutter (15. April).

Für Freuds Annahme, G. habe die unbewusste ödipale Vorstellung, der Bruder A. sei ihr und des Vaters Kind, spricht G.s Fantasie von dem unendlich traurigen Jüngling, dem durch sie »das Leben ermöglicht« und er glücklich würde (erster Eintrag). Dieser Inhalt erscheint im unmittelbaren Kontext der Bruderrivalität, sodass Freud ihn auch darauf bezieht. Es scheint sich hier um eine Spaltung der Analysandin in einen traurigen Anteil und einen glückbringenden Anteil zu handeln. Der durch die Geburt des Bruders Adolf bedingte Verlust der alleinigen Liebe der Eltern führte bei G. zu einer immensen Traurigkeit, die durch eine projektive Identifizierung in den Bruder verlegt wurde (trauriger Jüngling). Gleichzeitig identifizierte sie sich mit der spendenden (glückbringenden) Mutter, die sich dem Bruder zuwendet. Auf die Mutterbedeutung von G. als Glückbringerin verweist die Wendung »durch mich wurde ihm das Leben ermöglicht« (ebd.). Auch der Traum von den kleinen Freunden der beiden Brüder (21. April), lässt G. in einer Mutterrolle erscheinen.

Nun ist noch die Inzestliebe von G. zu ihrem Bruder Adolf zu klären.

Freud geht in selbstverständlicher Weise davon aus, dass die Geliebten von G. ein »Bruderersatz« sind (erster Eintrag). Für eine bedeutsame unbewusste Inzestbeziehung zum Bruder Adolf sprechen der Traum vom blau- und goldgestickten Brokatstrumpf (15. April), der Traum vom Schwimmen im See mit den Freunden der beiden Brüder (21. April). Auch die ausgeprägte Rivalität G.s gegenüber Adolfs Verlobter Helene (18. April) ist ein Indiz für den inzestuösen Hintergrund des Verhältnisses zu ihrem Bruder.

Zusammenfassend ist zu sagen, dass im Analysetagebuch von G. genügend Hinweise für die Richtigkeit von Freuds früher Deutung über die ödipale Verstrickung G.s mit Eltern und Brüdern zu finden sind. Es handelt sich dabei um folgende Beziehungskonstellationen: ödipale Inzestliebe G.s zu ihrem Vater; Fantasie, der Bruder Adolf sei ihr und des Vaters Kind; Rivalität und Todeswunsch gegenüber der Mutter; Inzestliebe zu Adolf.

Wenn man methodische Überlegungen zur Verwertbarkeit der von G. dargelegten Inhalte anstellt, hat Freud durch seine suggestive Handhabung dieser Analyse (vgl. Beitrag von Anna Koellreuter) sicherlich markante Akzente gesetzt, die auch G.s Präsentation durchwirken, doch würde meines Erachtens die Annahme zu weit gehen, ihre Träume und Fantasien seien nicht mehr als Freuds Suggestionserfolge. Dagegen spricht die klinische Erfahrung mit der Art und Weise, wie Patienten mit falschen Deutungen ihrer Analytiker umgehen. Auch wenn diesen fehlgeleiteten Versuchen, Unbewusstes zu erhellen, ein bewusster Höflichkeitserfolg beschieden sein sollte, werden sie durch die spontanen unbewussten Prozesse schnell links liegen gelassen.

Als Nächstes ergibt sich die Frage, wie Freud den Einfluss von G.s dargelegter ödipaler Eltern- und Bruderverstrickung auf die Unfähigkeit seiner Analysandin sieht, in der Beziehung zu ihrem langjährigen Verlobten eine Entscheidung zu fällen: entweder Heirat oder Trennung. Ein definitives und klares Urteil Freuds dazu fehlt, da die Tagebuchaufzeichnung G.s vier Wochen vor dem Ende der Analyse aufhören. Nun ist zu eruieren, was sich dem Tagebuch noch an Informationen entnehmen lässt, um diese Zusammenhänge weiter zu klären. Freud ist der Meinung, dass G. nicht von ihrem Bruder Adolf loskomme (erster Eintrag). In den Einfällen zu dem Traum von Schizophrenen (15. April) erwähnt sie ihren kurzen Schizophrenieverdacht gegenüber ihrem Verlobten Richard, die Neurose des Bruders Adolf, die sie heilen wollte und die schizoide Familie des Bildhauers, ihres späteren Ehemannes. Im Hinblick auf diese drei signifikanten Männer galten ihre liebevollsten Gefühle allein ihrem Bruder. Freud meinte hierzu zu G.: »Die Liebe zum Bruder, die ja bewusst ist, ist nicht die tiefste Schicht und darum nützt das Bewusstsein ihrer Existenz nichts. Sie können sich nicht davon befreien, denn sie ist tiefer bedingt« (18. April).

Was meint Freud mit tiefer? Sehr wahrscheinlich hat er dabei seine Hypothese im Auge, dass G. die unbewusste Fantasie habe, sie sei die Mutter ihres Bruders A. und die Frau ihres Vaters. Damit hätte das nicht Loskommen vom Bruder eine tiefere Verankerung im Vaterinzest. In einem Traum erscheint eine Identität des Verlobten Richard mit dem Vater (27. April). An einer Stelle verknüpfen sich Todeswünsche gegen die Mutter mit einer suizidalen Verfassung von Richard und den Gedanken G.s, entweder soll Richard sterben oder sie. Trennung schien es in G.s Vorstellung demnach nicht geben zu können, ohne dass einer von beiden stirbt (19. April).

II Zweites Heft

Am 5. Mai liebt G. im Traum einen Mann, denkt aber dabei, dass sie »im Grunde« ihren Verlobten Richard liebe (5. Mai). Am 16. Juni macht sie mit ihrem momentanen Liebhaber, ebenfalls im Traum, eine Reise nach Deutschland, die Richard früher als Hochzeitsreise geplant hatte. Die innere Trennung G.s von Richard scheint zu einem guten Teil vollzogen. Einige Zeilen nach diesem Traum reißen die Aufzeichnungen von G. ab, wobei diese letzten Zeilen noch einen Traum enthalten, in dem der Liebhaber etwas gestohlen hat und sie beide von einem Polizisten verfolgt werden. Wen oder was hat der Geliebte gestohlen? Wahrscheinlich die Patientin. Die Strafverfolgung lässt nicht auf sich warten. Wie gesagt, gehe ich davon aus, dass G. sich in der Zeit zwischen dem 5. Mai und dem 16. Juni zumindest teilweise innerlich von ihrem Verlobten gelöst hat. Wir können nun die Frage stellen: Was hat sich während dieser Zeitspanne in der Analyse ereignet? Leider sind die Aufzeichnungen G.s über diese Phase äußerst knapp. Zwischen dem 5. Mai und 10. Juni gibt es keine Äußerungen. Zum 10. Juni: neun Worte, zum 11. und 14. Juni jeweils eine knappe Seite, zum 16. Juni zwei Seiten.

Die dominanten psychodynamischen Aspekte, die in diesen kargen Abschnitten zum Ausdruck kommen, sind folgende: Eine Aufzählung von vielen jungen Männern, die G. besonders gut gefallen haben, was Freud mit der Leporello-Registerarie aus dem Don Giovanni vergleicht; die Erinnerung an die Trennung des geliebten Bruders Adolf von seiner Geliebten; G. hörte ihren Bruder in seinem Zimmer weinen; es »schnitt« ihr »furchtbar in die Seele« (ebd.). Diese Erinnerung nimmt wohl im Kontext von G. als ein weiblicher

Don Juan die Bedeutung an, dass sie sich von ihrem Brudergeliebten trennt, was für sie ganz schrecklich ist. Der Traum in der darauf folgenden Nacht, dass sie ihren sterbenden Großvater erwürgt, bedeutet wahrscheinlich nicht – wie G. meinte – dass sie der sterbenden Liebe ihres Bruders A. »einen Todesstoß gegeben« hat (ebd.), sondern dass dieser Todesstoß ihren an die Inzestliebe zum Vater gebundenen Anteilen der Liebe zu Adolf galt; der schon ein halbes Jahr tote Großvater steht wohl für den Vater; Freud gab zu diesem Traum keine Deutung, hielt ihn aber für »außerordentlich wichtig« (ebd.); dann sucht sie im Traum zusammen mit ihrem Bruder Adolf ihren Mantel, was von G. in Anlehnung an Freud als Männlichkeit verstanden wird (vermutlich als *Manntel*); die Analysandin nimmt deutlicher die weibliche Position ein; das zeigt der Traum vom Klosett, wo sie beim Urinieren sitzt und nicht steht wie die Männer (26. April); der Mantel, die am Bruder festgemachte Phallizität, ist von der Mutter (Zollbeamtin) und deren Ersatz Berta nicht zu bekommen; der Penis-Phallus bleibt dem Bruder A. vorbehalten (10. und 11. Juni). Darauf folgen Träume mit kritischen Auseinandersetzungen mit der Mutter (14. und 15. Juni) und depressiven Gefühlen, die zwar mit der Großmutter in Verbindung gebracht werden, wohl aber die Mutter betreffen und mit Trennungen in Verbindung stehen; es ist wahrscheinlich, dass diese Trennungen die Zeit betreffen, da G. noch das alleinige Kind ihrer Eltern war (das traurige Äffchen, das aus südlichen Gefilden stammt) (16. Juni) und der Bruder Adolf noch nicht geboren war; Erinnerungen G.s an eine anale Geburtsfantasie mit vier Jahren (ebd.); orale Schwängerungsfantasien (ebd.) passen gut in diesen Zusammenhang.

Die dargelegten Inhalte implizieren eine Lockerung der Inzestbeziehung G.s zum Bruder Adolf und zum Vater und eine Auseinandersetzung mit der Mutter. Im Lichte der Freud'schen Annahmen erlaubte die Lockerung von G.s Inzestbeziehung zu Vater und Bruder und die Auseinandersetzung mit einer kontrollierenden, einengenden Mutterimago (Pensionsvorsteherin: 11. und 14. Juni) anscheinend eine Lockerung und Auflösung der Verlobungsbeziehung. Das würde bedeuten, dass das Verhältnis von G. zu ihrem Verlobten Richard in besonderer Weise durch eine Bruder- und Vaterübertragung bestimmt war, die ihre Entscheidungsfähigkeit hinsichtlich Trennung oder Heirat blockierte.

III Negative Übertragungsaspekte

Nun soll in einem nächsten Schritt überprüft werden, wie sich die beschriebenen Verhältnisse in der Übertragungsbeziehung G.s zu Freud darstellen.

Am Anfang dominiert eine gute Arbeitsbeziehung, die von einer positiven Vaterübertragung getragen ist. Freud gibt schon sehr früh weitreichende Deutungen, von denen er selbst denkt, sie würden sich erst einmal an das intellektuelle Verständnis wenden, bevor später die emotionale Akzeptanz folgen würde. G. lässt sich darauf ein und produziert bestätigende und weiterführende Einfälle. Von Anfang an zeichnet sich aber im Hintergrund der ödipalen Fantasie, mit dem Vater sieben Kinder – Freud vermutet sieben Söhne – zu haben, eine bedrohliche Ogergestalt ab, der Vater, der seine Kinder verschlingt. Das spricht die Analysandin G. nicht in Hochdeutsch aus, der normativen Sprache ihres analytischen Umgangs mit Freud, sondern in schweizerischem Alemannisch, ihrer Muttersprache, der Sprache der intensiven Gefühle aus der Kindheit: »Der Hungerueli frisst sini 7 chline Chind« (erster Eintrag). Dieses Ogermotiv wiederholt sich später (21. April). Und in den erhellenden Strahlen der Sonne, einer idealisierten Vaterimago, deutet sich ein Bruderinzest an, der von einer kontrollierenden Mutter verborgen werden soll. Dann tritt der Vater in Erscheinung, der die von der Mutter gebackenen Küchlein isst, die nach Freuds Deutung Kinder sind. G. ergänzt dazu: »Der Vater isst die Küchlein wie der Hungerueli Isegrind die 7 Kinder frisst.« Unmittelbar daran anschließend erzählt G., wie sie von einem Hund verfolgt wurde, dem sie immer wieder Zweige von einem Herbststrauß zuwerfen musste, um nicht gebissen zu werden. Dazu schließt sich die Assoziation von den Wölfen in Russland an, die den Schlitten verfolgen und denen man nacheinander das ganze bewegliche Schlitteninventar zuwerfen müsse, um zu entkommen. Roheim (1952) hat die Verwandlung des Oger in eine hündische und wölfische Erscheinungsform anhand von anthropologischem Material aus den verschiedensten Zeiten und Kulturen eingehend beschrieben und hält u. a. mit Bezug auf Freuds Analyse des Wolfsmannes (vgl. Freud 1918, S. 27–157) daran fest, dass auch diese Variationen des Ogermotivs eine kastrierende Bedeutung hätten. Obwohl ich die Existenz einer kollektiven Symbolik und deren Bedeutung nicht negieren will, erscheint es mir sinnvoller, hier eine Amalgamierung der ödipalen Vaterimago mit oral-verschlingenden Impulsen aus dem früheren Verhältnis zur Mutter anzunehmen.

Unter der Perspektive der Übertragung sind vermutlich diese Seiten von G.s Vaterbeziehung durch Freuds diktatorischen Modus der Deutung reaktiviert worden. Die in einem gemeinsamen Wirken von Analysandin und Analytiker entstandenen Kinder eines psychoanalytischen Verständnisses werden von der Ogerfigur Freud wieder verschluckt, d. h. durch seine autoritär bestimmende

Art wieder ausschließlich zu seinem Eigenen gemacht. Die Analysandin fühlt sich wohl wenigstens zum Teil aus dieser Gemeinsamkeit ausgeschlossen. Diese Verhältnisse würden auch adäquat repräsentiert sein, wenn man die Ogerfigur zugleich unter dem Vorzeichen ihrer kastrierenden Bedeutung sehen möchte. Dann verschluckt der Oger die phallische Besetzung (sieben Söhne). Unter der Sonne einer vordergründig positiven Vaterübertragung zeichnet sich hintergründig von Anfang an markant eine negative Übertragung ab. Diese nimmt etwa die Form des Ärgers darüber an, dass G. vom Vater (= Freud) beim sich Ausziehen beobachtet wird und steigert sich schließlich zum Mordimpuls (Erwürgen des Großvaters im Traum: zweites Heft, S. 4, 5). Dass hier auch Freud gemeint ist, geht aus der Angst hervor, in den Augen des sterbenden Großvaters zu lesen, dass er sie versteht. Hier deutet sich vermutlich ein Schuldgefühl an. Freud wird wohl ermordet, weil sich die Analysandin nicht genügend verstanden fühlt. Wenn sich nun herausstellt, dass er sie doch versteht, ist der Mord nicht gerechtfertigt. Es bleibt hinsichtlich des Verstandenwerdens bei G. eine gewisse Ambivalenz. Ein weiterer Trauminhalt (zweites Heft, S. 9), ein blinder Mann, der hinter ihr sitzt und sie in unangenehmer Weise an sich presst und zu der G. ihr Vater einfällt, hat wohl auch die Übertragungsbedeutung, dass Freud die für die Analysandin wichtigen Dinge nicht richtig sieht und ihr nicht genügend Raum lässt.

Da wir über die Schlussphase der Analyse nichts wissen, sind keine gesicherten Aussagen möglich, ob und wie Freud die negative Übertragung bearbeitet hat. Zumindest hat er die beschriebenen Übertragungsaspekte nicht bearbeitet, soweit die Aufzeichnungen reichen. Soweit wir unterrichtet sind (vgl. Beitrag von Anna Koellreuter), hat sich G. von den Eltern und Freunden zurückgezogen. Sie beantwortete keine Briefe mehr. Nach dem Ende der Analyse trennte sie sich von ihrem Verlobten, verließ das Famlienmilieu in Zürich, ging nach Paris und arbeitete dort in einer psychiatrischen Klinik.

So viel lässt sich sagen, dass G.s Begegnung mit Freud nicht die Begegnung mit dem Genius war. Obwohl sie als im Burghölzli von Eugen Bleuler ausgebildete Psychiaterin fachlich gute Voraussetzungen hatte, Psychoanalytikerin zu werden, wurde sie es nicht. Außerdem war für sie ihre Analyse bei Freud, gemessen an der wenig interessierten blanden Art, wie sie sich darüber äußerte, kein spektakuläres Ereignis. Wir dürfen mit einiger Berechtigung annehmen, dass sie Zeit ihres Leben eine ausgeprägte Ambivalenz gegenüber Freud nicht verloren hat, was wohl auf ein Zusammenwirken von Freuds autoritärem Behandlungsstil mit einer teilweise damit in Verbindung stehenden, nicht ausreichend bearbeiteten, negativen Übertragung zurückgeht.

IV *Die Hirtenflöte*

Schon im ersten Abschnitt des Tagebuches wird ein überwältigender Autonomiewunsch der Analysandin offenbar. Sie fantasiert sich in die Rolle der russischen Aristokratensprösslinge hinein, die während der russischen Revolution ihre Familien verließen, um sich den Revolutionären anzuschließen. Prompt denkt sie in diesem Zusammenhang auch an ein Stück von Schnitzler, *Der Fötenton*. Freud bestätigt ihr: »Das ist genau ihr Konflikt« (erster Eintrag). In Arthur Schnitzlers gesammelten Werken gibt es weder ein Theaterstück noch eine Erzählung mit dem von G. genannten Titel. Sehr wahrscheinlich meint sie Schnitzlers Novelle *Die Hirtenflöte* (vgl. Schnitzler 1911).

Diese Erzählung verkörpert in programmatischer Weise zentrale Aspekte von G.s Psychodynamik und der Grundstruktur ihrer Übertragung gegenüber Freud. Knapp zusammengefasst lautet der Inhalt folgendermaßen: Ein wohlhabender Mann, der viel in der Welt herumgekommen und als Liebhaber Künste und Wissenschaften betrieben hat, baut sich in schon gesetztem Alter mit ergrauendem Haar ein Haus am Waldrand, heiratet eine junge Frau namens Dionysia aus der Nachbarschaft und führt mit ihr ein ruhiges und glückliches Leben. Eines Nachts kommt er von seiner Sternwarte, die er sich im Turm seines Hauses eingerichtet hat, geht ins gemeinsame Schlafzimmer, setzt sich in einen Sessel am Fußende des Bettes und betrachtet lange seine schlafende junge Frau. Er sitzt so, tief in Gedanken, bis Dionysia am Morgen aufwacht. Er eröffnet ihr, er sei zu dem Schluss gekommen, dass er keine Sicherheit darüber habe, ob ihre Liebe, Treue und Zärtlichkeit ihm gegenüber den Stürmen des Lebens wirklich trotzen würden. Deshalb habe er beschlossen, sie völlig frei zu geben. Sie könne gehen, wohin sie wolle und könne zurückkehren, wann sie wolle. Ihr Gemach, ihr Bett, ihr Gewand würden immer für sie bereit sein und es würde von seiner Seite aus keine Vorwürfe und Fragen geben. Nachdem er Dionysia gerade noch von einem Sprung aus dem Fenster in suizidaler Absicht zurückhalten kann, ertönt ein wunderbarer Flötenton. Dionysia geht, noch im Nachthemd, diesem Ton nach, findet einen jungen Schafhirten, mit dem sie sich liiert und durch die Lande zieht, bis er sein letztes Schaf verkauft hat, um ihre Wünsche zu befriedigen. Sie verlässt ihn, tut sich mit einem sehr reichen Industriemagnaten zusammen, lebt mit ihm eine Weile, bis es einen Aufstand gegen die Reichen und Mächtigen im Lande gibt. Sie schließt sich den Aufständischen an, wird ins Gefängnis geworfen und dann von einem jungen Grafen, der sich in sie verliebt hat, befreit. Sie lebt mit ihm zusammen, bekommt einen Sohn und folgt ihm in soldatischer Aufmachung in den Krieg, in dem er getötet wird. Sie wird überall als Heldin gefeiert. Schließlich gewinnt sie die Liebe des Landesfürsten, wird seine Geliebte und nimmt den Platz der Landesfürstin ein, die sich zurückzieht. Sie bringt den Fürsten so weit, dass er ihren inzwischen siebenjährigen Sohn als seinen Erben anerkennt. Während er das verkündet, machen die Getreuen der entthronten Fürstin einen Aufstand und töten ihren Sohn. Sie verlässt den Fürsten nicht heimlich, wie er ihr rät, sondern öffentlich, erhobenen Hauptes und geht nach insgesamt etwa zehn Jahren wieder zurück zu ihrem Ehemann. Dieser will sie als nun durch das Leben Geläuterte wieder in die Arme schließen, doch sie verlässt ihn wütend und enttäuscht, da sie sich von ihm manipuliert fühlt. Bei der Trennung sagt sie: »[...] dein Geist war erwürgt im kalten Krallengriff von Worten, darum vermeintest du des Lebens ungeheure Fülle, das Hin- und Widerspiel von Millionen Kräften im hohlen Spiegel einer Formel einzufangen« (Schnitzler 1911, S. 384).

Literatur

Freud, Sigmund (1918): Aus der Geschichte einer infantilen Neurose. G.W. XII, S. 27–157.
Róheim, Géza (1952): The gates of the dream. New York (International Universities Press), 1979.
Schnitzler, Arthur (1911): Die Hirtenflöte. Gesammelte Werke, zweiter Band: Novellen, S. 344–386. Berlin (Fischer).

Kommentar zum Analysetagebuch von G.
Rolf Klüwer

Allgemeine einleitende Bemerkungen

1. Die Mitteilung, es gebe Tagebuchaufzeichnungen einer Analyse bei Freud weckt natürlich eine gewisse Neugier. Ich lese und bleibe zurück mit der Frage: Zu welchen Punkten könnte ich etwas sagen? Zur Analysandin oder zu Freud oder zu Freuds Technik oder zu den Interventionen, die von G. aufgezeichnet sind? Zu allem brauche in eine innere Überwindung. Ich habe das Gefühl, ich überschreite eine zu respektierende Grenze, wenn ich mich als Dritter hier einschalte und mich zum Beobachter dieser Aufzeichnungen über eine Analyse mache. Es müsste schon eine Erkenntnis sein, die sich aus der Beobachtung ergäbe, die als Rechtfertigung für eine solche Einmischung dienen könnte. Indem ich es nun tue, setze ich mich über meine innere Skepsis hinweg, denn ich weiß nicht, ob das Ergebnis meiner Eindrücke diesem Anspruch gerecht werden wird.

2. Es lassen sich nur unter großem Vorbehalt Aussagen zu diesem Text machen, da viele Fragen offen bleiben. Warum schreibt die Analysandin Einzelheiten aus den Stunden auf? Was notiert sie über das Geschehen der Stunden überhaupt? Denn inwiefern das, was da geschrieben steht, dem entspricht, was geschehen ist, das wissen wir nicht. Es könnte sich nicht nur um eine lückenhafte, sondern gleichzeitig um eine verfälschende Darstellung handeln. Und Freud, wenn er es lesen könnte, würde möglicherweise sagen: Aber so war das doch gar nicht! Außerdem: war diese Analyse in den Augen des Analytikers erfolgreich, war sie es auch in den Augen der Patientin? Was jeder über diese analytische Begegnung dachte, das wissen wir nicht.

All dies in Rechnung stellend, wage ich dennoch einen Versuch, einen

Kommentar zu diesem Text zu schreiben. Dabei gehe ich von einer Unterstellung aus, die wir im Rahmen unserer langjährigen Fokalarbeit immer wieder beobachten können: sobald ein Analytiker und ein Patient eine analytische Situation herstellen, entsteht fast immer, parallel zum verbalen Dialog ein – vom Analytiker meist unbemerkt bleibender – Handlungsdialog. Ich möchte versuchen, diese Erfahrung auf die Tagebuchaufzeichnungen anzuwenden und gehe beim Durchgehen der Stunden der Frage nach, ob ein Handlungsdialog auch in diesem Text erkennbar wird. – Der Leser oder die Leserin sollte darauf aufmerksam gemacht werden, dass sowohl die Tagebuchaufzeichnungen als auch die Kommentare nicht nur kein Lesevergnügen bereiten, sondern sich vielmehr vehement gegen ein Zur-Kenntnis-Nehmen wehren. Zerstückelt, fragmentiert, ohne erkennbaren roten Faden, wird der Leser permanent verwirrt und bei der Frage, was diese weitgehend sinnlosen Notizen überhaupt sollen, seinem Schicksal überlassen. Ob Leser oder Leserin, welche diese Hürden überwinden, belohnt werden, das wage ich nicht zu entscheiden.

3. Dessen ungeachtet möchte ich zunächst eine Erläuterung zum Konzept »Handlungsdialog« geben. Dieser bildet sich umso ungestörter aus, je weniger er bemerkt wird. Das Konzept stellt eine Erweiterung des Konzeptes Übertragung auf eine intersubjektive Perspektive dar: während sich der Analytiker »ohne Wunsch und Erinnerung« (Bion) in einer neutralen analytischen Haltung dem Patienten öffnet, kommt der Patient natürlich nicht in einer neutralen Haltung, sondern er überträgt auf den Analytiker unbewusste Wünsche und Ängste. Diese Übertragung geschieht unter anderem in Form einer unbewussten »Behandlung« des Analytikers durch den Patienten. Während der Patient spricht und seine Einfälle mitteilt, »behandelt« er zugleich den Analytiker mittels vielfältiger Möglichkeiten, z.B. durch die Art und Weise, wie er seine Mitteilungen macht: überschwemmend, stockend, verkorkst – oder der Analytiker muss ihm alles aus der Nase ziehen. Er nimmt eine bestimmte Distanz ein und hält ihn fern – oder er kommt zu nahe und bedrängt den Analytiker. Er greift ihn subtil an, stellt alles infrage – oder er wirbt und schmeichelt. Er spricht alles nach und ist gefällig – oder will mit dem Analytiker verschmelzen usw.

Der Analytiker »antwortet« unfreiwillig und meist unbemerkt auf solche Tendenzen. Oft werden diese erst im weiteren Verlauf der Stunden deutlicher und können dann als wichtige Informationen verwertet werden, genauso wie die verbalen Mitteilungen, die der Patient macht. Wird davon ausgegangen, dass sich ein derartiger Dialog auf der Handlungsebene automatisch bei jeder

Begegnung einstellt, kann man gleich zu Beginn seine Aufmerksamkeit darauf fokussieren. Diese Einstellung will ich nun auch den Aufzeichnungen gegenüber versuchen einzunehmen und zu beschreiben: was sich also zwischen den beiden auf einer unbewussten Handlungsebene abgespielt haben könnte.

Stundenkommentare

1. Stunde: Der Anfang des Berichtes kann nicht der Anfang des Kontaktes und der Mitteilungen der Patientin sein. Dem Berichteten geht also bereits einiges voraus, das wir nicht kennen. Das wird z. B. deutlich durch Freuds Frage, ob sie auch ihren kleinen Bruder gequält habe, von dessen Existenz der Leser nichts erfahren hat. Bei den aufgezeichneten ersten Mitteilungen fällt auf, wie sehr sie sich als böses Kind darstellt (quälen – onanieren (1921!) – töten). Möglicherweise verbindet sie damit, dass Freud eine derartige Beichte hören will und sie ihm als Auftakt dieses Geschenk macht. Sie möchte sich als gute Analysandin erweisen und bringt in dieser Form ihren Wunsch zum Ausdruck, von ihm geliebt zu werden. Freud lobt sie dann auch. Ihre Antwort auf Freuds Frage, ob sie auch den kleinen Bruder gequält habe, lautet: sie habe ihn auf den Rücken gelegt, sodass er nicht mehr aufstehen konnte, was eher als eine Gefälligkeitsantwort erscheint. Im Wunsch der Patientin, einem »unendlich traurigen Jüngling« das Leben zu ermöglichen, sieht sie sich als eine spendende Brust und in der Rolle einer erfolgreichen Therapeutin – was im Verlauf der weiteren Stunden noch deutlicher werden wird. Dann folgt die überraschende Assoziationskette über die beseitigten Kinder: die sieben erwünschten Kinder (Freuds Deutung: Männer, die sie alle verlässt) – Adams sieben Kinder – Tapedöne[1] aufgehängte sieben Söhne – der Hungerueli frisst seine sieben kleinen Kinder – die Reuel auch. Diese Kette lässt vermuten, dass sie sich bereits weitgehend mit psychoanalytischer Literatur beschäftigt hat und Freud mit vermeintlich verdrängten Inhalten zu gefallen sucht. Denn wenn es sich um konflikthafte orale Liebes-Hass-Fantasien der Analysandin handeln würde, müssten diese eigentlich tief verdrängt sein und sie könnten einer Patientin kaum in einer ersten Stunde zugänglich sein; es sei denn, es handelt sich um eine psychotische Persönlichkeit, was aus dem Gesamtmaterial eher unwahrscheinlich ist. Also ist anzunehmen, dass es sich um bloße Vorstellungen handelt, ohne dass eine entsprechende emotionale Beteiligung

---

1 Siehe Tagebuch Seite 3: schlecht lesbares Wort

zu erkennen wäre, Vorstellungen, die als Geschenke für den Analytiker und als narzisstische Selbstbestätigung im Sinne einer Idealisierung einer »Bösen« (und damit aufgeklärten Analytikerin) verstanden werden kann. Der Wunsch, wie die Söhne und Töchter der Aristokraten (welcher Schicht gehört die Patientin an?) in Russland Revolution zu machen, zeigt ein entsprechendes idealisiertes Selbstbild einer Revolutionärin.

Die paradiesischen Verhältnisse beziehen sich vor allem auch auf die Geschlechtsidentität, denn es bestehen große Probleme mit der Weiblichkeit. Sie erlebt sich kastriert und ihre unbewusste Liebesbeziehung ist kannibalistischer Art. Lieben und Töten sind dabei im Unbewussten gleich. Das Subjekt setzt sich an die Stelle des Liebesobjekts.

Auf der Grundlage der Informationen der ersten Stunde versuche ich, wie wir es bei Fokaltherapien machen, eine *fokale Hypothese* abzuleiten. Dafür stelle ich die *Klagen* der Patientin zusammen und versuche diese zu begründen. Die Klagen sind folgende: sie komme nicht vom Bruder los – was immer das heißen mag. Sie kann sich nicht entscheiden, R. zu heiraten. Vermutlich ist sie unglücklich und depressiv. Von einer äußeren Veränderung verspricht sie sich ihr Glück. »[Ich] möchte nach Russland, wie jene Söhne und Töchter der Aristokratie bei der letzten Revolution ihre Familien verließen, möchte ich fortgehen und das Milieu verlassen, in das ich nicht gehöre« (Ende des ersten Eintrags). Sie ist eine feministische Revolutionärin. Die äußere Realität soll verändert werden, vermutlich um Einschränkungen (Herabsetzung der Größenfantasien, wozu auch gehört die liebste und erste zu sein) der Realität (das Milieu in das ich nicht gehöre) aufzuheben. Sie liebt und hasst zugleich und so auch die Worte, die sie bekommt. Sie verleibt sie sich ein, doch nicht um sie zu denken, sondern um dadurch etwas zu werden und zu sein: eine Analytikerin (ein idealisiertes Objekt, das die Welt erneuert = d.h., meine paradiesische Welt wiederherstellt).

Hypothese über den Konflikt der Patientin: Anlässlich der Geburten der Brüder verliert sie zunehmend ihren ersten Platz in der liebenden Zuwendung der Eltern, Mutter und/oder Vater. Den Kummer verarbeitet sie einerseits mithilfe von Projektion (warum schreit der Bruder nicht? heißt: mein inneres Schreien anlässliche des Verlustes möchte ich bei ihm sehen und meinen Schmerz so entschädigen). Dies bedeutet einerseits, dass es ihr nicht gelungen ist, die Position der ausgeschlossenen Dritten in der Geschwisterrivalität zu akzeptieren und durch weitere progressive Autonomieentwicklung (die Onanie wäre eine Chance) einen notwendigen Separationsschritt zu verwirklichen. Der Kummer und der Schmerz (Traurigkeit) wird in einen unendlich traurigen Jüngling projiziert. Er wird nicht zum Anlass einer inneren Verabschiedung und Mäßigung eigener Größenideen und Größenansprüche. Die Maßlosigkeit ist in der Zahl der Kinder und deren Verwertung zur eigenen Vergrößerung erkennbar. Die Auflehnung gegen sowie die narzisstische Verarbeitung der durch die Realität gesetzten Einschränkungen durchziehen die gesamten Einfälle.

Andererseits geschieht mithilfe einer regressiven oral-kannibalistischen Onaniefantasie die Einverleibung des zugleich geliebten und gehassten Objekts (die Brüder, die Männer), um sich auf diesem Weg an deren Stelle zu setzen. So bleibt sie infantil gebunden und kann keine wirklich liebende Objektbeziehung zu einem Mann entwickeln. Sie bleibt gefangen in einer narzisstischen Größenfantasie, in der sie mächtig und unabhängig ist. Die Entwicklung der Weiblichkeit ist durch diese Verarbeitung aufgehoben. Das idealisierte (narzisstisch geliebte) Objekt wird gesucht, um es in sich aufzunehmen, dann aber fallen zu lassen und sich an seine Stelle zu setzen.

Fokusformulierung: Ich bin depressiv und kann mich nicht entscheiden (R. zu heiraten), weil ich ambivalent gebunden bin und meine Ansprüche nicht aufgeben kann, die paradiesischen Verhältnisse wieder herzustellen (Revolution), aus denen ich vertrieben wurde.

Behandlungsmotivation: Diese ist problematisch, da eine Gesundung durch Veränderung der äußeren Realität angestrebt wird. Eine Belastungssituation, die erkennen ließe, ob sie bereit ist, Versagungen zu übernehmen, ist den Aufzeichnungen nicht zu entnehmen, obwohl Freud die Abstinenz ausdrücklich thematisiert; die von ihm geforderte Art der Versagung (Triebstau) gibt aber keine Gewähr, ob es sich dabei für die Patientin wirklich um eine emotionale Versagung handelt.

Die auf der dritten Seite im Tagebuch wiedergegebene ausführliche Erklärung Freuds ist durch Striche vom übrigen Text getrennt. Diese Trennstriche tauchen auf Seite fünf noch einmal auf, was als Hinweis auf eine Zusammenfassung des Stundenergebnisses verstanden werden kann. Diese Zusammenfassung, die Freud später (S. 5) ergänzt, macht deutlich, dass auch Freud bereits hier eine umfassende Hypothese über den infantilen Konflikt vorschwebte, die er sofort mitteilte – was heute als Kunstfehler angesehen würde.

2. Stunde: Die Stunde bietet keine neuen Erkenntnisse. Zu erkennen ist wieder die Selbstüberschätzung. Freud empfiehlt am Ende, nicht zu agieren, sondern zu erdulden. (Diese Versagung soll die Produktion von Fantasien steigern.) Worauf sich die Versagung jedoch beziehen soll, wird nicht deutlich. – Sie will Analytikerin werden. – Die Beziehung zwischen der Analysandin und Freud wechselt zwischen den Verhältnissen Schülerin/Lehrer und Patientin/Analytiker. Mit den Analysestunden verbindet sich vielleicht eher das, was wir uns unter einer Lehranalyse als unter einer therapeutischen Analyse vorstellen. – Sie ist im Traum in unangenehmer Gesellschaft. Sie fragt sich unbewusst vielleicht, ob sie verrückt ist oder der Analytiker, was Hinweise darauf geben könnte, dass die Entscheidung eine Analyse zu machen, eine verrückte Entscheidung war, denn es geht nicht so, wie sie sich das gedacht hat.[2] Ob es eine Widerstandsstunde ist, ist unklar.

3. Stunde: Die Patientin wird nicht müde, sich als böse darzustellen. Sie malt Falschheit und Missgunst aus und schreibt es für sich selbst auch noch auf, gerade so, als ob sie selbst daran glauben würde – zugleich aber eben heuchelt. Sich auszumalen, wie das in der Übertragungsbeziehung ausgesehen haben könnte, bleibt dem heutigen Leser überlassen. – Wir erfahren neu von einer bewussten Liebe zum Bruder (in einem Ton, als leide sie darunter), ohne allerdings zu erfahren, was das Problematische dabei ist. – Freuds Traumanalyse ist für mich nicht nachvollziehbar und erscheint willkürlich, mit dem vordergründigen Ziel, seiner »Behauptung« gerecht zu werden, sie zu verifizieren. Die Parallelisierung mit Doras Traum (»ihm nachgebildet«), wenn dem so wäre, würde mir wiederum als eine gefällig Anpassung erscheinen, die mich an die Heuchelei erinnert. Freud geht weder auf das Heucheln noch die Befleckungen mit dem Kaffee ein. Er stuft sie allgemein als Aggression der Männer ein, zieht die Befleckungen im zweiten Traum zusammen mit den Würmchen, die Angst machen und folgert, dass der Vater gegen die Aggressionen der Männer zu Hilfe gerufen wird. Darin sieht er das Dora-Traummuster. – Freuds Ziel ist es offenbar, durch die Analyse der Träume die Bindung an den Bruder aufzulösen. – Die Stunde bringt kein (situatives) Verständnis der Träume, sondern eine Bestätigung für die Richtigkeit der »Behauptung« der ödipalen Konstellation, dass sie ihren Vater geliebt habe. Das ist jedoch nicht sehr plausibel. – Meine Interpretation geht in die Richtung, dass sie Interesse heuchelt, sich selbst ununterbrochen befleckt, vorgibt, dass es nichts mache, sich aber gar nicht verstanden fühlt. – Während Freud eine Bestätigung für seine Behauptung, dass sie den Vater liebe, in dem Material sieht, erkenne ich im Hinblick auf den Fokus nichts Neues.

---

2 Siehe 11. Stunde, S. 46, in welcher sie bewusst sagt, dass es eine verrückte Idee war, diese Analyse zu machen.

4. Stunde: Sie besteht darauf, die alte Situation aufrechtzuerhalten. Sie fällt in einen Abgrund und auf einen Teppich von Vergißmeinicht, d. h. die Landung ist weich und die Trennung (Adolfli) wird nicht akzeptiert. Die Todeswünsche bestätigen dies: die Mutter soll sterben oder sie selbst (Strafe). – Freud bleibt bei seiner Theorie und sieht zu Recht die Bestätigung.

5. Stunde: Freud erkennt sie als junge Frau mit »starkem Männlichkeitskomplex«, dem sich der Leser vorbehaltlos anschließen kann.

6. Stunde: Hier kommt Freud mehr zu Wort als die Patientin. Er gibt eine Widerstandsdeutung: »die Besorgnis, dass die Kur nichts nütze« und »dass sie später eine noch dümmere Heirat schliessen könnte« bringt er in Zusammenhang mit dem infantilen Wunsch, vom Vater geschlagen zu werden. Der Widerstand wird also zum Mittel einer geheimen Wunscherfüllung (zielorientierte Deutung). – Der Behauptungscharakter der Deutungen, das Wissen des Deutenden, wie es ist, fällt uns heute sehr auf. Denn mit diesem Modus, mit dem »Wissen« über »das Unbewusste« umzugehen, wird unbewusst eine Beziehungsmodalität von Eltern-Kind, Autorität-Untergebener oder Wissender-Unwissender hergestellt. Da der Patientin ein heftiger Männlichkeitskomplex unterstellt wird, kann man davon ausgehen, dass sie sich gegen diese Beziehungsmodalität wehrt und denkt: Wenn ich wirklich auf die Analyse eingehe, werde ich dümmer (das Ergebnis der Analyse könnte sein, dass ich »eine noch dümmere Heirat schliessen werde«). Freud zerstreut diese Bedenken als zu erwartende Widerstandsmanifestation, die, wie gesagt, unter der Herrschaft des Wunsches steht, vom Vater geschlagen zu werden.

7. Stunde: Wieder macht Freud eine Vorhersage, was kommen wird: Denn wenn die Patientin, wie sie sagt, ihren Analytiker liebt, werden auch die Enttäuschungen und die Eifersucht kommen. Aus heutigem Verständnis klingt das so, als lenke er von den Liebesgefühlen ab, als wolle er etwas Unangenehmem zuvorkommen, das sich in der Situation ausbilden könnte.

8. Stunde: Die Patientin hat keine Schwierigkeiten, ihre Liebesgefühle Freud gegenüber nach diesen nur wenigen Stunden einzugestehen. In der Regel braucht es viel Arbeit, diese aus der Verdrängung zu befreien, wenn sie vorhanden sind. Hier aber sind sie ohne große Mühe ganz offen. Verwundert stellt sich der Leser die Frage: Ist das dem Heucheln zuzuschreiben? Ist es Gefälligkeit? Ist es zu erwartendes Programm? Denn die Patientinnen verlieben sich doch in der Kur regelmäßig in den Analytiker, was unsere Patientin sicher weiß! Ist dann alles in Ordnung? Ist sie eine gute Patientin und die Analyse eine richtige Analyse?

9. Stunde: Von dieser Stunde an wird in den Aufzeichnungen Freud zu »Fr.« verkürzt. Seine Anwesenheit als Zuschauer auf dem Klosett passt ihr nicht und im Traum »macht sie nichts«. Der Traum vom eingeklemmten Finger und der zugeschlagenen Tür weisen eindeutig auf eine aktivierte kastrierende Tendenz hin. Als ihr nichts mehr einfällt, deutet Freud den Widerstand, der »mit der Übertragung zu tun hat«. Die Widerstandsdeutung wird beantwortet mit einer Liebeserklärung, mit welcher die Kastrationstendenz zugedeckt und thematisch verlassen wird. Freud deutet die Selbstentwertung der Patientin als einen Versuch, ihm ihre Liebe zu verleiden, während ihr in Wirklichkeit die Analyse verleidet ist, und die Entwertung dem Objekt gilt. Die situative Bedeutung – Freud als unerwünschter Zuschauer auf dem Klosett, wie der Vater im Bad – kommt nicht zu Sprache, und sein Ausgeschlossenwerden setzt sich von dieser Stunde an, bis ans Ende der Aufzeichnungen, fort. Dem Analytiker bleibt nur noch, den Trotz der Patientin festzustellen.

10. Stunde: Freuds Deutung, sie sei unzufrieden mit R., ist auf Freud selbst zu beziehen: Sie ist unzufrieden mit ihrem Analytiker. »Sie habe etwas Gemeines im Traum«, ist vielleicht eine begründete Selbsteinschätzung, und bezieht sich auf ihren wahren Umgang mit Männern, die sie fallen lassen möchte, wie eine Prostituierte. – Sie beginnt, sich in größerem Umfang selbst Deutungen zu geben. Freud sagt: »Der Mantel und der Schirm sind Symbole« – und sie sagt: »ich weiss«. Auffallend, dass sie aufschreibt »ich weiss«. Es hat etwas Triumphales.

11. Stunde: Freud stellt fest: »Die Männer kommen also nicht gut weg in diesem Traum« – wiederum wird der situative Bezug zum Analytiker nicht hergestellt, denn dieser gilt in ersten Linie dem Analytiker. Er beginnt einerseits überflüssig zu werden, weil sie sich selbst immer mehr an seine Stelle setzen kann. Im Strolchentraum erkennt die Patientin eigenständig die Verhöhnung des Analytikers als »dummen Beamten« (S. 46). Er wird in den Aufzeichnungen nur mehr mit einer Deutung zitiert, und es fällt auf, wie umfangreich sie sich jetzt selbst auszulegen beginnt. Sie übernimmt die Funktion des Analytikers. Andererseits beginnt dieser lästig zu werden: warum wird Freud zum blöden Beamten? Er ist blöd, wenn er glaubt, sie zur Frau machen zu können. Warum war es eine Wahnidee, dass sie eine Analyse macht (S. 49)? Weil sie fürchtet, dass sie beschädigt (kastriert) aus ihr hervorgehen könnte (nicht mehr tanzen kann). Noch zwei Monate Analyse ist wie zwei Moante im Spital liegen – was sie glaubt, nicht aushalten zu können. Die Aufzeichnungen enden denn auch vier Wochen früher.

12. Stunde: Erneut taucht die kannibalistische Tendenz im Traum und in den Einfällen, jetzt sowohl bei der Patientin wie auch beim Analytiker, auf: statt dass sie vom Geliebten aufgefressen wird, wird sie vom Ungeziefer (Schuldgefühle) aufgefressen – was allerdings in Kauf genommen und vielleicht eher vorgegeben (geheuchelt) wird. Die verstockte Dirne ist ja sie. Bleulers Bemerkung: »Wenn so ein Frauenzimmer nur von den Gonokokken ganz aufgefressen würde!« deckt sich mit Freuds unerwarteter Auslassung über die »Mitesser«: die Kinder (Patienten) fressen den Ernährer und alles was er hat auf. Wieso Freud diese Feststellung macht, wird aus dem manifesten Text nicht verständlich, wohl aber aus einer zu unterstellenden unbewussten Verärgerung über die sich im Handlungsdialog unbewusst auswirkende kannibalistische Tendenz der Patientin. – In seiner abschließenden Erklärung über den Sinn der Abstinenz, zeigt er sich mit dem Verlauf der Analyse zufrieden, »weil alle diese Wünsche hier zum Vorschein kommen«. Das therapeutische Verständnis geht offensichtlich von der Vorstellung aus, dass das Bewusstwerden dieser Wünsche die heilende Veränderung mit sich bringt.

13. Stunde: Das Erkennen der sexuellen Erregung durch einen anderen wird gleichgesetzt dem Erkennen des Wunsches zu töten. Im Kannibalismus fallen Lieben und Töten zusammen. Dieses Erkanntwerden (und Selbsterkennen?) fürchtet sie und zieht sich vielleicht auch deshalb zurück. »Dieser Traum erscheint mir ausserordentlich wichtig«, stellt Freud fest, doch dazu gibt es keinerlei Kommentar, vielmehr eine auffallende Leere auf den folgenden Seiten. Sollte er sie erkannt haben in ihrer Tötungslust? Jedenfalls wird nicht wiedergegeben, was ihm so wichtig erschien. – Sie träumt: »Wenn die Katze mich am Ende versteht.« Was sie fürchtet, was in der Analyse verstanden werden könnte, sind die Implikationen ihrer kannibalistischen Tendenz, deren mögliche Entdeckung ein weiteres Motiv für den Rückzug sein könnte. Freuds lange Deutung der ödipalen Kränkung steht eher unverbunden mit dem mitgeteilten Material, in dem Fragmentiertheit, Themenwechsel und Desorientierung besonders ausgeprägt sind. »Ich ziehe mich von F. zurück« (5. Mai) lässt sich beziehen auf den Freund und auf Freud, wahrscheinlich gilt beides.

14. Stunde: [3]

15. Stunde: In dieser Stunde kommt Freud nicht zu Wort, die Patientin macht Selbstanalyse – Automasochist – Autoerotist. Der blinde alte Mann dürfte sich auf den Analytiker beziehen, wobei dissimuliert wird, ob die Blindheit gesehen wird oder nicht. Die Irritation einer Unbedecktheit – sie sucht im Traum ihren Mantel und findet ihn nicht – beschäftigt sie: ist sie gesehen worden beim Erwürgen oder nicht? Hat also Freud etwas bemerkt oder nicht?

16. Stunde: Das Thema Kastration setzt sich fort – wobei offen bleibt, wer hier wen kastriert. Das Thema Verstellung und Angst, durchschaut zu werden, geht weiter.

17. und letzte Stunde: Unter dem 16. Juni ist verzeichnet: Der Traum ist eine »Verhöhnung der Ratschläge Fr.s, die als blödsinnig bezeichnet werden«. Und die letzte festgehaltene Äußerung Freuds ist: »Sie stehen unter der Herrschaft des Trotzes gegen die Eltern.« Die Überflutung mit Träumen, welche in vielen Stunden auffällt, dient natürlich nicht der Vertiefung, sondern der Maskierung. Wenn sie fürchtet, dass (14. Juni) »das Glied d. France mir in die Scheide gleitet und zur Strafe kastriert wird«, dann ist das wohl zugleich eine Beschreibung der Situation in der Analyse: Wenn Freud glaubt, sie mit seinen Deutungen befruchten zu können, dann wird er zur Strafe kastriert. So endet die Analyse wohl mit einer negativen Übertragung. Nach Verabredung sollte die Analyse bis Juli andauern. Doch die Aufzeichnungen enden bereits Mitte Juni, also vier Wochen früher. Die Kastration findet auch darin ihren Niederschlag.

Allgemeine abschließende Bemerkungen

1. Es ist eine Übertragungsanalyse in dem Sinn, dass an der Person des Analytikers die Kindheitsfantasien aktiviert werden, aber es ist nicht eine Übertragungsanalyse in dem Sinn, dass die damit verbundenen jeweiligen Konflikte mit dem Analytiker gelebt und bearbeitet werden. Letzteres Verständnis der

---

3 Diese Stunde fehlt in Rolf Klüwers Text – und wird mit seinem Einverständnis so belassen. A.K.

Analyse hat sich erst sehr allmählich nach Freud entwickelt. – Das Theorieübergewicht aber, das auch in diesem Beispiel zu erkennen ist, hat sich in großer Breite in der psychoanalytischen Tradition fortgesetzt und die Analyse der Situation, mit der Freud begonnen hatte (siehe z.B. das Traumbuch oder die Psychopathologie des Alltagslebens), hat sich zugunsten eines zunehmenden Theorieinteresses von der Erfahrungsebene entfernt.

2. Zur Beschreibung des vermutbaren Handlungsdiaglogs: Sie liebt das begehrte Objekt in der Form, dass sie es verschlingt und kastriert. Mittels einer kannibalistischen Vereinigung wird sie selbst das Objekt. Dieser Liebesmodus impliziert Einsamkeit, weil sich keine Objektbeziehung reifer Art ausbildet. – Was und wen sie liebt, frisst sie auf. Mit Absicht habe ich bei dieser Formulierung aktiv und passiv offengelassen, sodass man den Satz auf zweifache Weise lesen kann: Was und wen sie liebt, den frisst sie auf – und was und wen sie liebt, der droht sie aufzufressen. Am 4. Mai notiert sie: »Einsam eingesperrt bin ich ja auch. Statt dass mich der Geliebte vor Liebe auffrisst, frisst mich das Ungeziefer.« – Freud lässt dies alles (mitunter leicht gereizt, aber nie in ein Gegenagieren geratend) geschehen, weil ihn diese Art der Vereinnahmung nicht bei der Durchführung seiner Interessen stört. Denn diese sind nicht primär therapeutisch, sondern wissenschaftlich. Beide kommen auf ihre Kosten, nur der therapeutische Wert einer Veränderung bei der Patientin bleibt fraglich. Beide können zufrieden sein, weil beide ihre Ziele erreichen: die Patientin »wird eine Analytikerin« durch Einverleibung und Freud kann seine psychoanalytischen Theorien bestätigt sehen. Der Handlungsdialog wird nicht analysiert – was auch nicht erwartet werden kann – aber beide finden Befriedigung. – Im Tagebuch heißt es anfangs immer »Freud«, dann später »Fr.« und am Ende »F.«: sie verkürzt (kastriert, tötet) ihn im Laufe der Analyse. Am Ende bringt sie die Deutungen selbst und Freud hat immer weniger zu sagen. Sie kennzeichnet sich im Traum selbst als »Autochistin«, eine seinerzeit noch unbekannte Diagnose, die an Autismus erinnert und anspielt auf ihre Einsamkeit.

3. Freud demonstriert alle Stunden hindurch an Hand von Träumen und Einfällen die Gültigkeit psychoanalytischer Theorien über Phänomene unbewusster Inhalte. Es ist das Zeitalter, in dem die Psychoanalyse auch eine Bewegung ist, und der Analysandin könnte die Teilnahme an der psychoanalytischen Bewegung bedeutungsvoller sein, als dass sie als Patientin kommt und ein therapeutisches Ergebnis erwartet (Russland – Revolution). Freud

jedenfalls geht es um die Wissenschaft und um seine Theorien. Eine Übertragungsanalyse, wie wir sie heute verstehen, findet nicht statt. Von daher kann man sagen, dass nicht die psychoanalytische Methode zur Anwendung kommt, sondern es werden psychoanalytische Theorien vermittelt – zumindest, soweit es den Aufzeichnungen zu entnehmen ist. Liest man die Stunden mit den Augen eines Supervisors von heute, dann sucht man vergeblich nach der psychoanalytischen Arbeit. Freud tritt auf als Lehrer, nicht als Therapeut: »Setzen wir die Symbole ein, die wir dank unserer Kenntnis wissen.« »Sie können auch selbst die Symbole einsetzen, damit sie einen Zusammenhang bekommen, wenn Sie mit den Assoziationen nicht weiter kommen.« Sucht man nach psychischer Arbeit, wird man enttäuscht. Der wissenschaftliche Nachweis ist für Freud das Wichtige. So würde man ihm nach den heutigen Vorstellungen ein »desire« zuschreiben: nämlich ein wissenschaftliches Interesse, das größer ist als sein therapeutisches.

Aber immer wieder muss ich an meine eingangs erwähnten Vorbehalte erinnern: Ob es so war, kann man nicht wissen – alles von mir Gesagte gilt nur, soweit es sich auf die Aufzeichnungen bezieht und nicht darüber, wie es wirklich war.

»Ich habe Sie so unbeschreiblich gern wie ich noch gar niemand vorher geliebt habe kommt es mir vor.«

Sebastian Krutzenbichler

Die uns vorliegenden Tagebuchnotizen der ungewöhnlichen und unkonventionellen jungen Schweizer Ärztin G., über ihre psychoanalytische Behandlung bei Sigmund Freud im Jahre 1921, sind das bruchstückhafte Protokoll einer Liebesgeschichte, wie sie sich nur im Rahmen dessen entwickeln kann, was wir als Psychoanalyse bezeichnen. Es ist ein Lehrstück über die »Übertragungsliebe« mit der Gelegenheit, Freud bei der Arbeit über die Schulter zu schauen, so, wie seine Patientin ihn dabei erlebt hat.

G. ist eine der ganz wenigen Schweizer Psychiaterinnen zu jener Zeit, vom berühmten Bleuler ausgebildet und bei ihm promoviert. Unkonventionell ist sie, da sie nach sieben Jahren Verlobung ihre für Herbst geplante Heirat in Frage stellt und die Zweifel an der Liebe zu ihrem Verlobten in einer Psychoanalyse überprüfen will.

Sie wird von Oskar Pfister, einem in der Schweizerischen Psychoanalytischen Gesellschaft einflussreichen Pfarrer, an Freud empfohlen, der sich freut eine deutschsprachige Ärztin in »Autoanalyse«, also Patientenanalyse nehmen zu können; denn 1921 belegen vorwiegend englischsprachige Schüler und Patienten Freuds Arbeitstag. So schreibt denn Sigmund Freud an Oskar Pfister am 20. März 1921:

»Lieber Herr Doktor,

Eine Ärztin übernehme ich natürlich gerne zur Autoanalyse, vorausgesetzt daß sie die jetzt habituellen vierzig Franken für die Stunde zahlt und so lange bleibt, dass die Analyse Aussicht hat etwas zu erreichen, d.h. vier bis sechs Monate, kürzer lohnt es nicht [...]«

Obgleich Freud sich darin irrt, die Schweizer Doktorin sei bereits in junger Ehe, täuscht er sich nicht in seinem Zweifel an einem guten Ausgehen des Projektes Psychoanalyse, schon bevor G. das Wagnis eingegangen ist: »Wie ihre junge Ehe mit einer vielmonatlichen Analyse bei mir zusammengehen soll, weiß ich nicht zu sagen [...]« (Freud an Pfister, ebd.). Was macht Freud – ohne G. zu kennen – in seinem Zweifel so sicher? Es scheint, als wüsste er, was seine Patientin in einer Psychoanalyse, in dieser ganz besonderen Art von menschlicher Beziehung, erwarten wird.

Freud begründet diese Überzeugung im gedanklichen Austausch mit einem der berühmten Vorgänger von G. an der Bleuler-Klinik, nämlich Carl Gustav Jung. Dieser behandelt im Burghölzli unter Bleuler ab 1905 über mehrere Jahre die junge Russin Sabina Spielrein, später selbst Medizinerin und Psychoanalytikerin, und verstrickt sich in das, was Freud fortan mit »Übertragungsliebe« bezeichnen wird.[4] In einem dichten Briefwechsel macht Jung Freud auf eine Novelle des norddeutschen Dichters Wilhelm Jensen aufmerksam, woraus Freuds Arbeit *Der Wahn und die Träume in W. Jensens »Gradiva«* entsteht, in welcher er seine zentrale Beschreibung des psychoanalytischen Prozesses liefert:

> »In einem Liebesrezidiv vollzieht sich der Prozeß der Genesung, wenn wir alle die mannigfaltigen Komponenten des Sexualtriebes als »Liebe« zusammenfassen, und dieses Rezidiv ist unerlässlich, denn die Symptome, wegen derer die Behandlung unternommen wurde, sind nichts anderes als die Niederschläge früherer Verdrängungs- und Wiederkehrkämpfe und können nur von einer Hochflut der nämlichen Leidenschaften gelöst und weggeschwemmt werden. Jede psychoanalytische Behandlung ist ein Versuch, verdrängte Liebe zu befreien, die in einem Symptom einen kümmerlichen Kompromißausweg gefunden hat. Ja, die Übereinstimmung mit dem vom Dichter geschilderten Heilungsvorgang in der ›Gradiva‹ erreicht ihren Höhepunkt, wenn wir hinzufügen, daß auch in der analytischen Psychotherapie die wiedergeweckte Leidenschaft, sei es Liebe oder Haß, jedes Mal die Person des Arztes zu ihrem Objekte wählt.
>
> Dann setzen freilich die Unterschiede ein, welche den Fall der Gradiva zum Idealfall machen, den die ärztliche Technik nicht erreichen kann. Die Gradiva kann die aus dem Unbewußten zum Bewußtsein durchdringende Liebe erwidern, der Arzt kann es nicht [...]« (Freud 1907, S. 118).[5]

---

[4] Freud schreibt Jung dazu: »Ihnen wird es nicht entgangen sein, daß unsere Heilungen durch die Fixierungen einer im Unbewußten regierenden Libido zustande kommen (Übertragung) [...] Es ist eigentlich eine Heilung durch Liebe. In der Übertragung liegt dann auch der stärkste, der einzig unangreifbare Beweis für die Abhängigkeit der Neurose vom Liebesleben« (Freud/Jung 1984, S. 10).

[5] Diese zentrale Prozessbeschreibung liefert Freud in dem Jahr, in dem Lynn und Vaillant (1998), sowie Will (2003, S. 38) »die Konsolidierung von Freuds ausgereifter Technik« in etwa ansetzen.

Es ist das, was Freud in der bevorstehenden psychoanalytischen Behandlung mit G. erwartet und was ihn in diesem Zusammenhang am Bestand einer »jungen Ehe« (die noch gar nicht geschlossen ist) zweifeln lässt. Da wir von einer intensiven Beschäftigung G.s mit der bis 1921 publizierten Literatur Freuds wissen (persönliche Mitteilung von Anna Koellreuter) können wir davon ausgehen, dass die Schweizer Doktorin weiß, was in einer psychoanalytischen Behandlung auf sie zukommen kann und was Freud von ihr erwarten wird.

In seinem Brief vom 23. März 1921 schreibt er an G.: »Geehrte Frau Doktor, es ist mir im gegenwärtigen Gedränge sehr lieb, dass Sie beide von Oberholzer und Pfister angemeldeten Patienten repraesentiren [...]« An dieser Stelle erwähnt Freud Emile Oberholzer und Oskar Pfister, wobei nicht klar ist, ob ein von Oberholzer avisierter Patient abgesagt hatte und G. dessen Platz einnehmen kann, oder ob G. von beiden an Freud empfohlen wurde. So oder so ist es erstaunlich, dass beide in dieser Zeit Patienten an Freud überweisen; denn Freud attackiert sowohl Oberholzer als auch Pfister, zwei der prominentesten Vertreter der Psychoanalyse in der Schweiz, heftig, ja fast demütigend wegen ihrer moralisierenden und triebfeindlichen Haltung. Es war dies eine grundsätzliche Auseinandersetzung, die 1918 mit Freuds Kritik am Schweizer Weg einer Psychosynthese beginnt[6] und im heftigen Streit um den psychoanalytischen Roman *Der Seelensucher* von Georg Groddeck von Januar bis Februar 1921 kulminiert.[7]

---

6 Freud lehnt bereits 1918 die in der Schweizerischen Psychoanalytischen Gesellschaft vorherrschende Haltung einer pädagogisierenden Psychoanalyse ab, die »Vorstellung von einer Psychosynthese, den Schweizer Weg, die Patienten erzieherisch formen zu wollen« (Will 2003, S. 158).
7 Georg Groddeck, Arzt und Leiter eines Sanatoriums in Baden-Baden, der sich selbst »wilder Analytiker« nannte, war begeisterter Anhänger der Freud'schen Psychoanalyse, wurde von Freud sehr geschätzt. Er veröffentlichte im Januar 1921 den »Seelensucher«. Der Buchtitel *Der Seelensucher* stammt von Otto Rank, der Untertitel »Ein psychoanalytischer Roman« von Freud, der vom Manuskript ebenso angetan war wie Sandor Ferenczi. Dieser Versuch, Psychoanalyse in literarischer Form allgemeinverständlich und kurzweilig darzustellen, in einer deftig-freizügigen und witzigen Sprache, auf das zentrale Agens, die Sexualität fokussiert, löste Empörung bei Oskar Pfister und Entrüstung in der Schweizerischen Psychoanalytischen Gesellschaft aus, die den Roman als pornografisches Werk desavouierten und versuchten, die Veröffentlichung in der Schweiz in einer »Protestsitzung« unter der Leitung von Emile Oberholzer zu verhindern. Freud und Rank schreiben daraufhin am 21. Februar 1921, also kurz vor Beginn des Briefwechsels zwischen Freud und G., an Emile Oberholzer: »[...] Das Recht, sexuelles Material zum Gegenstand der Behandlung zu machen, kann die Psychoanalyse nicht aufgeben. Man müsste sich darum erinnern, dass genau die gleichen Erwartungen seinerzeit gegen die wissenschaftliche Darstellung und Bearbeitung des sexuellen Stoffes durch

Weshalb diese historischen Reminiszenzen? Mich beschäftigt die Frage: was hat G. veranlasst außer Landes zu gehen und ihre Arbeit zu unterbrechen anstatt in der Schweiz eine Psychoanalyse zu beginnen? Ich denke, einerseits waren es Gründe der Diskretion, und andererseits könnte der von Freud immer wieder kritisierte Schweizer Weg der Psychosynthese, der so gar nicht zu dieser unkonventionellen jungen Frau passen würde, einer der wesentlichen Entscheidungsfaktoren gewesen sein.

Eine erzieherische Formung, oder besser Um-Formung sucht sie ganz sicher nicht. Was sie will, ist Klarheit über sich und ihren weiteren Lebensweg und da fühlt sie sich offenbar bei Freud besser aufgehoben, dem es »um die Aufklärung und Erkenntnis des Unbewußten und speziell um die Erinnerung des verdrängten infantilen Erlebens« geht (Will 2003, S. 170). Insofern ist der Umweg der jungen Schweizer Ärztin über Wien in die Fremde zu Freud wohl eher ein Ausweg aus der prüden Enge der Schweiz. Es ist ein Weg zu ihrem eigenen Fremden, ihrem Unbewussten, das ihr das Selbstverständliche ihrer Heirat mit einem Schweizer in einem halben Jahr so sehr und anhaltend in Frage stellt. Zudem ensteht der Eindruck, als ob sie bereits von einer Antwort gelenkt wird, nämlich: Ich will ihn (den Verlobten), der mir so lange schon vertraut und dennoch fremd ist, nicht heiraten, will weg von ihm – nach Wien, um die für meinen Entschluss notwendigen Fragen zu finden: Was will dieser Mann von mir, warum liebt er mich immer noch und wofür, was sucht er in mir oder was hat er bereits in mir gefunden, von dem ich nichts weiß, und, bin ich das wirklich, was er glaubt, in mir gefunden zu haben? Was suche ich bei ihm, das ich nicht finden kann und warum finde ich in ihm nicht das, was ich suche, ohne ES zu kennen? Oft kommen die Fragen eben erst entsetzlich lange nach der Antwort! ES ist die Unruhe des Mangels, die sie nach Wien zu Freud treibt, die Hoffnung, dass die Begegnung mit ihm, dem berühmten großen Unbekannten ihr helfen möge, dass er, Freud, ihr die rätselhaften Botschaften (siehe dazu auch Laplanche 1988, 1996; Hock 2004), die sie aus ihrem

---

einen der Unterzeichneten, Freud, erhoben worden sind (Pornografie!). Er hat sich nicht darum gekümmert. Sollte eine solche Verteidigung in der Schweiz nicht genügen, so wäre es ein Beweis, dass die Zusender sich mit ihrer Behauptung irren, die Psychoanalyse sei in ihrem Lande bodenständig geworden, und die Schweiz verdiente eben in diesem Falle nichts anderes als einen ethisierenden Missbrauch, wie er dort von anderer Seite ohnehin eingesetzt worden ist. Die Unterzeichneten würden – gewiß im Einklang mit vielen anderen Mitgliedern – sehr bedauern, wenn sie annehmen wollten, dass die Schweizer Kollegen unsere Psychoanalyse nur akzeptiert haben, um den sexuellen Inhalt derselben in feierlichem Beschweigen ein Leichenbegräbnis 1-ter Klasse zu bereiten und hoffen zuversichtlich, es sei nicht so […]« (Fallend 1995, S. 57f.).

Inneren empfängt, übersetzt, um den eigenen Entschluss, der offensichtlich längst gefällt ist, begreifen zu können ohne sich schuldig fühlen zu müssen: Nämlich denjenigen, der auf sie wartet, abzuweisen!

Worauf beruht nun diese Hoffnung in und den Glauben an den berühmten großen Unbekannten, an Freud, dessen Schriften sie kennt, ohne ihn zu kennen? Freud selbst beantwortet uns diese Frage vorausgreifend bereits im November 1906: »Bei der Heilung der Neurosen bemächtige man sich des Stückes flottierender Libido der Patienten und übertrage dieses auf seine eigene Person; mit dieser Übertragung leiste man dann die Übersetzungsarbeit aus dem Unbewußten ins Bewußte. Die Heilung geschehe also durch unbewußte Liebe. [...] Der Patient glaubt, so wie das Kind, nur der Person, die er liebt« (Nunberg/Federn 1977, Bd. 1, S. 57f.). Dann formuliert er 1916/1917 weiter: »Soweit seine Übertragung von positivem Vorzeichen ist, bekleidet sie den Arzt mit Autorität, setzt sie sich in Glauben an seine Mitteilungen und Auffassungen um. [...] der Glaube wiederholt dabei seine eigene Entstehungsgeschichte; er ist ein Abkömmling der Liebe und hat zuerst der Argumente nicht bedurft« (Freud 1916/17, S. 463). Und schließlich 1926: »Der Neurotiker macht sich an die Arbeit, weil er dem Analytiker Glauben schenkt, und er glaubt ihm, weil er eine besondere Gefühlseinstellung zu der Person des Analytikers gewinnt. Auch das Kind glaubt nur jenen Menschen, denen es anhängt« (Freud 1926, S. 256).

Es kann kein Zweifel daran bestehen, dass bereits eine »Übertragung von positivem Vorzeichen« am Wirken ist, noch bevor die Begegnung zwischen Freud und der jungen Doktorin stattgefunden hat. Wir wissen von ihrer Abreise fast von einem Tag auf den anderen, da Freud von ihr in seinem Brief vom 23. März 1921 erwartet, »[...] dass Sie vor dem 1. April in Wien [eintrifft]«. Und sie soll drei Monate bleiben, als entscheidende Voraussetzung; denn er nehme »[...] niemand, der nicht bis 15. Juli bleiben kann«.

Und wir wissen um ihr Wissen darüber, was Freud von ihr in einer Psychoanalyse erwartet; denn neben ihrem Literaturstudium von Freuds Schriften hat sie, wie wir aus ihren Tagebucheintragungen erfahren, längst den Wunsch nach einer Psychoanalyse: »[Spätestens als Adolf] die Neurose hatte dachte ich, ich will die Psychoanalyse lernen, wenn er nur noch ein paar Jahre aushält, weil ich ihn so liebe werden meine Fähigkeiten grösser sein als die irgend eines andern Menschen. Dann bei Richard dachte ich wieder, ich will alles lernen, damit ich alles durchschaue. Nun lerne ich es um meinetwillen« (15. April).

Was wir nicht wissen, ist, wie die erste Begegnung mit Freud auf G. gewirkt hat. Ebensowenig wissen wir, was Rede und Gegenrede in den ersten Stunden ausgelöst haben, falls nicht die erste Tagebucheintragung ohne Datierung die erste Stunde gewesen ist, welche G. mit einem Paukenschlag eröffnet:

Die 27-jährige erinnert die Vierjährige, die den Säugling quält, irrtümlich Pflänzlinge ausreisst, am Ort der Zerstörungswut die Onanie entdeckt und äußert dies, wie es scheint, in einer unbefangenen Direktheit, so als würde eine Vierjährige unbelauscht vor sich hinplappern, von Gewissen, Schuld und Scham noch kaum gestreift. Sie hat sich also schon von Freud zur Rede über Liebe, Sexuelles und Aggression verführen lassen, bevor der Text des Tagebuches zum Leser zu sprechen beginnt. Zudem ist die Verführung, die der Analytiker, die Freud ausübt »[...] eine Realität im Sinne von psychischer Realität. Von sexuellen Dingen zu reden, ist eine Realität, diese Realität ist eine Verführung; von der Verführung zu reden, ist eine Verführung« (Neyraut 1974, S. 149).

G. lässt sich von Freud zur schamlosen Rede verführen, da sie in ihm das sieht, was uns Psychoanalytiker tagtäglich zugeschrieben wird: Inhaber eines Geheimnisses zu sein: »des Geheimnisses der Seele, des Körpers, des Wissens oder der Macht über den Geist. Dem Analytiker wird, darin steht er in größter Nähe zu den Eltern, unterstellt, das sexuelle Wissen zu besitzen« (Pontalis 1992, S. 60). Kein Wunder also, wie G. bereits in den ersten beiden Wochen, in den ersten zwölf Stunden Freud mit Erinnerungen und Träumen beschenkt, einem Parforceritt gleich. Sozusagen als Vorausschau auf den zukünftigen therapeutischen Prozess, bietet sie ihm Material in Hülle und Fülle, so wohl geordnet, als würde auch das Unbewusste einer jungen Schweizerin vom Schweizer Ordnungssinn durchdrungen sein. So ermöglicht sie Freud sein Konzept in Form der Haus-Metapher zu deklinieren. Er führt ihr die kompletten Strukturschichten ihrer Liebesreihen vor Ohren: vom aktuellen Liebesbeziehungs-Konflikt über die Brüder-Liebes(ersatz)übertragungen bis hin zum erwarteten, gesuchten und gefundenen zentralen ödipalen Konflikt, nämlich zur unglücklichen, unerfüllten und überwältigenden Vater-Liebe:

Der oberste Stock, das ist der jetzige/Konflikt mit Richard etc./der mittlere, das betrifft das Verhält-/nis zum Bruder/der tiefste, der mit den Eltern zusammenhängt, ist Ihnen noch/ganz unbewußt u. er ist der wichtig-/ste. Daraus leitet sich dann das/Verhältnis zum Bruder ab.

Fr: Sie streifen so nah am Geheimnis/des untersten Stockes, daß ich es/ Ihnen/verraten kann:

Sie liebten Ihren Vater u. haben ihm/den/Treubruch mit der Mutter nie verziehen./Sie wollten die Mutter des Kindes sein/Sie/wünschten daher Ihrer Mutter, die/~~sich~~ Ihnen den Geliebten nahm den Tod. –/Nach u. nach werden Sie Beweise/dazu bringen u. es wird sich das/Rätsel lösen warum Sie nicht von/Ihrem Bruder loskommen. –

Pathologisch ist das lange Schwanken/ob Sie Richard heiraten sollen oder/nicht; daß es zu keiner Entschei-/dung kommt, beweist daß etwas/ anderes dahinter sein muß, das wie/Sie selbst einsehen mit den Brüdern u./Eltern zusammenhängt.

»Sie gleiten vom/einen zum andern wie bei den Geliebten./Die Geliebten sind Brüderersatz, sie/sind drum gleich alt, eigentlich social/jünger.[«]

An dieser Stelle verhält sich Freud so, als würde er sagen: Sprich Kind, ich weiß schon was du meinst mit dem, was du später noch sagen wirst; denn ich bin der Inhaber, der Wahrer und der Übersetzer der Geheimnisse, der rätselhaften Botschaften aus deinem Unbewussten, sprich nur. Freud »[...] sucht die Gedankengänge des Patienten zu dirigieren, mahnt, drängt seine Aufmerksamkeit nach gewissen Richtungen, gibt ihnen Aufklärungen [...]« (Freud 1916/17, S. 9).

Er wartet nicht, bis G. der Theorie seiner Behandlung folgen kann, um durch die Bearbeitung und Überwindung ihrer Widerstände zur Erkenntnis der historischen Wahrheit zu gelangen. Wie so oft kann er seinem furor interpretandi, Forscher der er ist, nicht widerstehen, er eilt seiner Analysandin voraus und erwartet sie am Schibboleth der Psychoanalyse. Er verspricht ihr, die Übersetzung ihres Rätsels bereits gefunden zu haben, zu der sie nur noch das Material beizutragen hat.

Und das tut sie, nachdem beide übereingekommen sind, dass in der Metapher von Schnitzlers Flötenton »genau ihr Konflikt« zum Ausdruck komme. Sie träumt für Freud das von ihm bereits angekündigte Material, die Beweise für seine Rätsellösung, für sein Konzept des ödipalen Konflikts; denn er findet in der jungen Schweizer Doktorin eine gefügige Analysandin, die seine »Traumdeutung« kennt. Sie produziert das, was Freud »Gefälligkeitsträume« nennt, hervorgerufen von – in dieser Zeit begrifflich bereits triebgereinigt zum terminus technicus neutralisiert – »positiver Übertragung«.[8]

---

8 »Es könnte wohl sein, daß es den Träumen in einer Psychoanalyse in ausgiebigerem Maß gelingt, das Verdrängte zum Vorschein zu bringen, als den Träumen außerhalb dieser Situation.

Halten wir fest: »Das Wort Übertragung behält auch für die aufgeklärtesten Geister einen Hauch von Skandal, was letztlich völlig gerechtfertigt ist, da wir am Ursprung der Übertragung viele verdrängte erotische Elemente finden« (Neyraut 1974, S. 141), und geben dem Traumkind einen Namen: die Gefälligkeitsträume sind durch Übertragungsliebe ausgelöste Traumprägungen, das Traumerzählen ein Akt der Objektliebe (siehe Will 2003).

Nun wissen wir, dass Übertragung ein Agieren der Leidenschaft in der Gegenwart ist, oder klarer noch mit Freuds eigenen Worten ausgedrückt: »Eine derartige Einstellung des eigenen Seelenlebens auf das einer anderen Person mit ähnlicher Unterwerfung hat ein einziges, aber dann vollwertiges Gegenstück in manchen Liebesverhältnissen mit voller Hingebung« (Freud 1905, S. 307). Was aber tun, wenn das Objekt der Übertragung – das Objekt der Liebe einer jungen Schweizer Doktorin – zwar sechs Tage in der Woche eine Stunde für sie da, aber dennoch nicht greifbar ist?

In den Stunden vor dem 18. April beginnt G. sich zu langweilen, sie will »jemand lieb haben«. Dieser Jemand Freud weiß, dass die Übertragung auf ihn und auf einen Punkt des Agierens der Leidenschaft in der Gegenwart zusteuert und erklärt ihr daher den Sinn, sich während der Analyse abstinent zu verhalten:

Die einen Leute müssen alles tun, die/andern bei denen genug psychisches/ Material vorhanden ist, machen/alles in der Psyche aus./Wenn es möglich ist, lassen Sie die/Abenteuer sein. Dulden Sie u. entbehren/Sie, sodaß alles desto deutlicher in der Stunde zum Vorschein kommt. –

Sie soll also auf ein Agieren ihrer Leidenschaften in Abenteuern mit Männern außerhalb der analytischen Situation, außerhalb der analytischen Beziehung, außerhalb der Beziehung zu Freud verzichten und alles während der Analysestunden »in der Psyche« ausmachen. Er schürt damit das Feuer der Übertragung und, wie es scheint, tut G. Freud den Gefallen in den kommenden Stunden. Ihre Träume bestätigen nicht einfach nur sein Vorhergesagtes

Ihr Unbe-/wußtes gibt also die erste Bestägigung/meiner Behauptung, daß Ihr Vater/Ihr erster Geliebter war

---

[...] Will also jemand behaupten, daß die meisten der in der Analyse verwertbaren Träume Gefälligkeitsträume sind und der Suggestion ihre Entstehung verdanken, so ist vom Standpunkt der analytischen Theorie nichts dagegen einzuwenden« (Freud 1923, S. 310).

sondern sie entsprechen Freud zu Folge völlig dem, was sie von ihm gelesen hat. Es sind also »Gefälligkeitsträume«, ohne sich jedoch an das Gelesene zu erinnern. Freud:

Haben Sie/die Studie einer/Hysterie: Dora gelesen./(Ja, ich weiß aber nichts mehr davon)/Ihr Traum ist/vollständig dem der/Dora nachgebildet. Sie setzen sich/also an Stelle der Dora, die ja/in ihren Vater verliebt ist.

Freud lenkt und steuert sie geradezu, er gerät in einen Deutungsfuror ähnlich dem in der Behandlung der Dora, streicht prophylaktisch von ihr gar nicht Assoziiertes und Gesagtes, wie folgende Passage deutlich macht:

Die Liebe zum Bruder, die ja bewußt/ist, ist nicht die tiefste Schicht u./ darum nützt das Bewußtsein ihrer Existenz nichts, Sie können/sich nicht davon befreien, denn sie ist/tiefer bedingt. –

Diesem Strang entlang träumt und assoziiert sie weiter. Freud empfiehlt ihr, sie solle

selbst die Symbole/einsetzen, damit Sie einen Zusam/menhang bekommen, wenn Sie mit den Associationen nicht weiter/kommen.

Er wartet dann allerdings nicht ab, sondern stellt ein eigenes Traumsymbol-Puzzle aus verschiedenen Elementen der manifesten Trauminhalte seiner Analysandin so zusammen, bis es das von ihm Vorhergesagte ergibt: »Die Sonne ist immer der Vater« (21. April), woraufhin sie ihm prompt zwei »Sonnenträume« präsentiert.

Am nächsten Tag (22. April) scheint Freud mit seiner suggestiven, an dieser Stelle nicht unbedingt nachvollziehbaren Frage

Fr: Erinnern Sie sich nicht daß/Sie bei der Onanie sich einmal Kinder/ vorstellten die geschlagen wurden?

auf etwas Bestimmtes hinauszuwollen. Seine gefügige Analysandin gibt ihm die Bestätigung, auf die er wartet, worauf Freud sie mit einer konfrontierenden Übertragungs-Widerstands-Deutung geradezu in seine Vorstellung von Übertragung hineinmanövriert:

> *Fr: Es ist der Wunsch vom Vater selber/geschlagen zu werden, denn das/bedeutet/für ein Mädchen (Kind)/sexuell geliebt werden. Aus dem Wunsch/nach Liebe +/schlecht. Gewissen./Später nimmt es dann die Form an/des blos Geschimpftsein/Wollens./In der Analyse wenn die Widerstände/kommen benehmen Sie sich/dann/ähnlich, da ich den Vater vertrete./Z. B. die Idee, daß die Kur nichts/nütze etc./sind schon Anfänge davon.*

Damit gibt er ihr zu verstehen, sie wolle von ihm an Vaters Stelle geschimpft und damit geliebt werden, was sie aufgreift mit ihrer Assoziation zum intelligenten Mädchen im Burghölzli, das sich in Folge ihrer ersten Liebe nicht mehr konzentrieren konnte, so, wie sie sich selbst in der Analysestunde nicht mehr konzentrieren kann.

In der Stunde vom 25. April scheint sich der »Übertragungswiderstand« aufgelöst zu haben, sie gesteht Freud: »[...] ich habe Sie schon sehr gern« (25. April) und kann sich vorstellen, wie man als junge Frau »jemand älteren heiraten kann« (ebd.). Allerdings vertauscht sie die aktive Rolle; denn in ihrer Assoziation will der alte Goethe das Mädchen heiraten (ein Goethe/Freud muss es schon sein!). Freud antwortet: »Das ist nun die Übertragung der alten Liebe u. Verliebtheit die Sie zum Vater hatten, auf mich. Auch alle die schmerzl. Enttäuschungen, Eifersucht etc. wird dann kommen« (25. April). Diese rein rekonstruktive Übertragungsintervention mutet instrumentell, automatisiert und direktiv an und ist eine klare Zurückweisung dessen, was er selbst provoziert hat, das »Liebesrezidiv«. Hier kommt die bekannte Übertragungsabwehr des Analytikers Freud zum Ausdruck. Dieses Agieren der Leidenschaften in der Gegenwart wird auf die Liebe zu einer Person der Vergangenheit umgelenkt, im Sinne von: Diese Rede ist zwar an mich gerichtet, aber nicht an mich adressiert!

An dieser Stelle möchte ich auf den Schutz- und Abwehrcharakter des Freud'schen Regressionsmodells im psychoanalytischen Prozess hinweisen, was mit den immer gleichen Folgen von Beziehungsverwirrungen einhergeht:

> »In dieser Sichtweise ist gut zu erkennen, dass die Patientin in ihrer Übertragungsverliebtheit auf infantile Erlebnisse und Konflikte zurückgreift, aber wir erfassen weniger gut, dass die Patientin gleichzeitig als erwachsene Frau einen ernst gemeinten, der realen Person ihres Analytikers geltenden, Beziehungsversuch unternimmt. So sehr ihre Libido zurückfluten mag, so sehr meint sie doch ihn und keinen anderen« (Körner 1989, S. 3).

Freud versteht das Übertragungsgeschehen zwischen sich und G. nicht als das, was es ist, nämlich als eine gemeinsame Schöpfung, sondern:

>»Freud erforscht die sexuelle Ätiologie der Neurose, ohne die Sexualität mit der analytischen Verführung und den Wünschen und Ängsten in bezug auf eine gemeinsame Produktivität in der Verschmelzung zweier Geschlechter zu verknüpfen« (King 1995, S. 10).

Da Freud selbst seine Analysandin G. mit seiner ehemaligen Patientin »Dora« in Verbindung bringt, ist seine Vorsicht naheliegend, zu versuchen, durch eine rekonstruktive Intervention die an ihn herangetragene Liebe beherrschbar und lenkbar zu machen. Aber die analytische Situation besteht nun einmal weder in einer bloßen Reproduktion der aktuellen Lebenssituation noch derjenigen der Kindheit. Im Verlauf der Übertragungsliebe entfaltet sich parallel zu den ödipalen Wiederbelebungen und deren allmählicher Bewusstwerdung durch Aufhebung der Widerstände eine neue und ungewöhnliche Liebesgeschichte. Dies umso mehr, weil die Liebesgefühle dem Analytiker gegenüber von stärkerer Intimität und Intensität sind, als es jene in der Vergangenheit meist heimlich und versteckt geäußerten jemals waren.

Schon am nächsten Tag (26. April) nimmt die gefügige Analysandin die »Eifersuchtsankündigung« Freuds auf, indem sie sich dem »Chlorophyll«-Couch-Bruder gegenüber »herabsetzt«, was Freud in wenig einfühlsamer Weise kommentiert, und sie mit den Couch-»Schwestern« in eine Reihe setzt:

>*Fr: Sie wollen sich also herabsetzen in/intellekt. Beziehung. Bei andern Frauen ist/das gewöhnl. in körperl. Beziehung. Sie er-/zählen wie sie z. B. Hämorrhoiden/haben etc.*

Die Antwort von G.: »es fällt mir nichts ein« könnte man so verstehen, dass es ihr wahrscheinlich die Sprache verschlagen hat, sie möglicherweise gekränkt ist. Und sie schämt sich und ist wütend auf Freud, der ihr Übertragungsliebe-Angebot biegt und formt und sie zurückweist. Freud schreibt ja bereits 1913 an seinen Schweizer Freund Ludwig Binswanger:

>»Das Problem mit der Gegenübertragung gehört zu den technisch Schwierigsten der Psychoanalyse [...]. Man muß [...] seine Gegenübertragung jedes Mal erkennen, u. überwinden, dann ist man selbst frei. Jemandem zu wenig zu geben, weil man ihn zu sehr liebt, ist ein Unrecht an dem Kranken und ein technischer Fehler. Leicht ist das alles nicht und vielleicht muß man dazu auch älter sein« (Binswanger 1956, S. 65).

Dennoch scheint es, als habe er, auch älter geworden, keinen Blick für die Bedeutung und die Auswirkung seiner eigenen Involviertheit auf die analytische Situation, durch seine Art und Weise zu kommentieren und zu deuten. Das Stummwerden seiner Analysandin nach seiner Intervention ist für ihn keine interaktionelle, intersubjektive Antwort darauf, wie er und was er mit seinen Worten transportiert. Er zerrt und verschiebt ihre intellektuelle Konkurrenz um ihn mit ihrem Couch-Bruder auf die Ebene eines körperlich-sexuellen Buhlens mit den Couch-Rivalinnen und betreibt damit das, was er in den Vorlesungen zur Einführung in die Psychoanalyse »psychoanalytische Suggestion« nennt. Er engt den analytischen Spielraum ein, indem er strikt seiner Theorie folgend das Schweigen seiner Analysandin als Übertragungswiderstand deutet: »Solange nun die Mitteilungen und Einfälle des Patienten ohne Stockung erfolgen, lasse man das Thema der Übertragung unberührt. Man warte mit dieser heikelsten aller Prozeduren, bis die Übertragung zum Widerstande geworden ist« (Freud 1913, S. 473).

Mit den Worten

Ich habe Sie so unbeschreiblich gern wie ich/noch gar niemand vorher geliebt habe (26. April)

wiederholt, bekräftigt und präzisiert G. auf eine mutige und unmissverständlich eindrucksvolle Weise ihre Liebeserklärung vom Vortag als erwachsene Frau an ihn, Freud, den erwachsenen Mann. Dann eröffnet sie jedoch, klug wie sie ist, mit ihrer Hinzufügung »[…] kommt es mir so vor« (ebd.) vorauseilend den Weg zur Bühne des ausschließlich rekonstruktiven Regressionsmodells, die Freud prompt mit seiner Antwort betritt:

Fr: Diese Liebe zum Vater war so ungeheuer, daß/alles Spätere ein schwacher/Abglanz war./Von der Intensität d Kinderliebe macht man/sich keinen Begriff, sie ist ja nur potential/vorhanden, wird nicht zur Tat. –

Auf Freuds erneutes verführerisches Angebot zur Arbeit in der Übertragungsliebe zurückzukehren (»Wenn Sie sich herabsetzen tun Sie es um *mir* die Liebe zu verleiden, wie z. B. die Dame mit dem Hämorrhoiden –« (ebd.)) geht G. nach der zweimaligen Zurückweisung durch Freud nicht mehr ein. Wie es scheint, zieht sie sich von ihm zurück und verbleibt mit ihm nun auf der Bühne der Rekonstruktion. Darauf weisen sowohl die folgenden einseitig rekonstruktiven Trauminterpretationen und -deutungen hin, wie auch die Tatsache, dass G. sich auf eine nähere Beziehung zu einem Gast ihrer Pension einlässt. Vor allem jedoch ihr nicht geäußerter Widerspruch gegen die letzte protokollierte Deutung Freuds, ihre Liebe zu F. als erwachsene Frau sei überwiegend als übertragungsgesteuerter Trotz gegen ihre Eltern zu verstehen: »F: Sie stehen unter der Herrschaft des Trotzes gegen d. Eltern. (Er glaubt diese Liebe ist zum grösseren Teil daraus zu erklären, aber es ist nicht« wahr. O mein Gott. Wie liebe ich ihn)« (16. Juni). Dieser Kommentar G.s ist die Formulierung ihres inneren Rückzuges. Mit dem Folgetraum, dem unkommentierten Anschlusstraum, endet dann leider ihr Analysetagebuch, vielleicht, weil das Wichtigste bereits geschehen ist, und lässt uns beeindruckt und nachdenklich zurück.

Ich bin beeindruckt über die Offenheit und Direktheit mit welcher die junge, erst 27-jährige Schweizer Doktorin sich auf das Wagnis einlässt, Erkenntnis über sich selbst zu gewinnen, sich den Fragen zu stellen, die es ihr unmöglich machen ihre siebenjährige Verlobungszeit in eine Heirat münden zu lassen – keine Alltäglichkeit in der Schweiz jener Jahren! Scheinbar ohne Scheu lässt sie sich zur Rede über Liebe, Begehren, Sexuelles und Aggression von Freud verführen. Sie lässt sich ihre Gedankengänge von ihm dirigieren und produziert entlang der von ihm gezogenen Ödipuskomplex-Linie Erinnerungen, Traummaterial, Assoziationen und Gefühle in einem atemberaubenden Tempo, ganz und gar lehrbuchmäßig, bis sich ihre Übertragungsliebe an dem immergleichen Verwirrspiel Freuds bricht: Zunächst lockt er die Liebe seiner Patientin durch die Einleitung der Behandlung hervor, lenkt sie, wie er glaubt, auf sich und hält sie fest um ihr dann in einem Deutungsprozess bewusst zu machen, dass diese Liebe gar nicht ihm gilt, sondern der wichtigsten Person aus der Vergangenheit der Patientin. So, als ob Liebe ausschließlich Übertragung sei, was sie nicht ist, auch wenn menschliche Beziehungen, Liebesbeziehungen ohne Übertragungsanteile nicht vorstellbar sind. Diese Abweisung bewirkt inneren Rückzug aus der Beziehung und Rücknahme der libidinösen Besetzung des Anderen, nicht zu verwechseln mit einer Befreiung von den infantilen Fixierungen und Überwindung des Lustprinzips mit ungehinderter Liebesfähigkeit nach der Behandlung, wie Freud dies in seiner Arbeit *Bemerkungen über die Übertragungsliebe* (1915) konzipiert.

So verlässt die mutige, selbstbewusste junge Schweizer Doktorin Freud und Wien, anschließend ihren Verlobten und die Schweiz, um in Paris zwei Jahre als Psychiaterin zu arbeiten und dort einen anderen Mann zu heiraten. Sie wird Mutter von zwei Töchtern und zwei Söhnen und arbeitet als Journalistin für die Monatszeitschrift ihres Bruders Adolf. Praktizierende Psychoanalytikerin war sie nie – sie ging auch nicht in einer solchen Absicht zu Freud – aber ihr Denken und Tun in Arbeit und Familie war von der Psychoanalyse geprägt. Kein Zufall also, dass ihre älteste Enkelin Psychoanalytikerin geworden ist und es verwundert auch nicht der Titel ihrer bekanntesten Arbeit: *Das Tabu des Begehrens*!

Literatur

Binswanger, Ludwig (1956): Erinnerungen an Sigmund Freud. Frankfurt/M., Berlin, Wien (Ullstein).
Canestri, Jorge (1993): A Cry of Fire: Some Considerations on Transference Love. In: Person Ethel (Hg.): On Freud's Observations on Transference Love. New Haven (University Press).
David, Christian (1971): L' état amoureux. Paris (Payot).
David, Christian (1996): Post-scriptum à L' État Amoureux. Paris (Payot).
Dejours, Christophe (2004): Theorie der Liebe. Werkblatt 52, 71–88.
Fallend, Karl (1995): Sonderlinge Träumer Sensitive. Psychoanalyse auf dem Weg zur Institution und Profession. Protokolle der Wiener Psychoanalytischen Vereinigung und biographische Studien. Wien (Jugend und Volk).
Freud, Sigmund (1905): Psychische Behandlung (Seelenbehandlung). G.W. V, S. 287–316.
Freud, Sigmund (1907): Der Wahn und die Träume in W. Jensens »Gradiva«. G.W. VII, S. 29–125.
Freud, Sigmund (1913): Zur Einleitung der Behandlung. G.W. VIII, S. 454–478.
Freud, Sigmund (1915): Bemerkungen über die Übertragungsliebe. G.W. X, S. 305–321.
Freud, Sigmund (1916/1917): Vorlesungen zur Einführung in die Psychoanalyse. G.W. XI, S. 3–482.
Freud, Sigmund (1923): Bemerkungen zur Theorie und Praxis der Traumdeutung. G.W. XIII, S. 301–314.
Freud, Sigmund (1926): Die Frage der Laienanalyse. G.W. XIV, S. 207–286.
Freud, Sigmund (1940): Abriss der Psychoanalyse. G.W. XVII, S. 63–138.
Freud, Sigmund; Jung, Carl Gustav (1984): Briefwechsel. In: McGuire, William; Sauerländer, Wolfgang (Hg): Frankfurt/M. (Fischer).
Haynal, André (2005): Sexualität – ein Essay zur Begrifflichkeit und Geschichte. Psyche – Z Psychoanal. 59 (11), 1031–1046.
Hock, Udo (2004): Botschaft und Übersetzung. In: Bayer, Lothar; Quindeau, Ilka (Hg): Die unbewusste Botschaft der Verführung. Interdisziplinäre Studien zur Verführungstheorie Jean Laplanches. Gießen (Psychosozial-Verlag).
King, Vera (1995): Die Urszene der Psychoanalyse. Adoleszenz und Geschlechterspannung im Fall Dora. Stuttgart (Verlag Intern. Psychoanalyse).
Koellreuter, Anna (2000): Das Tabu des Begehrens. Zur Verflüchtigung des Sexuellen in Theorie und Praxis der feministischen Psychoanalyse. Gießen (Psychosozial-Verlag).
Körner, Jürgen (1989): Triebregression versus Ichregression, Steuerung im Psychoanalytischen Prozeß. Vortragsmanuskript DPG-Kongreß, München.
Krutzenbichler, H. Sebastian (2008): Die Übertragungsliebe. Eine kritische Literaturschau 16 Jahre nach der Erstbetrachtung. Forum Psa. 24, 33–45.
Krutzenbichler, H. Sebastian; Essers, Hans (2002): Muss denn Liebe Sünde sein? Zur Psychoanalyse der Übertragungs- und Gegenübertragungsliebe. Gießen (Psychosozial-Verlag).

Laplanche, Jean (1988): Die allgemeine Verführungstheorie und andere Aufsätze. Tübingen (edition diskord).

Laplanche, Jean (1996): Von der Übertragung und ihrer Provokation durch den Analytiker. In: Laplanche, Jean (Hg): Die unvollendete kopernikanische Revolution in der Psychoanalyse. Frankfurt/M. (Fischer).

Lynn, David J.; Vaillant, George E. (1998): Anonymity, neutrality, and confidentiality in the actual methods of Sigmund Freud: A review of 43 cases, 1907–1939. American Journal of Psychiatry 155 (2), 163–171.

Mannoni, Octave (1982): L'amour de transfert et le reel. Etudes Freudiennes 19–20, S. 7–14.

Meichtry, Wilfried (2007): Verliebte Feinde. Iris und Peter von Roten. Zürich (Ammann).

Neyraut, Michel (1974): Die Übertragung. Frankfurt/M. (Fischer).

Nunberg, Hermann; Federn, Ernst (1977): Protokolle der Wiener Psychoanalytischen Vereinigung I–IV. Frankfurt/M. (Fischer).

Parat, Catherine (1982): A propos de L'amour et de L'amour de transfert. Rev. Franc. Psychanal. 1, 357–382.

Pontalis, J.-B. (1992): Die Macht der Anziehung. Psychoanalyse des Traums, der Übertragung und der Wörter. Frankfurt/M. (Fischer).

Ruff, Wilfried (2006): »Wer verliebt ist, ist demütig«. Übertragung und Widerstand im Lieben. Vortrag DPG-Jahrestagung 2006, Hamburg.

von Planta, Vera (2006): Mira Oberholzer-Gincburg (1884–1949). Eine Analytikerin der ersten Stunde in der Schweiz. Luzifer Amor 37, 142–149.

Will, Herbert (2003): Was ist klassische Psychoanalyse? Ursprünge, Kritik, Zukunft. Stuttgart (Kohlhammer).

Will, Herbert (2006): Ein Abkömmling der Liebe: Freud über den Glauben. Luzifer Amor 3, 102–128.

ANNA: Fragment eines weiteren Falles von *petite hysterie*
Juliet Mitchell
(übersetzt von Anna Koellreuter)

Man sieht deutlich 3 Stufen in Ihrem/Leben: Der oberste Stock, das ist der jetzige/Konflikt mit Richard etc./der mittlere, das betrifft das Verhält-/nis zum Bruder/der tiefste, der mit den Eltern/zusammenhängt, ist Ihnen noch/ ganz unbewußt u. er ist der wichtig-/ste. Daraus leitet sich dann das/Verhältnis zum Bruder ab (TB, S. 3).

Die Liebe zum Bruder, die ja bewußt/ist, *ist nicht die tiefste Schicht u./darum nützt das Bewußtsein/ihrer Existenz nichts* (TB, S. 16, Hervorhebung J. M.)

Ich behaupte, dass hier ein mörderischer *Hass* auf den Bruder besteht, dessen tiefste Ebene verleugnet wird und der darum tatsächlich unbewusst ist. Dies zieht in keiner Weise die ödipalen Deutungen von Freud in Zweifel – aber es deutet auf eine fehlende Dimension hin. Ich werde die Patientin bei ihrem Namen nennen: Anna. Es scheint mir, dass ein Grund warum die Analyse nicht zu einem guten Ende gebracht wurde – wie mit Dora –, darin liegt, dass auf die lateralen Beziehungen, also die Geschwisterbeziehungen, nur in ihren bewussten oder vorbewussten Dimensionen Bezug genommen wurde. Es funktioniert jedoch nicht für die »Spaltung« der geschwisterlichen Leidenschaft in die »Verdrängung« der elterlichen Leidenschaften gehoben zu werden, als ob sie keine eigene Bedeutung habe.

Freud behauptet hier, wie auch an anderen Orten, dass die Fixierung auf die Brüder nur deshalb entstanden sei, weil in der Beziehung zum Vater die Liebe und der Schmerz so tief verdrängt werden, dass die nicht zugelassene Bewunderung für den Vater mit der salonfähigen Liebe für den Bruder ersetzt werde. Hiermit und einmal mehr wird die Hysterie zwangsläufig feminisiert (Mitchell 2000). Freud besteht darauf, dass die väterliche Liebe stärker als jede andere sei, als ob die Hysterikerin Zuflucht beim Bruder suche, um den Vater nicht anerkennen zu müssen. Ich denke, das Gegenteil ist der Fall: Hass und Liebe auf die Geschwister bewahren das Kind davor, den ödipalen Vater zu erreichen, der auf den Geschwisterstatus herabgesetzt wird – wie Freud zeitweilig in dieser Therapie. Letzten Endes ist dies Teil der Ödipus-Erzählung: Ödipus' Kinder waren seine Schwestern und Brüder. Wenn jedoch alles gut geht, würde ich argumentieren, dass die Sexualität und Gewalt, der Don-Juanismus des lateralen Inzestes (des Geschwister-Inzestes) und der Tod in der zivilisierten Sozialmoral sublimiert werden. Die soziale Gruppe entsteht durch das verdrängte Töten-oder-getötet-werden als Folge des unvermeidbaren Traumas der nachfolgenden Geschwister (Mitchell 2003, 2006). Wenn wir an den Ödipus-Komplex denken, dann nur an seine Bedeutung für die Etablierung der geschlechtlichen Unterschiede – der potenziellen Mütter und Väter (Mitchell 2007) – während der Adoleszenz. Würden wir uns jedoch mit dem Geschwister-Komplex befassen, würde die jugendliche soziale Unmöglichkeit viel verständlicher: Die sexuelle Leidenschaft, die Gewalt ist, und Gewalt, die sexuell ist.

Anna, eine 27-jährige Psychiaterin aus dem Burghölzli, ist gemäß Freud pathologisch unfähig zu entscheiden, ob sie nach siebenjähriger Verlobung ihren Bräutigam heiraten soll oder nicht. Anna denkt daran, Psychoanalytikerin zu werden, weil sie sich aufgrund ihrer großen Liebe für ihren neurotischen Bruder Adolf als die Geeignetste sieht, um ihm zu helfen. Dennoch geht sie für dreieinhalb Monate um ihrer selbst willen zu Freud in Analyse.

Laut Freud ist Anna deshalb stecken geblieben, weil sie ihre übermäßige (weil infantile) Sehnsucht nach der Liebe ihres Vaters nicht gelöst hat – möglicherweise weil die Leidenschaft ungewöhnlich stark ist und der Vater sich unpassend verhalten hat. Anna hat sich Freuds Fall Dora zum Vorbild genommen. Doch selbst ohne die – oder besser wegen der vielen Nachahmungen: Könnte man dies nicht als »narrative« Hysterie mit schizoiden Tendenzen bezeichnen? Diese Tendenzen begründen Annas Angst vor Schizophrenie. Schizophrenie war für damalige zwanghafte Onanisten gleichbedeutend mit der Angst vor Wahnsinn bei heutigen »Borderline«-Patienten.[1]

Der erste Traum, den Anna erzählt, handelt von einem schizophrenen Mann.

---

1 Herbert Rosenfeld fasst Angst vor Wahnsinn als ein definierendes Merkmal der Borderline-Persönlichkeit auf und Boderline als charakteristisch für Kandidaten dieser Krankheit. Persönliche Mitteilung an von H. R. an J. M.

Dem fügt sie – wie sie das gewöhnlich tut – gleich einen zweiten Traum an. Als ob auf die Wichtigkeit dieser Angst vor Schizophrenie aufmerksam gemacht werden müsste, bricht Freud seine eigene Regel, indem er zuerst den ersten Traum deutet, und nicht den zweiten. Anna, welche diese Regel noch nicht kennt, protokolliert nur diese Deutung, weil Schizophrenie das ist, was sie – fast sicher zu Unrecht – fürchtet[2]: Freud sagt ihr, dass sie der schizophrene Mann sei. Jedoch sollten wir zur Kenntnis nehmen, dass der Traum-Mann, obwohl er von ihrer Mutter und Großmutter begleitet wird, Anna *als* ihr Verlobter ist (der wie sie »gesperrt« war), *als* ihr Studienkollege Hans Peter, *als* ihr Freund Immer, *als* ihr Liebhaber, der Bildhauer, *als* dessen Bruder und *als* dessen Schwester... alles laterale Beziehungen, alle auf der Stufe mit ihrem Bruder – eine Erkenntnis, die gemäß Freud »sinnlos«, weil bewusst, ist. Ich vertrete hier die Auffassung, dass es ziemlich abwegig ist, die Angst vor einer Psychose entlang der Achse vom normalen Traum zur abnormalen Wahnvorstellung zu bringen. Zudem sind dies nicht Übertragungen oder projektive Identifizierungen, sondern es sind lediglich Identifikationen auf der Linie vom »Selbst-als-ein-anderer« (Mitchell 1992).

Anna bringt Träume, die manchmal wie Tagträume oder Fantasien wirken, sowie eher Geschichten als Assoziationen. Freud instruiert sie im Verstehen von Traumsymbolen (Koellreuter 2007). Vielleicht in der Hoffnung, dass diese junge Kollegin aus Bleulers und Jungs psychiatrischer Anstalt, welche für das Schizophrenie-Verständnis berühmt ist (und aus Freuds Perspektive – mit Sabina Spielrein im Kopf – ein donjuanesker Vorgang), eine Psychoanalytikerin, wie seine eigene tagträumende, geschichtenerzählende Anna, ihre Altersgenossin, werden wird.

Die Tochter mit ihren typischen Schlagefantasien war Freud sicherlich ebenso präsent wie Dora, die nach dem Dienstmädchens seiner eigenen, einst gehassten, ältesten Schwester benannt wurde – ihrerseits eine Anna. Von 1918 bis 1921, dem Jahr also, in dem diese Behandlung stattfindet, analysiert Freud sein jüngstes Kind. Hört man seiner Tochter zu, die »ihm alles sagte« (Yong Bruehl 1988), so verrät dies auf seine Art die Unangemessenheit von Vätern. Im Zentrum jedoch stand die ungewöhnliche Leidenschaft einer Tochter für den Vater. Die langen und die kurzen Analysen der beiden Annas könnten spannend verglichen und in einen Gegensatz gestellt werden. Es ist, als ob Freud dieser Anna vermittelte, was er bei seiner eigenen gelernt hatte – der

---

2 Ich behandle diese Tagebuchaufzeichnungen wie eine Patientin, bei welcher ich gelten lasse, was sie sagt, ob es nun sachlich richtig ist oder nicht.

Autorin von *Schlagephantasie und Tagtraum* (A. Freud 1923).[3] Hier sei nur erwähnt, dass er sich später namhaft auf seine Anna als seine Antigone bezog – hingebungsvolle Tochter und »verdrängte« Schwester.

Anna aus Zürich ist ein weiblicher Don Juan, welche alle Männer verführt und auf alle Frauen eifersüchtig ist. Eifersucht und Verführung sind zwei Seiten der gleichen Medaille, und ebenso sind unter der Heterosexualität die Geschlechter austauschbar. Zwei jüngere Brüder zu haben, sichert Anna eine vordergründige Geschlechtsnormativität in ihrem sozialen Verhalten. Hingegen ist sie in vielen ihrer Träume und Fantasien, wie Anna Freud in diesem Alter, ein »Mann«. Als junge Hysterikerin hat sie die Bedeutung der sexuellen Differenz und der sexuellen Reproduktion noch nicht aufgenommen (Mitchell 2007) – und es ist diese Unterlassung, die Freud nachdrücklich als Penisneid und Kastration analysiert. Es ist nicht so, dass Anna ihn nicht verstehen würde, sondern eher, dass sie auf einer anderen Wellenlänge gebunden ist – an Freuds »nutzlose« Geschwister und Gleichaltrige.

Wenn wir die erste Mitteilung der ersten Sitzung als Vorwegnahme begreifen, können wir erkennen, dass beide, Patientin und Analytiker, die Ursprungsszene der Pathologie kennen. In dieser ersten Mitteilung erinnert sich Anna, wie sie ihre Cousine, ein Säugling, schikaniert hat, wie sie Pflänzchen zerstört und wie sie masturbiert hat. Freud fragt, ob sie das Gleiche mit ihrem kleinen Bruder gemacht habe. Es scheint, als ob Anna voller unbändiger Eifersucht und Hass war (und ist), aber diese Leidenschaften gleichzeitig sexuell erregend findet. Sie war (und ist) nicht länger geliebt als das einzige Kind, das *Einzelkind* – von ihrer *Mutter* oder von Freud.

Allmählich spielt Anna mit Freud mit. Entlang einer vertikalen Achse – Großmütter, Mütter und Väter – träumt und schwelgt sie für ihn in Erinnerungen, während sie in Gedanken voller Leidenschaft für die Geschwister bleibt. Sie weiß und weiß es doch nicht, dass ihre »Liebe« mörderisch ist. Abtreibung, Hexerei, Zerstörung ihrer Beziehungen zu Geschwistern und Gleichaltrigen stehen im Zentrum des Schauplatzes. Anna will den Bruder retten, welchen sie in ihrer Fantasie tötet – dies schwappt aufgrund seiner suizidalen Tendenzen in die Realität über. Durch ihre einmalige und übermäßige Liebe will sie die ermordeten traurigen jungen Männer retten und ihnen dadurch ihr Leben ermöglichen. Wie alle Hysterikerinnen: Anna »liebt, wo sie hasst« (Freud). Dies ist das hysterische Szenario des Don Juan *par excellence!*

---

[3] Anna Freud hat diesen Vortrag am 31. Mai 1922 vor der Wiener Psychoanalytischen Vereinigung gehalten (A. K.).

Als Freud deutet, es seien nicht sieben *Kinder,* sondern sieben *Männer,* die Anna wolle, führt sie beide aufs Glatteis und spricht von verschlungenen Kindern, was Freud als Totem-Mahl interpretiert: Väter fressen Kinder und dann werden die Eltern von ihnen gefressen. Obwohl sie zustimmt, gleitet sie wiederum zurück in das, was sie tatsächlich beschäftigt: Diesmal erwähnt sie, wie sie ihren Bruder Adolf mit ihrem jüngeren Bruder Walter ersetzt – der Liebe ihres Lebens. Und hier besteht Freud auf dem Fokus des Don-Juan-Syndroms: der Ersetzbarkeit.

»Ersetzen« weist einerseits auf den Tod hin, anderseits auf die Möglichkeit, sich dagegen zu wehren. Wirklich ersetzt zu werden bedeutet, nicht länger zu existieren. Das erste Ersetztwerden erlebt das allmächtige Kind, wenn ein neues Baby erwartet oder geboren wird. Diese »Vernichtung« kann bewältigt und die Erfahrung des Ersetztwerdens durch Ablösung gemildert werden. Oder aber: Die Schrecken können in Anna-/Don-Juan-Manier inszeniert werden – alle andern sind ersetzbar. Das kleine Mädchen Anna wurde ersetzt durch Adolf, welcher durch den jüngsten Bruder Walter ersetzt wurde. Der Reihe nach wird sie nun einen nach dem andern ersetzen. Freud:

»Sie gleiten vom/einen zum andern wie bei den Geliebten./Die Geliebten sind Brüderersatz, sie/sind drum gleich alt, eigentlich social/jünger.[«]

Anna gefällt diese Deutung nicht – sie will aus der Welt aussteigen, in welcher sie lebt – was sie an ein Stück von Schnitzler denken lässt.

Im Jahr vor ihrer Analyse ist Wien Sturm gelaufen gegen eine Produktion von Schnitzlers *Der Reigen* – ein Ringeltanz: zehn Dialoge über die Herzlosigkeit von Frauen und Männern, die der sexuellen Lust unterliegen. Niemand ist wichtig, denn jeder kann ersetzt werden; der Schrecken des Todes wird bedeutungslos. Adolf ist suizidal und Anna erläutert ihren eigenen »Tod«, als sie von den Brüdern ersetzt wurde:

ich falle/in einen Abgrund und als ich unten/anlangte lag ich auf lauter Ver-/gißmeinicht

Anna erwartete nicht, dass ihre Abwesenheit zu Hause registriert würde – das heimwehkranke Kind, das darum fleht, nicht vergessen zu werden, ist ein komplett einsamer Flüchtling in einem fremden Land – das kleine Mädchen, eine Randfigur neben der Mutter und dem Kinderwagen, in welchem es nicht länger mitfahren kann.

Das Mörderische von »Töten oder getötet werden« hat sich in Traurigkeit verwandelt:

wurden/Dölf und Richard traurig, ich auch, denn/meine bösen Absichten hatten ihren/Zweck erreicht

Das tüchtigste Kind überlebt, entweder weil es als älteres Kind mit anderen Kindern wiederentdeckt wird oder weil es wie Anna endlos die Rückversicherung von jedem und jeder sucht, dass es das alleinige Kind ist, das wirklich geliebt wird. Unterschwellig ist es nach wie vor mörderisch und darum, so meint es, nicht liebenswert. Es darf nie im Unrecht sein, weil dies genau das ist, was es zu sein befürchtet.

Anna besteht auf ihrer Eifersucht auf ihre Geschwister und Gleichgesinnten, ungeachtet von Freuds Bestreben, sie vom Penisneid zu überzeugen, der zwar vorhanden ist, aber eher den Bruder als den Vater betrifft. Sie ist in umgangssprachlichem Sinne »gespalten«: Wenn sie gut war, war sie sehr, sehr gut – und wenn sie schlecht war, war sie abscheulich. Das Gute und das Böse, die Mörderin und die Heilige purzeln übereinander in einer Art »Bewusstseinsstrom«, als welchen ich diese Kommunikation provisorisch bezeichnen will, nicht als »freie Assoziationen«: »Strumpf? Ein Kondom, ein hässliches Täschchen, das nett aussah, welches ich meiner Kousine gab – ich hatte Angst meine Eifersucht würde sie töten.« Und dann auf Freuds Deutungen: »[...] meine Mutter sei eine Hexe [...] Meine Grossmutter sei aus Wachs«. Hexen fabrizieren Wachsfiguren und stecken Nadeln in sie, um jemanden zu töten. An der Schwelle von Latenz und Pubertät werden viele Mädchen zur bösen Hexe und wiederholen das Mörderische, das sie als Kleinkind fühlten, als sie vom kleinen Geschwister verdrängt wurden. Die Art von Annas Assoziationen verraten die vorherrschende Spaltung – sie sind nicht neurotisch, sondern auf der Achse des Normal-psychotischen, wie ein Traum:

»Dachten Sie sie bringe ihr kein/Glück?«
Ja./Einmal glaubte ich meine Mutter/sei eine/Hexe [Fantasie von früher, J.M.], [...] Einmal träumte mir als Kind meine/Urgroßmutter sei von Wachs [Traum, J.M.]. [...] Ich war einst an einer Messe [...] sah ich einen/Mann [...] Er mordete jemand [...] So plastisch wie/von Wachs [Täuschung? J.M.].

Das Thema (Leitmotiv) unter dem Bewusstseinsstrom ist ein Doppelspiel: Ich sehe aus wie ein liebendes, schönes Mädchen, aber in Wirklichkeit bin ich eine mörderische Hexe. Wenn es bis zur Mörderin kommt, besteht sicherlich die Möglichkeit, dass wir etwas Wahnhaftes oder zumindest Halluzinatorisches erreicht haben.

Freud bittet sie, ihre donjuanesken Affären zu unterbinden und die Entbehrung auszuhalten, sodass das Material in die Psyche gelangen könne. Wir wissen nicht, ob Anna sich an diese Abstinenz gehalten hat. Wir wissen jedoch, dass das Material der Brüder- und Schwesternschaft beherrschend bleibt. Was die »Abstinenz« bewirken konnte, war lediglich eine Verschiebung des Terrains von außen nach innen, etwas Verstandesmäßiges statt Psychisches. Hysteriker inszenieren in körperlichen Konvulsionen oder Gedankenreminiszenzen (Freud), in Tagträumen (Anna Freud), über Geschichten (»hystories«, Showalter 1997).

Freud ist didaktisch, das spürt man. Er versucht jede erdenkliche Art des »Assoziationsstromes« zusammenzuhalten, um eine unbewusste Verbindung zu finden:

Fr: Das gestickte Taschentuch und/der Mantel haben sich also zum/gestickten Kleid verdichtet.

Er bietet symbolische Deutungen an, weil die Assoziationen nicht »frei« sind, und nicht frei heißt, sie sind nicht von unbewussten Vorgängen determiniert. Zum Beispiel entlädt sich Wachs in alle Richtungen: Wachsmodelle, Wachsarbeiten, Wachs so tot, um eine Person so zu formen, als wäre sie aus Wachs… Anna bewegt sich herum und lässt uns wissen, dass sie eine »grosse Heuchlerin« sei, aber sie wird auch von ihrer Angst überschwemmt, sie könnte durch die Ejakulation des »Bildhauers« (und anderer?) schwanger geworden sein. Das ist ein pubertierendes Kind, das seine Angst ausdrückt und dabei Objekte und Gemütsverfassungen abspaltet, bevor sie internalisiert sind. Freud sagt zu Anna, die Analyse müsse in intellektueller Bereitschaft, hin zu Aussagen des Unbewussten und zur Rückkehr von Erinnerungen stattfinden. Anna verpflichtet sich dazu, aber die Erinnerungen sind solche aus früheren Zeiten, vorwiegend mit Gefühlen gekoppelt.

Können wir diesen Zustand analysieren? Die Ankunft des neuen Babys – erfahren als verwirklichte oder immer erwartete Verdrängung – ist zweifellos traumatisch (Mitchell 2006). Die Verdrängung (»replacement«) kann durch eine Dislozierung (»displacement«) überwunden werden: durch den *rite de passage* des Kleinkindes vom Säuglingsalter in die Kindheit. Vor der Überwindung ist es die erste Begegnung des Narzissten mit dem Anderen.

In Annas brillanter Deutung wird der Auto-Masochist zum Auto-Erotisten – sich selbst masturbierend (mit Tagträumen), um sich gegen den Verlust seiner Einzigartigkeit zu wehren. Das neue Baby fügt ihrer Existenz nicht wie erwartet etwas hinzu, sondern nimmt ihr etwas weg – eine vernichtende Erfahrung. Das Kind, welches den *rite de passage* nicht machen kann, oder der Erwachsene, welcher auf dieses Stadium regrediert, bleibt stecken im Hass, der Eifersucht ist, und in einer Liebe, die gewalttätige, unstillbare Lust ist.

Als Anna von ihrer Urgrossmutter träumt, sie verwandle sich in Wachs, hat sie – so Freud – ihre Todeswünsche gegenüber ihrer Mutter auf eine ältere Figur verlagert. Aber Anna antwortet Freud mit einem Geschwister, das in andere laterale Beziehungen gleitet: »ich verstauchte mein Knie – wie mein Bruder – als Strafe dafür, weil ich der Schwester von Richard ein steifes Knie wünschte – ich wünschte meiner Grossmutter den Tod, meiner Mutter den Tod, meinem Bruder den Tod.« Dies ist keine Dislozierung – in ihrem eigenen Leben durch die Geburt ihres Bruders bedroht, möchte sie, alle wären tot. »Ich denke abwechselnd, er soll sterben oder ich.«

Die Allgegenwart von Töten-oder-getötet-werden wird durch einen Fluss von Fantasien, bizarren Vorstellungen demonstriert. Anna Freud erklärt in ihrer Arbeit über das Tagträumen, dass es eine Kerngeschichte und unendlich viele Unter-Geschichten gibt. Ich möchte betonen, dass die Verbindungen zwischen diesen eher auf Gefühlen als auf Ideen basieren – eher auf verdrängten Gefühlen denn auf verdrängten Vorstellungen. Anna hat Heimweh, Freud fragt »nach ihrem abwesenden Vater«. Anna fühlt sich verpflichtet, sich zu erinnern, dass sie mit ihm (asexuell) schlafen wollte; Heimweh ist jedoch ein Gefühl und kein Konzept, es ist überall und weiter gefasst. Eine tote Großmutter, ein Lied aus Goethes *Faust*, eine tote Mutter auf einem Felsen, ein Felsen auf welchem ein suizidaler Bruder sitzt – und sie selbst: »Ich falle in einen Abgrund.«

Zu Recht denkt Freud, dass sich Anna eine wirkliche Hochzeit und wirklichen Sex wünscht – denn sie möchte es zwar, ist aber noch nicht soweit. Ihr Traum (eine Fantasie?) eines kleinen Hochzeitsfestes mit kleinen Menschen, aus Papier ausgeschnitten, sodass sie gerade stehen können, ist ein Traum, der die teuflische Absicht versteckt: »Ich wollte Margrit etwas davon geben, aber es reute mich.« Eine meiner Patientinnen, die sich der Bedeutung der Tausenden von gekauften, aber nicht verschenkten Geschenke bewusst wurde, die sich angesammelt hatten, die sie aber weder verschenken noch gebrauchen konnte, kommentierte lachend: »Ich bin auf alle und jeden so neidisch, ich bin sogar auf mich selbst neidisch.«

Obschon Anna auf Freuds ödipale Deutungen reagiert, kann sie nicht dabei bleiben. Sie ist auf ihre eigenen Erinnerungen erpicht, welche schon bald Erinnerungen an die analytische Behandlung miteinschließen, sodass die Behandlung zu einer Art karnevaleskem Meta-Karussell wird: Freuds ödipales Szenario, Annas Erinnerung an ein Lied; das Kinderfressen, über das sie zuvor in der Therapie gesprochen hatten; einen Hund, dem sie (absolut unwahrscheinlich) Zweige zuwarf, um ihn davon abzuhalten, sie zu beißen; einen Stock, einen lila Fliederzweig, den sie in einer früheren Sitzung tagträumte. Freud versucht zurück zum Anfang zu kommen, darum bemüht, das Kreisen oder die Endlosigkeit der Reminiszenzen und mittlerweile auch die ständigen Wiederholungen der Deutungen zu durchbrechen. Sein eigener Artikel (Freud 1919) und die Analyse seiner Tochter ermöglichen ihm, den Fluss zu stoppen, indem er Anna ihre masturbatorischen Schlagefantasien deutet. Anna sagt ihm nicht, er solle schweigen und ihre Gedanken schweifen lassen, wie es Frau Emmy unter ähnlichen Umständen einst tat (Freud 1985). Stattdessen bemerkt sie durch eine ihrer vielfältigen Identifikationen (hier eine andere Anna), dass sie sich nicht darauf konzentrieren könne, nicht aufnehmen könne, was er sage. Hat sich etwas verschoben?

Trotz diesem wichtigen Zugeständnis der Bedeutung der Intervention fahren Freud und Anna fort, sich gegenseitig zu umkreisen. mit einer Wiederholung von Blatt/Zweig des Flieders erinnert uns das Echo daran, warum Narziss das Echo liebte und brauchte. Für Anna heißt »freie Assoziation« ... »Ich erzähle ja in der Psychoanalyse auch alles«, was natürlich genau nicht der Fall ist. Drei Tage nach der Erwähnung der Schlagefantasien ist Anna wieder auf ihre Rundstrecke zurückgekehrt, indem sie Freud entschlossen auf ihr sexuelles Karussell bringt: Sie erklärt ihre Liebe für ältere Männer (Freud) zusammen mit allen anderen. Obschon Freud betont, er sei eine Übertragungsfigur für den Vater, verrät ihn seine Verwirrung oder seine Irritation. Er entgleist zwischen dem Ungarn und dem Spanier und deutet, sein Übertragungsplatz sei nicht der Vater, sondern einer der ersetzbaren Liebhaber, zwischen denen Anna hin und her »gleitet«.

Eine Zeitlang kann das entthronte, vertriebene, zerstörte Kleinkind sich nur mit falscher Tugend, einer neuen Stimme, einem »falschen Selbst« herausputzen. Anna ertappt Freud, indem sie ihre früheren Überlebensstrategien einsetzt: Der Säugling ist dumm – tatsächlich, verglichen mit dem sozialisierten Wesen des Kleinkindes. Anna ist ein »Strolch«, der sich manchmal als Frau verkleidet, manchmal als Mann. Das Baby Freud ist zu dumm zu erkennen, wie sie ihn täuschen kann, indem sie bald diesen, bald jenen Weg einschlägt, nach rechts oder nach links schielt, auf Mutter oder Vater Übertragungen macht, als Knabe oder als Mädchen handelt, sodass er nie wissen kann, wer sie ist (TB, S. 42). Das Problem ist: Auch sie weiß es nicht.

Nach Freuds Begriffen wird Anna zunehmend analyse-resistent. Für Anna scheint es, dass sie durch eine Wahnidee – wie sie es nennt – in ein Spital (die Therapie) gekommen sei, für eine Operation, die sie gar nicht will. Sie dachte, die Analyse würde mehr Sex bringen, indem sie darüber spreche. In gewisser Hinsicht hat es das gebracht, aber mit der gleichen Sackgasse ohne Ausweg wie das Reigenspiel ihres Lebens. Die Analyse, die eigentlich das Psychische an die Stelle des Agierens setzen sollte, hat in Wirklichkeit das Agieren in die Psyche verlagert und Freud selbst zunehmend in das Karussel von Hass, Dummheit, Sex und Verführung hineingezogen.

Auf halbem Wege der Analyse, in der fünften Woche, scheint mir, dass der Moment erreicht ist, als Anna auf ihrer Fährte stoppt und sich nicht mehr konzentrieren kann: Beim gleichen Thema kommt es zu einer Verschiebung – sie sprechen tatsächlich nicht mehr *rund um*, sondern *über* Annas Sexualität. Es beginnt in der Sitzung vom 4. Mai mit den Mitessern. Anna hat einen Pickel ausgedrückt und Freud deutet Mitesser (»fellow-eaters«) und fährt mit dem Thema fort, das er zuvor erfolglos versuchte: essen oder gegessen werden, Eltern und Kinder – das Totem-Mahl. Er deutet weiter, dass dies nicht individuell und ungewöhnlich für Anna sei, sondern allgemeingültig: »Das kommt oft vor.« Bis dahin war das einzige durchgängige Thema der Ödipuskomplex mit der maßlosen Liebe für den Vater.

Abermals steuert Freud die Sache in Richtung reproduktiver Sexualdifferenz und Mutterschaft, die er für Anna erhofft. Nachdem Anna zuerst kurz gefällig reagiert, bleibt sie doch sich selbst treu und zählt ihre Wunschliste von stets austauschbaren Männern auf, und Freud wiederholt seine Beobachtung: Sie sei ein Don Juan mit Leporellos Registerarie. Anna ist fähig, Masturbation mit ihrer Angst vor und gleichzeitigen Faszination von Katzen zu verbinden. Aber von dort bewegt sie sich zum Morden, das unter ihrer Sexualität liegt: Erfolgreich hat sie die Liebesbeziehung von ihrem Bruder zu Ruth beendet und träumt, dass sie ihren bereits toten Großvater zu Tode erschreckt. Die Augen des ermordeten Großvaters sind wie die Augen der Katze, gegen deren Fell sie masturbierte. Anna:

> Ich trat ans Bett/und erwürgte ihn. [...] [versetzte] dieser sterbenden Liebe/von Adolf einen Todesstoß [...] Die Augen warengrauenhaft. es [sic] war eine/ähnlich Angst wie vor dem Blick der Katze/wo ich auch fürchtete daß sie mich verstehe.

Fr: Dieser Traum scheint mir ausserordent-/lich wichtig zu sein.

Wie sind die Mitesser und die Schlagefantasien einzubauen? Auf Englisch gibt es kein Wortspiel für Mitesser, und dieser Mangel ermöglicht uns, eher die Handlung als die Assoziation zu sehen. Ist nicht der Nervenkitzel des Mitesser-Ausdrückens eine masturbatorische Handlung, der Eiter gleich der Samenflüssigkeit, d.h. Schmutz und Verderbtheit?

Die eigenen Mitesser oder Pickel oder jene eines Vertrauten auszudrücken ist oft mit Schlagefantasien als Bestandteil der masturbatorischen Aktivität verbunden. Freud hat den geschlagenen Bruder, den Anna erwähnte, bereits einbezogen. Jetzt kommt er darauf zurück, indem er die Bewegung der Identifikation mit einem Geschwister masochistisch zurückführt zum Ich, von wo sie entspringt. Sobald er aber wieder versucht, sie mit der ödipalen Konstellation, diesmal der Kastration, zu verbinden, verhöhnt ihn Anna:

D. Material ist wie dieser Tuffstein aus dem/die herrlichen römischen Bauten sind, erstarrte/Lava, aus dem sich alles machen läßt

Vielleicht denkt er, sie sei vollkommen verrückt, aber er müsste bemerken, wie besonnen sie ist. Anna kann nicht nur Wachs verarbeiten, sondern sie demonstriert, wie sie auch die Felsen der Analyse umformen kann.

Sie träumt, sie werde als »schmutzig« (»Boche, sale boche«) bezeichnet, und lässt erkennen, dass sie den Ruf einer Mätresse (von France oder S.) habe. Anna erinnerte sich wahrscheinlich daran, dass Freud *zwei* Gründe angab, warum sich manche Menschen durch den Ödipuskomplex beschmutzt fühlen. Sie benutzt den zweiten Grund: Es ist wirklich ihr Vater, der im Unrecht ist, sodass – was die Kastration betrifft – es ihr Vater ist, der zur Strafe kastriert wird, weil er sie (im Traum) umarmt hat, indem er sie an sich presste. Ihr Vater verstellt sich auch, sodass man nicht sehen kann, was mit ihm ist. Der kastrierte Heimlichtuer ist nicht Annas Vater, sondern Vater Freud – »Der Mann der hinter mir sitzt«, der alles zu sehen scheint (»die Augen weit öffnet«), aber in Wirklichkeit bezüglich dem, was sich real abspielt, völlig blind ist. Verspottet und imitiert Anna in dieser Farce auch Freuds Traum von seinem eigenen Vater (Freud 1900)? Nachdem Anna ihren Vater abgeschwächt hat – während Freud weiterhin auf ihn fokussiert ist –, macht sie jetzt (vermutlich korrekt) klar, dass sie glaubt, ihre Mutter sei wichtiger. Allerdings stellt sie ihre wieder eingeführte Mutter auch als »Heuchlerin« und schlicht eine Variante von Bordellmutter dar – auch sie wird verhöhnt. Auch sie ist eine aus der Serie ihrer

Selbst, eine Heuchlerin, und ihresgleichen, die sie hasst und schlecht behandelt, wie auch Minka und einmal mehr die Schwester ihres Verlobten. Ebenso gibt es einen abgespaltenen Teil, der durch ihre Großmutter repräsentiert ist, die – obgleich es realistischerweise unmöglich ist – »alles weiss«. »Alles« meint die kindlichen Sex-Spiele mit kleinen Buben, welche bis in der Gegenwart führen. Das Alles-Wissen des Analytikers ist so groß wie (Groß-)Mutters Erkenntnis, dass kleine Mädchen verbotenen schmutzigen Sex mit andern Buben oder Mädchen haben.

Die Behandlung endet nach dreieinhalb Monaten, obwohl Freud zu Beginn gefordert hat, dass Anna »solange bleibt, dass die Analyse Aussicht hat etwas zu erreichen, d.h. vier bis sechs Monate, kürzer lohnt es nicht« (Koellreuter 2007). Und ihre kluge Mutter drängt, sie solle den Sommer hindurch bei Freud fortfahren, und lässt anklingen, dass sie die Therapie eventuell länger als ein Jahr benötige.

Anna sagt zu Freud, dass seine Behandlung einfach ein ziemlich dummes Witzblatt sei, eine blöde illustrierte Geschichte, aber dass ihre Verliebtheit in ihn das verschleiere. Und Freud sagt zu Anna, dass all ihre sexuellen und hasserfüllten Spiele, ihr Don-Juanismus nicht »Erfahrung« seien, sondern eine Fortsetzung ihrer infantilen *Un*erfahrenheit, eine hinausgezögerte Pubertät. Das ist wie ein Spiel auf einem Schachbrett, das kein Schachbrett ist.

Schachmatt oder Pattsituation?

In *Mad Men and Medusas* (Mitchell 2000) benützte ich den Don-Juan-Charakter als Beispiel für männliche Hysterie – »Die hysterische Lüge: Don Juanismus und die Normalisierung der männlichen Hysterie«. Wir haben hier einen weiblichen Don Juan, der die Eigenschaften bestätigt, weswegen ich ihn gewählt habe. Er veranschaulicht meine These, dass wir die horizontale Achse studieren müssen, um die Hysterie zu verstehen – also die lateralen Beziehungen zwischen Schwestern und Brüdern sowie die soziale Peer-Gruppe (Gleichgesinnte), welche ihr Erbe ist. Gemäß dieser Argumentation geht die Reichweite der Hysterie vom Fast-Normalen bis zum »Wahnsinnigen«, die Spaltung kann bewusst sein oder die turbulenten Gedanken der Schizophrenie gefährden. Die Notwendigkeit und das normale Trauma, durch ein Geschwister ersetzt oder vertrieben zu werden, hat eine mörderische Eifersucht und ein zwingendes Verlangen nach sexueller Aufmerksamkeit zur Folge (eine Aufmerksamkeit, die ich als sexualisierte verstehe), um sich der eigenen Existenz zu vergewissern.

Freud hat Recht: Der Hysteriker muss ödipalisieren und das Ödipale auflösen. Dennoch würde ich einwenden, dass die Geschwisterbeziehung nicht nur ein Vorspiel zum – oder ein Ableger vom –, elterlichen Ödipalen sein muss. Sie hat ihre eigene Autonomie – sie muss für sich selbst gelöst werden, sodass die soziale Gruppe gestaltet werden kann (Mitchell 2006a). Anna hat weder die »sexuelle Differenz« des Kastrationskomplexes (Freud 1933) akzeptiert, noch die mörderische Eifersucht und die inzestuöse Sexualität in der Geschwistergruppe sublimiert. Ich möchte einige charakteristische Merkmale der normalen Dimension der Don Juanistischen Hysterie auswählen und mit Annas reichem Material illustrieren. Die folgenden Bemerkungen über ein privates Tagebuch können natürlich nicht mehr als Vermutungen und Hypothesen sein.

Als Anna zwei Jahre alt ist, wird ihr Bruder Adolf geboren (Dölfli – erinnert an Freuds jüngste Schwester Dolfi). Zwei Jahre später kommt Walter. Annas erste therapeutische Mitteilung ist die Erinnerung an das Quälen ihrer kleinen Cousine. Freud verbindet dies zu Beginn – und auch später – mit Adolf. Bezeichnend ist, dass Anna sich vom Hass auf das Baby, welches sie vertrieb, und dem Gefühl absoluter Einsamkeit in der Welt in die leidenschaftliche betörende Liebe und zwanghafte Sexualität flüchtet: Jeder – außer mir – ist *ersetzbar*.

Das erwartete, narzisstisch geliebte Geschwister wird gehasst und geliebt: »Hysteriker lieben, wo sie hassen« (Freud). Dies ist eine rasche und immer mögliche Verkehrung ins Gegenteil. Annas Verlobter – und ihre »pathologische« Wartezeit mit ihm – ist das Erbe ihrer wilden und heftigen Ambivalenz.

Als das neue Baby geboren wurde, bekam es die ganze Liebe und Aufmerksamkeit – Anna würde sich inexistent fühlen, wenn sie nicht all das wieder für sich alleine zurückbekäme. Das bedeutet, dass sie nie im Unrecht sein darf. Auch der kleinste Fehler fühlt sich als katastrophales Fehlverhalten an und eine andere Person muss dafür schuldig gemacht werden. Sie muss »das gute Mädchen« sein, worauf die Eltern beim vertriebenen Geschwister immer bestehen. Um ihre unbeherrschbare Eifersucht erträglich zu machen, ist es notwendig, dafür zu sorgen, dass die andern eifersüchtig sind. Das ist möglich, weil wir alle diese speziellen Wurzeln in der Geschwisterbeziehung haben. Jetzt können die Wurzeln vorgeführt werden mit dem Cousine-Säugling, mit der Verlobten des Bruders, mit der Schwester des Verlobten und so weiter. Die Eifersucht, die zwischen Menschen zirkuliert, ist die Negativwährung der sozialen Gruppe. Das Geschwister-Trauma macht, dass sich jedes Kind durch die Geburt von einem jüngeren inexistent fühlt. Man kann nur hoffen, dies sei vorübergehend, während wir uns weiterentwickeln – in der Therapie wie im Leben –, um jemand unter den andern zu werden, einmalig und zugleich »gewöhnlich« wie der Rest. Anna ist zu lange in dieser misslichen Lage gewesen oder ist, konfrontiert mit ihrer bevorstehenden Heirat, regrediert. Weil sie nicht »in sich« ist, muss sie sich verstellen, sich entweder als Frau oder als Mann ausgeben in einer kategorisierenden Welt – es ist ein Knabe oder es ist ein Mädchen. Das Geschlecht der Hysterischen ist unsicher, bisexuell.

Die hysterische Persönlichkeit oder hysterisches Verhalten muss eine Aufführung oder eine Geschichte sein, welche Benehmen oder Sprache als Repräsentation des nicht Repräsentierbaren benutzt (David-Ménard 1989). Denn der Verlust, dem man nicht entgegentreten kann, ist der Subjektverlust von ihr oder von ihm selbst. Durch die Aufforderung zur »Abstinenz« hofft Freud, diese Inszenierung in die Psyche zu verschieben. Aber ohne das Trauma des Subjektverlustes anzuerkennen, ist dies nicht möglich. Don Juans Arien in Mozarts Oper sind nicht-reflektierend, Worte wie Handlungen. Diese ungewöhnlichen Geschichten, Tagträume, Fantasien verdecken jedoch nicht irgendeine Handlung, sondern den zentralen verbotenen masturbatorischen Akt – also die Schlagefantasien, welche zutiefst unbewusst und demzufolge ein eigentliches Analysethema sind (A. Freud 1923). Hier ist die Geschichte eine substituierte Inszenierung.

1921 war Don Juan wahrscheinlich beiden präsent, Anna und Freud. In jenem Jahr fand im Wiener Opernhaus eine Aufführung des *Don Giovanni*, welche Freud so liebte und durch welche Otto Rank inspiriert wurde, statt. Im folgenden Jahr publizierte Rank *The Don Juan Legend*, welche die Geschichte in eine ödipale Richtung zwängte, etwa so ausgeprägt wie Freud dies in seiner Arbeit mit Anna tat. Dennoch: Viele nicht ödipale Merkmale von Ranks Theorie und Freuds Therapie decken sich mit da Pontes Libretto. Die vielfachen Identifikationen beinhalten die psychischen Bedeutungen, um welche nicht nur die Eifersucht, sondern auch der Fast-Wahnsinn kreist (Annas projizierte Schizophrenie). Nochmals: Diese Identifikationen basieren nicht auf dem Verlust des Subjektes, sondern auf einer Verdoppelung des »Selbst« im Geschwister als dem »Anderen«.

Man glaubt in der Analyse beides bringen zu müssen: Sex und Träume. Anna identifiziert sich mit dieser Erwartung, so dass man oft unsicher ist, ob die Träume wirklich Träume sind – oder doch eher Fantasien. Deren Wiederholung und Vervielfachung zeigen die Wiederholung des Traumas und der Abwehr gegen den Tod (Freud würde sagen: Kastration). In der Schilderung eines Patienten, eines Don Juan Musikers (Mitchell 2000) notierte ich: »Er antwortete oft irgendetwas auf das, was ich über einen Traum sagte, indem er mir einen anderen erzählte – denn Traumsituationen müssen wiederholt werden, wie die Frauen und die musikalischen Kompositionen« (Mitchell 2000, S. 248, übersetzt von

A. K.). Bei meinem Patienten ebenso wie bei Anna gibt es letztendlich »nichts mehr zu tun«, weil sich der Patient derart als Idiot fühlt, dass der Therapeut zu einem noch Dümmeren gemacht werden muss. Gerade so wie das Kleinkind darauf beharren muss, das neue Baby sei »blöd«, nicht es selbst.

Geschwister-Liebe beginnt mit Narzissmus – der andere ist mehr als man selbst. Zu hoffen ist, dass sich dies in Richtung Objektliebe bewegen kann, was zur Ebene der physischen Sexualität – die autoerotisch, masturbatorisch und parthenogenetisch ist – passen würde. Freuds Hinweis auf die Schlagefantasien und Annas Bestätigung deuten möglicherweise auf eine masturbatorische Kernfantasie hin, deren Geschwisterinhalt wir entführen können (Mitchell 2001): Hier findet sich, was Anna in ihrer brillanten Eigenart »Maso-Erotik« benennt: die masochistische Leidenschaft als masturbatorische Fantasie – von Schuld gepackt für das Vergnügen. Es verrät uns eine Menge über Hysterie und über Geschwister. Es ist das verzweifelte Bedürfnis geliebt zu werden, aber um das Überleben sicherzustellen, wird mithilfe des ungefährlichen Szenarios, welches das eigene Überleben gewährleistet, die Verunglimpfung des anderen verlangt: Gefressen zu werden hat die gleiche Bedeutung, wie als Subjekt geliebt (die ganze Aufmerksamkeit des Vaters) und als Objekt gehasst zu werden (der Bruder, der bestraft wird). Annas naher »Zwilling«, Anna Freud, verhalf Freud zu dieser Wahrnehmung, welche es ihm ermöglichte, dies auch bei Anna aus Zürich zu erkennen.

Sexualität, ob auto-erotisch, masochistisch und masturbatorisch, steht auf der Seite des Lebenstriebes. Zusammen mit Vorstellungen und Geschichten wehrt sie sich gegen den Tod. Don Juan, ein Jugendlicher wie viele, stirbt, weil er die Bedeutung des Todes nicht kennt, weil er weder seine Unwiderruflichkeit noch seine Zwangsläufigkeit versteht. Im Geschwister-Komplex ist das Erleben und der Schrecken des Todes gegenwärtig – jedoch nicht in seiner Bedeutung, weswegen wohl zu viele Teenager sterben. Die Bedeutung des Todes als eine Lebensbedingung wird erst dann zur Tatsache, wenn man die sexuelle Fortpflanzung miteinbezieht (Kastrationskomplex). Annas suizidale Dimension wird durch den Bruder vorgeführt, dessen Neurose und Tragödie sie beide heraufbeschwört und »heilen« möchte: Das böse Mädchen würde eine gute Ärztin werden – da gibt es keinen Raum für Freud, ebenso wie in der Jugend die Eltern herausgefordert und zurückgewiesen werden müssen, um Platz für die soziale Gruppe zu schaffen.

Das Paradoxon des Geschwister-Komplexes besteht darin, dass der heimliche (verleugnete) Mord – den man begeht, um zu überleben (Töten-oder-getötet-werden) – »normal« ist, jeder begeht ihn. Als Freud, fast zufällig, Anna wissen lässt, dass ihre Schlagefantasien alltäglich seien, öffnet er ihr eine Türe. Was unerträglich schien, war das Beste, was das Leben bietet. Auf die Einzigartigkeit seiner Boshaftigkeit zu verzichten bedingt auch, vieles aufzugeben. Auf der anderen Seite ist das »Gewöhnliche« in der Therapie wie im Leben eine gewaltige Befreiung: Man wird schlicht eine unter Gleichen.

Die horizontale Geschwister-»Verknüpfung« muss ebenso zur »Serie« der sozial anderen werden (Laing 1962), wie das väterliche und mütterliche Prä-Ödipale ödipalisiert werden muss. Wie auch immer: Ein sublimiertes soziales Ideal ist immer überschattet von eben diesem Kreislauf von Eifersucht, Neid und Verführung, wie er hier aufgezeigt wurde. Anna mit ihrer Don-Juanesken *petit hysterie*, das sind wir alle!

Literatur

David-Ménard, M. (1989): Hysteria from Freud to Lacan: Body and Language in Psychoanalysis, (Übersetzung C. Porter). Ithaca, London (Cornell University Press).
Freud, A. (1923): The Relation of Beating-Phantasies to a Day-Dream. IJPA IV, 89.
Freud, S. (1893/95): Studies on Hysteria. The Standard Edition of the Complete Works of Sigmund Freud (Übersetzung J. Strachey), Vol. II, S. 48–105. London (Hogarth).
Freud, S. (1900): The Interpretation of Dreams. SE, Vol. IV.
Freud, S. (1905): A Fragment of a Case of Hysteria. SE, Vol. VII, S. 7–112.
Freud, S. (1933): Femininity. In: New Introductory Lectures on Psycho-Analysis, lecture XXXIII. SE, Vol. XXII, S. 112–135.
Koellreuter, A. (2007): Being Analysed by Freud in 1921: The Diary of a Patient. Psychoanalysis and History 9, 137–152.
Laing, R. D. (1962): Series and Nexus in the Family. New Left Review 15, 7–14.
Mitchell, J. (1992): From King Lear to Anna O. and Beyond: some speculative theses on hysteria and the traditionless self. The Yale Journal of Criticism 5 (2), 91–107.
Mitchell, J. (2000): Mad Men and Medusas: Reclaiming Hysteria and the Sibling Relationship for the Human Condition. London (Allen Lane/Penguin Press).
Mitchell, J. (2001): »Seitwärts schauen«. Die Psychoanalyse und das Problem der Geschwisterbeziehung, The Karl Abraham Lecture. Berlin, Jb. D. Psa. Bd. 43.
Mitchell, J. (2003): Siblings: Sex and Violence. Cambridge (Polity Press).
Mitchell, J. (2005): A Conversation with Juliet Mitchell. Tamar Garb and Mignon Nixon, October 113, 9–26.
Mitchell, J. (2006a): From Infant to Child: the sibling trauma, the rite of passage and the construction of the »Other« in the social group. Fort Da, XII, no. 2, S. 35–49.
Mitchell, J. (2006b): Sibling trauma: a theoretical consideration. In: Coles, P. (Hg.): Sibling Relationships. London (Karnac Books).
Mitchell, J. (2007): Procreative Mothers (Sexual Difference) and Child-Free Sisters (Gender). In: Browne, J. (Hg.): The Future of Gender. Cambridge (Cambridge University Press).
Showalter, E. (1997): Hystories: hysterical epidemics and modern culture. London (Picador).
Young-Bruehl, E. (1988): Anna Freud: a Biography. New York (Summit Books).

Autorinnen und Autoren

Thomas Aichhorn, Mitglied der Wiener und der Internationalen Psychoanalytischen Vereinigung. Arbeit in eigener Praxis. Arbeiten zur Geschichte der Wiener Psychoanalytischen Vereinigung, zur Biografie seines Großvaters August Aichhorn und zur Theorie der Psychoanalyse, mit dem Schwerpunkt Jean Laplanche. Publikationen u. a.: *Die Relevanz metapsychologischer Überlegungen für die Praxis der Psychoanalyse*. In: Bayer, L.; Quindeau, I. (Hg.) (2004): *Die unbewußte Botschaft der Verführung. Interdisziplinäre Studien zur Verführungstheorie Jean Laplanches*. Gießen (Psychosozial-Verlag), S. 31–57.

Karl Fallend, Univ. Doz. Dr., Professor für Sozialpsychologie an der FH Joanneum in Graz. Mitherausgeber: *Werkblatt. Zeitschrift für Psychoanalyse und Gesellschaftskritik*. Er lebt in Wien und Linz. Zahlreiche Veröffentlichungen zur Geschichte der Psychoanalyse, Psychologie und Menschenrechte sowie Aufarbeitung des Nationalsozialismus. Zuletzt: Fallend, Karl (Hg.) (2006): *Witz und Psychoanalyse. Internationale Sichtweisen – Sigmund Freud revisited*.

Ernst Falzeder, Dr. phil. (Universität Salzburg), Psychologe. Lehrbeauftragter an der Universität Innsbruck und Senior Editor der Philemon Foundation für die Herausgabe von C.G. Jungs Gesamtwerk. Autor, Herausgeber und Übersetzer von knapp 200 Publikationen zu Psychoanalyse und Analytischer Psychologie. Letzte Buchveröffentlichung: mit Hermanns, Ludger M. (Hg.) (2008): *Freud, Sigmund; Abraham, Karl: Briefwechsel 1907–1925*. Wien (Turia + Kant).

John Forrester ist Professor für Wissenschaftsgeschichte und Wissenschaftsphilosophie an der Universität von Cambridge. Zu seinen Veröffentlichungen zählen: *Dispatches from Freud Wars*, (Harvard U.P.) 1997 und mit Lisa Aggignanesi: *Die Frauen Sigmund Freuds*, München (List) 1994. Er ist am beenden einer Studie über die Rezeption der Psychoanalyse in Cambridge in den frühen 20er-Jahren.

Lilli Gast, Prof. Dr., ist Professorin für *Theoretische Psychoanalyse, psychoanalytische Subjekt- und Kulturtheorie* an der International Psychoanalytic University Berlin (IPU) sowie Vizepräsidentin der IPU. Außerdem außerplanmäßige Professorin für psychoanalytische Sozialpsychologie an der Leibniz Universität Hannover. Forschung, Lehre und zahlreiche Veröffentlichungen im Bereich der psychoanalytischen Erkenntnis- und Subjekttheorie sowie der Ideen- und Theoriegeschichte der Psychoanalyse. Ihr aktueller Forschungsschwerpunkt ist die ethische Dimension der Psychoanalyse und ihre Verbindung zur philosophischen Anthropologie.

André Haynal, *1930, Studium der Philosophie, Psychologie und Medizin. Psychoanalytische Ausbildung in Zürich. Berufsleben in Genf als Psychoanalytiker und Professor (z.Zt. Emeritus und Honorarprofessor an der medizinischen Fakultät). Zwei Jahre als Gastprofessor an der Universität Stanford in Kalifornien. Ehemaliger Präsident der Schweizerischen Gesellschaft für Psychoanalyse (IPA) und ehem. Vize-Präsident der Europäischen Föderation. Wissenschaftliche Interessen: Depression, psychosomatische Medizin, psychoanalytische Technik und Geschichte der Psychoanalyse sowie gesellschaftliche Probleme (Fanatismus). Letzte Buchveröffentlichungen: *Disappearing and Reviving. Sándor Ferenczi in the History of Psychoanalysis*. London, New York 2002 (Karnac). *Dans les secrets de la psychanalyse et de son histoire* (PUF) 2005.

Rolf Klüwer, Dr., ausgebildet zum Psychoanalytiker in München, Zürich und Frankfurt. Ab 1964 wissenschaftlicher Mitarbeiter, dann Professor am Sigmund-Freud-Institut in Frankfurt. Seit 1970 in der Ausbildung des Instituts für Kinder- und Jugendlichen-Psychotherapie in Hessen tätig. Zahlreiche Veröffentlichungen vor allem zur Fokaltherapie und zu Fragen der Technik.

Anna Koellreuter, Dr. phil., Psychoanalytikerin in eigener Praxis in Zürich, Mitglied PSZ, Redaktionsbeirat im *Werkblatt. Zeitschrift für Gesellschaft* *und Psychoanalyse.* Publikationen zur Analytikerin im Analyseprozess und zur Triebdynamik in der Analyse, u. a.: (2001): *Das Tabu des Begehrens. Zur Verflüchtigung des Sexuellen in Theorie und Praxis der feministischen Psychoanalyse.* Gießen (Psychosozial-Verlag).

Sebastian Krutzenbichler, Lehr- und Kontrollanalytiker DPG/DGPT. Vorsitzender des Instituts für Psychoanalyse und Psychotherapie Siegen-Wittgenstein. Leiter der Tagesklinik Netphen der Klinik Wittgenstein. Ehem. Leiter des Lehranalytiker-Gremiums der DPG. Wichtigste Publikationen: *Die Übertragungsliebe. Eine kritische Literaturschau 16 Jahre nach der Erstbetrachtung.* In: Forum Psychoanal 2008 (1), 33–45. Und zusammen mit Essers, Hans (2002): *Muss denn Liebe Sünde sein? Zur Psychoanalyse der Übertragungs- und Gegenübertragungsliebe.* Gießen (Psychosozial-Verlag).

Bernhard Küchenhoff, Dr. med., Studien der Medizin, Philosophie, Germanistik und Ethnologie. Leitender Arzt an der psychiatrischen Universitätsklinik Burghölzli in Zürich. Arbeits- und Forschungsschwerpunkte, neben der klinischen Tätigkeit: Geschichte der Psychiatrie, Angehörigenarbeit und transkulturelle Psychiatrie. Mitbegründer des Dachverbandes »Transkulturelle Psychiatrie im deutschsprachigen Raum«. Publikationen u. a.: *Eugenik – wissenschaftlich verbrämte Gewalt gegen psychisch Kranke.* In: Küchenhoff J.; Mäder U. (Hg.): Gewalt: Ursachen, Formen, Prävention. Gießen (Psychosozial-Verlag). *Freud und Bleuler: Zur Geschichte der Beziehung zwischen Sigmund Freud und Eugen Bleuler.* In: Böker (Hg.): Psychoanalyse und Psychiatrie. Heidelberg (Springer).

Juliet Michell, Professorin für Psychoanalyse und Gender Studies an der Universtität in Cambridge, U. K., Mitglied der IPA. Zahlreiche Veröffentlichungen zu Psychoanalyse, Feminismus und Sexualität seit 1966. Publikationen: *Warum der Hass älter ist als die Liebe* In: Texte, Nr.3/2007, Wien (Passagen Verlag). Zuletzt erschienen: *Siblings. Sex and Violence.* Cambridge (Polity Press) (2003) 2008.

Ulrike May, Dr. phil., Psychoanalytikerin (DPV, IPA) in Berlin. Zahlreiche Veröffentlichungen zur Geschichte der psychoanalytischen Theorie und Praxis, u. a.: *Freuds frühe klinische Theorie* (1996); zusammen mit Elke Mühlleitner: *Edith Jacobson. Sie selbst und die Welt ihrer Objekte. Leben, Werk, Erinnerungen* (2005); zuletzt über Freuds Patientenkalender (2006, 2007).

Paul Parin, 1916–2009, in Slowenien aufgewachsen. 1942 promovierte er in Medizin. Von 1952 bis Anfang der 90er-Jahre praktizierte er als Analytiker, danach betätigte er sich hauptberuftlich als Schriftsteller. Mit Fritz Morgenthaler gilt er als der Begründer der Ethnopsychoanalyse. Zusammen mit Morgenthaler und Goldy Parin-Mathèy unternahm er mehrere Forschungsreisen nach Westafrika. Auszeichnungen: Preis der Internationalen Erich-Fried-Gesellschaft, Sigmund-Freud-Preis der Deutschen Akademie Darmstadt und Sigmund-Freud-Preis der Stadt Wien. Ehrendoktor der Universität Klagenfurt. (Literaturliste seiner schriftstellerischen Werke im Anhang seines Beitrages in diesem Buch.)

Peter Passett, lic. phil., *1942, Psychologiestudium in Zürich, ist Mitglied des Psychoanalytischen Seminars Zürich und arbeitet in Zürich als Psychoanalytiker in freier Praxis. Veröffentlichungen zur Theorie und Praxis der Psychoanalyse. Publikationen: *Die anthropologische Dimension der Sexualität, Das Konzept der Sexualität im Rahmen der allgemeinen Verführungstheorie von Jean Laplanche.* In: Bayer, L.; Quindeau, I. (Hg.): Die unbewusste Botschaft der Verführung; Interdisziplinäre Studien zur Verführungstheorie Jean Laplanches. Gießen 2004 (Psychosozial-Verlag). *Ein psychoanalytisches Wiederlesen der »Drei Abhandlungen«.* In: Quindeau, I.; Sigusch, V. (Hg.): Freud und Das Sexuelle. Frankfurt/M. 2006 (Campus).

Claudia Roth, Dr. phil., Ethnologin (Universität Luzern), forscht seit 1989 in Bobo-Dioulasso, Burkina Faso (Westafrika). Publikationen u. a. zu Geschlechter- und Generationenbeziehungen, Alter und sozialer Sicherheit sowie zu Forschungsbeziehungen aus ethnopsychoanalytischer Sicht. Letzte Publikation: *Shameful! The inverted inter-generational contract in Bobo-Dioulasso, Burkina Faso.* In: Alber, E. et al. (Hg.): Generations in Africa: Connections and Conflicts. Münster 2008 (Lit Verlag), S. 47–69.

August Ruhs, Univ.-Prof., Dr. med., Facharzt für Psychiatrie und Neurologie, Psychoanalytiker (IPV). Stellv. Vorstand der Wiener Univ.-Klinik für Psychoanalyse und Psychotherapie. Vorsitzender des Wiener Arbeitskreises für Psychoanalyse. Vorsitzender der »Tiefenpsychologisch-psychoanalytischen Dachgesellschaft«. Mitbegründer und Vorsitzender der »Neuen Wiener Gruppe/Lacan-Schule«, Mitherausgeber der Zeitschrift *texte. psychoanalyse. ästhetik. kulturkritik*. Zahlreiche Publikationen aus dem Bereich der klinischen, theoretischen und angewandten Psychoanalyse.

Anne-Marie Sandler studierte bei Jean Piaget in Genf und war während einiger Jahre seine Assistentin. Anschließend bildete sie sich in England zuerst in Kinderpsychoanalyse bei Anna Freud aus, später als Psychoanalytikerin für Erwachsene an der British Psychoanalytical Society. Sie ist Lehranalytikerin und Supervisorin. Sie war Präsidentin der British Psychoanalytical Society wie auch der Europäischen Psychoanalytischen Föderation (EPV). Publikation von zahlreichen Artikeln in renommierten psychoanalytischen Zeitschriften. Zusammen mit Joseph Sandler schrieb sie das Buch *Internal Objects Revisited*.

Rolf Vogt, *1939, Prof., Dr. phil., Dipl.-Psych., Psychoanalytiker DGPT, DPV, IPA. 1979 Ruf an die Universität Bremen. 1969–1982: Psychoanalytische Ausbildungen am Institut für Psychoanalyse und Psychotherapie Heidelberg Mannheim (DGPT), sowie am Sigmund-Freud-Institut Frankfurt und am Psychoanalytischen Institut Heidelberg-Karlsruhe (DPV). 1980–2004: Inhaber des Lehrstuhls für Psychologie mit Schwerpunkt Psychoanalyse an der Universität Bremen. Zahlreiche psychoanalytische Publikationen. Praktiziert als Psychoanalytiker und Lehranalytiker der DPV in Heidelberg.

Lilli Gast, Peter Matter (Hg.)
Freudiana
Psychoanalytische Denkräume zum
150. Geburtstag von Sigmund Freud

Paul Roazen
Freud und sein Kreis

April 2006 · 198 Seiten · Broschur
ISBN 978-3-89806-387-6

April 2006 · 568 Seiten · Broschur
ISBN 978-3-89806-543-6

Lilli Gast: Erkenntnislust zwischen Libido und Lebensnot
Tanja Göttken: Auf den Spuren des Wunsches bei Freud
Stefan Simon Schröder: Ursprung und Übersetzung
Christoph Bialluch: Pro Regression
Bernd Niemeyer: »...ein gewisses Maß an Unbestimmtheit...«
Cora Friedrich: Evolutionstheoretisches und biologisches Denken in der Psychoanalyse
Elisabeth Fink: Wiederfindung als Erfindung
Susanne Ruf: Der primäre Neid – die eigene Sprengung im Bild des anderen
Lisa Wolff: Denn am Anfang war der Mord
Hanna Knapp: Poesie der Konflikte – Psychoanalyse und Avantgarde

Paul Roazen zeichnet ein genaues Bild Sigmund Freuds. Er geht den Einflüssen von Kindheit und Jugend nach, von Umgebung und Familie, er zeigt Freud, den leidenschaftlich Liebenden und den leidenschaftlich Hassenden, als Arzt und Forscher: das Genie und den Wiener Bürger des 19. Jahrhunderts. Hunderte von Interviews mit über siebzig Personen, die Freud kannten – Patienten, Kollegen, Familienmitglieder –, unveröffentlichte Aufzeichnugen aus dem Nachlass des Freud-Biografen Ernest Jones sowie genaue Kenntnisse psychoanalytischer Theorie und Praxis sind die Grundlagen dieser groß angelegten Darstellung. »Aus zahllosen Gesprächen und seiner eigenen Kenntnis analytischer Theorie rekonstruiert der Autor eine lebendige Geschichte, dramatisch, einsehbar: ein höchst gelungenes Unternehmen.«
(Book Week)

Wolfgang Wiedemann
Wilfred Bion
Biografie, Theorie und klinische Praxis des »Mystikers der Psychoanalyse«

Edith Seifert
Seele – Subjekt – Körper
Freud mit Lacan in Zeiten der Neurowissenschaft

2007 · 343 Seiten · Broschur
ISBN 978-3-89806-734-8

2008 · 326 Seiten · Broschur
ISBN 978-3-89806-746-1

Das Buch gibt erstmals in deutscher Sprache eine Einführung in das Lebenswerk von Wilfred Bion, dem englischen Psychoanalytiker, der Sigmund Freuds und Melanie Kleins Werke in seiner unnachahmlichen Originalität weitergeführt hat. Überraschend ist auch seine Neubewertung von »psychotischen« Mechanismen als Grundlage von Denken, Sprache und Kommunikation. Die Zusammenschau von Biografie, klinischem Material und Theorie, verständlich dargestellt, ergibt ein lebendiges Bild von Bions Leben und Wirken und eröffnet neue Aspekte im Dialog zwischen Psychoanalyse und Religion.

Die Entdeckungen der Neurowissenschaft hätten die Positionen der Psychoanalyse zu Seele und Körper entwertet, diese sei nunmehr veraltet – so eine derzeit gängige Rede. Edith Seifert sieht das anders. Sie analysiert neurowissenschaftliche Aussagen zu den Phänomenen von Wahrnehmung, Sprache, Selbstbewusstsein, Ich und Subjektivität und setzt dem eine von Lacan inspirierte Lektüre der Freud'schen Schriften entgegen und kommt zu dem Schluss, dass alle Versuche, die Psychoanalyse neurowissenschaftlich »aufzurüsten«, bestenfalls auf einem Selbstmissverständnis beruhen. Die Psychoanalyse hat eine andere, eine eigenständige Auffassung vom Psychischen, die in dieser Auseinandersetzung freilich neue Schärfe gewinnt.

Psychosozial-Verlag

Anthony W. Bateman, Peter Fonagy
Pysochtherapie der Borderline-Persölichkeitsstörung
Ein mentalisierungsgestütztes Behandlungskonzept

Peter Fonagy, Mary Target
Frühe Bindung und psychische Entwicklung
Beiträge aus der Psychoanalyse und Bindungsforschung

2008 · 509 Seiten · gebunden
ISBN 978-3-89806-473-6

2003 · 351 Seiten · gebunden
ISBN 978-3-89806-090-5

Anthony W. Bateman und Peter Fonagy dokumentieren in ihrem ersten gemeinsamen Buch die aktuelle interdisziplinäre Erforschung der sogenannten Borderline-Persönlichkeitsstörung und beschreiben ein therapeutisches Verfahren, das sie in den vergangenen Jahren entwickelt haben. Das Krankheitsbild, das (mit steigender Tendenz) ca. 2% der Bevölkerung aufweist, ist durch Impulsivität, Identitätsstörungen, Suizidalität, Selbstverletzungen, Gefühle innerer Leere sowie durch Beziehungen charakterisiert, die extrem affektintensiv und gleichermaßen instabil sind. Die Autoren haben eine psychoanalytisch orientierte Behandlung entwickelt, die sie als »mentalisierungsgestützte Therapie« bezeichnen, und in randomisierten kontrollierten Studien nachgewiesen, dass diese Methode anderen therapeutischen Verfahren deutlich überlegen ist.

Peter Fonagy ist einer der wichtigsten zeitgenössischen Vertreter der Psychoanalyse in Großbritannien. Er verknüpft in seinen Arbeiten drei bedeutende Theorien der klinischen Psychologie: Bindungstheorie, Psychoanalyse und Neurowissenschaften (Neuropsychoanalyse).

Dieser Band liefert in Form übersichtlicher Artikel einen Ein-/Überblick in die Arbeiten der Gruppe um Peter Fonagy. Praxisnahes Wissen wird vor dem Hintergrund theoretischer Bezüge vermittelt, das macht das Buch für Praktiker (z.B. praktizierende Therapeuten) ebenso interessant wie für Wissenschaftler.

www.ingramcontent.com/pod-product-compliance
Ingram Content Group UK Ltd.
Pitfield, Milton Keynes, MK11 3LW, UK
UKHW041947230426
12048UKWH00008B/176